Public Administration and
Public Management Classics

ACADEMIC FRONTIERS SERIES

ACADEMIC FRONTIERS SERIES

学术前沿系列

公共行政与公共管理经典译丛

Public Administration and Public Management Classics

"十二五"国家重点图书出版规划项目

# 预算过程中的新政治

（第五版）

The New Politics of the Budgetary Process

(Fifth Edition)

[美] 阿伦·威尔达夫斯基（Aaron Wildavsky）
娜奥米·凯顿（Naomi Caiden） 著

苟燕楠 译

中国人民大学出版社

·北京·

# 《公共行政与公共管理经典译丛》

# 总　序

在当今社会，政府行政体系与市场体系成为控制社会、影响社会的最大的两股力量。理论研究和实践经验表明，政府公共行政与公共管理体系在创造和提升国家竞争优势方面具有不可替代的作用。一个民主的、负责任的、有能力的、高效率的、透明的政府行政管理体系，无论是对经济的发展还是对整个社会的可持续发展都是不可缺少的。

公共行政与公共管理作为一门学科，诞生于20世纪初发达的资本主义国家，现已有上百年的历史。在中国，公共行政与公共管理仍是一个正在发展中的新兴学科。公共行政和公共管理的教育也处在探索和发展阶段。因此，广大教师、学生、公务员急需贴近实践、具有实际操作性、能系统培养学生思考和解决实际问题能力的教材。我国公共行政与公共管理科学研究和教育的发展与繁荣，固然取决于多方面的努力，但一个重要的方面在于我们要以开放的态度，了解、研究、学习和借鉴国外发达国家研究和实践的成果；另一方面，我国正在进行大规模的政府行政改革，致力于建立与社会主义市场经济相适应的公共行政与公共管理体制，这同样需要了解、学习和借鉴发达国家在公共行政与公共管理方面的经验和教训。因此无论从我国公共行政与公共管理的教育发展和学科建设的需要，还是从我国政府改革的实践层面，全面系统地引进公共行政与公共管理经典著作都是时代赋予我们的职责。

出于上述几方面的考虑，我们组织翻译出版了这套《公共行政与公共管理经典译丛》。为了较为全面、系统地反映当代公共行政与公共管理理论与实践的发展，本套丛书分为六个系列：(1) 经典教材系列。引进这一系列图书的主要目的是适应国内公共行政与公共管理教育对教学参考及资料的需求。这个系列所选教材，内容全面系统、简明通俗，涵盖了公共行政与公共管理的主要知识领域，涉及公共行政与公共管理的一般理论、公共组织理论与管理、公共政策、公共财政与预算、公共部门人力资源管理、公共行政的伦理学等。这些教材都是国外大学通用的公共行政与公共管理教科书，多次再版，其作者皆为该领域最著名的教授，他们在自己的研究领域多次获奖，享有极高的声誉。(2) 公共管理实务系列。这一系列图书主要是针对实践中的公共管理者，目的是使公共管理者了解国外公共管理的知识、技术、方法，提高管理的能力和水平，内容涉及如何成为一个有效的公共管理者、如何开发管理技能、政府全面质量管理、政府标杆管理、绩效管理等。(3) 政府治理与改革系列。自20世纪80年代以来，世界各国均开展了大规模的政府再造运动，政府再造或改革成为公共行政与公共管理的热点和核心问题。这一系列选择了在这一领域极具影响的专家的著作，这些著作分析了政府再造的战略，向人们展示了政府治理的前景。(4) 学术前沿系列。这一系列选择了当代公共行政与公共管理领域有影响的学术流派，如新公共行政、批判主义的行政学、后现代行政学、公共行政的民主理论学派等的著作，以期国内公共行政与公共管理专业领域的学者和学生了解公共行政理论研究的最新发展。(5) 案例系列。这一系列精心选择了公共管理各领域，如公共部门人力资源管理、组织发展、非营利组织管理等领域的案例教材，旨在为国内公共管理学科的案例教学提供参考。(6) 学术经典系列。这一系列所选图书包括伍德罗·威尔逊、弗兰克·约翰逊·古德诺、伦纳德·怀特、赫伯特·A·西蒙、查尔斯·E·林德布洛姆等人的代表作，这些著作在公共行政学的发展历程中有着极其重要的影响，可以称得上是公共行政学发展的风向标。

总的来看，这套译丛体现了以下特点：(1) 系统性。基本上涵盖了公共行政与公共管理的主要领域。(2) 权威性。所选著作均是国外公共行政与公共管理的大师，或极具影响力的作者的著作。(3) 前沿性。反映了公共行政与公共管理研究领域最新的理论和学术主张。

在半个多世纪以前，公共行政大师罗伯特·达尔（Robert Dahl）在《行政学的三个问题》中曾这样讲道："从某一个国家的行政环境归纳出来的概论，不能够立刻予以普遍化，或被应用到另一个不同环境的行政管理上去。一个理论是否适用于另一个不同的场合，必须先把那个特殊场合加以研究之后才可以判定"。的确，在公共行政与公共管理领域，事实上并不存在放之四海而皆准的行政准则。按照建设有中国特色的社会主义的要求，立足于对中国特殊行政生态的了解，以开放的思想对待国际的经验，通过比较、鉴别、有选择的吸收，发展中国自己的公共行政与公共管理理论，并积极致力于实践，探索具有中国特色的公共行政体制及公共管理模式，是中国公共行政与公共管理发展的现实选择。

本套译丛于 1999 年底由中国人民大学出版社开始策划和组织出版工作，并成立了由该领域很多专家、学者组成的编辑委员会。中国人民大学政府管理与改革研究中心、国务院发展研究中心东方公共管理综合研究所给予了大力的支持和帮助。我国的一些留美学者和国内外有关方面的专家教授参与了原著的推荐工作。中国人民大学、北京大学、清华大学、厦门大学等许多该领域的中青年专家学者参与了本套译丛的翻译工作。在此，谨向他们表示敬意和衷心的感谢。

**《公共行政与公共管理经典译丛》编辑委员会**

# 目　录

# 序 言



美国最著名的政治科学家之一 V. O. 基（V. O. Key）准确地表述了常常困扰那些预算研究者（以及那些试图制定预算者）的问题。1940 年，他问："决定应将 $x$ 元分配给活动 A 而非活动 B 的理由是什么？"① 预算始终关系到稀缺资源的最优使用。对政府而言，这意味着从税收中挤出多少。自古以来，最令纳税人愤怒的感受就是政府正在挥霍他们的钱，或者是对政府用钱时自说自话的担心。基的问题使公共预算持续不断的斗争具体化。阿伦·威尔达夫斯基在《预算过程的政治》（*The Politics of the Budgetary Process*）中对这个问题的回答永远改变了政治科学家们看待这个难题的方式。

基的问题与经济学有关——如何从公共资金中得到最大回报，也与政治学有关——如何制定这些决策。直到 20 世纪 60 年代，学者和实践者倾向于提供两类答案。有的答案基于经济学家们的传统观点，认为公共资金应当用于能产出最多公共产品的项目。这是一个基于效率的"收益最大化"观点。他们专注于分析工具，权衡竞争性的备选方案并从中选择一个"最好的"，即最有效的。其他的答案建立在政治科学家的观点之上，他们更关注那些决策者所负责的决策。他们关注政治机构和过程，尤其致力于确保当选官员（例如总统）能够利用预算控制政府的运作方式。

① V. O. Key. "The Lack of a Budgetary Theory," *American Political Science Review* 34 (December 1940): 1137.

随着《预算过程中的政治》于 1964 年出版，阿伦·威尔达夫斯基采取了一种与众不同的方法。他把两种传统方法都扔在一边，取而代之，他创造了一个简单但有力的观点：所有预算都涉及政治，大多数政治涉及预算，因此，预算应当被理解为一场政治博弈的一部分。他对基提出的基本、永恒问题的明确观点非常具有革命性。正如威尔达夫斯基在第 2 章中所言，预算是“追求权力的斗争”。因此，预算决策实际上是关于权力的决策，掌握它的人决定了谁受益，以及谁不受益。正如他给第 3 章起的名字，当选官员通过一场微妙的“美元之舞”制定他们的决策。在针对基的问题的回答中，威尔达夫斯基认为，政府通过回顾项目现在已得到多少资金，并且通过给予它们一个“公平份额”的增量来决定应当给每个政府项目多少钱。“公平份额”的多少要视项目支持者在政治博弈中的表现而定。

这是威尔达夫斯基预算渐进理论的核心部分。他得出结论认为，通过对基数实施小的调整，政策体系的复杂性将更易于管理。这种调整还将阻止系统在不同方向之间的大幅度摇摆，并给政策制定者一个机会，即在预算上的小问题变大之前改正它们。它还提供了一个为预算决策建立政治支持的途径。威尔达夫斯基声称这不仅描述了预算实际发生的方式，还描述了它应当发生的方式。他认为预算者对综合性、分析性结论没完没了的追求是愚蠢的。系统太复杂、分析性问题太多，并且隐含的政治判断太重要，以至于无法将预算留给分析者。威尔达夫斯基认为，预算在根本上是，也应当是一个政治过程。

## 威尔达夫斯基的贡献

威尔达夫斯基的书是美国政治科学与公共行政领域更大革命的一部分。在 20 世纪的前 2/3 时间里，大多数有关预算的著述都专注于对改进效率的努力。胡佛委员会受杜鲁门总统和艾森豪威尔总统委派，探索如何重塑美国政府、关注重构联邦预算局以改进效率等问题。如同大多数政治科学方法对美国政府机构的研究一样，对公共预算的研究倾向于针对机构与过程：事情如何运作、如何才能使事情运作得更好，以及公众如何才能使他们的官员负责。

1960 年，理查德·诺伊施塔特（Richard Neustadt）的《总统权力：领导的政治》[①]（*Presidential Power：The Politics of Leadership*）从根本上改变了那种方法。诺伊施塔特提出了标新立异的观点：总统的权力就是劝说的权力。总统做事更多依靠的是他们引导政治支持的能力，而非他们在办公室拥有的权力。在 20 世纪 50 年代，一些政治科学家就已经通过对单个投票人以及他们如何形成他们的主张的研究动摇了这个领域。诺伊施塔特的观点通过将其运用于人们在政治机构内如何行为，对该方法作出了贡献。尽管现在看上去有些不言自明，但在一个由对政府结构和过程的研究主导的领域，诺伊施塔特的论断无疑是革命性的。

---

① Richard Neustadt，*Presidential Power：The Politics of Leadership*（New York：Wiley，1960）.

威尔达夫斯基在预算领域做了同样的事。在诺伊施塔特出版他的书时，威尔达夫斯基是耶鲁大学政治科学系的一名研究生，学者们在那里运用诺伊施塔特风格的方法改造对美国政府的研究方式。查尔斯·E·林德布洛姆已经发表了一篇名为《“应付过去”的科学》(The Science of “Muddling Through”) 的论文，建立了威尔达夫斯基后来有关渐进主义观点的基础。① 威尔达夫斯基与罗伯特·达尔有来往，后者正在从事其开创性的研究：《谁统治?》(*Who Governs*?) 一书引入了多元主义的概念——利益集团之间的讨价还价如何形成最好的政策。② 《预算过程的政治》通过将这两个主题结合在一起（政治利益之间的斗争形成渐进决策），形成了他著作的核心观点。

威尔达夫斯基著作的革命性体现在三个方面。首先，它是对经济学家及其在政策分析上建构一个新方法的努力的直接挑战。在威尔达夫斯基撰写《预算过程的政治》时，约翰·F·肯尼迪总统的国防部长罗伯特·麦克纳马拉 (Robert McNamara) 正试图将对效率的系统分析带入五角大楼。作为福特汽车公司的总裁，麦克纳马拉曾经用界定明确的分析工具管理公司，并坚信使用同样严格、以效率为基础的管理能够改善联邦政府预算。威尔达夫斯基对此表示反对，因为政治现实决定了运用这样一个策略太复杂。他在第 3 章中认为，所有的事情都相互关联，因而无法将各部分分开来进行分析。即使在局部运用上获得成功，他们也将发现问题对于分析而言太复杂。麦克纳马拉和他的分析“优等生们”正在试图做进一步的研究。威尔达夫斯基认为，渐进主义是个更好的想法：仅对现行政策做小步调整的决策，评价结果，接着再重复这一过程。这是一个对经济学和政策研究而言更大的挑战。

其次，威尔达夫斯基的著作对于政治科学与公共行政领域的传统主义者而言是一个直接的挑战。学者们专注于基本的积木式机构，特别是总统、国会以及官僚体系，并且看上去似乎理解其如何运作。他们专注于博弈的基本过程和规则，似乎知道哪些规则将最有效地强化预算决策。威尔达夫斯基不耐烦地将机构与过程推在一边，不是因为它们不重要，而是因为它们不如发生在政府内部非正式的博弈重要，先前的工作很少关注这些博弈。威尔达夫斯基认为这类非正式交易比博弈的正式规则更重要，因为它们在最终形成政策时扮演着一个更为重要的角色。对政治科学而言，这是个强有力的挑战。

最后，威尔达夫斯基有助于为面向“公共政策”的启蒙运动指明方向。直到 20 世纪 60 年代，大多数研究美国政治的政治科学家都专注于独立机构（总统制、国会、法院以及行政组织）。但是，随着 20 世纪 50 年代对投票人行为研究的兴起，人们在政治机构如何共同运作上产生了新兴趣。这一启蒙的“公共政策”运动专注于机构间关系及其产生的结果。在威尔达夫斯基撰写《预算过程的政治》时，它刚开始形成，因而，他的书有助于该领域的工作。

---

① Charles E. Lindblom, “The Science of ‘Muddling Through,’” *Public Administration Review* 19 (Spring 1959): 79-88.

② Robert A. Dahl, *Who Governs? Democracy and Power in an American City* (New Haven: Yale University Press, 1964).

本书通过两种不同的途径完成。首先，它建立了一个有关决策制定者实际行为的理论。它丰富的描述和有力的论点深深植根于渐进主义并提供了一条理解不规则的政治过程的途径。其次，它建构了一个政策制定者应当如何行为的理论。威尔达夫斯基认为，政策制定者不应当试图做无法做到的事。他总结说，如果通过允许竞争各方在激烈的竞技场上斗争、公平分配预算基数的增量，我们将得到最好的结果。它可能看上去不完美，但却避免了大的、剧烈的转变所导致的严重失误。它还提供了一个将不同政治观点带入有助于预算决策形成过程的途径。长期来看，这一未设定规则的过程实际上有一套明确的、被广泛接受的规则（见第 3 章），并且这些规则将产生比诉诸效率更好的结果。

这本书很快就成为经典，部分是因为它生动的风格。《预算过程的政治》是一本有趣且引人入胜的读物，并且相当坦率，这令许多读者感到吃惊，他们本以为预算枯燥乏味。它能成为经典部分还因为作者如此熟练地将三项改革组合在一起：一个复杂的理论，反驳了经济学家们传统的分析方法；一个非正式的交易理论，挑战了政治科学家们对正式规则的传统检验；一个公共政策的理论，它对过程结果的关注与先前对其投入的关注相反。这真是一本具有重要意义的书，还没有人以同样的方式看待过预算政治。

## 评　论

即使是对威尔达夫斯基最严厉的批评也无法阻止本书令人喜爱并具有持久魅力，它依旧生动且引人入胜。即使是那些反对它的方法和结论的人，也无法避免地被吸引到这本书的根本讨论中来。

但是，人们对于威尔达夫斯基的某些观点依旧存在重要的争论。部分评论指出，渐进主义的观点假定渐进交易的过程将所有关键参与者及其观点都拖入争论。如果有的组织有计划地使自己不参与，并且有的组织倾向于有计划地比其他组织在决策上施加更大的影响，威尔达夫斯基的主张便开始失效了。特别是在 1964 年威尔达夫斯基出版他的书时，很明显有的组织实际上的确发现它们自己比其他组织的权力小得多，并且有批评认为该书的规范性主张——事情应该是按照渐进的方式运行的——有待进一步检验。

评论还指出，威尔达夫斯基概括出的部分策略的确比其他策略更有力量。国会成员和部门预算官员很了解要设计用于利用美国政治碎片化的策略（见第 3 章）。每一方都知道另一方的行动，两边均采取对抗行动。威尔达夫斯基的重大贡献在于他关注了这些非正式的博弈，但批评者认为他没有充分探索最重要或最具影响力的部分。

对于威尔达夫斯基的基本观点而言，同样正确的是，如果通过使预算基数以“公平份额”渐进增长，预算便能够被最好地理解。但多大的增长才算“渐进的”？如果所有的增长都是渐进的，那么结论就会在同义反复的边缘摇摆。“公平份额”的增长又是什么？如果是部门能够争取到的增长，那么又会再次冒因定义而正确的风险，因为他们能争取到的预算将成为“公平份额”的定义。

在20世纪70年代，威尔达夫斯基的观点驶入了更加艰苦的航程。他的预算理论建构于预算制定者每年审查预算并决定谁得到增长（以及这些增长有多大）的假设之上。随着医疗保险制度和医疗补助制度的通过，社会保险支出大幅度增长，其他权利性支出也快速增长，更多预算在自动驾驶仪下运行，与威尔达夫斯基描述的年度惯例有很大不同。1965年，选择性支出（预算决策的形成由预算制定者决定）能够占据所有联邦支出的2/3。截至2000年，随着授权的自动支出的相应增加，这一数额缩减到仅占预算的1/3。威尔达夫斯基的渐进主义作为解释因素的重要性下降，因为它与联邦预算越来越不相关。该过程的基本准则（年度决策、所有联邦财政活动的综合决策以及对预算平衡的追求）均受到严重侵蚀。

威尔达夫斯基自己意识到了这个趋势。在1984年《预算过程的政治（第四版）》出版时，他担心这本书“不再有解释性”，并且实际上，“不得不按照完全不同的假设写一本全新的书”[①]。然而越来越清楚的是，那本书不再描述正在发生的事，所以他使自己接受自己的挑战。在1987年，他写了《预算过程中的新政治》，并在之后继续再版。[②] 因此，你手中的这本书有一个非常独特的历史——《预算过程的政治》出版四版之后，《预算过程中的新政治》又出版了四版，这一版次标志着威尔达夫斯基经典著作的第九个化身。

## 预算政治的未来

在出版后续的版本时，威尔达夫斯基与一个基本问题进行斗争。他仍然坚信渐进主义作为政策制定者应对预算过程复杂性最佳方法的优点。任何其他选择不仅在分析上不可行，而且在政治上也存在危险。但他必须面对基本事实，即预算结构不再允许政策制定者渐进地行动。实际上，拮据的预算有时推动了对部门管理者权力的削减，他们不再能指望其基数有一个“公平份额”的增长。实际上，他们甚至不能指望得到他们的基数。有的学者半开玩笑地写下“渐减主义”，要从根本上颠覆威尔达夫斯基的理论。

威尔达夫斯基通过回到基本准则来应对这一严峻挑战，他认为这些准则应当指导预算过程，且渐进主义对预算而言是个捷径。预算中的变化已经让渐进主义变得不可行。他在本书1984年版本的前言中极具讽刺和担忧地写道：“从我们今天所处的位置出发，重申渐进主义需要根本性的变化。”渐进主义者已经发生了革命性的转变，他们为回到“渐进主义的黄金时代”[③] 提供了一个具有感情色彩的实例。威尔达夫斯基认为，为了对其预算重获控制，国家需要重获对三个准则的承诺。预算

① Aaron Wildavsky, *The Politics of the Budgetary Process*, 4th ed. (Boston: Little, Brown, 1984), pp. ix–xi.

② Aaron B. Wildavsky, *The New Politics of the Budgetary Process* (Glenview, Ill.: Scott, Foresman, 1987).

③ *The Politics of the Budgetary Process*, 4th ed., pp. xii, xiv.

应当建立在年度决策的基础之上，而非很久以前就已决定的自动公式；预算应当包括所有政府的关键决策，而非通过大额税收优惠和信贷项目回避，允许有权力的利益集团绕过渐进主义的审查和平衡；最后，预算应当平衡，不应导致赤字泛滥，或允许决策制定者逃避他们决策的后果。

威尔达夫斯基的书对于我自己努力了解预算影响深远。这并不是因为我同意他书中的一切——记得我还曾在一个研究生的研讨会里激烈地争论过一些他的观点。但我仍然高兴地回忆起这本书（甚至当我不赞同它的某些部分时），它吸引我仔细地关注正确的问题。实际上，《预算过程中的新政治》最大的成功即在于它将预算决策作为政治决策来建构——并且大多数政治问题，或迟或早，最终都会成为预算决策。他使预算研究妙趣横生，对于一个通常由有关审计和电子表格的争论以及其他使生活远离生动的政治问题的主题主导的领域而言，这可不是个小收获。他还关注该过程的内部政治，使用了任何阅读这本书的人都难以忘记的丰富的故事。

当人们在第一版出版 40 多年后阅读此书，会发现在细节上吹毛求疵很容易。本书最大的贡献即在于将读者推离细节，面向处于公共预算核心的重大的政治、价值驱动问题。在今天阅读此书，你可能会发现自己同意或不同意它的个别章节，但我认为你会被它吸引，正如我一样，探寻预算政治中什么是真正重要的问题（以及预算政治如何影响我们的治理方式）。这解释了本书为什么有如此非凡的生命力。

**唐纳德·F·凯特尔（Donald F. Kettl）**
**于威斯康星大学麦迪逊分校**

## 推荐阅读材料

Caiden，Naomi，and Aaron Wildavsky. 1974. *Planning and Budgeting in Poor Countries*. New York：Wiley. 凯顿与威尔达夫斯基合作拓展他在发展中国家的工作。

Dahl，Robert A. 1964. *Who Governs? Democracy and Power in an American City*. New Haven：Yale University Press. 达尔调查了纽黑文地方官员制定决策的方式，通过他的研究，建立了美国政治多元主义的经典观点。

Lindblom，Charles E. 1959. "The Science of 'Muddling Through,'" *Public Administration Review* 19（Spring），pp. 79－88. 在这篇简短的文章中，林德布洛姆整理了渐进主义的实例，他认为这不仅是政府在大多数情况下运作的方式，而且也是它应当运作的方式。这篇文章对于威尔达夫斯基在预算领域中的工作有重大影响。

Rubin，Irene. 2000. *The Politics of Public Budgeting：Getting and Spending，Borrowing and Balancing*，4th ed. New York：Chatham House. 这本书代表了对威尔达夫斯基渐进主义理论最重要的理论挑战之一。预算不是交易博弈的结果，而是来自更广泛的政治环境的有持续影响的复杂因素的产物。

Wildavsky, Aaron. *Speaking Truth to Power*: *The Art and Craft of Policy Analysis*. 1979. Boston : Little, Brown. 威尔达夫斯基认为，好的决策是好的观点的产物，好的观点必须表达得有效且有说服力。本书表达了他在“如何”决策、预算和其他方面的观点。

## 研究与思考

1. 你如何看待威尔达夫斯基的论断——渐进主义（预算基数的“公平份额”增长）对预算而言是较好的方法？记住他提出了一个说明性的论证（这是事情的运作方式）和一个规范性的论证（这是事情应当的运作方式）。他的论断是否一个比另一个更强？你还能设想对基提出的基本问题的其他可能的回答吗？

2. 思考威尔达夫斯基最初撰写这部书以来已经发生了什么变化？哪些因素和主张被保留了下来？

3. 批评通常认为，以政治为基础并关注小变化的渐进主义是一个糟糕的决策方法。某些经济学家一直主张公共官员应当仔细评价哪些政策选择提供了最令人满意的公共产品，以及哪一个选择应当得到最多的钱。这是一个更好的预算方法吗？为什么是或为什么不是？威尔达夫斯基对他们的主张会说些什么？

4. 威尔达夫斯基研究了“分歧”——逐渐破坏政治过程达成一致能力的力量——的出现。这是个问题吗？它不可避免吗？这一趋势的结果是什么？人们能设想通过改变政治过程（游戏的规则）推动更多的一致吗？或者“不一致”是否源于政策制定者试图解决的问题？

5. 预算过程究竟应当如何改革？如果你能够设计一个新的预算过程，你会寻求实现什么目标？

# 第五版前言



预算激发问题。阿伦·威尔达夫斯基的天才之处在于他观察联邦预算过程并提出了（以及回答了）人们从未问过的问题。预算过程在很大程度上一直被视为例行公事、技术问题或实现更大效率或效果的管理改革。1964 年出版的《预算过程的政治》实现了一个重大转变：它将联邦预算带入政治科学领域，把注意力引向它的政治方面。它视预算过程为行为科学的一个方面。阿伦问的不是预算应如何制定，而是它们实际是如何制定的。约 20 年后，他又提出了同样的问题，但由于制度和过程，以及预算自身均发生了变化，他发现了不同的答案，即《预算过程中的新政治》。

阿伦·威尔达夫斯基嘱咐我们［用辛西娅·奥兹克（Cynthia Ozick）非常贴切的句子］"另眼看世界"①。那么，在他去世 10 年后我们该如何解读它呢？对学生而言，这并不是一本非常浅显的教科书。最初的概念相对简单，但随着联邦预算变得更大和更复杂，每个版本都忠实地关系到过程、制度以及政治的正式和非正式发展。对于阿伦（以及后来的我）而言，从所有细节中抓住根本并保持一个清晰的观点变得越来越困难。但《预算过程中的新政治》并非一部百科全书，它是一部经典评论，其系统推理的洞见与当今世界有关，正如阿伦初次撰写它时一样。

当阿伦着手其研究预算过程的长期探索时，用他自己的话来

---

① Cynthia Ozick, "The Impossibility of Being Kafka," *New Yorker*, January 11, 1999, p. 80.

说，他最大的发现之一就是“预算妙趣横生”①。另一个发现是表面上杂乱无章的细节其实可以被理解。在美国独特的政治过程和制度环境下，以及在社会科学行为理论的背景下，预算和预算过程能够被理解。② 阿伦通过强调他认为是其基本特征的渐进主义传递了这一观察联邦预算的革命性方式。渐进主义同时描述了过程（预算如何制定）和结果（数字如何生成）。

正如阿伦后来意识到的，预算中的渐进主义反映了一种特定类型的政治。在20世纪50年代稳定的环境下，预算政策被范围相对有限的参与群体在一个非正式规则被明确理解的世界中实施，不包括大部分美国公众的代表。他描述了一个平衡的世界，即古典预算的世界，特征为年度、全面以及平衡预算。20世纪60年代和70年代的政治转型使预算面对新的主张和压力，在政党凝聚力下降的同时使政党两极化，并且收紧了预算过程。《预算过程中的新政治》冒险去描述并解释那个新世界，并将其与由已被接受的预算规则构成的老世界进行对比。

任何一部旨在分析20世纪上半个世纪复杂政治制度发展的书都会面对这一并不轻松的任务。认识到这本书试图在许多层面提问题的方式来揭示不同的（尽管相互联系的）问题，接触本书的读者可能会发现这项任务并非那么可怕。

第一个故事是直接的（报纸、电视以及国会记录的预算过程）。这是“谁为谁做了什么?”的故事，约瑟夫·怀特（Joseph White）和阿伦·威尔达夫斯基关于20世纪80年代里根时期的历史著作给出了例证。③ 这是非常基本的政治——一个有关反复运用的策略、重复和变化的投票、预算讨论中先被纳入后被减去的分配额、委员会报告、授权、拨款和解决方案的无休止的传奇。谁赢、谁输？政党和机构之间的权力平衡如何在年度之间转换以及为什么？何种类型的限制条件阻碍了参与者以及什么机会被参与者抓住了？观察者被令人着迷且持续变化的舞台所吸引，人类的弱点和雄心、策略和技巧、看法和理念在预算舞台的背景下上演。

第二个故事聚焦于不同时期受关注的政策问题的变化。是否应削减税收、为谁削减以及削减多少？我们如何处理陷入困境的社会保障？老年人医疗保障制度是否应包括为老年人提供处方药？应当为国土安全安排多少预算？联邦和州政府各自的责任是什么？美国在维护和平（或制造战争）上应承担什么责任？农场主、能源生产者、制药公司（或几乎所有人）应享有什么补贴？

这每一个问题都引发许多提议，其价值也被公开讨论。它们都有预算含义。谁受益以及谁支付？变化的成本是多少？对支出模式的影响是什么？在一个日渐两极化的政治环境中，这类问题体现了美国政治正处于变动中：政党、利益集团以及院外团体如何分化与联合，不同理念如何产生僵局或被导向妥协。连续的预算记述了通往解决方案的进展或缺陷。由于“目之所及”的盈余出现在1998年（代替了先

---

① Aaron Wildavsky, *The New Politics of the Budgetary Process*, Glenview, Ill.: Scott Foresman, 1988, p. viii.

② 见 Aaron Wildavsky, "Budgeting as a Political Process," in *International Encyclopedia of the Social Sciences*, New York: Free Press, 1968。

③ Joseph White and Aaron Wildavsky, *The Deficit and the Public Interest*, Berkeley: University of California Press, 1990.

前“目之所及”的赤字），预算申请者们迫不及待地提出了他们的申请。随着不到五年之后突然重返赤字，压倒性的问题再次变为如何在预算约束内满足现有承诺，以及如何为新申请腾出空间。

在这些问题之外还有第三个故事，即联邦预算作为一方，经济和社会作为另一方之间的长期关系。过去50年美国经历了重大的变化，人口增长了，婴儿潮一代的老龄化使社会保险领域可能的危机迫近。在过去40年里，政治生活向先前被排除的群体开放，他们现在能够提出自己的要求。2000年的人口普查显示了一个更为多样化的人口组成，而2000年的总统选举强调城市—乡村差异和区域政治的不同。从国内工业经济向国际市场未知领域的转变、高科技和通信革命已经向政府提出了新的要求。冷战结束、武器的进步以及认识到国际恐怖主义是一个重大挑战正在改变着政府的关注点和优先级。

这些和其他趋势如何改变联邦预算的构成？最主要的预算影响是权利性支出的增长，特别是那些使老年人受益的方面：社会保险、老年医疗保健制度、公共医疗补助制度、公共补贴。权利性支出如何影响预算中的优先级？它们是否“挤掉”了其他项目？如何为它们提供资金？正如阿伦所言：“谁将承担变化的成本？”

长期预算活动被置于多变的经济之上，这使短期预测存在风险（“专家”在预测联邦预算盈余出现和终止上的糟糕表现即是明证）。在这个层面，预算是一个模糊的故事：有关未来经济行为的模糊和变化的假设，以及经济和社会趋势如何影响预算的不可靠的预测。

预算情况还与两个政党之间的分界有关。它们的观点通常仅体现了在一个短暂的两年选举周期内对选民的态度。有时，由于双方接受同一利益集团的捐赠，党派纷争似乎被超越了。党派立场会随哪个政党掌权（赢得总统职位或国会两院中任意一院的多数）而调整。尽管在特定问题上模糊，政党区别还是在预算选择上体现出来，并且政党已经日趋两极化。阿伦写道：“预算上的深度分歧仍然存在。那些有关美国人应当拥有的政府和社会类型的理念分歧在预算中依旧被体现出来。”①

共和党偏好个人主义、私营企业、更低的税收、更高的国防支出以及更低的社会服务。民主党偏好政府干预解决社会问题、更低的国防支出以及对企业更强的管制。两党均在平衡预算问题上敷衍（除非与它们自己的偏好一致），支持社会保险和教育，并参与地方建设经费支出以确保它们自己的立场。很自然，在这个不完美的世界，没有人能得到他或她需要的所有东西，特别是在这些选择相互之间不一致的情况下，所以，呈现在公众面前的预算争论常常充满妥协、遗漏、捏造以及可疑的假设，而非关于国家优先级的条理清晰的说明。

预算政治在变化的游戏规则的约束下实现。虽然复杂并且啰唆，但联邦预算的正式过程不难把握。自1921年建立总统预算以来，在努力实现并维持对预算的控制方面已经发生了重大变化。这些变化包括试图使国会预算过程更有内聚力和权力

① Aaron Wildavsky, *The New Politics of the Budgetary Process*, 2nd edition, New York: HarperCollins, 1992, p. xi.

的1974年的《国会预算法案》、试图控制支出的1990年的《预算执行法案》，以及执行过程中几项财务管理上的变化。这些正式的规定可能容易追踪，然而，由于包括大量材料、可能采用标准的多样化、人们对结果赋予的价值不同以及有关结果的相关理由方面的问题，评价它们的结果更加困难。阿伦视加速的预算改革为"我们中间存在一个意见分歧的政治的明证"，并且将它归结为"用立法规定提供的新程序代替平衡、年度以及全面的传统准则的冒险但失败的努力，这在过去通过非正式的理解来完成"①。

换句话说，正式结构只是故事的一部分。非正式过程和惯例虽然未被写入法律，但如果人们认为必须遵守，它们可能并非不现实。例如，关于如何计算收入、支出以及赤字的一整套假设和惯例已经建立起来，这对局外人来讲是费解的，但对参与者而言却是基本的词汇和计算。相反，在忽视它们似乎符合每个人利益的地方，书面规定会被忽视或规避。阿伦的整个意图是超出正式结构去发现预算究竟如何制定，卷入持续变动的流沙中的读者亦复如此（例如，我们是否认为社会保障盈余不利于赤字?），应当发生的事情可能并没有发生（例如预算时间表、可选择支出上限），不该发生的事情却发生了（例如一再发生的持续解决方案、常规的"紧急"支出、综合解决方案）。在正式和非正式程序通常会发生分歧的地方，以及在预算过程的每一解释应当如何的地方伴随着一个它为什么并非如此的解释，我们可能得出结论认为在预算的过程、政策和政治方面存在严重的机能障碍。

但为什么不是呢？阿伦不会误以为预算政治会产生完美的结果。在"普遍适用的预算"中②，他提出了预算服务于多重目的的观点，它们并非完全一致：长期计划与灵活性冲突，控制与代表性矛盾。参与者可以选择某种价值，并以所有其他价值为代价实现它，或者特别是在政治环境下，预算过程在它们当中将体现为一个或多或少满意或不满意的妥协。

在一个更深的层次，阿伦不认为抽象的形式可以没有政治内涵。"控制"预算引发了"谁控制"的问题，"改革"应当根据如果付诸实施将谁得谁失，以及它们将如何影响政治激励来评价。预算过程和制度可能会塑造政治，但却无法替代政治。这个观点并不意味着在现状上的决定论或保持中立：阿伦非常明确地偏好有限政府，即按照传统方式构建和管理预算。

这将我们引向另一个故事（在理论层面理解本书）。"预算理论"这个短语易于产生难以理解的观点，即使是最勇敢的预算探索者也会感到困惑。阿伦并未在任何一版《预算过程中的新政治》中讨论预算理论。然而，在某种意义上，阿伦所有的工作都是通向一个一般政治理论的旅程，在他生命的终点，他认为自己找到了。在他对预算理论的贡献中，首先被人们记住的是他对渐进主义的运用（见第3章）。

---

① Aaron Wildavsky, *The New Politics of the Budgetary Process*, 2nd edition, New York: HarperCollins, 1992, p. xiii.

② Aaron Wildavsky, A Budget for All Seasons? Why the Traditional Budget Lasts," *Public Administration Review*, November-December, 1978, pp. 501-09.

理论只意味着解释，渐进主义理论的力量在于它解释和预测预算实际上如何形成的能力。

实践者马上并且凭直觉就接受了渐进主义，承认这实际上正是他们所做的。只是现在他们不需要有所保留或对实践感到羞愧，因为阿伦从实证理论（渐进主义解释预算如何制定）向规范理论（渐进主义解释预算应当如何制定）迈了一步。为什么？首先，因为许多实践上的原因，包括时间、复杂性、知识以及能力。其次，因为在一个民主社会中，没有注定正确的预算结果：年度预算是政治冲突的一个暂时解决方案，通过渐进主义决策制定来调节。渐进主义非常适合多元化政策的概念，理念和绝对真理从属于妥协、相互理解以及工作安排。

渐进主义理论很快就成为众矢之的，并且仍然是批评的焦点，批评来自那些对数字持有异议的人，那些认为它将一个高度复杂和多样化形势过于简化的人，那些认为它破坏了更为有效的决策制定的人。阿伦参与了所有的争论，但他也意识到时代变了：

> 一致意味着在预算基础上有认同；当认同消失时，渐进主义也消失了。正是因为渐进主义的概念首先依赖于存在一个相当牢固的基础，这一基础依赖于历史的连续性，而它反过来也依赖于政治上的一致……所以预算分歧严重削弱了对过去的依赖，并且开启了变化所需的政策方向和资金。这就是为什么预算在现在比以往更受关注，但绝不会有更多一致。正因为预算之所以渐进是因为它一致，而之所以一致是因为它渐进，因此，预算分歧导致了更大和更快的变化，进而加速了分歧。①

然而，渐进主义并未消失。阿伦在20世纪80年代中期问道："是什么不再存在但仍然和我们在一起？"② 由于新的建基于旧的，历史方法对于理解当前的预算过程仍具有根本性。但是，《预算过程的政治》中详细描述并揭示渐进主义的三章现在被压缩成一章，并称为"古典预算"。《预算过程中的新政治》聚焦于那些新的内容（过程和制度上的变化）。在那时，正如阿伦指出的，没有预算如何制定的当代解释。特别是，对于某些预算的决定性特征的讨论和研究很少，例如授权、国防以及赤字。阿伦着手修补这些遗漏，并在第二版完成时发出了期望随着发展的推进更新自己作品的信号。

变化便是本书中将读到的最后一个故事。我们生活在一个不确定性成为家常便饭的世界。事情以令人炫目的速度彼此相连。被认为是重大转折点或永久性制度的发展常常只是通向某个地方的道路上的一个瞬间。观点和方向难以把握。因此，《预算过程中的新政治》的每个新版均有其自身确定的主题或焦点。第一版突破了旧预算范式的边界，描绘了一个旧的规则和约束现在被新的和更为复杂的现实所覆

① Aaron Wildavsky, *The New Politics of the Budgetary Process*, op. cit., p. xvi.

② Ibid., p. viii.

盖的预算。第二版与解释 1990 年的《预算执行法案》有关，并且在削减赤字问题的机动性方面吸取相关教训。阿伦没有活到写第三版，这本书在他去世的阴影下于 1996 年出版，它最关注的是共和党 40 年来首次在国会占多数，以及它混乱的第一年。2001 年的第四版记述了表面上“斩杀赤字龙”和一个联邦预算盈余的出现。第五版显然由 2001 年 9 月 11 日恐怖分子袭击纽约世贸中心和五角大楼，以及它对联邦预算的影响所支配。

《预算过程中的新政治》试图从一个关键的制度（美国联邦预算）弄清楚我们生活的世界。故事并不简单，叙述包括变化和连续、集中和分散、理想主义和机会主义、分歧和一致。对于政治科学、经济学、公共政策、公共管理领域的学生，以及那些想知道某些影响美国政府的最重要的决策如何制定的人而言，这是一片肥沃的土地。

《预算过程中的新政治》的重要性不在于它的综合性，而在于它提出的问题。它代表了一个我们时代最重要的政治科学家对引导我们生活的一个最重要的政府过程的观点、解释、理论以及建议。对一部经典的检验之一是它的洞见被那些由于时间和距离与其最初环境远远隔开的人认可的程度。这也正是将《预算过程中的新政治》持续献给新一代读者的原因。

修订一部经典是一份特殊的责任，它提出了许多问题。阿伦在 20 世纪 80 年代中期写了《预算过程中的新政治》，作为对当代联邦预算过程的一个描述和分析，还包括一个它如何出现的解释。第二版出版于 1991 年，增加了两章，向读者补充了截至当时的改革。但是，自第一版出版以来的大约 15 年中，20 世纪 80 年代的情况已成为过去。《预算过程中的新政治》现在包括一段超过 50 年的联邦预算的故事。仅仅不断增加新的章节就令这本书长得让人无法忍受，而阿伦描述为当代的事件现在则已成为一个更大的历史故事的一部分。

这个第五版在组织上与其前身略有不同。在介绍概念的章节之后，有五章与联邦预算发展有关的章节，接下来的三章更为深入地探讨阿伦认为特别相关的三个方面（权利性支出、国防以及改革）。最后一章“从盈余到赤字”讨论了截至 2002 年末的近期事件，参考了书稿完成后发生的最新进展。经典也有局限性，为了保持生命力和相关性，我已删除了那些在现在看来已经意义不大或已经被解决或替代了的观点和思考。但我已经尽力为读者保留了足够的阿伦观察到的预算经验，以便读者能够理解和感受他的洞见。

预算已经被“9·11”事件遮蔽，但其他事件也需要我们关注：第一份布什预算的巨额税收削减、预算盈余的消失、在控制迫近的年老的婴儿潮一代退休危机上的失败、国防和国土安全预算的爆炸性增长、经济衰退的不确定性（这里只列举了其中的一部分）。

阿伦未能活到完成后续的版本，所以我们不知道他会如何回应这些问题。但我们知道他将占据道德高地，从大量细节中筛选出重点，将预算故事与精确性、最高的学术标准和诚实相联系，并且形成一份对事件可理解的、可读的、令人激动的说明。我试图做同样的事。

## 致 谢

感谢应给予许多使这一修订成为可能的人。我应当感谢艾迪生-韦斯利-朗文出版社的埃里克·斯坦诺，他的建议和耐心在修订过程中鼓励了我。我还要向帕特里克·伯特和他在 WestWords Inc. 的职员表达我的感谢，他们的仔细、准确和专业的工作确保了本书的顺利出版。

我所在的加州大学洛杉矶分校的研究人员和行政人员，特别是我在政治科学系的同事，对我在修订过程中的工作非常支持，我对他们的合作表示感谢。没有我的家庭、我的女儿米丽娅姆和雷切尔以及女婿史蒂文，我没法完成这件事。最后，我要感谢我的丈夫杰拉尔德的永恒的爱、支持和鼓励。

娜奥米·凯顿
于洛杉矶

# 第一版前言



## 到达即死去?

面对美国预算中大量的各类数字，人们可能会认为预算是一个枯燥的主题，一个拥有古板的办事员和沉闷的统计员的领域。这真是大错特错。

在1964年介绍旧版《预算过程的政治》时，我在完全无意中分享了我最重要的发现：预算是有趣的。这令人惊奇但的确如此。预算远远不只是专业人员的专属区，预算是政府的命脉，是公共政策基本生命支持系统的媒介。似乎没有人会在被告知这一显见事实时持有异议。

今天，当预算已经成为美国国家政治的主要问题时，关于其重要性的忠告就像被告知要正常呼吸一样，似乎是多余的（基本但却没必要）。税收和支出、动员资源以及分配资源现在在国会会议上所占的时间与所有其他议题加在一起相比一样或更多。政府应当多大，它在我们的生活中应当扮演什么角色，是否应当增加或减少国防或福利，总之，我们美国人想拥有的所有这些在预算讨论中均会经常涉及。关于预算规模和分配方面冲突的重要性（无法按时或完全按时通过预算已成为一个没有能力治理的信号）验证了预算的绝对重要性。如今，联邦的状况和预算的状况已经变得基本相同。

由于预算的大幅增长伴随着更高的风险和不断变化的程序，迫切需要对新的支出决策过程做出最新诠释。在我写作时（1987年4月），没有预算如何制定的现代诠释。现实已经超越了所有的著述。然而，我认为对预算过程的描述和分析仅关注正在发生什么远远不够，甚至会被其误导。实际上，只有通过与已经过去的预算进行比较，才可能传递一个对于当前预算的适当理解。由于我相信历史方法对于说明“新”政治的组织必不可少并且自始至终为其提供它分析的资料，读者应当明白我为何没有仅仅满足于在当前预算上尽力而为。

什么东西不复存在但却仍然和我们在一起？过去 20 年预算领域发生的根本性变化并没有真正代替所有的事，无非是在老的上面建立新的。一切都变得更多了（更多的项目、更多的钱、更多的负债、更多的支出策略、更多的控制机制、更多的参与者、更多的程序）。了解过去是必要的，因为它仍然和我们在一起。源于它 200 年前起点的分权化、碎片化、在立法上集中化的预算过程仍旧使美国的预算过程区别于任何其他民主国家。拨款过程中的美元古典之舞［在理查德·芬诺（Richard Fenno）的《控制钱袋的权力》（*The Power of the Purse*）和我的旧版的《预算过程中的政治》中有记述］依旧存在：支出估计仍然从局部到中央预算局再到总统最后到国会进行，虽然部分参与者已经转变职能，并且新参与者正在向不同的方向推进。

欣赏“新”的依赖于从“旧”的当中辨别它。例如，决定应当在总量中支出多少、应当筹措多少收入，以及某个盈余或赤字是否合理或可行似乎显而易见。并且在其他任何地方也的确如此，但在美国却不是。直到 1921 年，部门的支出似乎才在递交国会讨论之前递交预算局（现为管理与预算局）审查。直到 1974 年，国会才使自己对预算决议负责，建立收支总量目标。20 世纪 70 年代末，总统预算咨文不再发挥作为国会行动起点的功能，现在它意味着“到达即死去”。

面对极端多变的预算过程，我们在这里采用历史方法还有另外一个理由……很可能全变化会使仅仅是“新”的变化失效。有人认为 1974 年改革（例如要求国会制定预算决议，并相应建立预算委员会）使达成一致变得更加困难。在这种不稳定的情况下，保持多样化的预算过程似乎是明智的，历史向我们表明，实践有可能重返故地。

无论采取何种表述方式，这本书老版本中的主要遗漏必须在新版本中得到补救。由于现在权利性支出（国库向符合要求的人提供规定福利的法定责任）占预算近一半，任何有关该主题的著作都不应忽视它。然而，除了肯特·韦弗（Kent Weaver）① 的一篇精彩论文之外，便没有人对权利性支出进行研究了，也没有哪本教科书的某个章节能够被认为是国防预算的一个指南。我将在这里弥补这些缺陷。

本书以一个关于预算多种含义以及资源配置过程中关键术语和参与者的讨论开始。通过比较过去的程序与当前的实践，第 2 章则回顾了预算的历史。这里我强调的是将美国与其他国家区别开来的持久特征（从偏爱预算平衡到权力分散），以及改革者通过预算过程提供美国政治所缺乏的集中控制的失败尝试。

第 3 章涉及的古典时期大约是从 1946 年到 1973 年（现在已经遥远到足以披上时间的锈迹），该章节提供了一个从老版本中得出的有关计算和策略重要观点的概要。那时得出的观点是预算如此复杂（如此多的项目以多种方式相互影响），预算

① Kent Weaver, “Automatic Government: The Politics of Indexation,” typescript, 1986.

制定者不得不采用辅助手段来计算。当然，计算问题并未得到简化，相反，政府的增长（意味着更多的项目）和一致的下降（意味着更加激烈竞争的选择）已经使人们弄清该做什么变得更加困难。一度构成计算得以进行的基础的以往协定的集合已经被侵蚀。对渐进的关注偏离了当人们无法就从哪里开始达成一致时便会动摇的基础：它是上年的支出、总统的预算申请、当前的服务预算、众议院和参议院的预算决议、协商委员会的建议、延续解决方案，还是什么？当年度预算让位给延续解决方案时，部门将无法确保实现它们曾经的许诺，在政治家之间的僵局面前，它们也无法指望在规定的时间内得到资金……

预算领域的学生在研究与预算有关的计算方面时不会有太大问题，它仅仅是变得更加复杂而已。但获取资金的策略的确发生了质的变化。这种说法既对，又不对。所有老策略（从小及大到培养客户，正如读者将看到的）仍旧和我们在一起。正如预算过程本身一样，新策略被嫁接在老策略之上。建立在众议院拨款委员会承担看管国库的职能、参议院担当上诉法庭职能基础上的策略必须改变，因为有些职能互换了，并且一个新的机构——预算委员会——承担了其余的监管职能。当支出多样化时，参与者要弄清其机构或项目的"公平份额"必然会面对更大的困难，贷款、贷款担保、税收优惠、物价指数变动，以及年度的、跨年度的、永久性的拨款，使得确定谁将得到多少变得非常困难。当管理与预算局减少它与部门的联系，直接与国会委员会开展持续沟通时，各种关系必须改变。

第 4 章提供了反映预算方面一致意见如何以及为何减少的当代历史概述。权利性支出对其他支出产生威胁。联邦信贷以天文数字在增长。在紧张的经济环境冲击下，以及在凯恩斯经济准则的指导下，收支平衡上的一致意见被弱化。由于经济危机使预算冲突更加尖锐，其他标准的做法（在预算基数上意见一致，将冲突控制在偏离基数的增量范围以内）开始受到侵蚀。对尼克松总统扣押权和水门事件的回应使国会在 1974 年《国会预算法案》下改革了预算程序，但在如何使用它们上却并未达成一致意见。罗纳德·里根的当选使税收、福利以及国防支出方面的严重分歧居于突出地位，这加剧了预算冲突。

第 5 章叙述了这一预算分歧在制度上的表现，包括管理与预算局和拨款委员会职能上的变化，以及新预算委员会的出现。当部门及其支持者考虑新游戏规则时，策略创新变得迫切起来。没有哪个人或哪件事与以往相同。

正如第 6 章所示（第 6 章更新为：平衡预算的政治），分歧使预算过程中最好的和最坏的方面都表现出来……《格拉霍法案》（《格拉姆—拉曼德—霍林斯法案》）的全面削减使人们不必在此绞尽脑汁。然而，《格拉霍法案》还有另一面。当面对削减其他项目或增加税收（并非仅仅申请更多）时，由于参议院的补偿规定，利益集团的院外活动开始采取前所未闻的举动，他们开始对削减预算的其他部分感兴趣……（本章现在包括 20 世纪 90 年代的预算平衡标准）。

在关于权利性支出的第 7 章和第 8 章（现在合并为第 7 章：权利性支出）中，策略上的变化开始变得明显。对项目拥护者而言，在国会决定做出调整之前确保资金供给要比参与变化无常的年度拨款过程要好。对受益人而言，将其受益与某个物价上涨指数挂钩（因而自动调节生活成本），要比不得不每年要求国会维持退休人员或失业者的购买力不变要好。遗憾的是，受益人的稳定以政府不稳定的风险为代价。项目拥护者策略上的理性（将受益和受益人不断扩大的永久性权利性支出指数化）对预算控制者而言却是非理性的，他们发现自己无法对预算中相对较小的剩余部分实施大幅度削减。由于权利性支出构成了近一半的预算，在削减时不考虑它们使预算成为一场完全不同的游戏。如何成为“权利的”而非“可控的”是该策略的精髓。然而，没有预算上的避风港。权利性支出的地位并不是快速增长或回避削减的保证。这就是为什么在投机性股票之外，我还看到了权利性支出上的失败……

关于国防支出的一章在权利性支出之后，因为它是第二大支出……如果有人宣称完全了解国防预算，我会感到很吃惊。庞大的资金数额、在复杂的技术之外长期的研制周期、资源上的丰裕和匮乏、快速变化的世界格局，均联合在一起给人们制造困惑。是监控太少还是微观管理太多？国防管理者是不是在充分发挥作用方面受到限制，被规则的重负拖垮，或者该服务是不是准备独自开展它们的战争，因而需要更多的限制？所有这些在特定情况下都正确。正如福利项目内“浪费、欺骗和滥用”的主张，通常少量事实并未告诉人们在哪里划出苛刻与宽大、提倡与限制之间的界限。如果我们关心的只是在需要时得偿所愿，并且费用并非目的，那么复制便有吸引力。因为“支出的数量”影响“支出的用途”，成本影响部队和武器的数量与质量，所以预算对国防而言至关重要。请你告诉我：是否应当学会容忍国防预算中的错误，比如“粉饰”和“夸大”，因为它们是现实生活的一部分，所以可能会一直与我们在一起？或者我们应当再次尝试改革程序，因为有一条更好的道路？我能做的是解释为什么每届政府都抱怨其前任的过失，接下来继续做几乎同样的事。

第 10 章（现在是第 9 章）是关于预算过程改革的建议（分项否决权、制度化的支出限制、平衡预算的法定要求等等）。本书的老版本和新版本在处理改革问题上的区别在于一个更为宽广的视野。老版本实际上缺少历史分析，尽管我惊讶于在老的过程下达成非正式合作的程度，但我并没有探究预算在实现平衡性、年度性以及全面性方面的根源。关于改革的新章节从这些曾经便于协调支出和收入、使预算行为可预期以及使预算参与者最小化他们之间分歧的规则的严重弱化开始。然而，老预算过程的政治在大量公式的基础上运作，因而在实质上达成一致的重要性被忽视了，分歧时期的新政治事关重大问题：支出多少、为谁支出、由谁支付，总之，你站在哪一边？在改革者寻求一致目标的过程中关注效率和效果之前，这些微观问题（在绩效预算、项目预算、零基预算之类的名称下涉及）现在已让位给更严肃的宏观问题：我们能治理吗？国家的政治精英们能否在他们需要什么样的社会上达成一致，以便完成每个政府都必须做的一件事——通过它的预算？如果人们假定政治个性或预算程序的改变会产生一致意见（而非担心区别竞争者的政治观念分歧过大，以至于除非政治联盟发生根本性变革，否则无法通过任何方式联合起来），改革看上去会有很大不同。由于我支持后一种观点，强调意识形态上的分歧，与其他人相比，我对于政治痼疾的预算疗法更缺乏信心。

请允许我这样说：当在基数上意见（基本）一致时，老版本强调增量上的冲突。新版本强调基数是因为通常没有一致意见。现在冲突事关基本原则。

无论是我还是预算过程都无法回到原点。大约在 1964 年，《预算过程的政治》得到的赞誉就已经超过了它的价值。那时预算过程简单，任何无意间接触预算的人都能很快掌握它。唉，预算不再如此透明了……

在大约 1/4 世纪以前，预算不同，我也不同。在与学生年龄接近的时期（在理解上比我自信的文章所能表达的离他们更近），我未遇到重大的选择问题。关于预算，我所知道的都在那本书上。预算过程比任何事都更能摆脱时间的羁绊，当预算意味着拨款，每个人，包括我自己，均想当然地将预算理解为如此简单的过程时，我可以追溯过去的预算。在老版本中，政治在很大程度上内化于政治过程本身。外部力量只有通过利益集团的活动和参与者评估当时政治气氛时的洞察才能辨识。新版本除了一个章节和有关预算特征的几页，完全都是新的，且更为关注外部政治力量对预算过程的影响。利益集团仍然存在，但它们现在通过意识形态联合起来，将个别项目与政府的总目标联系起来。在预算仅是一个次要问题（尽管是一个重要问题）时，政治稳定被视为理所当然。实际上，正是那个稳定使预算不那么重要。预算中心议题的出现标志着它对变化的政治联盟依赖性的增强。

当预算在一个潜在的共识之下运作时，这个主题被认为过于沉闷，难以吸引读者。根据我的记忆，九个出版商拒绝了这本书，预算容易描述但却很难出售。现在，预算已经有了一些它应有的感兴趣的读者，而这个主题却遗憾地变得难以描述了。我希望再次证明将预算描述得通俗易懂的努力是值得的。除非并且直到我们美国人在我们需要什么样的社会和哪种政府上再次达成一致，否则正如国会议员们的抱怨：预算、预算、预算将是我们唯一能做的事。

**阿伦·威尔达夫斯基**

# 作者生平[①]

## 阿伦·威尔达夫斯基

阿伦·威尔达夫斯基于1930年出生于纽约的一个俄罗斯犹太移民家庭。他成长于纽约的布鲁克林区，毕业于纽约市立大学布鲁克林学院。他的第一本著作是关于澳大利亚政治的，随后在耶鲁大学获得博士学位，并在欧柏林大学担任助理讲师，随后进入加州大学伯克利分校政治科学系。除了在纽约拉塞尔·塞奇（Russell Sage）基金会担任过两年主席外，他的余生都待在伯克利。在伯克利，他是政治科学系主任、公共政策研究生院的首任院长。他还是美国政治科学协会的会长。1993年8月，他在奥克兰的家中去世。

这一生平年表的简要罗列根本不足以传达他丰富活跃的生命本身。这是卓有成效的一生，反映在出版的上百本书籍和发表的上百篇文章之中。这是智力尝试和快乐的一生，持续地反映在观念和经验的相互影响上。这是协作和研究的一生，一次揭示政治行为、价值以及制度的持续不断的航程。

威尔达夫斯基研究、写作以及谈论公共预算超过40年。他的贡献在于超越预算狭窄的世界，并将其转换为政治科学家们关

① 摘自 Naomi Caiden, "Foreword," in Naomi Caiden and Joseph White, eds., *Budgeting, Policy, Politics: An Appreciation of Aaron Wildavsky* (New Brunswick, N. J.: Transaction Publishers), 1995, pp. 1-3。

注的核心之一。预算不仅是专家的技术领域，而且是一个政治的重要体现。对阿伦而言，预算即政治，在基本问题上浅显易懂地反映出社会如何组织自身。

阿伦的思想从未停息，他不断探索新问题，创造新概念，筹划和实现雄心勃勃的研究计划。他的发现和结论被写成有争议、表达清晰以及可读性很强的文章。阿伦是一位艺术大师，他的影响尤其在于他熟练地运用英语捕捉思想、论点、观念以及政治生活的现实和变化。

在学术以外，阿伦将因其个人品格被铭记。许多人都得益于他友好而周到的行为。他诚实谦逊，作为一名犹太人、一位公民、一名家庭成员，他为他坚信的价值和责任增光，他现实且乐观。

通过他的著作、专业活动以及生活，阿伦·威尔达夫斯基接触并影响了许多朋友、合作者、同事、学生、研究者、实践者以及其他人。他在思想、时间、资源、贡献和鼓励方面特别慷慨。他将被深切怀念。

# 第 1 章

# 预算——冲突的承诺

威尔达夫斯基对于预算内涵原创性的介绍开创了新领域。这部分以多种方式定义预算，并且强调它的政治维度。这确保接下来的部分聚焦于预算冲突如何被扩大并深化，以及它们在总统和国会的制度背景下如何被解决。一个附带的主题是拨款过程重要性的下降及其对联邦预算充满争议的控制的意义。这一章是威尔达夫斯基对预算过程原创性的观察，在 20 世纪 80 年代后期进行了修正。

1 经过许多年，最初含义为装钱用的皮包或口袋的那个词已经被赋予了一个更大的含义。比如说，今天当我们听到国会和总统整合成的“预算包”时，我们仍能够发现“预算”一词在词源学上的痕迹。尽管我们可能会感到遗憾，但从把预算拿在手上到现在，我们已经走过了很长的一段路。这个口袋不仅已经膨胀得非常大，而且还变得没有了形状，没有单一文件能代表“美国预算”。类似于一个正式预算的唯一文本是代表总统偏好的一本书——可以说，是他的要价。当我们听说这个预算不现实时，我们就知道许多这类偏好不大可能实现。同样的话也适用于参议院和众议院的预算决议，该方案详述了支出总量和主要项目上应当支出多少，以及应当筹措多少收入。这也可能只是一些不可能实现的期望。最后，留给我们的是各式各样的立法——拨款支出、权利性支出、税收抵免支出、税收优惠支出等——它们共同构成了预算。

2 当我们谈及预算时意味着什么？从某种程度上讲，预算就是预期。一个预算以文字和数字的形式描述了为特定目标和目的所建议的支出。文字描述了各类支出（工资、设备、差旅）或目的（预防战争、精神保健、为低收入者提供住房），数字被附在每个项目后。假定预算制定者有意使成文内容与未来事件直接相关。如果所需资金得到保障，如果它们按要求支出，并且所进行的各种行动达到了期望的结果，那么文件中陈述的目标将会实现。预算因而成为为实现政策目标而将财政资源和人的行为连接起来的纽带。然而，只有通过观察才可能确定在预算文本中做出的预期的正确程度。

在最常见的定义中，预算与将财务资源转换为人们的目的有关。因此，预算还可以被视为一系列贴着价格标签的目标。因为资金有限且必须以这种或那种方式分配，所以预算成为一种在各种可替代的支出之间进行选择的机制。当这些选择为实现期望的目标而彼此相关时，这个预算可以被称为是协调的。如果它包括一个如何实现目标的详细说明，那么对于那些承担实施工作的人而言，预算还可以成为一个工作计划。如果将重点放在一定数量的资金实现最大的政策回报，或以最低的成本实现期望的目标上，预算则可以成为确保效率的工具。

然而，制定预算的意图和执行预算的结果之间可能有很大的差距。尽管预算要求通过有计划的支出实现特定目标，但调查往往显示资金根本没有花费在这些目标上，资金往往被挪作他用，或者预算实现了完全不同的目标，或者预算制定的目标以其他方式实现了。

换个角度，一个预算可以被视为一份合同。国会和总统承诺在特定条件下提供资金，部门承诺以它们认可的方式使用资金（当某机构将资金分配给下属单位时，可被视为制定了一份内部合同）。合同是否可实施，或各政党是否实际上赞同合同规定，是一个需要弄明白的问题。但是，从预算执行的范围来看，它将一系列相互的义务和控制加诸在合同各方。“相互”这个词应当被强调，因为很容易假定控制的实施是单方面进行的，即上级对那些隶属于它们的部门（国会议员、部门首脑等等）实施控制。但是，当拨款委员会同意某些支出而非其他支出，并且为资金支出设定条件时，委员会也对自身在交易中的角色作了规定。另一个例子是希望控制其下属活动的部门领导通常必须承诺支持他们的部分要求，否则下属将会损害他的利
3 益。由此看来，预算既是法律关系，又是社会关系，参与各方在其中做出承诺，并且可能会诉诸制裁（尽管不一定公平）。

资源分配过程中内含的相互作用网说明预算过程可能产生多重困境。达成共识是困难的，因为人们需要不同的产品（或同类产品的数量不同）。人们对未来的判断可能不同，部分是因为他们偏好不同的未来，并且这会导致他们在对所面对的约束（以及机会）上意见不一致。对一家人而言，对来年食品价格和收入的不同估计将决定是购买贵一点还是购买便宜一点的家具；对政府而言，对来年通货膨胀和收入的不同估计将决定是购买贵一点还是购买便宜一点的战舰。即使人们能够在购买什么上达成一致，他们也会在由谁来付款上发生

分歧。合租一所房子的两个人可以均等地承担房租，也可以按比例承担租金，但每个人都试图让别人多付而自己少付。但对不同生活方式——更多的竞争、秩序或公平——的偏好也发挥着一定的作用。一个人是偏好公平的条件还是公平的机会——较富者补贴较穷者，或者较穷者努力改善自己的境遇，或者以两种方式的某种组合维持社会稳定——会使其在理想的公共（以及相应的预算）政策上的观点有很大的不同。

预算在任何群体中都是一个不同人表达不同期望并制定不同决策的过程。为了在一系列项目上达成一致，群体成员必须诉诸讨论什么是正确的和公正的。没有人对正确和公正这些价值观念做出规定，它们来自一种世界观和一系列关于人们应当如何与其他人相处的偏好。当这些价值不仅难以把握（如同胞之爱），而且要付诸实行时——给他们多，给我们少——我们看到预算实际上是在反对与调和不同的生活方式。有时人们的偏好受一些原则影响（例如，每个人应当根据其能力支付，或贡献最大的人应当有最大的影响力）。很难分辨人们何时在援引原则上是真诚的，因为有时候某个原则只是有其他理由的某个偏好的方便托词。在任何情况下，理想均被援引用来说服他人，在“原则”比行动（今天谁洗碗?）似乎能引起更多轰动的地方，我们均被卷入争论。例如，主张国防或社会福利支出过高是一回事，声称提供资金在道德上是错误的则是另一回事。多或少比正确或错误更容易调和，因为它提出了人们应如何与他人共处的问题，预算能够包括的争论比它们表面上的主题范围更大。

避免他人失望或愤怒的期望使确保遵守承诺的计划至关重要。事先在支出上达成一致（预算立法中的承诺）有两个好处：避免在每一次购买上都进行协商，使团体中的每个成员在确信其他人会合作的前提下策划行动。预算是协作行动过程的一部分，其中提供资源的承诺与使用它们的承诺联系在一起。但是，当承诺无法维持一年或更长时间时，预算便失败了。

在幕后，关于权威的问题（谁有权为谁做决策?）以及合法性问题（我们是否应该相信我们的机构代表我们?）覆盖了每一个选择。“爸爸做主”不同于多数规则 4
或每个人达成最优协议。机构的合法性越强，参与者越愿意将结果作为权威接受。当必须在所有事情上都达成一致时，决策制定变得非常困难。这一过程之所以慢了下来，是因为可能要讨论更多的选择，还因为它们的重点已经从“多少”和“为什么”扩展到“谁有决策权”。

预算政策的许多不同含义使预算过程进一步复杂化。预算政策具有财政含义，即支出总量以及相对于收入的赤字或盈余关系被设计用于刺激或抑制经济——对抗失业或通货膨胀。预算是政府职能的体现，预算概括了经济中公共部门与私人部门之间的平衡，即国民生产总值中的多大比例构成了联邦政府支出，简言之，我们有一个多大的联邦政府。支出分配描述了我们需要一个什么样的政府：是强调军事力量的政府，还是保护中产阶级的政府，抑或是帮助穷人或为后代考虑的政府。预算包含有数以千计的特定项目：应当向机场安全投入多少、哪些人（如果有）应当接受特殊的营养补贴、空军需要多少架 F-16 战斗机。

所有这些政策都有争议。其中一些——失业与通货膨胀、政府规模、强调军事支出还是社会支出——能够明确区分共和党人和民主党人、自由主义者和保守主义者。然而，预算政治没必要仅根据这些界限来划分。并非所有的共和党人都是保守主义者，就像许多民主党人也并非自由主义者。预算中的选择形成了折中方法，使得通过党派或理念预测所有的选择变得非常困难。在不相应减少福利支出的情况下，更多的军事支出意味着更大的政府和更高的赤字。一名保守主义者或一名共和党人将不会告诉某位议员其是否更偏好预算平衡而非国防支出。政党界限也会因不同偏好间的冲突而变得模糊：自由主义者通常偏好国防合同，而预算平衡者则喜欢抵押贷款补贴，保守主义者则能够发现社会保障或食品券中的好处。不过了解某位政治家的党派对于预测其是否更倾向于投票支持更大的福利和更小的国防方面，是一个很好的指南。①

正因为预算由许多政策构成，对不同的人来说，预算有不同的含义。对于普通公众而言，预算既神秘又简单。忽视预算的复杂性，认为预算是道德问题——政府能否平衡其账单，能否控制自己的行为——令人难以理解。对于某个联邦机构以及主要由联邦政府提供资金的州、地方以及半私人组织，预算是供水的灌溉系统，没有它，部门及其产品将会干枯和凋零。利益集团可能视预算的许多步骤为机会或障碍，视预算机构为盟友或敌人。某些角色——拨款或授权小组委员会——可能会被利益集团“俘虏”，但决策中心太多，利益集团想要将其全都
5 “俘虏”很难。如果利益集团能尽力为它们偏好的项目多争取一些，那么它们的战略可能会直截了当；如果预算过程的安排使不同利益集团之间的期望发生冲突——一个集团利益的增加意味着另一个集团利益的减少，那么每个集团都很难做出行动决策。

对预算和拨款委员会而言，预算体现了它们的意图和权力，委员会成员必须捍卫这一权力（见图 1—1）。因为预算常常侵犯授权委员会的地盘，因此它们可能视预算过程为一种威胁和一种入侵。对于有强烈议题偏好，但却被相关授权委员会（职责是为国会批准推荐项目和活动的委员会）阻止的国会议员而言，预算活动能为他们提供权力。

预算决议、拨款以及偶尔债务上限的提高，像火车一样必须运行，并且可能没时间踢开搭便车者。对于搭便车者而言，拨款尤其成为投机的目标，例如，反堕胎以及向中美洲军队提供军事援助。预算决议为在其他情况下可能无法通过的议题提供了投票的机会，例如公共工程资金或提高退伍军人福利。对于共和党人和民主党人，特别是领导人而言，预算决议中大项目的总额衡量着他们的政党对美国政府进程的影响力。由于缺少两院的实际组织（议长选举，委员会任命），对政党领导权而言，没有其他活动比预算重要。预算战争是对才干的检验。政党在最后斗争中团结一致的能力（除非根据党派路线组织议会投票）现在成为对它们凝聚力检验的最终标准。

---

① 见 James L. Payne，“Voters Aren't So Greedy After All,” *Fortune*（August 18，1986），pp. 91-92。

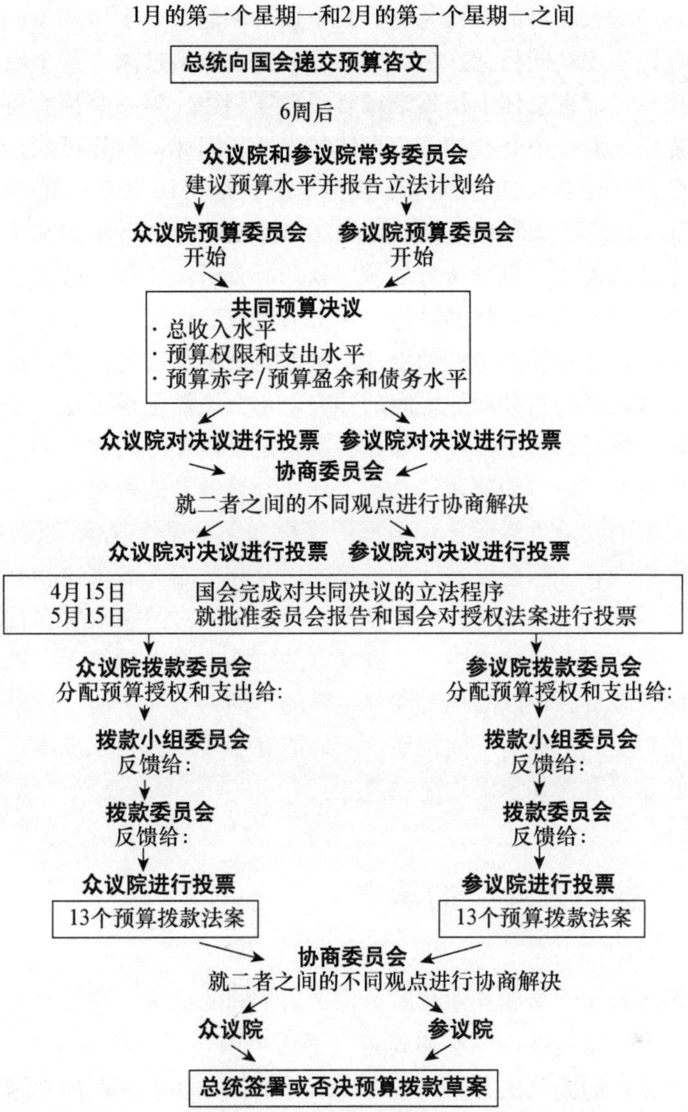


**图 1—1 国会中的预算过程**

* 拨款过程从众议院开始。

（这张图表是预算过程的简化版本。它不包括调整过程、可自由支配上限和 1990 年《预算执行法案》规定的量入为出制度。）

对于支持该制度的国会议员（这要视问题和挑战而定，范围从其中的几个到全部），预算是对国会的一项考验。国会能选择吗？它能贯彻其意志吗？简言之，国会能控制吗？总统也问同样的问题，只是句式略微有改变：“我能控制各部门吗？我能支配国会吗？我能负责地治理并维持公众的支持吗？”总统和国会都必须问，“是我们制定政策，还是政策控制我们？”以及“我们中的某一方能控制局面吗？”

联邦预算过程的复杂性——大量范围广泛却不确定的结果——显示出预算的目

的与制定它们的人的目的一样宽泛。某个预算可能被用于协调不同的活动，以便它们相互补充以实现共同目标。另一个预算可能主要通过减少某个政府部门的工资和其偏好的项目，以在总体上使其下属官员遵守纪律。第三个预算可能首先在于动员从该部门提供的服务中获益的客户群体的支持。因此，预算可能是上述情况中的任何一个或全部，还有可能包括许多其他情况，坚持认为它只能是其中之一毫无意
7 义。[①] 然而，人们可以采纳一个对其持有的目的而言最有用的预算观点。尽管并未发现唯一正确的视角，也没有穷尽该主题的所有可能，我（威尔达夫斯基）希望提出一个似乎有用的概念，将预算过程作为某种政府环境下人类行为的现象来讨论。

总体上看，联邦预算是一种以货币术语对政府活动的描述。如果将政治部分地看作决定国家政策的各种偏好之间的冲突，那么预算记录了这一斗争的结果。如果某人问“政府将资源给了谁?”，那么答案就记录在那时的预算中。如果人们视政治为政府动用资源应对迫切问题的过程，那么预算就是这些努力的一个集中体现。

对于我们的政治生活而言，预算的规模和类型是个充满争议的问题。总统们、政党、行政管理者、国会议员、利益集团以及利益相关的市民相互竞争，力求使其偏好体现在预算之中。成功和失败、妥协与交易、对国家政府在社会中的责任的共识与冲突，都体现在预算之中。从最基本的意义上讲，预算——试图通过政治过程配置稀缺的财政资源，以实现对美好生活的不同构想——居于政治过程的核心。正是由于存在对美好生活的不同构想，人们能够通过预算相互承诺。这些构想间的冲突意味着并非所有这类承诺均能被遵守。

## 1.1 预算是一些相互冲突的承诺

我们的政府向公众和其他政府单位做出不同的承诺，并且这些承诺采取了不同的形式。所有承诺最终均由法律规定（因而由国会、总统以及法院规定）。这些法律中的一部分，如拨款法案，构成了政府部门（如联邦调查局和国家健康学会）在未来一年或几年中支出或签订合同以支出一定数量资金的许可。其他法律，如1935年的《社会保障法案》及其大量的修正案，包含了对个人的承诺，政府将对那些符合一定标准的人支付特定数量的资金。这些法律（通常被称为权利性支出）在四个关键方面不同于拨款法案。

（1）权利性支出不规定支出总额。这些项目下的总支出，例如失业救济，仅仅是对个人的法定支付总额。管理部门可以从财政部提取法律和形势所需的任何资金。

（2）由于总量并未在法律上规定，这类支出总量只能“大致估计”而无法事先

---

① 对预算特征和类型的一个出色的讨论可见 Jesse Burkhead's *Government Budgeting*（New York：Wiley，1956)。另见 Frederick C. Mosher，*Program Budgeting：Theory and Practice，with Particular Reference to the U. S. Department of the Army*（Chicago：Public Administration Service，1954)，pp. 1-18。

得知。实际数字将取决于符合项目要求的人数以及他们被授权的额度。例如，失业补偿支付取决于失业人数和他们以前的基本收入。二者均无法事先确知。总量不仅无法直接选择，而且只能事后得知。

（3）支出授权在时间上没有限制。只要项目存在就提供资金，不规定终止时 8
限，而非授权在下一财年使用：

（4）不像其他部门与预算过程之间的关系，设立和修改这些项目的过程在任何方面均与参议院和众议院拨款委员会无关。

审计总署的一份报告概括了区别："一旦实施，权利性支出立法会自动授权某个行政部门在没有国会事先拨款的情况下开支，因而有效避免了国会通过正常拨款程序的控制。"① 拨款支出与权利性支出的不同意味着支出立法授权是不同类委员会在不同时间决策的产物。由立法委员会提出的权利性支出在年度间被单独采纳和修订。它们还可以通过预算协调步骤修订（见图 1—2）。不仅如此，由一系列独立委员会提出的拨款法案本身也并非在同一时间得到考虑。每年至少有 13 个拨款法案，每个都由参议院和众议院拨款委员会所属的某个独立的小组委员会考虑，通常在略微不同的时间。②

对联邦政府拨款最大的误解之一是认为它通常会列举使用资金的特定项目。有这种情况，但较少。相反，资金按照总体目标整笔拨付，特定的项目清单列示在联合委员会的报告和众议院或参议院拨款小组委员会的报告之中。

预算术语增加了理解该过程的困难。承诺政府支出资金的法律产生了预算授权（BA）。联邦政府不能提供资金给个人或其他政府单位，除非国会给予它这么做的立法授权。预算授权正如它听上去的那样：授权允许政府的某些机构用钱。使用资金被称为支出。没有预算授权便不能支出。

拨款资金没必要在一个规定的年度用光；法案提供了预算授权，但每年的支出（实际支出）源于该年度和以前年度授权的组合。例如，一项拨款可能允许城市公共交通管理局（UMTA）为一个芝加哥快速交通扩展项目拨款两亿美元。这一预算授权允许城市公共交通管理局承担一项使用资金的责任（例如合同）。然而，这笔资金实际上将随着扩展线路的建设以及材料、人工和设计费用的支付，在数年内被支出（见图 1—3）。

在回顾过去时，某一给定年度的支出或实际支出是已知的。在预测时，它们就 10
只能估计。乔纳森·劳赫（Jonathan Rauch）说得好："因为国会参与，预算授权是法律，即是可靠的；支出是工作人员对该法律可能结果的估计，因而是不可靠的。"③

---

① Report to the Congress by the Comptroller General of the United States, "What Can Be Done To Check the Growth of Federal Entitlement and Indexed Spending," March 3, 1981, PAD-81-21, p. 10.

② 仍有一些支付授权以自动机制进行的拨款授权，但是，在某个拨款草案中，国会仍需能通过一个支出授权的年度拨款。

③ "Senate Budget Panel Leaders Wage War on 'Budget-Busting' Appropriations Bills," *National Journal* (November 30, 1985), p. 2706.

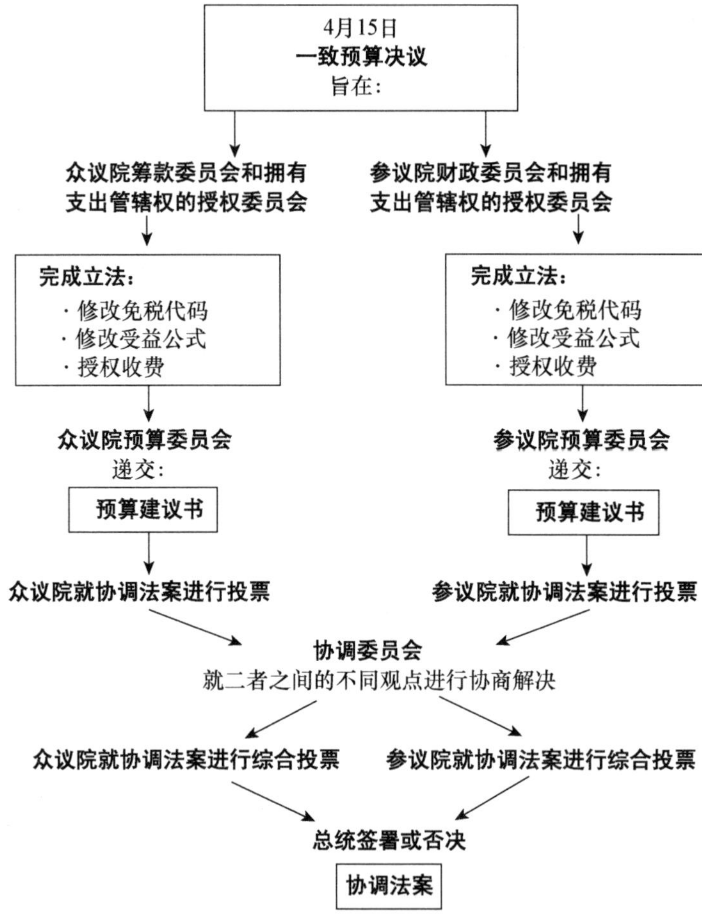


**图 1—2　预算协调的过程**

注：收入和授权可通过常规立法过程修订。协调是一种强制制定预算决议总额的方式（以便实现需要收入或授权改变才能实现的结余）。委员会有权自由决定削减哪部分，但必须遵照要求全部上报，而且国会必须就最终的整个协调法案进行投票。协调只在国会希望启用时发生。

预算授权与支出之间的不同是令密切关注联邦预算的人感到困惑的一个主要原因。国会对预算授权进行表决，但每年的支出，以及相应的财政政策和赤字，终究是取决于支出。国会成员对基于他们预算授权表决的支出规模有自己的看法，但是，正如我们将看到的，这些估测可能存在争议。因此，他们所表决的（授权）不一定是他们所争取的（支出）。预算授权和支出之间的差别使各式各样的阴谋、陷阱以及操纵成为可能，它们中的一些可能并非有意为之。那么，为什么会出现这种情况？

这种情况源于许多联邦项目的特征，以及因联邦政府的规模，在管理这些项目时存在的问题。在我们的早期历史中，地理上的规模很重要。在电报和火车出现之前，
11 通信非常缓慢。联邦政府作为有限，即使有所作为也常常发生在离华盛顿很远的地方。联邦代理人——从波士顿到新奥尔良的海关官员，分布在从西北地区到佛罗里达州的邮政局长或军事单位——不可能受联邦中央密切指导。通信缓慢意味着在

2004年预算授权和财政支出之间的关系
（单位：10亿美元）

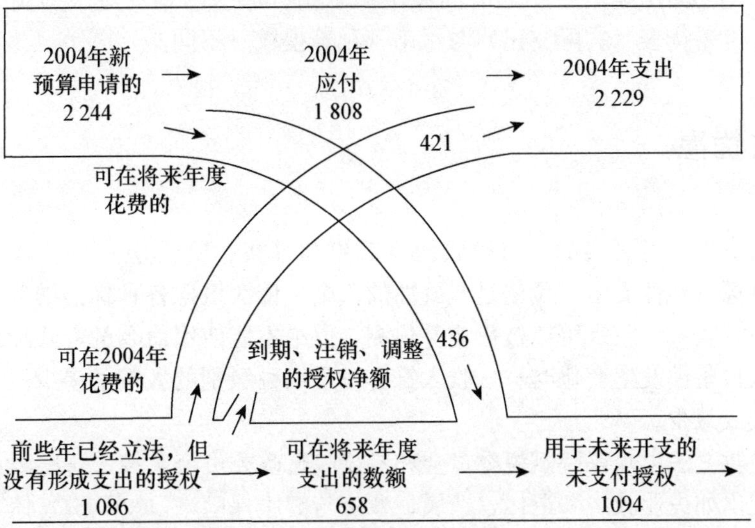


**图 1—3　预算授权在数年内被支出**

资料来源：*Budget of the United States*，*Fiscal Year 2004*，*Analytical Perspectives*，Chart 19-1，p. 398。

1812 年的战争中，新奥尔良战役在缔结和平协议后仍持续了数周。在那些日子里，联邦政府不得不听任其联邦机构预支，随后审计人员将缓慢并非常详细地审查记录。国会为支出提供授权，财政部通过其会计系统主要控制实际支出的真实性和节俭性。较小的地方政府可以直接就年度支出表决，因为它们的工作就在眼前，如果有必要，通过立法部门（比如某个城市议会）召集起来开个特别会议，就能够纠正错误。召集国会要困难一些。像现在那样每年集中讨论与我们有关的支出问题并不现实，至少在 19 世纪的大部分时间里是不现实的。①

此后，国会日常工作程序的建立和对联邦政府众多活动性质的确定都抑制了将侧重点由预算授权转化为支出这一过程的发展。联邦主义的组织结构变得重要起来。一个组织如果像个人只为自己花钱一样只为自己工作，那么，它就比那些为他人工作的组织更容易改变支出计划。联邦政府经常通过其他组织做许多工作，承包商通过巴拿马运河输送邮件或者建造水坝；近年来，州和地方政府因各种事由获取联邦资金，这些事由无所不包，从法律实施到关注穷人。通过第三方开展工作意味着联邦计划者对于工作日程安排不甚了解，而资金接受者则需要某些联邦行动以保证自己计划的完成。因此，组织的复杂性、联邦机构的分层性必然鼓励形成资金年度拨付制度，但资金的使用并不恪守严格的年度安排。

① 详见 Leonard D. White's histories，*The Federalists*（New York：Macmillan，1961）. *The Jeffersonians*（New York：Macmillan，1951），以及 *The Jacksonians*（New York：Macmillan，1956）。另见 Frederick C. Mosher，*The GAO：The Quest for Accountability in American Government*（Boulder，Colo.：Westview Press，1979）；James Sterling Young，*The Washington Community*，*1802—1828*（New York：Columbia University Press，1966）。

简言之，主要是因为管理联邦活动的困难，所以国会更加关注预算授权而非支出。每年的支出建基于不同时间做出的承诺。那些困难反过来抑制了对赤字的控制。年度平衡表（实际支出）与承诺（预算授权）不同。

## 1.2 税收优惠

对支出而言真实的，对税收而言就更加真实：税法是一个多年决策累积的成果。就像权利性支出，税法是开放性的，个人依法根据各种标准纳税，而非确保政
12 府有一定收入。收入可以被影响并估测，但绝不能使用命令的方式加以组织。当经济或人口条件发生变化时——收入符合一定纳税级别的人数的多少——收入就相应地增加或减少。

税收立法由众议院赋税委员会和参议院财政委员会掌控。这些委员会对许多权利性支出如失业救济和退休、遗属、残疾与健康保险（OASDHI）体系等均有管辖权。OASDHI 包括养老金（也就是我们通常说的社会保障）、残疾补助和医疗保险，这些构成预算的最大支出项目。赋税委员会对这些权利性支出有管辖权，因为通过它的设计，这些支出将税收和受益直接联系起来。人们通过向该系统缴费来获得受益权，因而使该支出看上去像保险（你为年老、生病或失业支付保险费）。这些缴费指定用于信托基金，受益的支付可以不局限于每个项目的基金。

这些缴费就是税收：如果你符合支付标准却没有纳税并被发现，你可能要进监狱。尽管这些项目中的一部分，如医疗保险，对个人的支付与其缴款额关系不大（财政部有义务通过其一般收入弥补任何差额），信托基金融资工具要求有关受益的决策与筹资相关联。通过赋予收入委员会对受益水平的管辖权，在制度上实现这一联系。这些项目的保险（真实的或假定的）机制也强化了它们作为不能改变的义务的特征：人们已经为他们的受益付款了。当然，人们也为适当的项目付款，但是在社会保险项目上，受益人可以坚持他们个人的贡献必须用于个人保险这种特殊目的。

委员会有另一类支出管辖权——税收优惠。这些法律条款减少了纳税人对政府的义务，只要他们从事政府鼓励的某些行为。税收优惠被用于鼓励某些产业或促进普遍需要的私人产品（房屋抵押贷款利息的税收扣除鼓励了买房活动，从而也推动了建筑业的发展）。从更广泛的国家利益来看，这些做法也许是合理的（为了减少对外国石油的依赖，为能源探测提供信贷）。那些不喜欢税收优惠的人称之为“漏洞”、“花招”或“税式支出”。这个隐喻意味着资金脱离或被转移出原定用途，并且这种做法具有误导性。这样的漏洞与其他任何立法中有意设置的漏洞一样是经国会同意并通过的规定（当然，在其他立法中，也许有一些意料之外的结果，如起初某一集团并不在税收优惠的范围内，但最终这一集团却被纳入税收优惠之列）。抵押贷款利息减免和雇员健康福利免税（这些最终都是收入）是涉及几十亿美元税收和主要社会政策的税收决策的例子。由于税收优惠影响许多团体，大量赞助者请求赋税委员会高抬贵手，在既定税单上删掉一些项目。

税收优惠和权利性支出的相似之处在于很难想象对它们中的任何一个进行年度审查。无论是税收优惠还是权利性支出，人们都会根据政府的政策而行动——根据折旧率投资，根据社会保障情况储蓄。政治家认为特定权利性支出中的承诺与那些拨款承诺完全不同，结果将在第 7 章提及。到目前为止，我们的讨论应当确立的是：征税类似于支出，而支出则包括许多不同的方面。 13

在美国历史上的大部分时间里，正如《预算过程的政治》所述，当人们谈论预算时，实际上指的是拨款。如果我们审视某些拨款中权力发挥作用的情况，就能理解这一点。

## 1.3　拨款：国会的权力和国会的权限

美国人长期以来就害怕政治压迫。国会议员一直视他们自己为这一压迫的防波堤。从民意测验上判断，相对于总统而言，公众也并没有更信任国会，但国会议员仍将自己视作保护者。他们主要的武器是"控制钱袋的权力"——事实上正如宪法所言，"除非依法拨款，否则不许动用国库"。"控制钱袋的权力"实际上是一项立法权，没有国会的预算授权就不许用钱。

每年向联邦机构拨付资金的程序旨在加强联邦机构官员对国会的依赖。除非机构每年都能证明自身存在的合理性，否则就有失去资金的风险。如果国会对联邦机构的行为方式不满，那么其可以通过威胁改变或实际改变拨款的方式使该机构重返正轨。这样的机会国会每年有一次。由于拖延对联邦机构毫无益处，因为一旦国会将某项拨款变动形成立法，其就将永久或多年生效，除非有非变不可的原因。不像权利性支出，年度拨款意味着拖延将导致资金耗尽和部门活动的停止。拨款法案在议会讨论中被优先考虑，是因为国会议员通常不希望因为某些变动或僵局而导致项目终止。

众议院拨款委员会人数多而责任少（因而更专业化），所以总是比参议院的对应方更关注细节。并非所有的细节都体现在年度法案或报告之中，但详细的审查使众议院下属拨款委员会的成员和职员能够判断某个联邦机构是否按国会及其成员的意图而非行政当局的政治利益或行政管理者的意图用钱。

拨款程序在一定程度上是对在一个充斥着申请者的系统内设计支出控制问题的回应。我们可能会问，为什么预算监督没有像其他监督那样被留给授权委员会——那些制定法律、创立机构并赋予其权力的委员会，诸如军事服务委员会或众议院能源和商业委员会。答案是它们没有预算权，因为国会不相信它们能控制自己。其他国会议员认为授权委员会有非常强烈的动机与它们授权的机构联盟。通过审视他们的工作，我们就可以理解这一想法以及为什么国会议员通过控制他们自身来发挥作用。

正如理查德·芬诺（Richard Fenno）在他的《委员会中的议员们》（*Congressmen in Committees*）中所强调的，国会议员有多重目标：他们想制定良好的政策， 14

拥有个人权力，保持国会的强大（他们的权力依赖该机构），取悦选民，以及讨好那些能影响选民的人（通过资助、宣传或其他支持竞选活动的方式）。国会委员会体系协助其成员追求所有这些目标，但对预算而言，则还有一些缺陷。①

委员会体系对工作进行了划分——关注事实和评估包含在大量政策问题中的集团偏好——因为大多数议员只可能在政策问题的某一个小部分建立专业能力。但他们可以指望委员会在其他立法上提供指导，并且他们也期待着其他人在他们自己的领域内寻求帮助，在这些领域他们有制定政策的权力和参与机会。

委员会并非总能得偿所愿。当多数议员表示反对时，它们无法完成国会立法。坚持冒这个险的委员会将失去来自其同僚的尊重。而其他议员由于对委员会的管辖范围知之甚少，甚至不知道不喜欢什么。这样就有一大片灰色地带可供委员会自由裁量。

不仅如此，立法需要委员会的同意以落到实处，因此，委员会在其所辖范围内有一个实质性的否决权，以及在很大程度上的政策提议权。尽管有可能通过免责申请机制越过委员会，但大量的付出和难以承受的感觉使大多数努力被放弃。因此，那些相关者很重视对委员会成员的影响。

通常，议员们参加某个委员会是因为他们将某一领域的特殊利益带到国会。有时，服务对象能为再次当选提供有利的支持（或有害的反对）。无论如何，议员们都会尽力而为，这意味着在作为委员会成员最具影响力的领域为那些人服务。不论初衷是什么，利益集团通过赞助竞选鼓励这类服务；部门回应政策建议，即使其并未包括在立法之中。随着时间的推移，在委员会成员、利益集团以及部门之间建立了一个相互支持的三角关系。这些联盟被称为“铁三角”，批评者认为圈外人士无法打破这些关系。事实上，这些三角关系神通广大。

所有国会议员都关心收支之间的关系，选民也一样，如果他们的支出持续超过他们可以筹措的收入，他们就得担心后果了，既要为他们自己再次当选担心，也要为联邦机构担心。正因如此，拨款委员会被赋予广泛的权力。授权委员会委员授予拨款委员会委员控制支出的权力（服从于议席投票）。因此，拨款委员会与国会其他成员之间有一种与生俱来的敌对关系。在其管辖范围内，它们为信任所保护；一旦越界，它们就可能失去权力（正如众议院和参议院 19 世纪后 25 年的情况）。然而，19 世纪后期的经历被认为是不成功的，自 1921 年以来，拨款委员会成为国会中更有权力的委员会。

*15* 预算政策由授权和拨款立法共同决定。路易斯·费希尔（Louis Fisher）描述了这一关系的标准模式：

> 作为一项通则，授权委员会负责推荐待国会批准的项目和活动。该委员会制定项目目标并常常设定拨款的资金上限。授权阶段一旦完成，拨款委员会便会提出“预算授权”的实际水平，并允许联邦机构履行职责。当然，这是一个

---

① 见 Richard F. Fenno，Jr.，*Congressmen in Committees*（Boston：Little，Brown and Company，1973）。

理想化的模式。国会的实际运作完全不同。①

老的授权—拨款二分法不再充分发挥作用。老的关系不再适用主要是因为总统和国会要保证对个人的支付而希望支出更多。不仅如此，20 世纪 50 年代以来，对年度拨款的永久性或跨年度授权倾向于让位给年度授权。理由之一是提高拨款委员会的影响力。尽管授权委员会无法提高支出，但在年度基础上增加授权（特定的金额）的能力会创造更多的游说机会。授权委员会可能也试图在议席中扭转拨款委员会的行为。这么做几乎都是为了增加支出。

在实践中授权和拨款的边界很难界定。不为某项活动提供资金或仅在一定条件下提供资金的某项决策（例如堕胎仅在强奸或严重威胁母亲生命的情况下被允许）看上去更像是一项政策决定。遗憾的是，侵蚀授权和拨款基础的诸多可能性加剧了委员会之间的权力斗争，还为通过议员大会修正案使拨款立法复杂化提供了激励（授权委员会不会通过的附加条款），这样一来，必须通过的拨款也可能成为筹码。

然而，拨款程序无论是在过去还是在现在都有意义：拨款委员会的权力来自议员大会赋予立法部门的特定有利条件；多年来，安排进委员会的成员均来自相当安全的区域；在委员会里主席有很大的正式权力的年代（直到 20 世纪 70 年代中期），拨款委员会的权力还来自重权在握的主席的影响力。最重要的是，委员会的职责同时被自己的成员和两院中的其他成员所接受。因为任何人都可能支出，因而多年以来，委员会成员在限制支出方面被认为既有美德，又有权力。

在美国人以雄心对抗雄心的实践中（《联邦党人文集》中雄辩地证明为合理的制衡功能），拨款委员会堪称典范。那些委员会限制支出的雄心对抗着授权者增支的要求，而结果多种多样。广义上说，众议院、参议院以及总统互相审查。当他们被认为对彼此的审查不足时，一个被称为预算委员会的新委员会层级就会介入以协助保卫国库。一旦如此，某些显而易见但却未曾预料的事情就会发生：拨款委员会从它们先前国库保卫者的位置退回。支持委员会的准则部分让位给成员的自我表 *16*
达。对某些成员而言，鼓吹项目成为主要目的。对其他成员而言，坚持改进联邦项目效率管理的观念依然很重要，但控制支出却不是。

除了这些观念上的变化和可以理解的利己主义，拨款委员会仍旧是重要的。一方面，政府规模增长到每年 2 万亿美元意味着拨款委员会通过的 35％部分代表着巨额资金。换一种说法，尽管总量中通过拨款程序的比例下降了，但绝对额仍远高于 20 年前的预算总额。另一方面，由于社会保障已经处于政治上无能为力的境地，并且权利性支出变得更难削减，因此，拨款成为短期内可以争夺的一个很大部分。但这个已经超出了我们的话题。

众议院和参议院之间的相互审查容易被忽视，却也很难被过于重视。这些机构以不同的方式代表人民，它们的成员面对不同的政治现实（每 6 年而非 2 年竞选一

① Louis Fisher, "The Authorization-Appropriation Process in Congress: Formal Rules and Informal Practices," *Catholic University Law Review*, Vol. 29, No. 5 (1979), pp. 52–105.

次大大改变了议员们的观点），它们的预算委员会规模不同（这导致不同的人力分工模式，参议院较少细节导向，更多辩论导向）。两个机构的领导和成员之间的相互依赖很少，任何一方都不会接受另一方的领导。由于相互独立且各不相同，两个议院通常支持不同的政策。如同在其他法案上一样，拨款或税收法案上的分歧必须通过协商委员会中的交易解决，来自两院的代表提出一个两院均会支持的一揽子条款。会议上提出的东西，如果有，也可能与任一议院的期望相差甚远。参加协商的众议院成员会建立联盟并始终密切关注参议院。参议员们可能投票赞成比他们想要的更多的国防支出，以便将一个讨价还价的空间带到会议上。对于赢得持续支持的项目，尽管众议院成员不喜欢它，但考虑到参议院不支持这一项目，并将会在会议上削减它，因此众议院也投票支持这一项目。在众议院中受挫的某个利益集团将努力在参议院进而在会议上获胜，总统也一样。

两院制使立法复杂化，在做出一个最终决策之前必然会进行多轮投票。这为讨价还价提供了无数的机会。在某项草案经讨论提出并得到最终通过前，不仅其命运，甚至连其条款都可能是不确定的。由于很难区分动机和偏好，解释国会行为是困难的。甚至在某项议案通过之后，总统也可能会否决它。

## 1.4 总统既是国会的对手，也是国会的伙伴

总统在预算过程中拥有最初和最后的提议权。它既可以检查国会，也可以利用国会，国会也可以检查和利用总统。

最后的动议是否决——大棒，在这里手术刀可能更适合。总统对拨款的主体部
17 分往往没有意见，它们主要提供给相对而言没有争议的和长期的活动。因此，否决某项拨款法案成为老鹰捉小鸡游戏的一部分，总统和国会中法案的支持者均不愿因为在有关细节的争论中削减联邦项目而受到指责。总统——即使仅仅是因为他自己政党的成员不想看到他失败——通常能够在至少一个议院中找到足够的支持来维持否决。他还在与国会的公开辩论竞争中居于优势：总统吸引了更多媒体的注意力；作为唯一全国选举的官员，他可以声称比任何一伙国会领导人都能更好地代表国家利益；即使是声望最差的总统也比国会的人气旺。由于这些原因，总统似乎更有可能赢得一场否决战争，国会不得不通过一个符合行政首脑要求的新草案。

然而，这一关系有其自身的变化。国会成员不喜欢某类否决，可能会联合起来反对某位做过头的总统，这是保卫制度赋予他们的权力。总统不愿失败，特别是因为失败会降低白宫的信誉。预期的反应（预计因让步而输掉的一方）是常规。当总统未能注意这一信号时，他可能会减少要求，但最终不得不支出更多。从根本上讲，总统和国会都有很好的理由避免一场公开的否决斗争，这会使一方或另一方陷入尴尬，使双方均看重的项目受损，并且浪费大量时间。因此，否决权赋予总统在有关支出和税收立法的交易方面的发言权，它的威慑力比使用它更重要。

宪法通过否决权赋予总统在讨价还价中的发言权，国会给予总统制定多项条款的权利。1921 年的《预算与会计法案》创立了预算局。该局几经调整，成为管理与预算局（OMB），设在总统执行办公室。每一财年的预算由 OMB 编制，再由总统提交给国会（每一财年始于前一日历年度的 10 月 1 日，止于统一计数日历年度的 9 月 30 日，因此，2002 财年始于 2001 年 10 月 1 日，止于 2002 年 9 月 30 日）。总统预算必须在国会会议之初提交，该会议为那一财年制定拨款法案，例如，2001 年 1 月递交 2002 财年预算。

总统预算是一个立法建议和事件预期的综合。它为每个部门各项目（例如工资和费用）的预算授权额度提出建议，拨款委员会将对其进行审查。总统预算的估计数来自上年的实际支出和新老预算授权的组合。它预期经济形势，并据此预测当前的税法和权利性支出将会产生的收入和支出。预期的利息率（有时很难预测）决定了预期的政府债务成本。这些建议和预期汇总成一个底线：盈余或赤字。赤字、总支出以及收入是总统提议中最受公众关注的方面，这些方面必须在他自己和其他人面前被证明为好政策和好政见。

过去，影响总额的唯一途径就是影响组成部分。预算过程通过加总出现在各部分的收入和支出进行，对总量应当如何的认识较为随意。近期正式和非正式的赤字削减程序以另一种方式进行——从总量到部分。支出必须符合预先设定好的赤字削 *18*
减目标。

在编制他的预算时，总统面临对项目的偏好与对总支出、税收以及借债方面的偏好匹配起来的问题。过去，由于部门控制它们的支出申请，第一步是询问它们需要或想要什么。OMB 的预算审查人员详细分析部门建议，如果需要，寻找削减的最佳领域。他们的判断既建基于经验法则（砍掉新项目或削减无效项目），也根据管理部门对每个项目的态度。在 OMB 审查的同时，总统的经济顾问们——财政部长、经济顾问委员会主席、管理与预算局局长等——准备经济形势报告以及对特定税收和支出水平的说明。但那是那个时候的事，现在，随着总统偏好从更低的总额开始，OMB 对允许支出的水平发布建议。有时建议包括“恢复”，即恢复以往同意的资金。这并不是说 OMB 以往仅对部门需求作出被动反应。OMB 在过去的确提供过支出指南，但包括的范围和焦点已经发生了很大变化。

通常，总额建议意味着一个比部门提交给 OMB 的总额更低的支出水平。总统如何解决那种不匹配要视经济形势、总统自身的政策偏好和管理风格以及其他的政治参与者如评论家、国会及利益集团的期望和反应而定。无论政治—经济判断如何做出，单个项目决策与偏好总额之间的一致可以通过如下方式实现：

（1）通过 OMB 发布总统指令或安排支持者掌管部门来改变部门拨款申请。这个办法有一个明显的好处：国会必须通过某些拨款，因而必须面对总统提案并使不同法案合理化。

（2）提议改变支配权利性支出的法律。国会根本不需要采取行动。因此，总统不能强迫赋税委员会就医改提出报告，但国会可能选择限制合格标准、减少支付额度或限制生活成本的上升。

（3）建议改变税收。增税通常是政治毒药，政治家不希望被视为支持增税。所以，增税倾向于伪装成堵塞漏洞、改革、“增加收入”或所谓的暂时性附加。

（4）改变经济预测，使税收和支出估计更接近。过去，经济预测仅由白宫制定。现在，参众两院预算委员会和国会预算局亦参与其中。然而，对数字的任何歪曲，如果做得过于频繁或过于露骨，均可能导致国会对总统预算完全置之不理。但这有一个好处：管理部门不需要提议伤害任何人。因为经济预测是一门高度不确定
19 的艺术，经济学家在任何情况下均有可能出错。使用这一方法要求总统相对于结果而言更关注财政表现。毕竟，预算和经济在下一年还会再次来临。

（5）总量决策并不是那么糟。罗纳德·里根就作出了带有赤字的决策，吉米·卡特和其他许多总统也这么做了。问题之所以不好，是因为解决的办法没有比它更糟。

然而，总统界定了他的问题，他的预算的发布伴随着许多噱头。预算文件包括对他的预算的详细论证。部门首脑被要求为总统的预算建议辩护，尽管他们申请了更多的资金。

显而易见的问题是：为什么国会设立这个程序？它对于国会的所作所为有多大影响？对国会而言，这一程序主要的好处是使总统对提议的削减负首要责任。总统可以在行政系统内以一种国会任何部分均不可能的方式推行他的优先项目，因为行政系统基本上（实际是在部分上）是一个等级制度，国会则不是。总统可以制定一个一揽子计划，这是非集中的拨款委员会难以做到的。这样，国会就可以对总统的一揽子计划做出回应，在它与国会的优先项目差别太大或选民压力大的地方改变它，并让总统对其他决策负责。

通常，权力的代价是扯皮，它使总统和国会都有理由躲避预算政治责任。该程序的弹性一度大到足以让国会议员在他们觉得有必要的时候行动。他们可以在听证会上指责某些部门，证明这些部门没必要增加。他们会在拨款听证会上提出重要的问题，要求部门为更高的支出寻找合理的依据。他们可以在总统的申请中仔细挑选，提高受欢迎的项目（国家健康机构）并削减不受欢迎的项目（对外援助）。通过在这里削减并在那里增加，拨款委员会能够在不突破总统预算总额的情况下扩张某些项目。不赞同委员会立法的国会议员可以批评它们，或者在议员大会上力争改变。

这种部分合作、部分冲突的关系建立在一个已达成非正式理解的通用框架之上：预算将平衡，税收和支出水平将不会快速增长，公共资金分配上的一致意见将保留。然而，在老的预算秩序下达成的理解和一致意见被侵蚀了，因此，一个以更为尖锐的方式提出的问题是：构成预算的许多承诺中的哪些将被保留。

## 1.5 冲突的承诺：预算控制的多重含义

到目前为止，我（威尔达夫斯基）已经尝试着描述预算意味着什么以及预算包

括的不同参与者和过程。这一讨论背后的问题是：由谁来控制。正如可能预料到的，控制问题引发了一系列难题。

控制这个词可以有效地被认为是原因或权力的同义词：人们能够控制事件意味 20
着能使事件按照他们的意愿发展，而非相反。预算控制包括期望不同产出的人们之间的冲突，以及运用权力使支出的规模和分配与其他情况下的可能状况不同。因此（引用最普通的公开声明），说“预算失控”意味着参与者之间与意图和效果有关的一系列关系的失败。无法详细说明这些关系使控制（对什么控制、由谁控制、在何种情况下实施控制）成为一个含糊的问题。因此，关于预算控制的大多数论述均空洞无物，甚至是消极的。在读者探究预算的历史之前，他们也许希望了解一下思考控制的一般性问题的各种有用方式。

谁将实施控制？是大众、利益集团、国会全体、拨款委员会、总统、部门首脑、政党，还是它们的某种组合？如果是人们通常认为的一般大众，那么某些因素——学习民主的学生熟知但很少运用于预算过程——就必须加以考虑。对于大多数预算问题而言，可能没有通行的观点。如果不考虑特定支出，政治通常远离公众视野，这是一个很好的选举代表的理由。实际上，不论公众持有何种观点，都可能只是代表他们的政治家和政党的观点的浅显反映。甚至即使有明确的观点，也不可能直接用于预算。因为，在不实行公众投票时，人们选举或力求影响他们的代表。现在，因为这些代表要处理许多非预算问题，仅因为预算问题反对某个候选人可能不明智。因此，人们有可能会投票给预算偏好与自己相左的人。①

然而，民意测验的出现使了解公众偏好与连续预算体现出来的偏好是否大体一致成为可能。根据一个较为粗糙的方法，政府似乎并未过度偏离公众意愿。源于选举的政治联盟的变化至今仍旧是产出最主要的决定因素。最终的权力保留在人民手中。但如果人们的意见分化，正如通常的情况，并且很难实施直接控制，控制的任务就属于官员们了。

谁拥有预算权并未告诉我们预算是否可控。也就是说，我们需要建立判断预算控制情况的标准，或者说知道受控或失控意味着什么。实际上，通常提出两种方法。其中第一种是观察表面上达成协议，但无法实现的预算平衡。的确，据说如果国会无法维持其反复重申的预算平衡的承诺，政府预算便注定要失控。国会中的大多数议员确实说他们希望平衡预算。他们所说的可能是他们的真实想法，但这不是
唯一的真实想法，因为削减赤字不是国会议员唯一重要的目标。有的希望削减福利 21
支出，而另一些希望提高税收。仅有少数人相对于其他政策而言更关心平衡。多数人支持平衡，但并不意味着愿为此放弃其他偏好。

第二个判断预算失控的标准是拨款委员会不再就预算中的大部分内容制定年度决策。这些“相对失控”的支出，如政府所言，主要是那些如果不改变支出授权法令就无法改变的支出。

相对不可控的支出不仅包括权利性支出，而且包括以前年度发生的义务和签订

① 见 Robert A. Dahl，*A Preface to Democratic Theory*（Chicago：The University of Chicago Press，1956）。

的协议，还有大量无法改变或固定的成本，例如债务利息或各种由美国政府担保的贷款。只有想象不到的违约会改变这些支出。从另一个角度看，余下的预算大部分与士兵和公众的工资、运作成本、信息收集以及其他短期内不易或不希望改变的项目有关。

那么，预算变得无法控制是因为拨款委员会每年无法覆盖其主要部分吗？不完全正确。税收在调整之前通常持续有效，而很少有人认为它们失控。这是因为国会可以随时对其进行调整。权利性支出也一样。

相对可控和相对不可控的二分法有一定用处。观察者关注某些重要的因素：相对不可控的部分正在增长；通过拨款委员会的部分正在下降；大多数可控支出在国防预算中；相对于改变一项拨款而言，改变一项法律更难。

然而，将拨款等同于可控支出并且将权利性支出等同于不可控支出也会产生误导。可控支出和不可控支出之间的区别“显示预算项目可能会如何变化”①。拨款被视为较容易改变的目标，因为国会必须每年就其做出决定，但它们不一定更有弹性。国会可以在一定程度上削减海岸巡逻队、劳动力统计局和联邦航空管理局的支出，但不能太多。毕竟，人们需要救援，失业数据至关重要，而关注空中安全也合情合理。不仅如此，由于权利性支出占据了一个很大的预算空间，它们实际上能够提供更令人瞩目的目标——并且这些目标每年都会受到攻击（尽管并非每个目标，程度也不同）。不仅如此，由于虽然多数权利性支出经常调整，但很多拨款还是神圣不可侵犯——通过改变合格标准、反通胀指数、财产税以及许多其他手段——说前者可控而后者不可控在某种程度上是不准确的。②

真实情况是，不可控项目中75%的数字都大大低估了在政治上随时可以改变的
22 预算部分。③ 正如在探讨古典预算时将会澄清的，总支出中的90%～95%作为过去的承诺和现在的约定被锁定。这里，在对他人的承诺中，有我们一直在追寻的可控性明显下降的原因。

与以往相比，国会希望向更多的人做出更加宝贵的承诺（一个有时候打着福利国家幌子的现象）。结果是，尽管国会可能马上会在其承诺上食言，但它不愿这么做。这种不情愿可能源于害怕在投票选举中遭到那些失去部分社会福利的人的报复，还可能是放弃诸如对肾透析的承诺，或更可能出自对多种理由的综合考虑。国会在两种冲突的承诺间挣扎：考虑到预算平衡，是坚持对特定情况下某些受益人的承诺，还是坚持对普通公众的承诺。冲突通常的解决方式是忽进忽退，也就是说，做一些似乎能满足每一承诺的事。国会在遵守大多数承诺的同时，通过边际调整来实现预算平衡。正如政党在敌对党派的压力下先移到“左边”，再移到“右边”，并且正如拨款委员会成员过去常常通过削减总统预算来满足委员会规则，并通过比以

---

① Lance LeLoup, “Discretion in National Budgeting: Controlling the Controllables,” *Policy Analysis*, Vol. 4, No. 4 (Fall 1978), pp. 455-75; quote on p. 456, italics in original.

② 详见一个出色讨论，LeLoup “Discretion in National Budgeting,” op. cit。

③ 见 Martha Derthick, *Uncontrollable Spending for Social Services Grants* (Washington, D. C.: The Brookings Institute, 1975)。

往年度提供更多资金来满足选民需要一样，国会通过调整其承诺来遵守它们。

由于种种原因，这种政策弹性近年来变得更加困难。自动保护权利性支出免受价格上涨的影响从很多方面来看都合情合理。贫困的受益人不必再追讨下降的购买力。政治家不再试图通过在选举年提高受益来对通货膨胀进行补偿。对患者和老年人的承诺尽量不小题大做。很有诗意，不是吗？但问题在于政府在化解了价格上涨的冲击带来的影响的同时也失去了对其他变化做出反应的灵活性——例如部分源于一系列其他承诺的巨额赤字，如进行税收削减和保护人们免于面对因通货膨胀造成的更高的纳税等级。人们的购买力不变却要缴纳更多的税收，政府通过通货膨胀征收更多的税，这是不对的；对政府而言，在因权利性支出指数化必须支出更多的同时从所得税中征收更少也不对。对一方而言确凿无疑的“正确”，对另一方而言却是一个“错误”。

今天，以其他方式出现的冲突的承诺在第二次世界大战之后才为预算实践者所知。1946 年《就业法案》使政府对维持人们的就业负责。那种承诺符合凯恩斯主义经济学原理，认为需要调整赤字或（很少）盈余来适应经济的需要。尽管财政政策要求调整支出，但权利性政策的承诺却要维持受益的价值不变。如果说政府通常像一个柔术家，那是因为它的承诺实际上同时在两个相反的方向上发挥作用。

到目前为止，我们审视了居于政府参与者之间以及政府与公众之间冲突的承 23
诺。但是，预算中还有另一个困境——个人理性与集体理性之间的冲突。对个人而言值得追求的，从一个更全面的视角来看，却可能不可取。我们视预算中的冲突为一个要求更多项目的愿望与支出控制之间的冲突。

具有一定讽刺意味的是，国会议员通常投票支持特定项目的支出增长，又转而投票赞成赤字削减措施。但是，仅关注国会也只考察了问题的一个方面。例如，投票数据显示公众也同样矛盾。尽管大部分公众偏好一个平衡预算，但他们反对更高的税收并在多数情况下支持大多数项目。

为了试着理解这一两难处境，关键是要同时审视观点和机会的构成。毫无疑问，增加项目支出对于国会议员和全体选民都有吸引力。我们每个人都有使我们受益或有助于我们知道的某个人的特定项目，或者我们可能视特定政府活动对于社会或国家是根本性的。但政治系统的结构不允许我们选择我们需要的项目并抛弃其余；相反，政治系统致力于利益交换。为了得到我们需要的，就必须接受其他人需要的项目，我们可能毫不关心或反对这些项目。在国会内部，这一现象的例子是承载着设计用于赢得广泛支持的项目的法案。

我们的特定需求（更多项目）并非是我们在总体上需要的——较少的总支出和较低的税收。问题在于，尽管存在着扩张项目的动机，但总量控制的动机却很少。投票人很少面对解释清楚的选择，并且通常也没有机会在总量上设限（不论是税收还是项目支出）。国会议员尽管有设置预算总额的机会，但却没有控制这些支出的相应动机。不论是出于国会议员们削减支出便会疏远投票人的观念，还是出于无法就削减什么项目达成一致，事实仍然是，尽管有对总量的新关注（由 1974 年《国会预算与扣押权法案》引起），削减的动机仍旧微弱。

对政府而言，遵守承诺不仅要有意愿，而且要有办法。预算政策上的一致仅仅使政府参与者满意，内部的一致无法保证外部力量（战争、气候等）不干扰完美的计划。然而，由于政府资源事先被用于满足很多好的理由，做出适当的反应变得更加困难。

这并不是说控制预算意味着它必须平衡或国内和/或国防支出必须削减，而是说，对于政府的根本目的而言，控制走得更远；政府对其他人的承诺必须与它自己
24 的预算计划一致。从当前的立场来看，平衡预算的承诺与所有其他政府提出并希望遵守的承诺冲突。

与我们的先辈们相比，我们更倾向于怀疑“预算失控”，因为周围有那么多饱学之士这么对我们说。过去，追溯到20世纪50年代，公共官员和几个拨款委员会里的政治家是仅有的预算专家——他们很少辞职或丢掉工作。马克斯·韦伯列举的定义现代官僚制的特征——专业垄断和职位安全——适用于这一小部分政治管理者中的骨干。这种情况已经过去了，公共政策的每个领域都有各种层次的专家，他们曾在部门供职或很快会如此。他们分布在智囊团、大学、州和地方政府、基金会、研究中心以及大型的咨询和会计公司。实际上，在政府范畴之外有竞争团队。当有如此多熟悉情况的人热衷于此事时，事后评论便成为一门复杂的艺术。在失去先前对信息近乎垄断的地位后，公共官员发现隐瞒赤字变得越来越困难。不论我们谈论的是福利还是国防，是超级基金还是贸易赤字，很少能避开公众的视线。现在越来越多的人知道钱藏在哪里。

议会民主中忠诚的反对派确保了对现行政府政策的一连串批评。但这类批评通常很笼统。唯一知之甚多的人是现在为另一党派工作或根据官方保密法案保持沉默的公务员。相反，美国政策分析中竞争团体（它们不对政府负责而又掌握大量信息）的存在确保了对于不明智或错误的预算会有大量和非常具体的评论。X上支出过多，Y上不足。错误率（不合格的人得到福利支付）或成本超支（不合格的人从国防中受益）被曝光。贫困人口、儿童作为穷人中最大类别的出现，或未得到满足的技术需求如果被忽视，注定将毁掉美国人的竞争力的说法每天都会听到。批评已经制度化，而支持却没有。

协调承诺的控制工作非常困难，因为对不同人而言，预算有许多不同的含义，因而针对某一特定预算的意见冲突也是如此。在过去，这些多样化的期望通过某些共同的偏好结合在一起：一份平衡的预算、避免快速上升的支出或税收，以及在支出分配上广泛的认同。传统预算秩序下这些承诺的崩溃已经放松了对如此众多的期望的限制。因为新秩序被建在旧秩序的脚手架上——替代的不如加上去的多——下一章以美国预算的历史起源开始，这些起源仍旧影响着其在今天的所作所为。

# 第 2 章

# 竞争权力的预算：历史观点

本章追溯了美国预算的起源。它的主题是再现政府行政部门和立法部门之间围绕税收与支出的权力斗争。尽管各党派在联邦政府应当多强大方面观点不一，但是通过立法部门批准支出来审查和控制行政部门的殖民地惯例却被引入新共和国。战争的压力和工业化创造了对政府的新需求并抬高了政府支出，平衡需要根据行政部门的偏好变动。改革者批评现行实践，并且提倡一种行政预算模式，建立在对效率、行政科学原则、专家的必要性以及使预算远离政治的基础之上。1921 年的《预算与会计法案》创立了总统预算，但国会并未放弃，甚至强化了它在预算上的特权。本章以接受对于国家经济的联邦责任和凯恩斯主义信条结束。

25 美国政治思想中的老生常谈很少有比这个更古老的：控制钱袋的权力是立法授权的核心，因而也是对行政部门的一个基本审查。行政部门的建立在资金上不依赖于立法部门（以及公众），否则会导致擅权，最终演变为专制国家。那些发动美国独立战争的人从英国和殖民地经验中得出的结论是：自由的人民必须将其统治者控制在一个严密的财政束缚之内。从美国政府建立之初起，预算决策便被视为权力斗争。

26 因此，联邦预算的演化反映了国家的政治斗争，并转化为政府的制度。早期殖民者对殖民政府的约束很快便与国会限制总统的努力相适应。① 各种转折点（战争、所得税、预算执行过程以及大萧条）逐渐导致天平向行政部门倾斜。

这一发展并非发生在真空之中：在 18 世纪末期至 20 世纪中期，美国从农业经济转变为工业经济；它的公民更加多样化，包括以前的奴隶和背景完全不同的移民；城市发展和交通工具的革命改变了每个人的生活；国家承担起国际事务的权力和责任。政府注意到更新的责任和联邦预算的增长，但除非发生战争，支出受到控制。在 20 世纪 60 年代后期的预算大战开始之前，预算过程中的政治似乎奇怪地未受到它周围发展的影响，这也是整个政治系统的反映。妥协、平衡以及共和国早期的认识限制了预算过程的参与者，将制度和预算打上保守主义的烙印，继续紧紧握住并维持一场“古典的”美元之舞。

## 2.1 殖民地初期

殖民地的支出事实上很简单。关心穷人、精神病患者、病人或其他贫困者是一个地方的责任。公共工程少且分散。高速公路短且不平。法院大楼很小，尽管有时外表装饰得光鲜亮丽。法官很少，也不需要太多助手。没有殖民地海军，并且陆军——除了在印第安大战时期或与法国争夺北美大陆控制权的战争期间——也由地方民兵组成。立法机构会期很短，报酬即使有，也很少。殖民地的行政部门很小，官员的薪水通常由收费而非一般收入支付。只有皇家总督们才能得到可观的薪水。

殖民地立法部门控制行政部门的非同寻常的努力包括：限制它们的支出额、支出期限以及资金用途，赋予这段时间它的独特烙印。如果是英属殖民地，并且如果殖民者来自英国，那么他们就有义务支持皇家总督们。然而，由于殖民者需要英国的保护而非英国的制度，所以他们自由地运用英国传统，通过拒绝支付迫使人们遵循立法部门的意愿。②

27 每年对工资进行表决是殖民地的一项常规工作。间接税、消费税以及进口关税通常每年都要重新制定。皇家总督们没有永久性的收入来源，因为这样可能会使他们变得“傲慢”③ ——这仅仅只是开始：拨款限定了对象和数量；极端冗长的拨款提案中明确指出什么可以做、什么不能做，以及多少金额。所有未曾预料的结余都要立即转入国库的要求更是雪上加霜。

尽管如此，或许可以认为某项拨款一旦表决通过，皇家行政主管部门便可以着

① 更详细的研究见 Carolyn Webber and Aaron Wildavsky, “Balanced Regimes, Balanced Budgets: Why America Was So Different,” Chapter 7 in *A History of Taxation and Expenditure in the Western World* (New York: Simon and Schuster, 1986)。

② 详见 Robert C. Tucker and David C. Hendrickson, *The Fall of the First British Empire: Origins of the War of American Independence* (Baltimore/London: Johns Hopkins University Press, 1982), pp. 152-159, 174-175, 406-410。

③ Charles Bullock, “The Finances of the United States from 1775-1789 with Special Reference to the Budget,” *Bulletin of the University of Wisconsin*, Vol. 1, 1894-1896, Frederick Turner, ed. (Madison: University of Wisconsin Press, 1897), pp. 217, 225.

手将钱用于预定目的。然而，几个殖民地竟然选出独立的财务人员，不让总督管理自己的财务。其他立法机构强调没有它们的特别同意，不应有任何支出，因而赋予殖民者控制公共资金支出的权力。一旦出现紧急情况，每个人都认为应当进行特殊拨款时，殖民议会可能会委任特别专员，他们直接对殖民议会负责，而非向总督负责。如果这些约束被认为管理过松，那么还有其他约束：收入根据表决通过的各项税收进行划分，用于非常细分的目标（例如修建堡垒、修建灯塔或支付某位管理者的工资），通常包括附加条款，即一旦目标实现，该项资金"不能被用于其他任何目的"①。殖民议会还削减皇家官员的薪水，规定从事这项工作的人的确切姓名，并让这些官员在法律上对所有支出资金负责。②

在涉及总量时，每个人都知道什么是关键的：皇家总督及其支持者特别想得到一笔独立于立法部门提供资金之外的皇室专款授权或额外津贴；殖民者则希望制造不确定性、吝啬、小气，使皇家总督屈从于他们的意愿。对英国人而言，似乎只有殖民者回报皇家政府的支持才是合理的。《印花税法案》、茶叶消费税以及加诸殖民者的其他税收是议会努力的结果，用以作为在美国工作的英国官员的独立收入来源。问题是权力，而非金钱。

独立之后，美国人发现运作一个缺乏权威的政府是困难的。如果他们希望采取行动，他们就必须给予行政官员灵活性。立宪会议由那些试图建立一个比《联邦条例》下现行政府（对个人有直接强制权）更具活力的政府的人们创设。然而，立法权支持者们的影响有助于削弱行政部门。对于罗杰·舍曼（Roger Sherman）和许多其他人而言，一个独立的行政部门是"暴政的根源……"立法部门是"社会最高意愿的贮藏所"③。

亚历山大·汉密尔顿也看到了财政权力背后的政治权力。他认为必须偿还独立战争期间发生的债务，不仅是为了建立良好的信誉，也是一种联系因政府目标将被支付的人的方式。④ 从他担任财政部长起，他就写信给国会说美国人必须学会"区分压迫和法律权威的必要行使"⑤。汉密尔顿在征收关税以外的税收和在威士忌酒消费税上实施征税权的兴趣与他加强政府的愿望之间关系密切，与筹措资金的需要之间的关系也同样密切。 *28*

汉密尔顿上任后不久，在美国之外难以理解地出现了一种呼声：握有强权的财政部长通过将其观点灌输给国会，可能会以一种令人不快的方式威慑（或者以其他

---

① Charles Bullock, "The Finances of the United States from 1775－1789 with Special Reference to the Budget," *Bulletin of the University of Wisconsin*, Vol. 1, 1894－1896, Frederick Turner, ed. (Madison: University of Wisconsin Press, 1897), pp. 216－19.

② Ibid., pp. 219－21.

③ Leonard D. White, *The Federalists: A Study in Administrative History* (New York: Macmillan, 1961), p. 14.

④ William J. Schultz and M. R. Caine, *Financial Development of the United States* (New York: Prentice-Hall, 1937), p. 100.

⑤ Dall W. Forsythe, *Taxation and Political Change in the Young Nation 1781—1883* (New York: Columbia University Press, 1977), pp. 44－45.

方式影响）国会。[1] 设立财政部的法律仅规定部长应将部门的估测数提交给国会；该法律并未规定财政部长要修改这些估测，或者说如果他修改了，是否所有人必须重视。长久以来，形成了一个非正式的理解，即尽管部长自己可能对估测感兴趣，但他唯一的责任是收集它们，并不加任何意见地将它们递交给国会。尽管有证据表明某位部长曾对这个或那个估测提出过疑问，并且某位总统偶尔也干预过，但趋势是在没有总统或财政部长参与的情况下实施拨款。

由于强大的行政部门是其平台的一部分，联邦党偏好为每一具体目标提供“总额”拨款（例如，关税筹措或发展海军），这将为行政管理者提供尽可能多的灵活性。由于偏好对经济的严格控制并且不信任行政部门（其中一个强化另一个），共和党寻求具体的分项拨款（针对个人、日常维护、供应等），从而将部门首脑限制在国会的规定以内。[2]

国会能做什么？很多。它可以尽可能详细地划分拨款项目；它会根据月度或季度划分资金，因而部门不会在财政年度结束前用光资金——潜在的低效可能导致需要追加资金来执行基本功能；它会限制从一个分项到另一个分项的转移，并收回未用完的资金，或至少会尝试这么做。国会能够并的确规定了雇员的数量、他们确切的报酬，以及某些时候他们的名字。许多预算改革法案中有一条就是禁止所有部门（国家除外）在报纸上的支出超过 100 美元；除军事法庭外，拒绝为调查费提供资金；拒绝为额外的补贴和编外人员提供资金；坚持要求对应急资金的支出进行详细
29 的报告；不得购买雕刻制品、绘画、书籍或期刊，除非有部门首脑的书面指令；对土耳其语翻译规定可支付的最高费用。[3]

除了在缩小行政部门自由度方面持续不断的立法努力外，国会无法控制一切。陆军和海军坚持认为它们不可能被限制在具体的分项上，它们成功了。[4] 针对行政官员超支、未授权转移支付或其他违反大量禁令的立法约束并未得到援引；毫无疑问，实施更不可能。[5] 大多数部门拨款在内容和数量上很快就变得规范化和程式化。年复一年，不论新的年度拨款法案是否通过，国会都会或多或少地以相同的方式更新分配；社会稳定导致预算基础上的认同。

一个特定拨款上容易出现的情况是将资金从一个目的转移到另一个。1820 年的法案仅允许总统实施特定的转移，其他均被禁止。但是，当国会开始被调整的申请弄得不堪重负，并发现它甚至不可能监控一小部分的转移时，它试图转而使其合法化。建设堡垒的钱可以从一个监狱转移到另一个监狱，正如海军拨款可以从一个部门转移到另一个部门，邮政拨款可以从这里转到那里一样。部门通过在财政年度

---

① Schultz and Caine, *Financial Development*, pp. 93-94.

② Ibid., p. 324.

③ Leonard D. White, *The Jacksonians: A Study in Administrative History 1829-1861* (New York: Macmillan, 1954), pp. 126-27.

④ Ibid., p. 131.

⑤ Ibid., p. 141.; Albert S. Bolles, *A Financial History of the United States, 1774-89* (New York: Appleton, 1879), pp. 539-40.

末发现新用途来防止已拨资金被收回。1842 年，当部门首脑收到可以将资金盈余从一个项目转移到另一个项目的授权时（当然，报纸经费常常除外，因为那时主要是党报），反对转移支付的斗争就失败了。[1]

甚至在当时的重大财政问题上——关税、联邦公共工程和债务——也反映出那些权力角逐者之间观念上的分歧。联邦党人及其继任者寻求通过赤字财政改进社会秩序，首先通过实施内部改进，其次通过作为结果的债务的财政安排。他们得到成长中的商业利益集团的支持，推行高关税并扩大债务规模。除了鼓励工业发展外，关税为拓展道路、运河以及其他设施提供了充足的收入。[2] 债务还增加了流通中的货币，因而推动了工业的发展，同时将其所有者团结在政府周围。

但是，这些相互关联的利益集团不得不与杰斐逊式民主主义共和党人思想的支持者们斗争，后者表现出对强大的集权政府的担忧。[3] 拥有受过教育的选民、经济
条件和地理距离相差不远的小农业社区能够面对面地处理它们之间的事务。杰斐逊 30
主义者认为，如果政府增长得过大并且如果资源分配非常不公平，个人自由将处于危险之中。20 年后，杰克逊主义者将继续并且粉饰他们对政府和债务的不信任。

支持社会秩序、经济个人主义以及杰斐逊—杰克逊主义民主的利益集团在政府的潜力和目标、制度的性质和危险上意见不一。但他们在相信自由和平等可以兼容以及赞同小规模联邦政府上发现了共同点。[4]

内战前的时代维持了一段时间的小政府。在 1800—1860 年，联邦支出总额从约 1 100 万美元上升到 6 300 万美元。一半以上是军事支出。基梅尔（Kimmel）正确地总结道："联邦支出很少或无益于生活水平的提高。只有一小部分民用和杂项支出用于发展目标……"[5]

## 2.2　转折点：第一次世界大战期间的内战

成文法常常来自必然律。相信某项法案必不可少的公共官员可能会在没有立法保障的情况下实施它，事后要求国会同意他们的行为。这一观点最有力的支持者无疑是亚伯拉罕·林肯。当国家被分裂成不可调和的部分时，林肯的立场是国防所需的一切都必须被通过。从"缺乏恰当有效的公共防卫组织"的理由出发，他论证了财政部预付 200 万美元给提供军需品的各私人机构的必要性。

---

① White, *The Jacksonians*, pp. 133–34.

② Leonard D. White, *The Jeffersonians: A Study in Administrative History 1801–1829* (New York: Macmillan, 1951), p. 483.

③ Adrienne Koch and William Peder, *The Life and Selected Writings of Thomas Jefferson* (New York: Modern Library, 1944), p. 123.

④ Lewis H. Kimmel, *Federal Budget and Fiscal Policy 1789–1958* (Washington, D. C.: The Brookings Institution, 1959), p. 19; and White, *The Jeffersonians*, p. 483.

⑤ Kimmel, *Federal Budget and Fiscal Policy*, p. 57.

> 国会已经不定期地休会了。没有时间召集它们。对我而言，是仅仅利用国会提供的现有手段、机构以及方法使政府马上垮台，还是在叛乱发生时运用宪法赋予我的权力为我自己提供更大的权力，必须做出选择。上帝保佑，为了现在和后代，我将努力挽救……那时的几个政府部门内有那么多不忠诚的人，不可能仅凭政府部门谨慎履职便能使公众对它们的能力、忠诚和爱国主义产生信任。①

高高在上的法律是一回事，卑微的行为是另一回事；调查提供了大量在战争期间滥用合约权的证据。②

31 在战争期间，执行比协议更重要，国会使过去一个世纪中反对的一切合法化：总额拨款、超出授权和拨款范围的支出、转移支付、赔偿形成的永久性的周转金等等。③

当资金不足而转移支付无法提供必要资金时，部门能够也的确诉诸了强制性的短缺策略。如果用于某项基本服务的资金在财政年度结束之前即将耗尽，除了通过一项追加拨款之外，国会还能做些什么？内战之前的亏空已经上升到总支出的10%左右。国会的确要求被告知导致放弃所需分配的紧急事件，但是在弃权被告知时，却没有有效的补救措施。④ 有时，部门也遵循以往行政自由裁量的例子，将未用完的结余用于国会法令事先未考虑的目的中，特别是在建设海军方面。

因此，内战成为总统从国会手中夺取部分支出裁量权的催化剂。战争还导致国会预算过程发生了结构性的变化。在共和国的前 75 年（1789—1864 年）中，众议院中的收支事务由其赋税委员会掌管（在参议院中是财政委员会）。在很大程度上作为对赋税委员会超量工作的回应，众议院于 1865 年、参议院于 1867 年从原先的单一委员会中分离出一个拨款委员会。这种双委员会体系（一个针对税收，另一个针对支出）延续到 1885 年。⑤

新拨款委员会“实现了财政专家的需要和将大量制度性资源集中于某个机构手中二者之间的某种平衡”⑥。这种安排允许将支出的控制权集中于一个委员会。然而，它没有被授权对所有支出实施控制——养老金的规模和其他永久性支出（共构成预算的一半以上）由其他委员会决定。⑦

总体而言，国会成员们似乎对新安排感到满意。赋税委员会和拨款委员会之间

---

① Lucius W. Wilmerding, Jr., *The Spending Power: A History of the Efforts of Congress to Central Expenditures* (New Haven, Conn.: Yale University Press, 1943), p. 14.

② Albert S. Bolles, *The Financial History of the United States from 1861 to 1885* (New York: Appleton, 1886), p. 231.

③ Wilmerding, *Spending Power*, p. 154.

④ Ibid., pp. 137-47.

⑤ E. E. Naylor, *The Federal Budget System in Operation* (Washington: Hayworth Printing, 1941), pp. 20-21.

⑥ Charles Haines Stewart III, *The Politics of Structural Reform: Reforming Budgetary Structure in the House, 1865-1921*, Dissertation, Stanford University, August 1985, p. 139.

⑦ Ibid., pp. 139-40.

形成合作，并且在国会中达成共识：内战的支出和浪费需要缩减，借战争牟利的情况普遍存在。不仅如此，国会过于关注重建，以至于无暇顾及其他国内事务。①

随后几年，众议院拨款委员会因对其他委员会的项目施加过多控制而遭受攻击，主要是通过在提出议案时实施拨款控制。当资助的平稳流动受到众议院拨款委 32
员会威胁时，国会议员们在 1885 年的反击是向由支出提倡者组成的下属委员会提交大量支出议案。国会首先剥夺了选区导向的拨款立法权（河流和港口支出、农业），接着转向更为一般性的项目（陆军、海军、外交、邮局以及印第安人事务）。通过这些活动，超过一半的拨款，包括最具争议性的项目，均从拨款委员会的管辖范围内被有效移去。②

这些变化成为“国会内部功能失调、分裂、浪费和管理不善的一个标志，并将成为建立一个以总统领导为核心的行政预算的推动因素”③。实际上，1885 年后支出的增长在很大程度上并非分权所致（由拨款控制之外的法案决定的支出增长率与拨款权限内法案决定的支出增长率大致相当），而更多是由于那些可见支出的加速增长，这些可见支出包括陆军和海军改革，以及重建毁于战火的南方生产中心，以回应战后 20 年的疏忽。④

第一次世界大战前重要的预算改革者弗雷德里克·A·克利夫兰（Frederick A. Cleveland）将支出委员会的主席指斥为：

> 职能化、官僚化的封建领主，他们不依靠他们名义上的领导（这位领导由国家选择并对国家负责）追求权力和政策。他们依靠不负责任的委员会。并且由于被如此授予的独立性，每个主席在他周围都建起了一堵官僚主义的墙，宪法的主要执行者本人亦无法逾越……⑤

克利夫兰的主题（官僚封建主义）反映了预算中出现的模式。政府部门领导、他们的委托人，以及国会委员会主席和高层成员之间正在形成一种紧密的联系。

看来行政部门将主张更高的支出；众议院拨款委员会会削减它们的估算，而参议院则充当上诉法院，将资金归还。拨款委员会逐渐将自己的职责定位为“国库的看门狗”或公共钱袋的守护人。“你可能认为我的工作是拨款，”重权在握的前众议院议长、拨款委员会主席约瑟夫·坎农（Joseph Cannon）说，“但却不是。我的工作是阻止拨款。”⑥

---

① Charles Haines Stewart III, *The Politics of Structural Reform: Reforming Budgetary Structure in the House, 1865–1921*, Dissertation, Stanford University, August 1985, p. 140.

② Richard F. Fenno, *The Power of the Purse: Appropriations Politics in Congress* (Boston: Little, Brown, 1966), p. 43.

③ Stewart, *Politics of Structural Reform*, p. 211.

④ Ibid., p. 215.

⑤ Frederick A. Cleveland, "Leadership and Criticism," *Proceedings of the Academy of Political Science*, Vol. 8 (1918—20), p. 31.

⑥ Fenno, *Power of the Purse*, p. 99.

在 1894 年，当国会通过，并且克利夫兰总统签署第一个所得税法案时，进一
33 步的转折点到来。其最强有力的支持者争论说这一税收将按“财富，而非需求”支付，“对人们拥有的征更多的税，对他们需要的征较少的税”的时机已经成熟。①反对者认为所得税是一种对“智力和体能”的课税，是取自“勤俭和事业心”，给予“得过且过和懒惰”②。在 19 世纪 90 年代的政治条件下，税种和税负归宿远比税收额重要。

在 1895 年波洛克诉农民贷款和信托公司案（157 U. S.，429）中，最高法院判定所得税的累进征收违宪。在 1894—1914 年的 21 年中，联邦政府有 11 年出现赤字。怎么办？面对收入短缺，罗斯福总统（在他 1906 年的年度咨文中）和塔夫脱（Taft）（在 1908 年接受了共和党提名）都认可征收所得税的观念。但最高法院是一个大障碍。在 1908 年，民主党要求修宪以通过该税收；接着于 1909 年，在巨大的压力下，塔夫脱同意了。1909 年，修正案在几乎没有争议的情况下便在国会通过③，并于 1913 年被批准。然而，随后颁布的所得税非常小，并且当美国卷入第一次世界大战时，任何对它可能应付预算缺口的期望均化为泡影。所得税收入大幅度增长，但仍然不能满足战争所需。在 1917—1919 年的 3 年间，联邦债务从 12 亿美元增长到 255 亿美元。④

对付巨额债务、将战时支出削减至和平时期的水平，以及回应征收直接税（而非诸如关税这类隐蔽税收）引起的对于预算问题的新公共关注，造成了一个重大挑战。正如出现问题时通常会发生的，公众在等待特别决议。拨款委员会希望收回它们的权力。总统和一些进步的改革者希望有一个行政预算。国会转向创立一个行政预算，但也要壮大自身。

## 2.3 行政预算运动

改革者并非激进分子；那些内战至 1920 年间在美国预算上留下印记的人并不反对美国的社会结构或竞争市场，他们也不支持收入再分配。作为这个最独特国家中一股独特的政治力量，改革者是执政当局的反对者——批评政治家们支离破碎的行事方式——同时也是反市场主义的反对者，他们反对企业托拉斯限制竞争带来的威胁。为减少党派领袖和国会委员会主席们“不负责任的权力”，预算改革者需要一个看得见的、民主负责的行政首脑，并有致力于公共利益的专家们为其提供服务。那些观念和态度与改革者相符的专家将成为变化的工具，与以往的行事方式截然不同。

34 美国人民笃信宪法及其所包含的行政与立法机构的分离。然而，改革者反对的

---

① Edwin R. A. Seligman, *The Income Tax* (New York: Macmillan, 1921), p. 497.

② Ibid., p. 500.

③ Ibid., pp. 590-96.

④ Historical Statistics of the United States, Colonial Times to 1970, Part 2; U. S. Department of Commerce, Bureau of the Census, pp. 1104, 07-08, 14-15, 21-22, 24-25, 49.

却正是这一分离（或至少是美国采取的分离方式）。[1]

改革者们最反对的预算实践是逐项记录支出的古老方式，即现在的分项预算。逐项记录不仅不经济，而且最糟糕的是，不允许行政裁量权。塔夫脱的经济与效率委员会认为，因为政府不信任它的官员，所以“本来只能在具体事情发生时做出的判断却被试图提前六个月到一年半由一个上百人组成的国会做出，而国会考量的基础则是某个委员会做出的至多只有有限经验和大量信息的建议”[2]。因而，遵从专家的原则被国会两次拒绝，一次针对行政首脑，一次针对其下属。

这种拼凑式的预算形成过程（每个委员会就其控制的部门和议题建议拨款，国会两院每次审议一个）被挑选出来特别进行指责。由于这种碎片化，支出总额并未被给予正式关注。

改革者没有非正式协调的概念，并且也从未想过去问问是否所有的相关者对其现状和前景均有一个清楚的认识。他们反对的主要是预算形式及其所代表的东西：“没有根据支出的特征和目标进行的标准分类……没有支出文件的标准方案要求根据任何通用的信息计划来记录支出数据……没有预算咨文，没有适当的摘要、分析和比较表格的方案……”简言之，美国的拨款过程与以行政为中心的欧洲政府中的预算几乎没有任何相似之处。[3]

改革者反对的就是这些，那么他们赞成什么呢？被他们视为“行政领导力”的等级制度是最简明扼要的回答。领导力将净化政治，这是伍德罗·威尔逊的理论以及他担任总统期间的实践。[4] 威尔逊乐意诊断并开出药方，“领导力涣散的特征贯穿我们的立法过程，但事实证明它在财政管理方面产生的后果比在政府关注的其他领域更为严重”，预算必须“在某个独立机构的管理之下；只有当所有的财政安排均建基于几个思维经过训练并且原则一致、容易达成协议、彼此信赖的人提供的方案时”，预算才合理。[5] 行政领导力的主要承诺也导致它的重要推论：依靠专家的 35
行政裁量权。重要的是要认识到改革者相信他们的建议来自科学原则。他们常常诉诸“预算制定的科学”[6]，或者说他们将使预算问题服从于“科学分析”[7]。他们的假定是：预算的目标或目的已经达成一致，因而仅有行政执行的细节有待考虑。

政策—行政二分法（政治选择通过一般立法规定制定，行政选择受制于这些较大的、预先做出的决策在技术上的实施情况）是预算改革者的一个预先假定。他们

① Nicholas M. Butler, “Executive Responsibility and a National Budget,” *Proceedings of the Academy of Political Science*, Vol. 8 (1918–20), p. 46; Wilson, *Congressional Government*, p. 284.

② 引自 Wilmerding, *Spending Power*, p. 150。

③ William Franklin Willoughby, *The Problem of a National Budget* (New York: Appleton, 1918), pp. 56–57.

④ Arthur Macmahon, “Woodrow Wilson: Political Leader and Administrator,” in Earl Latham, ed., *The Philosophy and Policies of Woodrow Wilson* (Chicago: University of Chicago Press, 1958), pp. 100–22；参考见第113页。

⑤ Wilson, *Congressional Government*, pp. 180–81.

⑥ Charles Beard, “Prefatory Note,” *Municipal Research*, No. 88 (August 1917) (New York: Bureau of Municipal Research), p. iii.

⑦ Willoughby, *Problem of a National Budget*, p. 55.

认为，如果行政管理者也要做出大的即政治上的选择，中立管辖权原则（改革者希望报送专家审阅，用以证明文官制度改革合理性及重要性的理论）将被削弱。他们的教科书是富兰克林·J·古德诺（Frank J. Goodnow）的《政治和行政》（*Politics and Administration*）。古德诺认为政府的两个基本功能是明确人民的意愿和执行这个意愿。如德怀特·沃尔多（Dwight Waldo）注意到的那样，尽管古德诺并不是排他性地做出这一区分（比其追随者更好地认识到了两种功能的内涵）。然而，在理解不深的后继者学习并运用时，古德诺的观点形成了严格划分二者的教条。① 二分法使得通过立法获得权力，并将其授予执行机构的过程合法化——并且最终授予执行机构的专家管理者，即改革者自身。

改革者采纳企业实践的建议显然并不意味着允许在立法部门和行政部门之间讨价还价。在一定程度上，他们采纳的是大企业的内部组织，也就是说，它的等级制度旨在巩固改革者希望推行的政策与行政之间的划分。改革者原则中的预算原则像一篇祈祷文一样被反复说明："必须建立一个由行政首脑编制和提交的国家预算。"②

如果建议被采纳，改革者将如何描绘自身（或者像他们一样的人）作为预算过程参与者的形象？他们已被赋予了提交改革建议的参谋职能。同样这些人旨在成为执政者（市长、州长或总统）专业职员的一部分，他们的职责是制定预算。正如A. E. 巴克（A. E. Buck）如此简要地指出的："预算制定需要专业化的职员作为助手辅助执政者……"③ 通过将这一职能拓展到其他政府目标，预算专家能够轻易地
36 成为辅助执政者的常规行政人员。当人们意识到直到富兰克林·D·罗斯福时代的总统至多由几名职员辅佐时，这些建议影响深远。

"像英国人一样"，这一明喻使得在美国采用等级制的建议合理化。议会改变预算的唯一方式就是改变政府，"如果某人寻找英国体制的秘密，"威洛比（Willoughby）认为，"这个秘密就必然会在立法部门和行政部门权力的明确划分中被找到。除非内阁以政府行政权力监管人的身份行动，否则便不应提出任何支出建议。"④

由于英国财政大臣和财政部均对收入和支出负责，改革者相信这些应同时着手，因此，支出和税收的相对有利性将被给予全面和同时的考虑。⑤ 这一正式的统一能否对总量或支出在各部门的分配带来任何不同，对于已经知道答案的改革者而言，并非讨论的主题。

部门人员对总统的预算决定完全服从。如果部门首脑不能支持总统对预算的调整，他们应当被解职。⑥ 很明显，对改革者而言，如下情形从未发生过：支出部门首脑与立法者们私下沟通，或者出现较大范围不一致时，总统无法控制内阁的局面。在

---

① Dwight Waldo, *The Administrative State* (New York: Ronald Press, 1948), pp. 105-07.

② Butler, "Executive Responsibility," p. 49.

③ A. E. Buck, "The Development of the Budget Idea in the United States," *Annals of the American Academy of Political and Social Science*, Vol. 63 (May 1924), p. 36.

④ Willoughby, *Problem of a National Budget*, pp. 59-60.

⑤ Ibid., p. 405.

⑥ Frederick A. Cleveland and Arthur E. Buck, *The Budget and Responsible Government* (New York: Macmillan, 1920), pp. xviii-xix.

那一时期，内阁成员代表各个党派，因此，要求某位内阁成员辞职的政治成本很高。

改革者坚持认为，一旦得到行政首脑的批准，每项支出建议本身便代表了国家观点，不允许国会内部存在“互投赞成票”的空间。[1] 这就像是刘易斯·卡罗尔（Lewis Carroll）的《镜中世界》（*Through the Looking Glass*），红桃皇后告诉爱丽斯，只要她说三遍，任何事情都将成真。

同时，爱德华·A·菲茨帕特里克（Edward A. Fitzpatrick）在他的《民主国家中的预算制定》[*Budget Making in a Democracy*（1918）] 中对改革者的立场给予了有力的批评。他的观点是有趣的，因为它们表现出菲茨帕特里克不想成为行政首脑助手的专业管理者的想法。菲茨帕特里克审视了总统掌握如此大的预算权力的政治内涵。“我们想要一个人的政府吗？”菲茨帕特里克告诉他的读者，“这就是行政预算宣传背后的根本问题。”[2]

至于自吹自擂的英国例子，他说，内阁政府通过一个立法委员会而非一个人治理，议会有最终解散其内阁的权力。[3] “那些提倡行政预算的人是否也提倡立法部 37
门放弃管理？”[4] 这就是英国议会的所作所为，企业董事会失去管理信心时也会这么做。然而，菲茨帕特里克坚持认为在固定任期的总统制政府里这种行为不可能发生。[5] 菲茨帕特里克尖锐地指出，应该告诉人民他们想在美国式政府中实施根本性变革，而非在“‘行政预算’的名义下”掩饰问题。[6]

为推行联邦行政预算的想法，总统威廉·霍华德·塔夫脱成立了经济与效率委员会。这个委员会的基调由它的主席，接下来担任纽约市市政研究局局长的弗雷德里克·A·克利夫兰和与他一起被任命的其他著名预算改革者诸如富兰克林·J·古德诺和 W. F. 威洛比决定。[7] 委员会的基本职责（塔夫脱总统完全赞成）是总统将向国会提交支出估算并对其承担责任。[8] 委员会的重要报告“需要一个国家预算”完成于 1912 年。接下来是《1914 财年预算报告》。在这个预算报告中，塔夫脱总统在委员会的鼓动下，提交了一份他认为作为最高行政首脑应该提出的适当的预算文本。[9] 它反对流行的狭隘经济观念——仅仅使支出最小化。总统（像以往提倡内部改进的人一样）宣称他希望政府有效运作，利用可用资源为公众做更多的事。[10] 总统及其顾问的权力被置于一个难以争辩的题目——效率下。

国会的想法完全不同。作为担心行政部门夺权的表现（借用共和党早期的语

① Collins, *National Budget System*, p. 41.

② Edward Augustus Fitzpatrick, *Budget Making in a Democracy* (New York: Macmillan, 1918), p. 55.

③ Ibid., pp. 50-51, 59.

④ Ibid., p. 54.

⑤ Ibid., p. 5.

⑥ Ibid., p. 292.

⑦ Naylor, *Federal Budget System in Operation*, pp. 23-24.

⑧ Cleveland, “Leadership and Criticism,” p. 33.

⑨ Naylor, *Federal Budget System in Operation*, p. 24.

⑩ Wilmerding, *Spending Power*, p. 151; and Jesse Burkhead, *Government Budgeting* (New York: Wiley, 1956), p. 119.

言），国会通过了一项法律，要求负责估算的部门首脑做他们通常在做的事：将估算直接报送给国会拨款委员会。① 部门首脑们对这些相互抵触的指令的反应是按国会的指定做一套，同时按总统的要求做一套。由于经济形势的好转和1913年第16条修正案通过后允许开征累进所得税，改革预算体系的压力消失了。

在建立行政预算方面什么都没做，一直到第一次世界大战结束之后②，财政稳
38 健的主张（反对债务增长和要求平衡预算）才得以再次重申。第一次世界大战所用花费主要靠借债。从1914年到1918年，政府指导经济活动的职责迅速扩大。人们担心战时大手大脚的习惯会带入和平时期的公民生活③，这将再次激发对国家行政预算的兴趣；在1918年至1921年之间，改革者将建议提交给国会委员会。改革者再次批评联邦支出程序：各独立委员会之间机构重叠、职能交叉，对于收入和支出没有通盘考虑，行政竞争结果也无疾而终。

在管理巨额国家债务的名义下，1921年《预算与会计法案》实施了预算改革者长期提倡的重大改革。部门通过一个新机构（预算局）将支出估算提交给总统，行政首脑对于预算局拥有完全的控制权。④ 因此，除非首先经总统和两个拨款委员会审查，否则没有拨款会被考虑。然而，这种“审查”与欧洲内阁实施的近乎绝对的控制有天壤之别。

在有关至高无上的立法精神及其实施结果的声明中，没有比国会评论1921年《预算与会计法案》的报告更强烈的了（见图2—1）。国会坚持认为，该法案在行政方面的唯一规定是总统此后必须对他提交的部门估算负责。在那之后，预算仍旧完全是一个立法问题。议员们仍旧可以将他建议的数字调高、调低或者完全扔到一边置之不理。如果谁怀疑总统的预算仅仅是他个人的一些建议，委员会报告就会力求对此进行校正。

> 在总统编制好预算并将其提交给国会后，他的职责便结束了……拟议中的法律丝毫没有改变国会详细审查预算的职责，并且只有在预算被认为有效时才通过它。如果包含在总统预算中的预计太大，国会有义务削减它们。如果国会认为支出估算不足，国会有权增加它们。在由国会考虑的拨款问题上，该法案并未赋予总统任何比现在更大的权力。⑤

如果国会赋予总统提议权，它则希望确保其自身的处置权，并对其决策的执行实施监管。它创设了预算局和行政预算过程，但却通过两种方式制约总统。众议院于1920年、参议院于1922年恢复了拨款委员会以往的权力，从而对集权化的行政

---

① Naylor, *Federal Budget System in Operation*, pp. 24-25.

② Burkhead, *Government Budgeting*, pp. 20-21.

③ Kimmel, *Federal Budget and Fiscal Policy*, p. 88.

④ Fritz Morstein Marx, “The Bureau of the Budget: Its Evolution and Present Role,” *American Political Science Review*, Vol. 39, No. 4 (August 1945), pp. 653-84.

⑤ House Report No. 14, 67th Congress, 1st Session, 6-7 (1921), Cited in Louis Fisher, “The Item Veto: The Risks of Emulating the States.” Prepared for delivery at the Annual Meeting of the American Political Science Association, New Orleans, August 29-31, 1985, p. 6.

过程形成了制度上的制约。不仅如此，国会还废除了财政部对支出的审计和会计权 *39*
（自 1789 年该权力即属于它），并将其赋予总统控制之外的审计总署。国库监督员被一名新的官员——美国审计总长——所代替。他有一个独立的 15 年任期，并且只有在国会两院联合决议，并经总统签署后才能被替换。

**1921 年《预算与会计法案》**

- 总统预算
- 预算局（后来的管理与预算局）
- 审计总署
- 众议院和参议院拨款委员会恢复原有的权力

**1974 年《国会预算与扣押权法案》**

- 调整财政年度
- 新时间表
- 众议院和参议院预算委员会
- 第一次和第二次预算决议设置总量目标
- 在第二次预算决议中调节
- 国会预算局
- 扣押控制：延期和取消

**1980—1981 年调节移至第一次决议**

- 为各拥有管辖权的委员会设置总量上限
- 同时在总量和结构上实施强制表决
- 通过预算过程对权利性支出实施削减

**1985 年《平衡预算和紧急赤字控制法案》**
**（《格拉姆—拉曼德—霍林斯法案》）**

- 每年削减赤字的目标，1991 年（后来调整为 1993 年）达到零
- 总统预算和国会决议必须与目标保持一致
- 预算决议中的总量和各部分总量保持一致
- 如果目标没有实现，则强制执行扣押

**1990 年《预算执行法案》**

- 选择性支出上限
- 在强制性支出上运用量入为出法
- 信贷改革

**图 2—1　联邦预算过程的变迁：重大发展概要**

留下来仍待决定的问题是新设立的预算局在行政系统内的功能。它的首任领导 *40*
查尔斯·G·道斯（Charles G. Dawes）局长，一个行政管理学者和实践者，坚持认为预算局不应设在财政部大楼内，而应在它之外并靠近白宫（道斯希望该局超脱于部门争论之外）。① 他坚持拥有召集部门首脑开会的权力；总统沃伦·哈定明智

---

① 见 Charles G. Dawes，*The First Year of the Budget of the United States*（New York：Harper，1923）。

地建议这类会议在白宫内阁会议室举行（而非在预算局长的办公室），以此来强调行政首脑在预算决策上的领导职能。①

20世纪20年代见证了对联邦支出的一个重大攻击。在道斯局长、他的继任者们以及道斯引进政府的企业家们（通常为“每年1美元”而工作）的领导下，预算局积极地追求效率。它的成果赢得了赞誉。在众议院拨款委员会主席马丁·马登（Martin Madden）的笔下，乐土似乎已经到达：“一个值得关注的特征是……为了共同利益，地方利益作出自我牺牲。当某人回忆起那些为了地方项目贪婪地争取拨款的以往岁月时……称赞这种从地方视角向国家视角的转变是恰当的。”②

某种节俭的倾向盛行起来。重组拨款委员会以及1921年《预算与会计法案》反映了在严格控制的支出水平下，实现平衡预算这一观念已形成占绝对优势的一致意见。那种广泛的共识使该系统在运行时阻力很小。支出不但不能超过收入，还必须控制在它们之内并在某种程度上使赤字削减成为可能。债务在20世纪20年代持续下降，在一个丰裕的时代很省事，至少国会很少收到需要帮助的请求。

随后1929年的市场崩溃来临，随之而来的是20世纪30年代的大萧条。联邦收入减少了一半（1930年40.6亿美元，1932年19.2亿美元），州和地方政府收入陡降，救济需求猛增。州和地方政府资金耗尽：人们求助于华盛顿。

## 2.4 混乱和连续：萧条和战争

在大萧条开始时，平衡联邦预算的共识仍然在继续。胡佛总统和罗斯福总统均强调其优先性。在20世纪30年代早期，许多民主党内的美国人开始探寻一个鼓励扩大公共工程并因而增加就业的理论。他们在经济学家约翰·梅纳德·凯恩斯的著作中找到了它，并把他的思想介绍给关键人物，包括罗斯福总统。③ 凯恩斯认为，在通
41 货紧缩时期，当大量经济资源闲置时，政府创造赤字作为扩大需求的一种手段是适当的。在经济活动减速时，政府应当介入以加速；在经济过热并导致通货膨胀时，政府可以减少支出。简言之，增加和减少赤字将成为调控经济的一个首要工具。

美国新政从来都不是一套前后一致的措施。毋宁说只是应对危机的相机抉择。④ 相应地，罗斯福的计划（在著名的百日新政内提交给国会）旨在缓解、恢复以及改革：重建公众对银行系统的信心、通过削减政府支出来实现平衡预算、通过增加农业收入来恢复农业、通过建立一套价格指数来帮助工业，以及制定一个公共工程计划。

---

① Charles G. Dawes, *The First Year of the Budget of the United States* (New York: Harper, 1923), p. 29.

② 摘自 William Franklin Willoughby, *The National Budget System with Suggestions for Its Improvement* (Baltimore: Johns Hopkins, 1927), pp. 287-288。

③ 法兰克福特（Felix Frankfurter）在这方面的成就详见 H. N. Hirsch, *The Enigma of Felix Frankfurter* (New York: Basic Books, 1981), p. 113。

④ Jim Potter, *The American Economy between the World Wars* (New York: Wiley, 1974), p. 113.

作为回应，众议院通过了《经济法案》，该法案将伤残军人的补贴减半，削减了议员和所有联邦雇员的工资，并且减少了其他联邦支出。《经济法案》旨在使支出和收入平衡，而收入由于 2/3 来源于个人和公司所得税，其在 1930—1933 年已经减少了近一半。该法案通过减少政府支出使补贴领取者的境况恶化，并减少了个人的购买力。

显然，罗斯福并不是一个相信赤字合理性的人。实际上，1935 年凯恩斯于华盛顿会晤罗斯福时，二人显然并未达成一致。罗斯福坚持他对平衡预算的偏好；在整个 20 世纪 30 年代，他将经常性支出视为刺激经济的政府手段。在 1936 年竞选大获全胜后，罗斯福试图削减 1937 年的支出以平衡预算，但是 1938 年失业率的大幅攀升迫使他放弃了这一努力。①

观察 1929—1939 年的联邦收支可以对政府扩张及其在经济中扩大了的责任有所了解。1929 年联邦支出是 33 亿美元，1939 年是 89 亿美元。尽管联邦支出增长了 170%，联邦收入仅增长了 25%（从 1929 年的 40 亿美元增长到 1939 年的 50 亿美元）。不仅如此，联邦支出占国民生产总值的比重增长到原来的 3 倍（从 1929 年的 3.2%到 1939 年的 9.7%），而联邦收入占国民生产总值的比重在同期甚至并未翻倍（从 3.9%到 5.5%）。

新政持久的遗产（联邦政府对经济最终负责的教条）被美国公众所接受。只要经济持续增长，预算参与者便能适应对积极财政政策的需求及对减轻贫困的开支需求。只要能有更多的分给每个人就好。然而，如果（或者当考虑到历史经验时）经济增长率下降，预算参与者将不得不在一个更为有限的蛋糕上就他们的公平份额达成一致。在我们能够理解观念分歧如何影响预算之前，我们需要理解观念一致（当它存在时）如何将预算推向一个更为渐进的道路。

① Robert Lekachman，*The Age of Keynes*（New York：McGraw-Hill，1966），pp. 122-23.

# 第 3 章



## 美元之舞：古典预算①

本章包含了威尔达夫斯基在《预算过程的政治》中发现的核心内容。他解释了预算参与者如何行事及其行事的动机，以及他们之间如何相互联系。面对复杂局面，他们诉诸渐进主义。他们根据自身不同的处境定义他们的职责。他们运用策略努力维持或增加他们的资源。读者可以将本章视为对某个特定时期联邦预算过程的理解，其中大部分预算过程如今仍在运作，并且还可以将其作为一个根据计算、职责、策略、观念、动机、约束和机会来分析预算的框架。

注：威尔达夫斯基从未明确解释“古典预算”时期何时开始、何时结束。

42 战争是变革的催化剂。从第二次世界大战中崛起的美国决心不再重蹈20世纪30年代大萧条的覆辙。它的联邦政府（作为胜利者）得益于显著提高的声誉。国际主义战胜了孤立主义。从1946年的充分就业法案（该法案建立了经济顾问委员会）开始，联邦政府致力于通过管理经济来保持繁荣。在管理经济方面政府应该走多远，这仍旧是个有争议的问题，但其应当发挥作用的观点已经被广泛接受。伴随这个一致的观点，总统行政办公室（包括预算局）的重要性日渐增加。

43 预算对于二战后的美国影响深远。战争已经使这个国家习惯

① 本章在很大程度上是对《预算过程的政治》一书1964年版本中的“战略与计算”部分的概括。

于迄今闻所未闻的税收水平；尽管后来税收水平下降了，但它们不可能跌回二战前的水平。国内支出的增加不仅是为了退伍军人（退伍军人法案在很大程度上通过学校实施），在一定程度上也是为了实现社会目标。国防预算一度出现过山车般的下滑，但在朝鲜战争后又涨上来了，并且已经稳定在远高于二战前的水平上。截至 1955 年，国防构成了总支出超过 2/5 的部分，而社会福利项目，包括社会保障在内，仅占 1/15。美国经济开始增长；收支之间很接近，伴随着小额的但在增长着的赤字。没有重大牺牲——大量增税或大规模削减支出——被认为理所当然。渐进式发展是那一时期的规则。

因此，原有的有关预算过程的实践和认识仍旧被人们所接受。杜鲁门和艾森豪威尔政府认为平衡预算在经济上是可取的。他们的立场得到国会中一个保守派联盟的支持，这是一个由保守的共和党人和保守的民主党人组成的联盟，其成员主要来自南部。该联盟通过在有限政府方面达成的基本政策共识团结在一起，并且得到领导人联合会议的推动。20 世纪 40 年代至 50 年代后期，保守联盟至少能够赢得两院中不少于 70%的选票。①

尽管新的社会项目和越战在 20 世纪 60 年代的大部分时期增加了联邦政府的预算压力，但经济的增长和联邦收入的增加使得联邦政府还是有可能同时采纳增加国防支出和社会支出并维持有限政府及平衡预算的主张。一个相互期待的框架内充足的收入维持着预算过程的常规制度，并维持着一个预算的"古典"世界。这是一个有着自身界限的世界，正如艾伦·希克所言：

> 它与外界隔绝；它的参与者彼此了解，互相之间保持持续的沟通，不断争斗，并总能达成协议。这些预算参与者包括联邦机构中的预算和计划官员、原预算局内的财政专家，以及拨款委员会的成员和雇员。他们常常在年会上聚集在一起，畅饮啤酒并交流战争轶闻。他们是"公共资金的私人政府"……它是一个世界，在这里预算是一个在行政部门编制的数月内严格保守的秘密，同时也是一份在其提交国会后令人困惑的账簿。圈内人垄断了预算信息，并且他们不过多向圈外人透露。在那个世界里，预算由政府内部商讨决定：部门和预算局之间相互商讨，部门和拨款委员会之间相互商讨。②

在前面的回顾中我们可以看到，古典预算建立在对支出的规模、范围和分配的共识 44
之上。原有的关于预算过程的实践和认识被广泛接受。预算冲突被限制在一定范围内，争议往往存在于"这个项目的金额多一点、那个项目的金额少一点"之类的问题上。

为了保持一种现实感，下文通常以现在时写作。预算局在 1970 年成为管理与

---

① John F. Manley, "The Conservative Coalition in Congress," *American Behavioral Scientist*, Vol. 17, No. 2 (November/December 1973), p. 239.

② Allen Schick, "From the Old Politics of Budgeting to the New," in Naomi Caiden and Joseph White, eds., *Budgeting, Policy, Politics: An Appreciation of Aaron Wildavsky* (New Brunswick, N, J.: Transaction Publishers, 1995), p. 134.

预算局，但为清晰起见，在讨论古典预算时它指的还是预算局。然而，读者应当认识到，正如以下章节所证实的，接下来的很多内容均属于一个已经过去的年代。计算仍然复杂，但预算参与者的职责和策略与预算过程本身已经发生了很大变化。

## 3.1 计算

预算参与者在一个对他们能做什么施加了严格限制的环境中参与预算过程。他们能抓住的机会和可能遭遇的无奈完全（至少是在很大程度上）不受他们自身所控制。尽管不同的预算参与者对现实的理解有所不同，并且对于理想状态的观点差别更大，但他们大都接受某些他们必须适应的基本生活现实。

每个人都会意识到政治生活的结构条件——例如分权、各拨款委员会内部的分工，以及拨款委员会和永久性立法委员会之间惯常的分离。所有的预算参与者均面临常规的、明显的政治因素，包括利益集团的压力、国会议员与他们的委托人之间的关系、政党冲突、行政一立法合作与冲突、部门间争执，等等。预算参与者很快就会了解预算博弈的规则，它明确了他们必须承担的职责，以及或多或少允许他们做的事情。当国防支出因为某个国家的挑衅明显增加，或失业率的增加要求政府创造更多的就业机会时，人们的确无法忽视当时的政治风向——某种扩大或削减支出的情绪。国家福利项目持续增长，联邦政府提供各种公共服务的责任也在持续增加，这一趋势似乎不大可能逆转。预算参与者在很大程度上将这些条件视为预算编制的前提条件，并根据他们对预算环境的看法来进行计算。“计算”的含义是，在进行竞争性选择时预算参与者必须考虑一系列相关因素（显然包括对权力关系的看法）。计算包括研究问题是如何产生并被确定的，它们是如何被细分为便于管理操作的几个维度的，它们之间的关系如何，相关决策如何制定，以及应如何考虑其他人的行为等。

### 复杂性

45 除非你了解人们是如何计算的，否则你就别指望能理解人们为什么那么做，而计算绝不是中性的。在政治过程中，“谁得到什么以及得到多少”往往依赖于如何计算。不同的计算方法通常会产生不同的决策。

预算是复杂的，既因为其中有许多相互关联的因素，也因为它们提出了技术上的难题。假定你对白血病研究项目感兴趣，并且你想知道在这个项目上钱是怎么花的，通过查看国家癌症研究院的报告，你将会发现 $X$ 金额的资金被用于一个研究“造血因素和机制”的项目，而用在“激活恶性肿瘤病毒的中性抗体与内脏淋巴瘤病的抵抗能力和易感染性之间关系的研究”项目上花的钱却少得多。你能判断与另一个项目相比，某个项目的支出是否太多，或者两个项目中的任何一个项目是否服务于有价值的目标吗？因此，毫不奇怪，国会议员常常会在理解技术性项目时遇到困难并表达他们的失望。众议员詹森举了一个例子，他说：“我有个孙女，她读过她能得到的所有有关核科学的材料……并且……她正好难倒了我。我说：‘詹妮弗，看在上帝的份上，我没法儿回答。’‘可是，’她说，‘你在原子能委员会，爷爷。’‘是的，’我回答道，‘但我没受过那方面的教育。’”

对于预算而言，无限的时间和无限的计算能力可能会很有用。但实际情况是，时间的供给往往不足，人的大脑的容纳能力有限，而预算项目的数量却可能非常大。“我们还是坦诚些，”国防拨款小组委员会主席、众议院的乔治·马洪（得克萨斯州民主党人）说，“没有人——不论其职位与能力如何——有可能完全熟悉包括在国防法案中的所有拨款项目……”

抛开单个项目的复杂性不谈，还有在不同项目之间开展比较的突出问题，比如，与娱乐设施、国防及学校相比，高速公路的建设方面应该投入多少资金，这种问题对于不同的人而言，答案往往也不尽相同。因此，不论预算官员们多么努力，他们还是发现自己不可能找到一个客观的方法来确定项目的优先顺序。那么，预算官员该如何对付令人吃惊的计算负担呢？

### 计算的辅助手段

拨款委员会开展预算计算的方式受其在国会系统中的核心地位的影响。拨款委员会的委员们在制定预算决策上的权力在某种程度上植根于他们满足其他国会议员的需要以维持国会系统运作的能力。如果政府要继续运行，拨款委员会就必须每年都要提交预算并使其通过表决。涉及上万亿美元和大量的各类活动的预算是一项繁重的工作，仅有努力是不够的。为了实现必要的决策，委员会必须削减预算中大量的计算工作，否则，决策的必要性可能会迫使他们做出使政府运行处于不利状况的随机或完全随意的选择。国会作为一个整体也无法承担这个重负。大多数国会议员忙于其他事情，很难指望他们在自己关注的预算的若干领域之外变得知识渊博。除非他们打算放弃他们的权力，否则他们必须发现某些能降低信息成本的途径。他们 46
已经采取的方式是在大多数时候接受拨款委员会的决定，并且仅在一定范围内进行干预，以确保委员会（大体上）有序工作。

他们的决策模式可以被描述为渐进式的：在预算的时间框架内管理计算并解决冲突。渐进主义的各方在一个非正式的合作体系内相互强化，该体系建基于在一个部门主义的制度中追求各自不同目标的预算参与者之间的相互期待。

## 3.2　渐进预算

本年度预算最大的决定因素是上年度预算。每个年度预算中的大部分都是前一个年度预算的产物。预算可以被视为一座冰山，到目前为止，最大的部分位于水面以下，在任何人的控制之外。许多项目都是标准的、固定不变的，除非出现了某种挑战它们的特殊因素，否则这些项目每年仅仅是重复颁布一下。这些固定项目的经费在预算编制中长期保持不变，当年的预算份额从总量中划出，并成为年度预算的一部分。强制性项目（权利性项目）的费用如价格补贴或退伍军人补贴必须得到保证；某些看上去令人满意的持续性项目不再受到挑战；政府机构的费用常常受到关注，其房屋维护必须得到最低经费的保障（尽管这一项目特别容易受到攻击，因为它似乎与公共服务或公共利益无关）；强有力的政治支持使另一些活动的支出无法避免。在任何时候，在安排了那些固定项目的经费后，实际上任何预算参与者可以根据实际情况进行调整的预算总额的比例已经很小了——很少超过30%，通常小于5%。

预算是渐进的，而非全面的。关于某个部门预算的智慧的开始就在于，预算官员似乎从不积极地对其进行全面审查，即在某种程度上考虑所有项目的所有选择。实际上，它常常是在上一年度的预算基础之上进行小幅的增加或减少。预算编制人员在大体上同意过去的预算决策，同时他们有着多年积累的经验和专长，这使他们可以在原有预算的基础上进行小幅度的修正。他们的注意力集中在少量项目上，这些项目存在争议。预算官员说，政治现实将他们的注意力限制在自己能够有所作为的项目上，即一些新的项目和有可能削减支出的老项目。

**预算与基数和公平份额有关。**渐进主义的核心是基数的概念。基数在这里是指一种期望，即期望项目的实施情况与其支出水平相当。因此，将某个项目包括在部门基数中不仅意味着将其列入特定年度的预算，它还意味着支出将会延续的期望。它作为将要被执行的支出的一部分被接受，因而通常不会被仔细审查。顺便提一下，“基数”这个词是预算官员的常用语之一，如果他们期望每年的预算都大幅度波动，而不是在相对稳定的基础上增加或减少，那么“基数”一词将没有任何意义。

47 与基数概念有关的是公平份额的思想。公平份额不仅意味着要将某个部门已有的预算基数与其他部门的预算基数相比较，还要将其预算基数与其期望的预算金额（如果有的话）相比较。因此，公平份额意味着与其他部门相比，有关某个部门将大致得到多少预算的期望的某种共识。

缺少基数或有关公平份额的共识将使计算一个部门或项目应得到多少预算变得更加困难。当某个部门或某个项目是新的，或者预算官员对它的意见发生很大变化时，就会出现这种情况。在困难时期，基数往往会面临讨论和调整。基数可以根据“当前预计”（某个部门的现行支出水平）或下一年维持项目现行服务水平的预期成本（在通货膨胀时期尤为重要，通常被视为某个“基线”）来定义。无论如何，在基数上都将存在分歧。

**预算是一致同意的。**国会议员们在公共政策的总方向上必须一致，至少在大部分以往的政策上必须一致，否则国会将被困于艰难的选择之中。以往的政策如果每年都必须重新协商的话，这将会是一个耗时耗力的过程。同时，新项目往往会引发争论；如果没有将大部分以往的政策排除在争论之外的一致，那么对付新项目带来的问题就会更加困难。诚然，国会议员们没必要在所有政策上完全一致，冲突总会存在。但如果他们在太多的政策上不一致，那么计算的辅助手段便无法正常发挥作用。

**预算是历史性的。**对付某个工作量巨大的问题的办法是，进行大致估算，同时积累经验。当各项活动的结果变得明确时，就可以通过调整估算来避免困难。国会议员在进入拨款委员会之前通常已经从事过几年的相关服务工作，并且人们往往会期望他们在进入拨款委员会并变得出名之前受过预算方面的专业训练，因此，他们之中较有影响力者通常在他们的专业领域内有长期的工作经验。他们往往已经掌握了过去许多预算提案的意义，并且准备将以往计算的结果用于当前的环境。通过这种方式，任何时候的任何一个决策所涉及的工作量都会减少，计算的负担也一样。

分项排列预算表为这种历史方法的应用提供了方便。各委员会通常能够专注于构成项目的各条目的变化——而非在整体上关注各个项目——人员、设备的购买与维护、具体活动。使这些分类条目数年维持不变，并且将以往年度和当前年度的数字放在相邻的栏目中，以前所做的计算就不需要全部重新计算一遍。而且，尽管一个部门涉及不同的项目，但分项排列预算表使拨款委员会的委员们能够集中精力于各条目支出分歧较小的问题上。

然而，过去并非是未来万无一失的指南。由于诸多活动在同一时间发生，因此很难将
某个特定活动的影响从其他活动中区分出来。结果，在持续支持某个条目的必要性方面就 48
可能会出现争议。最终，依靠因果关系原理为将要发生什么提供指南就变得很有必要了。

**预算是分散的。**预算的制定是分散进行的。部门根据它们的特殊需要提出预算申请。这些申请随后被提交给国会内部多个不同层次的专业委员会——众议院和参议院拨款委员会、它们的小组委员会、这些小组委员会内部的主题领域小组、参议院拨款委员会的请求程序组织机构、联席会议委员会、独立委员会和它们的小组专业委员会的授权组织。即使是小组委员会也不可能处理预算中的所有条目，而要特别关注以往预算年度支出增加或减少的情况。因此，可以说，小组委员会处理的是整体中某个部分的某个部分。

**预算是简化的。**另一个对付复杂性的方法是通过较简单项目上的活动来推断更复杂项目上的活动。例如，决策者可以先看看人员和管理成本，或在不动产交易等他们熟悉的项目上的处理情况，而非直接处理某个新的巨型设施的成本。如果在这些项目上处理得当，那么他们就会认为能够在更大的项目上信任管理者。当决策者无法处理更复杂的问题时，他们可以转向相对简单的问题。

**预算是社会性的。**预算参与者往往会从他人的行为中得到线索。他们常常试图通过了解行政官员的个性来掌握项目的情况。这一方法要求观察行政官员的履职情况而非项目本身。为了了解他们是否胜任工作并且值得信任，可以就某个问题或工作中的难点对官员们随机提问。某位资深的国会议员报告说，他根据某位行政官员的证词来发现问题，寻找“紧张的声音或举止”、“游移不定的目光”，等等。① 如果某位官员能够赢得人们的支持，而且也没有太多人长时间强烈地抱怨他，那么，便可以将他能凝聚共识的事实视为他成功的标志。

**预算是“满意”。**预算可以通过减弱某人的视线来简化。尽管他们不用赫伯特·西蒙的词汇，预算官员们并不想使预算效用最大化，他们只是“满足于最低要求”②，

① L. Dwaine Marvick, *Congressional Appropriation Politics*, Ph. D. Dissertation, Columbia University, 1952, p. 297.

② Herbert Simon, *Models of Man* (New York: Wiley, 1957)；另见 Jerome S. Bruner, Jacqueline J. Goodnow, and George A. Austin, *A Study of Thinking* (New York: Wiley, 1956)，一个有关概念获取策略的精彩讨论，对于应对有关复杂性的问题很有用。

也就是说，预算者不想尽力穷尽所有可能选项（不论那可能是什么），而是用他们自己的话来说，力求“通过”，“顺利过关”，“避免麻烦”，“回避最差的情况”。由于预算每年都要发生并且主要是进行零碎调整，因此这种方式可以避免出现重大问题。

*49* **预算要以非项目化的方式进行处理。**这一陈述并不意味着人们不关心项目；他们确实关心项目。它也不意味着他们不会争取或反对某些项目；他们确实会。它的意思是，在政策上存在相当多的一致的情况下，预算决策者可能视他们的大多数工作为对现行项目的边际资金调整，因而大多数项目的资金安排的适当性问题只是偶尔出现。“资金上的分歧并不像某个立法项目……”某个拨款委员会成员在一次有代表性的陈述中说，“它是个有关资金的问题，而不是思想观点上的分歧。”一个拨款委员会成员解释了在预算修订会议上，当委员们关起门来（现在这类会议都是公开的）提出他们的建议时，他们是如何处理分歧的。“如果意见一致，我们就继续讨论下一个项目。如果有很多分歧，我们就把该项目放在一边并且继续讨论下一个项目。这样，在一天或两天后，我们就会列出一张包含十个有争议的项目的清单。我们妥协、争取、反复考虑这些问题，直到我们达成一致。”① 显然，他们并非对每个项目都抱有强烈的态度，否则他们不可能那么容易达成一致。

**预算是重复性的。**预算中决策基于这样的认识：很少有问题必须要一劳永逸地得到“解决”。每个人都知道某个问题会一次又一次地出现并被处理。因此，某位国会议员在某年忽视的问题可以在另一年或同一年的某个补充法案中得到处理。有些问题经过反复争论后变成“老大难”问题而在很大程度上并未得到解决，于是它们变得不那么紧迫，或者被其他问题所取代。问题的更替，而非问题的解决，最好地诠释了发生的一切。

**预算是连续的。**拨款委员会并不试图一次解决所有问题。相反，他们在某个特定的年份并不会处理很多问题，而那些他们的确需要面对的问题常常在不同的地方和不同的时间得到处理。以往年份制定的许多决策不经询问就可以维持不变或几乎不变。接下来委员会为了更详细的质询在小组委员会及其专家之间划分主题。在年度之间，小组委员往往在一个年度关注某个问题，接下来关注另一个问题。当某个小组委员会的决策对另一个小组委员会的决策产生不利影响时，往往通过“救火车战术”来处理这一困难，即根据每个问题出现的权限范围依次进行处理。问题的解决更多依靠控制论方法而非集中协调或计划方法——依次对不同决策中心的表述论证进行处理。②

这些辅助工具减轻了制定预算所面临的计算压力和负担。因为预算决策者的注
*50* 意力集中在增量而非某个特定项目与其他项目相比的相对价值上，计算上的辅助工具还有助于缓解冲突。决策的专业性和明显的非项目化特征提升了预算过程的技术性。由于决策被简化了，并且常常是在不同的领域和不同的时间段内制定的，因此

① Simon，*Models of Man*.

② 这里描述的计算方法与 David Braybrooke 和 Charles E. Lindblom 在他们的 *A Strategy of Decision*（New York：Free Press，1963）中提供给社会科学家们的方法，以及 Richard Cyert 和 James March 在 *A Behavioral Theory of the Firm*（Englewood Cliffs，N. J.：Prentice-Hall，1963）中提供给私人企业的方法类似。

集中性地爆发严重冲突的机会就减少了。在这种情况下，预算参与者——部门、拨款委员会及预算局——的职责就被明确界定了。

## 3.3　职责及前景

### 部门

部门被视为增加拨款的倡导者。威廉·A·姜普是一位著名的农业部预算官员，他于1939年对这一职责做了经典描述：

> ……是否应当给一个项目提供资金，如果应该提供的话，金额应该是多少？在这个问题上，人们总是不可避免地会存在严重分歧……
>
> 正是在这一阶段，部门预算官员成为他所代表的事业的倡导者或特定辩护人。这时他代表部门的地位类似于代理人代表其委托人。在这种情况下，部门预算官员将会为他们可能得到的资金进行最有力和最有效的斗争……他们在争取强有力的地位方面没有愧疚，如果形势需要，甚至偶尔会露出牙齿。[1]

姜普认为，部门预算官员扮演倡导者角色的合理性部分在于其他预算参与者负有相反的职责，因而部门必须提供强有力的支持。

拨款委员会成员倾向于把预算官员视为在增加拨款上有既得利益的人。对行政管理者而言，这种地位通常会自然且不可避免地被接受。正如森林服务局助理局长赛耶所言，“主席先生，既然我负责这项工作，如果对它没有热情，不认为我负责的工作应该获得更多的资金支持，您会认为不合情理，不是吗？我干这行已经30年了，我相信它。”有时，这种态度可能会引来众议院拨款委员会成员的嘲讽和可能的愤怒。但如果部门不争取，国会将很难了解它们需要什么。

**决定申请多少。**鉴于拨款金额常常小于部门希望得到的数额，部门应当申请的金额是多少呢？最简单的办法是将所有有价值的项目的成本加总并提交总额。但这种简单的加总法很少有人使用，部分原因是，所有人都知道不会有足够的资源可供分配。由于短期内收入固定，申请更多的经费意味着要从其他部门和项目中抽走一 51
些资金，这往往是不受欢迎的。但这种简单加总法不被使用的原因在很大程度上是策略性的。如果某个部门提交的申请金额一直远高于它的实际所得，预算局和拨款委员会就会失去对它的信任，在详细审查预算之前便会将其预算自动削减一大块。

由于没人会相信一个预算一直报得过高的部门，所以这个部门申报的即使是优先级最高的项目，也会由于其之前的失信记录而变得更加困难。然而，对于一个行

---

① W. A. Jump, “Budgetary and Financial Administration in an Operating Department of the Federal Government,” 在政府研究协会的会议上提交的论文，1939-09-08，5页。另见 Robert Walker，“William A. Jump: The Staff Officer as a Personality,” *Public Administration Review*, Vol. 14 (Autumn 1954), pp. 233-246。

政管理者而言，为不可避免的削减留出一定余地也有其现实意义。管理者意识到，需求预测有一个合理的范围，最终的决策将会在这个范围内做出，他们要谨慎地将申请额度提升到接近最高水平的程度。

预算在一个相互期待的世界中运行，这种相互期待导致许多预期最终都变成了预算参与者的实际行动。部门往往被认为会为了防备削减而高估预算。正如农业拨款小组委员会主席詹米·温特（密西西比州民主党人）所言："如果你对付（农业）部门的时间足够长，并且它们每次都按比例削减，局或部门会考虑该因素并形成初始数据。"预算局被预期要削减部门的预算，部分是因为它要保障总统的项目资金，部分是因为它认为部门可能会高估预算。拨款委员会被预期削减预算以履行其职责，因为它知道部门已经为此做好了准备。在预期到参议院可能不会削减经费的情况下，众议院有可能做出削减的决定。国会议员常常通过建议大幅削减预算上新闻头条，但他们通常不会坚持到底，因为他们知道这些额度将在补充拨款中予以恢复。事情可能会发展到这种程度，拨款委员会成员私下里与部门官员交流，询问他们可以在哪个将来一定会得到补充拨款从而使预算额度得到恢复的方面实施削减。

不论是否准备高估预算，部门发现削减不可避免，当各种预期都得到验证以后，循环重新开始。我们已经看到，某个部门的预算在很大程度上是以往决策的产物。除此以外，预算参与者也有一定的自由裁量权，他们希望得到他们能得到的一切，但却不可能得到他们希望得到的一切。要求太多可能反而会妨碍他们获得经费，所以，显而易见的是，预计"会发生什么"（预算官员的用语）是预算的一个重要方面。

预算参与者从行政部门、国会、委托人团体以及他们自己的组织那里寻找并得到信息，以这种方式，他们估算出一个有可能申请到的预算金额。某个部门运作一段时间后，其管理人员就能够从组织的工作和非正式渠道中获得一些背景信息，从而评判部门各个项目的情况，尤其是当年的情况。他们也时常追踪相关的公报和私人报告，以掌握政府对于新支出项目的态度有多严厉。预算的正式文本往往以预算局政策函的形式出现，其中通常会有一些关于本年度预算应与上年度预算有多接近的说明。这一函件形成的印象会通过内阁会议报告、评论或政府高层的言论得到加强或削弱。如果总统的科学顾问亲切地谈及某个特定项目，他的意见可能就会抵消预算局局长
52 对该项目的强硬言论的影响。所有这些都会反映在部门与预算局职员的日常工作交往中，预算局职员态度和行为的细微变化可能比任何公开声明都更有说服力。

部门要考虑的一个主要因素就是特定项目上特定公众的利益。来自特定区域的服务需求的定期报告可以当做一个通用指标。高层官员可以实地走访并了解该区域的机构工作人员对新项目的热情有多大，通过他们掌握的关于公众对该项目的反应的信息有多具体和详细就可以判断。部门还可以通过设立顾问委员会和利用报刊等途径来了解利益相关者的意图。受影响的利益群体通常会立即到部门去提交有关公共支持的数据。当部门开始注意到支持团体的活动与国会议员的倡议之间的联系时，它就能够清楚地了解该项目的公众支持度。

由于部门和员工以及国会的委员会和雇员均有很强的连续性，因此政府机构具有丰富的历史资料可作为预测的基础。部门官员可以不断地感知国会的动向，以掌

握那些有影响的国会议员喜欢哪些项目、不喜欢哪些项目。他们会努力了解上一年度的预算——特别是那些容易使部门陷入困境的项目——以此判断国会对特定项目的态度。如果委员会主席表示某个特定领域做得还不够，那么部门便知道该领域的某个项目将得到酌情考虑。国会对某个项目的全面支持往往体现在对表决、修正案或新立法的讨论上。与拨款委员会成员的持续接触使部门人员能够明确感知委员会可能会接受什么。

最后——当然肯定不是最不重要的——部门在决定争取得到多少预算经费时也必须研究国家的政治局势。增加或削减支出有政治上的理由吗？执政党对中央政府的控制是否会引起党派分裂，从而导致在支持某特定项目或坚持预算基线方面存在竞争？国会中的某些人是否希望行使总统否决权，或者行使否决权的威胁是否会导致项目向更有利于总统的方向变化？

部门不时会受到紧急问题的影响，有些突发事件没有人能预测到，但它们会从根本上改变某些项目预算的前景。导弹技术的某个变化、一场旱灾、一种新的作物病虫害或者某个社会问题都可能会极大地改善某些项目预算的前景。能够发掘源于这些事件的公共需要或制造这类认识的部门或利益集团在扩大其预算支持方面居于优越的地位。

**决定应支出多少。**决定申请多少经费可能是个大问题，但有时弄清楚应该支出多少对一个部门而言同样困难。如果某个部门有大量经费结余，这可能会被认为是该部门不需要那么多资金的信号，并且其预算经费在将来会被削减，扣除相应额度。对结余的惩罚导致部门往往会不顾拨款的季度分配，在每年第四季度的最后一分钟前突击花钱。然而，部门这样做往往也无法达到目的。每年的经费花得刚刚好 53
的部门，可能会被认为是不顾经济需要而将支出控制在最高水平上，而且刚好花完可能会给人一种不真实的感觉。另一方面，那些花光了钱的不幸的部门很可能被指责为运用强制性赤字的策略或试图迫使国会拨更多的钱，否则某个非常重要的项目将受损。大多数部门的预算人员都力求在大部分项目上以少量结余告终，但在他们确信资金一定会到位的项目上偶尔也会出现赤字。

然而，在那些有结余就会导致部门失去资金的地方，部门往往会有动力把限额用光。部门也明白，它们建立的声誉在这类问题上能极大地帮助或阻碍它们。有节俭名声的部门可能会因归还资金而受到奖励，并且来年的预算也不会被削减。而那些被认为是浪费的部门则可能会受到严厉批评，因为当初它们就不应该要这些钱。

**部门与局。**到目前为止，部门（agency）这个词意指某个局（bureau）或部门（department），并且上述大多数的讨论既适合部门，也适合局。现在，在探讨部门面对的特定问题（决定为其所辖的局争取多少经费）时，有必要对部门及其构成单位局进行区分。让我们假定某部门的部长及其职员设法提出了某些体现部长政策偏好的意见，并且恰好这些偏好与其所辖的某局的偏好相左。影响力问题马上出现了，最典型的情形就是某个局可能在国会里有相当大的支持，因而能够越过部门。然而，如果这就是必须考虑的所有方面，部长和他的职员仍可能强行推行符合他们自己偏好的政策。但是，这里存在的一个困难是，如果某个部门曾经有过对下属所需经费的建议额度远低于国会的实际拨款（同时也是该局实际需要的金额）的记录，那么将可能会导致国会对该部部长预算建议的彻底忽视。如果他在这个问题上曾经是个失败者，那么为什么还要关注他的意见？另一个困难是，如果部门官员需要该局在其他问题上的支持，他们可能会发现深度削减该局预算引起的敌意将影响它们之间必要的良好关系。所以，部门常常发现经过审慎考虑后调整自身的偏好是明智的，这样其他预算参与者就可以接受。

诸如此类的考虑将各部门（不论它们是否知道）卷入对一个基本政治理论问题的解答：是应当由每个局按照自己的需要申请资金，还是应当从整个部门的全局出发确定优先项目？换句话说，这个问题可以表述为：最好是让每个利益主体追求自身利益，还是应该追求整体利益的最大化？当然，如果每个局都根据自身利益最大化的原则提出资金申请额，那么资金总量将达到一个天文数字，这显然没什么好处。除非在那些有非常充足的理由要将预算总额控制在较低水平的年份，大多数部门官员偏好的方法是"告诉我们你的真实需求"的修订版。

部门高层官员通常采用的方法是将整个部门的预算摊在下属局领导面前，向他们展示为什么他们不能得到任何超过限额的资金，尽管事实上他们的项目非常值得加大资金投入。某些预算官员非常擅长在不招致责备的情况下实施预算削减。

## 54 预算局

预算局的主要职能（不论是在形式上还是在实质上）是协助总统实现他的执政目标[①]，因此，它的取向取决于行政首脑。总统所关注的相对重要的国内外政策项目，他对平衡预算理想状态的想法以及他在许多其他领域中的偏好都在很大程度上决定着预算局的努力方向。在理论上，一个有关一系列不同政策的会议——涉及国内和国防预算及财政政策，会议代表由总统及其来自白宫、国家安全委员会、国防部、经济顾问委员会、财政部及预算局的顾问组成——将为支出提供一个"目标总量"，并提出一个关于国内和军事优先项目的初步指导。支出总量目标方面的决策用于为预算局设定部门上限提供基础。因此，预算局会发现自己总是要努力为总统的项目从国会申请拨款，并且有时候还要敦促各部门提出新项目或拓展已有项目以满足总统的需要。然而，预算局还要负责在支出总量目标的基础上为各部门制定上限。因此，与尽可能地为总统的项目争取资金相比，预算局通常更热衷于将它们控制在限额以内，特别是因为所有人都认为各部门会尽力去申请更多的资金。

---

① 见 Fritz Morstein Marx, "The Bureau of the Budget: Its Evolution and Present Role, II," *American Political Science Review*, Vol. 39 (October 1945), pp. 869—898; Richard Neustadt, "Presidency and Legislation: The Growth of Central Clearance," *American Political Science Review*, Vol. 48 (September 1954) pp. 641—671; Arthur Maas, "In Accord with the Program of the President?" in Carl Friedrich and Kenneth Galbraith, eds., *Public Policy*, Vol. 4 (Cambridge, Mass.: Graduate School of Public Administration, 1954), pp. 77—93; Frederick J. Lawton, "Legislative-Executive Relationships in Budgeting as Viewed by the Executive," *Public Administration Review*, Vol. 13 (Summer 1953), pp. 169—176; 以及 Aaron Wildavsky, *Dixon-Yates: A Study in Power Politics* (New Haven: Yale University Press, 1962), p. 64。

这种自上而下的预算方法（例如，通过设定预算总额来建立界限）与体现在国会决策制定中自下而上逐步建立预算总额的方法形成对比。

当然，预算局里总有一些人比其他人更为认同某个部门或项目，或者独立于总统建立了自身的政策偏好。他们有创造性的冲动。（“我不想自认为是文件的修改者。”）他们认为自己寻求符合公共利益的政策是在做正确的事，并且他们可能自信地认为如果总统有时间并且愿意像他们那样深入了解相关情况，他也会支持他们。他们很少会反对总统的某项直接命令，即使这种少见的情况出现，通常也会留出足够的解释空间。对某个部门而言，其预算审查者的作用至关重要，即便在他与预算局的总体方向有所不同的情况下也是如此。

即使是在同一个行政部门，不同的预算负责人对预算局决策的影响力也各不相同。某些负责人（与其他人相比）与总统的关系更好，他们经常在不需要通过总统下属安排的情况下来拜访总统。某个与总统关系密切的预算负责人在预算建议上讨价还价时具有重要的优势，因为他知道在行政首脑的期望值内自己还有多少讨价还 55
价的余地。假如总统拒绝了某项预算请求，部门及其支持者就会千方百计地了解在不招致总统否决或强烈反对的情况下，他们能从国会得到一个多大的预算增加额。

国会议员往往对预算局怀有矛盾心理，从本质上讲，他们视之为“必要的魔鬼”。这种矛盾心理体现在下面的例子中：某位众议院拨款委员会委员带着轻蔑的神情称预算局官员是一群认为自己是预算制定者的官僚，而在另一场合，这位委员又指责他们做得不够。或者，更进一步，预算局可能被国会视为控制拨款的竞争者。众议员弗拉德（以国防拨款小组委员会委员的身份）在他的讲话中戏剧性地描述了这一感觉：“（国防部）部长先生……您在政府中是一个非常重要的人……但相信我，与预算局局长相比，您只是个小神。他是这座城市的显贵……我对此感受很深，许多委员会委员和国会议员也一样，我们认为现在的预算局应当被解散。”

每个部门及其官员都必须决定与预算局特别是它的审查者维持何种关系。因为没有审查者能无所不知，部门可以决定仅向其提供必要的信息。然而，人们日益看到部门随时向审查者提供大量信息的趋势，而非仅仅是审查者所要求的必要信息，为什么会这样？首先，丰富的信息有助于审查者在预算局会议——这些会议没有部门人员出席——上有力地维护部门观点。其次，信息充分的审查者可能会转变为特定项目的拥护者。再次，通过使审查者得到行政帮助，他们获得的知识在帮助部门清除某些障碍时可以转化为有利因素。当然，正如某位预算官员所说，伴随的不利因素是审查者“将会了解一切细节”，“但是，”他继续说道，“毕竟你不可能把一个严重的缺陷隐瞒很久，因此，利远大于弊。”这种观点得到了许多人的认同。

部门人员认为，如果在国会预算拨款上不需要做太多的让步就能得到预算局的支持的话，那么还是很有必要去争取这种支持的。在国会的削减倾向既定的情况下，预算局为部门提交的申请大体上将成为上限。（在古典预算时期正确的事情，放到现在就未必正确。）此外，有大量国会通常不审查的小项目，这些项目如果没有预算局的批准，将很难获得资金。

部门认识到在预算局的影响上有两个基本的限制因素。预算局开展工作最不利的因素与其说是国会可能会提高它所建议的预算金额（尽管这无疑是重要的），不如说是预算局无法确保一个与其合作的部门得到其所建议的预算金额。① 能够指望得到预算局建议拨款额度的部门显然更有动力与预算局合作。

预算局的第二个限制因素是它的活动经常受到它关于国会将如何看待部门申请
56 的观点的制约。所有人都知道部门可以采取迂回战术，绕过预算局以得到国会支持。然而，如果部门过于频繁地这么做，预算局就会认为自己的威望在下降。因此，预算局通常会寻求采取与国会一致的行动。预算局在为某个部门下一年设定预算总额之前会密切关注国会的动向。预算局还必须谨慎对待国会偏好的特定项目。假定某个部门必须在两个项目之间做出选择，一个国会支持，一个预算局支持，国会可能会占上风，因为部门和国会站在一条线上的记录决定着预算局及部门所在的机构如何看待和对待它。

## 拨款委员会

众议院拨款委员会成员承担的一个主要职责就是充当公共钱袋的守护人。人们期望委员会成员们能够提防那些急于通过增加拨款来扩大其领地的官僚机构的欺骗。守护公共钱袋的职能通过国会的领导权得以加强，它特地从安全区域选择拨款委员会的成员，从而使他们能够负责任地说“不”。

当然，这项职责并不是在所有情况下支配所有委员的唯一职责。某些委员会完全支持某一部门或它的项目。“对我而言，森林已经成为一种宗教……”众议员沃尔特·霍兰说。在一次严重违反众议院委员会规则时，他在参议院听证会上反对他自己所在的拨款小组委员会，宣称“这些项目根本不够，我不在乎我们具体从哪里得到钱，但我们的确需要钱”。然而，有时候服务于某项伟大事业的感觉可能会导致委员高度认同某一机构或某个项目，而忽略其他方面的考虑。相反，要鼓励委员推动预算削减，则需要一个人们因反对意见受到赞扬的制度环境。

为了地方选民的利益，偏离预算守护人的力量是超乎寻常的，因为它触及国会议员最基本的关系——他们与那些选举他们又可能令他们落选的选民们之间的关系，众议员倾向于不加怀疑地担负起作为其选区利益保护人的职责。在他们的选区受到影响的地方，拨款委员会成员会动用他的职位给予他在人员和资金上广泛的影响力来确保令人满意的结果。众议员约翰·罗尼致力于一场圣战，旨在保留一个设在纽约市的商务部办公室，以便他的选民不会失去工作。接下来的例子是参议员艾文·芬同顽强的斗争，他致力于将一个无烟煤实验室建在宾夕法尼亚州的斯库基尔港而非黑兹尔顿。芬同说他的斗争直到他进入拨款委员会后才有效果。在另一场小冲突中，参议员林登·约翰逊（得克萨斯州的共和党人）施加了一些小压力以确保某个监狱建在适当位置。“我的确不愿在议员格雷的选区和参议员迪金森所在的伊利诺伊州投入这笔钱建监狱，这个监狱可以设在这之外的 X、Y、Z 州的某个

① 参见本书第一版：*The Politics of the Budgetary Process*（Boston：Little，Brown，1964），p. 41。

地方。”

削减拨款委员会成员所在机构的预算往往会非常困难，因为他们所做的决定通常都是反对削减其机构预算的。在与某个拨款委员会成员交换意见时，众议员克劳伦斯·布朗（俄亥俄州的共和党人）抱怨说，当一个修正案提出要“削减某个拨款委员会委员所在机构的项目经费时，拨款委员会大多数情况下都会像一堵石墙一样站在那里说：‘不，你绝不能碰这个。’”① 这种行为在某种程度上是自私的。如果拨款委员会的权力频频被挑战，其权力就会被削弱。拨款委员会成员们认为如果“安排好的程序”（也就是接受委员会的建议）不被遵守，那么国会就会“失控”。但委员作为其机构利益捍卫者的角色也是有根基的，这种根基来自于国会中的专业化崇拜倾向，议员们普遍认为未研究过某主题的议员不应行使决定性发言权。要求尊重专家的意见通常足以阻止削减拨款的企图。 57

参议院拨款委员会委员往往会视自己为负责任的立法者，他认为自己有责任阻止不听话的下议院做出严重损害选区或国家利益的事情。众议院拨款委员会成员倾向于视其在参议院的对手为公共钱袋的任意挥霍者，参议员们却反唇相讥，认为他们在众议院的兄弟们吝啬且嫉妒心强，只要能显示他们能够成功地削减预算，他们根本不关心这对于“关键”项目而言意味着什么。

参议员们相当痛苦地意识到众议院拨款委员会在拨款领域中的突出地位，他们知道自己没法指望像众议院团体那样在审查申请上付出那么多时间和精力。因此，参议院的议员们非常重视部门提交到参议院的预算申诉案。“我们都知道，”农业拨款小组委员会主席、参议员理查德·拉塞尔（佐治亚州的民主党人）说，“几乎从政府创立之初起，参议院拨款委员会便作为一个上诉机构并主要处理那些被众议院改变、减少或取消的项目。”作为一种在关键领域维持影响，同时尽可能少花费时间和精力的方式，参议员们非常重视他们能够否决存在争议的项目的能力。参议院是否行使这一类似于上诉法院的主要职能，取决于部门争取预算的努力和众议院保护公共钱袋子的斗争这二者力量的强弱。

## 3.4 策略

预算策略是政府部门用以维持或增加其可用资金的行为。策略是将预算官员的意图与观点和政治系统联系起来的桥梁，它为预算官员施加限制，但又为其创造机会。

策略行为往往发生在一个快速变化的环境，没有人确知事情将会怎样，因为新目标不断涌现。在这种不确定的环境中，现有策略之间的选择必然是建立在直觉和 58
预感（一种“有根据的猜测”）以及确切的了解之上。然而，假定人们具有正常的

---

① House Government Operations Subcommittee, *Improving Federal Budgeting and Appropriations*, 85th Congress, 1st Session, 1957, p. 139.

学习能力，经验最终应提供一个比纯粹猜测更可靠的指导。尽管我们这里描述的策略与国会昔日的某个时代有关——没有预算委员会，没有预算决议，没有众多变化的规则——许多策略都不受时间影响，在很多情况下是参与者能力的部分体现。

## 做一名优秀的政治家

在帮助某个部门得到其所需拨款时，什么是真正值得考虑的？在华盛顿长期工作的经验使许多部门高层官员确信某些因素非常值得考虑，其他因素则影响较小。尽管他们充分意识到最好利用技术数据支持申请，预算官员却常常贬低这方面工作的重要性。被调查者在这个问题上几乎众口一词："真正重要的并不是你的预计，而是你作为一个政治家是否优秀。"

这些官员说，做一名优秀的政治家从根本上讲需要三个因素：培养积极有效的客户群，在其他政府官员中建立信任，以及拥有能够最大限度地利用各种机会的能力。做好自己的工作被视为当好政治家的一部分。

## 客户

**发现客户。**对大多数部门而言，定位客户根本不是问题，对他们的活动感兴趣的团体也都是现成的。但有的部门却发现这是个难题，需要特殊手段才能定位自己的客户。例如，被监禁在联邦监狱内的男女犯人很难说是理想的客户，社会上其他人关心的也仅限于将这些人继续关起来。所以，监狱管理局试图通过邀请国会议员到监狱中考察来创造对其活动的特别关注。"鲍先生，我希望您有时间时能到这些监狱中的一个来访问我们……我肯定您会满意的。"美国新闻署面临一个类似的问题——这部分地解释了其"乞食者"的地位——因为它的工作均在国外开展，不能直接使本国民众受益，于是新闻署试图将美国的驻外使节组织成一个利益团体，以证明新闻署的确是在做有利于美国公民的工作。

**为你的客户服务。**对于一个拥有大量有战略意义的客户的部门而言，最有效的策略就是服务那些有助于该部门的人。"如果我们提供这类服务，"某位管理者声称，"其他事情就是次要的和自然而然的。"他的部门坚持这样的做法：将各地的客户团体组织起来，激励他们投入到相关项目中，为他们提供良好的服务，并且鼓励他们将自己的看法反馈给他们的代表。告诉某个部门的客户他所能得到的全部好处可能会提升他们支持部门预算申请的强度。

59 **扩大你的客户群。**为确保某项国内议题能够获得国会的大量资金，通常需要发展对该项目的普遍关注。这正是参议员惠腾在成为拨款委员会成员后所做的，他发现虽然各流域的水土保持已经被写入相关的法律法规中，但相关项目得到的钱却很少。"我生活在这些流域内……通过调查，我发现所有这些流域均在一个特定的区域，这说明在这类项目上国会内部没有普遍的兴趣……它引导我于 1952 年来到民主党纲领起草委员会面前，并敦促他们在纲领中写入一条流域保护的政纲。后来我成功地实现了这一目标。”结果，惠腾不仅得到了民主党内更为广泛的支持，还增加了流域水土保持服务机构的拨款。

**关注特定选民。**在人口普查局提出一个有关实施全国房屋调查的建议但却失败以后，参议员西德尼·耶茨（伊利诺伊州的民主党人）给了该局一个有用的暗示。“调查局的调查太宽泛，”耶茨说，“对某个特定社区的人而言几乎没用……这将有助于像阿姆斯特朗·考克公司这样能够将其产品卖到这个国家任何地方的公司……但是它对于某个特定区域的建筑业的人了解该区域是否面临需求不足有用吗？”后来，该局提交了一个新项目，要求列出大都市区的详细情况，并对其他区域实施抽样调查，以此得出一个全国总体情况。在另一个例子中，国家科学基金会在夏季数学研究所的项目上取得进展，原因不仅在于这是个好主意，还在于这些研究所遍布全国，这使它们成为选区利益团体的一部分，从而得到国会的支持和保护。

**得到反馈。**几乎所有人都宣称他们的项目很受欢迎，并且能使很多人受益。但当选官员如何甄别呢？只能靠听取选民的意见。通过告诉选民与其代表接触至关重要，并告诉他们怎么去做，部门在使其客户做出回应方面能够做许多工作。实际上，部门可以先将它的选民组织起来，然后满足他们的需求。政策能创造选民，正如选民能创造政策一样。实际上，国会议员常常要求行政管理者展示他们的客户。参议员威瑞说：“你有来自小经营者的信件或证据吗？那些显示他们需要你的服务并且你能够将其放到记录中的……这难道不是对你的服务有多少需求量的测试吗？”当反馈不存在或有限时，国会议员倾向于认为无人关注此事，他们没必要为拨款操心。

**迂回战术。**当有政治需要使得部门必须考虑预算平衡问题时，管理者可能会寻求对预算短期影响最小化的拨款政策，即便在数年后总费用会更高。在迪克森—耶茨案（1954—1956）中，一个有关田纳西流域管理局电厂的提议被否决，部分原因
是它需要大量即时资本支出。而一个投资比这个项目大得多的私人电厂项目却获得 60
批准，原因是后者的项目支出分摊在25年中，因此对短期预算的影响会比较小。[①]

在客户缺位或缺乏政治影响力时，有一些技巧可以使某些项目支出要么不出现在预算中，要么很晚才出现。比如，国际货币基金组织可以得到一张中期国库券，在它需要钱时可以在将来的某个日期使用；公共用途的建筑可以由私人机构建设，这样短期内租金的支出将比政府自行建设带来的最初的资本支出小很多。担心拨款委员会做出不利决议的部门及其支持者会寻求直接从国库支出的授权，以此来避免直接面对常规预算程序。这一举动往往会被视为“后门支出”而遭到强烈反对，特别是在众议院拨款委员会中。

## 信任

数量庞大的预算事务意味着某些人必须相信其他人，因为他们不可能做到任何事情都亲力亲为。“任何人都不可能详细了解700亿美元需求的目的，”在谈到国防

---

① Aaron Wildavsky, *Dixon-Yates: A Study in Power Politics* (New Haven: Yale University Press, 1962).

预算时参议员托马斯说，“委员会必须相信某些事。”如果我们将这种观点运用到渐进预算（很大一部分预算避免了每年严格的询问）中，那么，如果委员会成员认为某个部门的官员不会欺骗他们，那么他们对待该部门就会好得多。

行政官员一致认为他们必须在最低限度上相信拨款委员会成员及其职员。“如果你获得了你的小组委员会的信任，你的生活就会轻松许多，并且也将有助于你的部门；如果你没有获得这种信任，你就不可能得到许多，并且老是有麻烦。”行政人员如何才能建立这种信任呢?

**满足他们对你的期望。**信任来自于部门官员调整自身行为以符合委员会成员的期望。从根本上讲，理想的做法是与委员会成员对其形象的设计相吻合。官僚们被要求成为细节上的专家——努力工作、坦率、谦卑，献身于他们的工作，他们在花纳税人的钱时手很紧，对政治敏感，并且与国会保持沟通。光明磊落、公正不阿且坦率的性格最受欢迎。

但如果某个小组委员会放下他们最惯常的职责，成为某个项目的全力支持者，就像在北极星导弹系统项目中那样，预算官员被期望具有远大的目标，如果他强调一些小的经济问题的重要性而非推动这个项目，那么他将会遭到指责。重要的不是
61 行政管理者做了什么，而是他们如何符合特定的小组委员会或委员会主席的期望。

**诚实。**每个人都承认，对信任而言最重要的要求是光明正大，至少在消极意义上讲是如此。谎言、明显的文过饰非或任何欺骗行为都会导致信任无法弥补的损失。某位行政官员的评论很典型，他说：“欺骗他们（委员会成员）得不偿失，因为如果你被逮住，你可能就得卷起铺盖离开华盛顿。”被逮住的可能性很大，因为与之利益相关的委员会及其雇员有丰富的经验和很多信息来源。

委员会如果发现自己被误导了，那么它可能会对误导者采取任何必要的惩罚性措施。参议院拨款委员会主席参议员卡尔·海顿(亚利桑那州的民主党人）以某个局得到一笔一次性总额拨款为例进行说明：“下一年……如果委员会感觉被欺骗了，我们就会采取相应的措施，而不必在听证会上向他们事先提出。接下来我们会在该法案上自始至终实施严格的专款专用。我们出难题阻碍它就是为了表明国会才是最终的政策制定者。”

**正直。**信任关系的正面是使人们知道部门官员是一个很正直的、可以信赖的人。他不仅必须提供信息，而且还要让人相信他是在提供可靠的信息。部门成员必须维持信任，并且避免国会成员因其所言或所为陷入麻烦——乐于接受非难（但从不居功)。官员的声誉就像是一个商标，在预算讨价还价中值很大一笔钱。

与小组委员会成员关系良好的部门在国会中更为轻松自如。部门发现国会拨款越依赖于它所提供的数据，国会就越相信它的要求，它的预算需求被满足机会就越大。因此，当某位预算官员得知他的提案中某个100万美元的项目被拿掉了，他就能够根据相关信息及时做出安排，以使该项目重新被考虑。另一方面，在问及他们能否考虑拒绝与委员会成员交谈时，部门官员一致认为这种姿态无异于割断他们的喉咙。如果某位工作人员对某个部门的能力或诚信有疑义，那么这个部门将面临不利的局面。

**我愿意帮助你，但……**当某位行政管理者的想法与某位他需要保持良好关系的国会议员有冲突时，似乎没有什么良策可以使其摆脱困境。大部分官员均试图通过表明他们的手脚受到束缚，或可以在未来解决这一问题，或者通过强调他们达成一致的某些项目来拒绝该议员。在众议员威廉·奈彻（肯塔基州的民主党人）再次谈及希望在他所在的区域安排他期望的某个项目时，水土保持局的唐·威廉姆斯恭维了他在肯塔基流域活动上的兴趣后说："很遗憾，某些项目不符合法律规定……但……它们是非常好的项目。"

## 国会委员会听证

**按规则玩游戏。**预算局规定行政部门不得质疑行政预算，但每个人都知道行政官员希望他们的机构得到更多的资金，并且，在其国会同盟的支持下，他们有时确实有希望得到更多资金。任何拨款听证词的读者都明白，在这类场合，结果只是例行公事。部门官员被问及他是否支持总统预算中的数额时，他说"是"的方式听上去好像是"是"，但每个人都知道他想说"不"。他的方式要么显得缺乏热情，要么热情得有些不真实。某个委员会成员接下来会问该部门最初向预算局申请了多少资金，接着，行政官员就会明确地拒绝回答，以表明他对总统的忠诚。然而，在国会议员们的追问和提醒下，部门官员会引证该数字。当被问及能否有效地使用这笔资金时，他会回答说当然能够，他还会清楚地表明，如果不需要，他们就不会申请更多资金。接下来是部门对自身立场的另一番辩护，对于国会的增支需求而言，在这个问题上的争论影响不大。 62

**管用：效果问题。**在压倒性的公众支持之外，没有什么比可见的成果更具说服力：北极星导弹相当准确地发射并击中目标，某个区域的追播项目的确使青草再次生长。国会对有价值的成效的解释依赖于部门使用了什么样的效果标准，以及国会对它们的要求有多严格。部门有很大的动力去设计一套能够使项目的支持者说它管用的标准。同时，某个项目的反对者会不公正地提出不可能实现的标准，有时候，理性的人们在标准的选用上存在分歧。

## 利用国家政治分权的策略

权力分散以及国会和行政部门的内部分工为项目的支持者（包括部门人员和国会议员）利用一个权力中心对抗另一个提供了大量机会。

**补偿。**与国会某一议院关系密切的项目支持者会寻求在该议院提高项目资金申请额度，以便与另一议院讨价还价。如果他们能够直接或间接地使国会委员会在相关项目上的意见出现分歧，他们就成功了一大半。国会的某位议员可能会询问部门项目成立的最低拨款增加额是多少，以便了解自己在两院协商会上应坚持的底线。参议员派特·麦卡伦（内华达州的民主党人）告诉普查局："我只是想知道……我们在协商会议上能损失多少，并且仍有助于实现价值。"尽管参众两院内不同利益

63 和信任程度的存在会赋予某个部门策略空间，但也可能将它置于一个毁灭性的交叉火力之下而无法轻易脱身。

**鹬蚌相争。**拨款委员会与独立委员会之间的分离为部门创造了另一个利用双重授权之间的差别的机会。拨款委员会常常拒绝为独立委员会授权的项目提供拨款。独立委员会不管有没有部门支持，有时候会寻求对拨款委员会施加影响。随着古典预算时期的衰落，独立委员会大幅增加年度而非跨年度或永久性授权。一个常见策略是由独立委员会召开听证会，渲染某个项目拨款不足或根本没有拨款的争论。由于知道拨款委员会有最终决定权，独立委员会能够为任何它们认为好的项目提供授权，而无须过分关心它的财政影响。另外，拨款委员会有时寻求将有关法规写入拨款法案，这一努力往往会导致其与独立委员会的某个冲突升级为国会两院的冲突。

部门可以利用这类冲突坐收渔利。它往往会通过指明某个独立委员会作为其资金承诺的来源，试图将某项授权作为悬在拨款委员会头上的大棒。例如，为了增加渔业经费，渔业和野生动物事务部宣称它“来自某个国会委员会的指示……该（独立）委员会提出今后本部的拨款中应包括这一项”。这一策略在参议院并未产生太大的麻烦，因为某些独立委员会成员有可能也在拨款委员会任职。但众议员们根本不喜欢这种做法——尽管他们可能会不时吹嘘自己如何使某项其偏好的拨款在没有得到拨款委员会授权的情况下获得通过——他们会及时提醒管理者拨款委员会所拥有的特权。

**削减不可见项目。**立法者可以运用反策略。许多国会议员都会感觉到有在某些方面削减某部门预算申请的需要。然而，同一个人可能又会对部门的项目表示同情，或觉得有义务支持它，因为他相信其选区里的人需要它。那么，能在哪里削减呢？在那些似乎与项目活动无直接联系的地方，例如，削减部门办公或一般行政费用，这种削减看起来不会影响任何特定项目。这与当前社会有关官僚机构浪费的普遍质疑也非常吻合。房屋维护活动也可能受损，因为它们似乎通常可以推迟到下一年，并且它们似乎与项目没有直接联系。然而，推迟维护的结果可能是要花费更多的资金。但在这些地方的削减能够暂时缓解议员面临的冲突压力。

**全部或一无所有。**这个策略强调如果实施了预算削减，整个项目就将报废。“将该资金削减到5万美元将使我们的工作停顿。我们不得不要求恢复……”矿业
64 局说。这一做法的危险在于国会可能会趁机砍掉整个项目。所以，这项策略必须谨慎使用，仅用于那些不大可能被废除的项目。

**推卸责任。**一个广泛运用的策略是使另一个政党做出削减预算申请的困难决策，因此转移了削减的责任。必须承担责任的人不一定希望实施预算削减。每个人都知道，许多部门提高自身的预算申请，以便向支持它们的利益团体显示它们努力工作，但却被总统阻挠。所以，预算局被安排去实施预算削减。这一活动最令人困惑的方面是，在压缩某部门预算时，对象通常不是“浪费的”项目；部门和国会内部的优先项目差异很大，这就导致某些很有价值的项目却寿命不长，而某些陈旧的、过时的项目却能长期获得经费支持而一直存在。因此，预算局可能会面临这样的困境：它既想要求部门自己为预算削减负责，又要坚持在某些领域需要削减预算，而另一些领域不需要。

**被迫削减。**在不承担全部责任的情况下实施预算削减，国会议员已经形成了他们自己的策略。正如预算官员说“环境”已经迫使他们要求增加经费一样，国会议员也强调“外部力量”——反对支出的社会风气、有影响的同事强有力的观点、总统的意见、其他政党利用支出借题发挥的企图、平衡预算的压倒性需要——留给他们的选择余地很小。这个策略有一个必然结果：如果某个小组委员会不能确定削减什么，而又感到有必须实施削减的压力，它可能会先在某个方面实施削减，然后让部门的反对来显示部门真正不想放弃的是什么。

**转移。**一种表面上看起来似乎没有发生变化而实际上有变化的方法是维持特定类别拨款不变，事实上，各种不再安排的支出已被其他支出所替代。项目可以从某一类转移到另一类，因而没有哪一类鹤立鸡群。如果某个委员会或预算局担心行政费用的增长，可以通过将这些支出转移到其他项目中，即通过使它们成为较少受到质疑的成本的一部分来解决问题。某些部门将行政费用包括在每个项目中而非行政管理类经费之中。

**骆驼的鼻子。**一个大项目可以从一笔不起眼的数额开始。接下来部门宣称：(1) 这远远不够；(2) 如果不推进并完成工作，最糟糕的结果将是要损失所有已投入的资金。正如众议员罗尼观察到的：“这可能只有 250 美元，但它只是骆驼的鼻子。这些事永远不会从预算中消失。它们设法留下并成长。”国会曾试图对付这一策略，它通过立法要求在对任何项目进行任何拨款授权前必须对项目经费总额进行估算。但估算容易发生变化，并且某一年的小数额似乎很少会留下深刻印象，尽管大笔开销被留给了未来。

在反对会计程序上的某项变化时，众议员马汉描绘了该策略的含义：

> 我记得是在去年，我们拨款 100 万美元，只有区区 100 万美元，来启动一个成本为 10 亿美元的军事公共工程项目。如果我到议员乔那儿说：“听着，乔，我们共事多年，难道你就不能为我的区域的这个 100 万美元的小项目投一票，帮助我和我的人民吗?”他会怎么做呢? 65
>
> 我确信乔一贯会正确、恰当地行事，但可能又会有某种因素影响他的行为，特别是如果我曾在以前的某个场合为乔的某个 100 万美元的项目投过票的话。然而，如果我换另一种方式，走到乔面前说：“听着，乔，我希望你投这个项目的票，它在一个时期内的总成本是 10 亿美元，并且一旦启动，就得完成。”情况又会怎样呢？①

**先将一只脚踏进门里。**预算官员将项目保留在预算中——尽管它们很小且资金不足——的期望容易解释，因为一旦条件成熟，它可以为申请成熟的项目服务。由于很难证明它们的成功或失败，研究性项目通常不会被终止；与研究应用有关的一

---

① *Improving Federal Budget and Appropriations*, House Subcommittee on Government Operations, 85th Congress, 1st Session, pp. 132-133.

个小项目被保留在预算中，因此如果部门希望恢复相关研究，那么，它就已经有一只脚踏进门里了。

**临时机构。**众议员约翰·菲利普斯（加利福尼亚州的共和党人）试图弄明白，“有什么东西比一个政府临时机构更长久”，他的同事托马斯先生有些粗暴地谈及某个四年前开始的临时活动。“当然，（该部门）说清理它需要花两年时间，到时候那个部门的所有工作人员的名字都将从付酬人员名录上去掉。从那时起，我想你已经为这个团队增加了 30 个人。”对某个暂时情况做出的临时调整产生了一个相对于某个固定时期而言的紧急拨款，随后却成为一项永久性支出。

**承诺。**尽管支出会上升，并且对资金的需求会增加，如果别无选择，某个部门也不大可能被指责。正如某位官员所言，“在每种场合下，增长要么体现为与承诺有关……要么与其他无法控制的因素有关”。

一个常见的策略是为某个现行项目制定长期目标，部门可以利用它来显示它的要求未被满足。比如，还有 *X* 英亩的土地尚未实施水土保护，许多美国土著儿童需要上学，诸如此类的说法有助于创造一个满足这些需要的潜在承诺。国家健康研究所及其在国会的同盟走得更远，它们基于“道德责任”要求国会为总额为数千万美元的项目提供后续经费支持。

**为自己支付并赚取利润。**如果经费的增长能够带来等于或超过成本的收入，那么该增长似乎就不是问题。尽管政府被视为非营利性的，但是国会议员在发现某项项目能够归还资金给国库时，他们还是会非常欣喜，他们往往会针对这一事实称赞
66 管理者，并支持他们偏好的项目。参议员德沃谢克告诉渔业和野生动物事务部：“当你们将那样一笔资金（通过销售海豹皮获得的 100 万美元）归还给财政部时，你们应该为此感到骄傲，并在记录上体现出来。”J·埃德加·胡佛指出，联邦调查局也不甘落后，它通过调查活动在十年内挽回的资金比它得到的拨款还多 7 300 万美元。

**危机。**然而，总会有这样的时候，某个新项目要上马，或现行项目需要大幅增加支出。这一形势要求一场特别的运动，其中三项技术——危机、推销术和广告——常常发挥作用。其目的在于获得特别的支持，从而使部门或项目能获得大量新的拨款，而非只是一点点的资金。

事件本身并无意义，观察者赋予它们意义。处于危机状态中的部门，例如需要大量能源以维持核设备运转的田纳西流域管理局，能够获得大量的增加拨款。在一架喷气式飞机因为与一群星椋鸟相撞而坠毁后不久，渔业和野生动物事务部就得到了研究这些鸟类习性的资金。在使危机显得更加紧急方面还有一些技巧。许多部门官员在预算圈子中因其修饰或利用危机的能力而出名。通过公开情况、对事态进行有效的渲染以及要求紧急拨款，某个部门可以将自身推到一个承担新的重大项目的位置上。

从警察与小偷的上诉案——“我们部门（毒品稽查局）……与墨西哥毒贩展开了 45 分钟的枪战”——到国家卫生研究院听证会上“痛苦的时间”，推销术无处不在。谁能抗拒参议员希尔的下述请求呢？

在我们开始今天关于拨款的听证时……我们想起已经离开我们的约翰·福

斯特·杜勒斯，他是我们这个时代最可怕的杀手——癌症——的受害者。癌症，这个人类最古老、最可憎的灾祸，已经夺走了美国参议院一些最伟大的领袖的生命——罗伯特·塔夫脱、阿瑟·范登伯格、肯尼斯·文瑞、布瑞·麦克马洪以及迈苏·尼利。在今年年底之前它还将夺去 25 万个美国人的生命。还有什么比下决心使癌症研究经费倍增更恰当的纪念方式呢？我们很高兴能和我们的同事参议员纽博格（后来死于癌症）在一起……

在经历过这样的论述后，谁还会投票反对医学研究拨款呢？

在美国国家预算的古典时期，即第二次世界大战结束到 20 世纪 70 年代早期的
1/4 个世纪，有一个可以辨认的预算过程，几乎可以被称为一支预算的小步舞曲。
在这一时期，预算冲突已经常规化，并且往往能在非正式理解的基础上得到解决。
这些理解得到平衡预算目标的支持，公共政策总路线上的一致和扩张性经济环境的
强化，导致了预算上的渐进主义。人们在大多数项目上都有共识，这些共识构成了
通常不变的预算的基数。在大多数情况下，分歧通常是对基数微小的偏离，而非针 67
对项目本身。通过制定补救性措施，在困难出现时就处理它们，在不同的场合——
部门之间、部门和预算局之间、众议院和参议院小组委员会中——反复对问题进行
争论等方式，这些分歧就能够被化解为小的、易于处理的问题。在这种情况下，计
算将得到改进，而且冲突也会受到这种渐进的、补救性的和系列性方法的限制。

过去的预算过程聚焦于立法且权力分散，在这样的预算过程中，必要的集中控制被用于建立一种表面上的秩序。实际上，阿伦·威尔达夫斯基对古典预算的第一个反应是一种惊讶的感觉：在没有中央协调者的情况下，却达成了如此众多的协作。收入和支出大致平衡，及时制定决策，分歧被展示出来以获得有见识的判断，明显的政治利己主义既相互适应（议员被期望为自己的选区投票）又相互限制。领导者任命的拨款委员会成员都来自安全区域。总统有望通过预先安排来消灭超支现象；被视为不明智的支出可以在投票通过后取消。尽管存在着对分析不充分的抱怨，但即使现在采用了更加系统的智能手段进行分析，也无法达到足够充分的程度，因此适度仍是当今要遵循的规则。改进对单个项目的选择的分析是一个重大的希望；没有人会在不对具体的各个项目进行汇总的情况下直接决定总收入和总支出。随着基本政治共识的瓦解，所有这一切都结束了，由此也拉开了预算过程剧变的帷幕。

# 第 4 章



## 一致的崩溃

古典预算作为联邦预算主要的描述性模式，在 20 世纪 60 年代和 20 世纪 70 年代被几个发展趋势逐渐削弱：权利性项目的增长，凯恩斯经济理论，更广泛的政治参与，以及总统和国会之间激烈的冲突，它们最终以围绕总统扣押权的斗争和国会通过 1974 年预算法案主张预算权结束。威尔达夫斯基将直到 20 世纪 70 年代末的发展纳入编年史，描述了它们对预算过程的影响及其与参与者之间的关系。本章的主题是：在潜在的一致难以实现的地方，重新设计预算过程不可能实现经济管理或支出控制的目标。

68 在对古典预算的规范性论述于 20 世纪 60 年代出版后不久［理查德·芬诺的《控制钱袋的权力》（*The Power of the Purse*）和《预算过程中的政治》第一版］，古典预算过程开始崩溃。艾伦·希克在《国会和钱》中所说的七年预算之战从 1966 年持续到 1973 年。它以所谓的 1974 年国会预算协定告终，国会称之为《国会预算与扣押权法案》［简称“预算法案”（The Budget Act）］。新法案并未废止旧程序；它将新关系和新制度堆在顶端，同时又将它们置于老的关系和制度之间。

事后看来，该模式是清晰的：国会和总统在达成一致上的确存在困难。在预算上花费的时间更多，但效果更小。困难源于多个方面：相关人士执拗的个性、困难的经济时期或者程序上的缺陷。即使个性、时期以及程序变化了，意义也不大。是什么使预算过程变得如此令人不满？

从结果中找出原因、征兆中找出现实往往并不容易。预算“小步舞曲”中的演员（总统、国会委员会和管理者）无法将他们自己的政纲与那些现实世界的政纲明 69
确区分开来。20 世纪 60 年代的骚动反映了先前被排除在政治过程之外的团体长久以来的不满：在一个民主社会中被剥夺投票权和种族歧视，承受丰裕中的饥饿、繁荣中的贫穷。战争和环境问题上的分歧在政治议程上仍旧占据着它们的位置。

立法、行政、司法相应发生变化，社会和环境政策在 20 世纪 60 年代和 20 世纪 70 年代快速推行。这对预算政治而言意义深远。只要经济带来一个适度增量，并且各方的相互理解阻止了支出的过快增长，预算就可以适应强有力的新趋势。它实际上也确实逐渐这样运行了一段时间。凯恩斯主义经济学也允许甚至鼓励赤字财政，并认为这可以作为某种安全阀，使分散、自求平衡的预算过程继续运转，即使它已经失衡。

但是，社会项目支出和越战支出的双重压力收紧了预算。不稳定的经济增长结束了财政红利以及伴随它的在社会支出、国防支出、大致平衡预算以及减税的主张之间调节的政治。早期政策的遗产（权利性项目、指数化、税收削减、凯恩斯主义经济学、联邦信用）现在在联邦预算变化了的和正在变化的结构中均能见到。由于旧秩序下的潜在一致已经崩溃，这种预算弹性很小，并且非常难以控制。

## 4.1 权利性支出的增长

权利性支出在 1960 年到 1974 年之间迅速增长。权利性支出的增长部分源于遵守过去承诺的需要。由于越来越多的人达到退休年龄，以往承诺的社会保险或公务员退休金花费了政府更多的钱。权利性支出的增长还来自政府作出的新承诺，例如老年人健康保险（医保），以及贫困家庭营养（食品券）。

旨在遵守过去承诺的新措施尤为重要。以特定美元数额承诺的受益，例如以收入为基础的补贴，在通货膨胀使美元贬值时会缩水。因此，国会不得不经常提高补助水平。截至 20 世纪 70 年代早期（部分为了严格遵守承诺，部分为了防止人们投票支持对特别受欢迎的项目进行过度调整），国会开始对主要的受益系统指数化。

权利性项目支出比其他支出增长得更快。因此，联邦支出中这一个增长的部分无法由拨款过程来决定。“不可控”当然并不意味着超出人们的控制，国会可以在任何时候削减支出或砍掉整个项目。它仅仅是指权利性支出无法通过拨款过程控制。

关于权利性支出（见第 7 章）能够（也应该）说更多。它们的增长部分以牺牲国防支出为代价，国防支出以扣除通货膨胀后的美元价值来衡量并保持相对稳定，但作为总支出的一部分国防预算所占比例下降得很快（见第 8 章）。由于国防和经济增长作为为社会福利项目提供资金的一个来源已经用尽，资金还可能来自哪里？
70 增加支出更多以间接或全部体现在预算中的方式实现，例如信贷或贷款担保。同时，随着在优先项目上共识的减少，对于预算总额的态度也发生了变化。总收入和总支出变得更具争议性，同时也更重要。

## 4.2 经济行动主义

凯恩斯主义是经济的同样也是政治的革命。凯恩斯指明了一条脱离古典经济学束缚的理论道路。简化的凯恩斯主义者的假定是：政策目标应当是**平衡经济而非预算**。政府应当采用将产生合意的 GNP、通货膨胀以及失业水平的支出、税收与借款。在衰退期间，政府不必增加税收和削减支出。政治家们终于能够将他们一直想做的事合理化，也就是在危机时刻做些事（支出）来帮助人们（以及相应有利于经济）。因此，凯恩斯主义摧毁了赤字不好的旧假定。有时，赤字对于刺激经济是必要的。很明显，这使预算更加容易。限制被放松，特别是在经济下滑的时候，由于收入自动减少，权利性支出成本以及相应的赤字均会增加。凯恩斯主义者的理论认为在失业率上升时恰恰需要赤字（如果在很大程度上可以避免，这当然很方便）。然而，凯恩斯主义者的观点有潜在的成本。

对于大多数欧洲国家和美国来说，在对战后衰退的最初担忧被证明无事实根据后，稳定快速的经济增长被预期将无限期继续。凯恩斯主义者通过反周期支出手段稳定经济的准则被普遍接受。对经济调节的可行性及其稳定经济潜力的信心是如此强大，以至于在那时几乎没有政府的主流顾问考虑削减支出的可能性。削减支出在政治上的困难仍被众人意识到，但由于预期扩张会无限期地持续下去，没有人会多考虑削减支出或如何实施它们。

但是，当年景好的时候，据凯恩斯所述，应限制支出并增加税收，以此防止经济过热。然而，减少人们已经享受到的利益毫无吸引力。其结果是，不论凯恩斯教条如何，在好年景和坏年景里支出都持续上升。

凯恩斯主义者的经济学还假定：失业和通货膨胀之间存在一个交换；一个健康的经济由两种罪恶之间的某个平衡来定义（最好二者均在低水平）。不幸的是，政治家们在适当的平衡上可能意见不一；某些政治家（通常是民主党人）更关注失业，而其他的人（通常是共和党人）则更担心通货膨胀。如何作出选择取决于某人的选民是劳工团体（能够依靠他们的合同反通货膨胀，但在反失业率上有问题）还是股票或债券所有者（不太担心失业，但会被通货膨胀击倒）。因此这种选择触及民主党与共和党选民之间的根本分歧。

71 但是，直到 20 世纪 60 年代后期，古典预算的假定仍旧或多或少地存在。尽管平衡预算并非总能实现，收入和支出仍旧保持相对接近。任何支出的增长都能够与伴随经济增长的相对较小的增税或收入的自然增长来匹配。凯恩斯主义者在宏观经济学上革命的局限性并未显露出来，直到 20 世纪 70 年代的滞胀、失业和通货膨胀同时上升。这个问题在凯恩斯主义者的框架内无法解决。可能原因在该框架之外，或者可用的财政工具对于这项工作而言可能过于迟钝。也许正如罗伯特·艾斯纳（Robert Eisner）所言，由于出现通货膨胀，并且缺少一个资本预算，释放了错误的信号，使政策制定者未能测量出赤字的适当水平。① 然而，经济学家团体、企业主管以及劳工领袖坚持要求"适当"的宏观经济调节，并就财政政策上的失误指责政治家。

然而，公众从未放弃预算的旧假定。赤字仍旧不受欢迎，项目支出得到赞赏，并且税收很难合理化。宏观经济行动主义（它强调总量）在没有消除预算老问题的情况下，为预算增添了新一层的期望和责任。

## 4.3 联邦信贷

毫无疑问，贷款和贷款担保是弹性工具，有助于实施不同的公共政策——从农村电气化到学生贷款，再到增加出口额。它们还大大提升了联邦影响的范围和程度，并且直到1990年的改革，它们一直是逃避预算控制的有吸引力的途径。它们要么根本不体现在预算之中，要么以比拨款形式低得多的额度出现。同样，信贷工具提升了联邦支出，并且达到了远高于没有它们时可能发生的水平，这部分是因为模糊的责任。信贷工具使得确定谁为了什么目的支出了多少以及结果如何变得很困难。

大变化往往来自小开端。授权联邦部门通过国会借钱可以回溯到1932年，当设立一个重建财务公司（RFC）的提案即将通过时，财政部建议除了能向公众借款外，重建财务公司还应当能够从国库借款，这样就可以避免与它自己的债务问题搅在一起。② 在接下来的几年中，向国库借款的机构拓展到房屋授权、田纳西河流域管理局以及商品信贷公司。

为了获得认可，这些经营实体可以从国库借款，并将这些资金借给他们的客户。与拨款相比，这类借款仅代表了一小笔资金。但是，尽管通过拨款程序借款是 72
严格限制的、非循环的、仅提供给特定财年并有固定上限，通过国库借款的数额和期限却可以多样化。③ 循环基金可以将还款用于发起人得到限制更少的借款。

在20世纪60年代以及70年代早期，联邦信贷发放增加。截至1972年，这类发行每5天中就有3起出现在资本市场上；截至1973年，有439亿美元未偿还的直接贷款和1 741亿美元的信贷担保。④ 人们对于这些联邦信贷运作的效率有很多

---

① 见 Robert Eisner，*How Real Is the Federal Deficit*?（New York：Free Press，1986）。

② Sun Kil Kim，"The Politics of a Congressional Budgetary Process 'Backdoor Spending,'" *Western Political Quarterly*，Vol. 21（December 1968），pp. 606–23；especially pp. 607–09.

③ Ibid.，pp. 607–09.

④ 见 Dennis S. Ippolito，*Hidden Spending*：*The Politics of Federal Credit Programs*（Chapel Hill：University of North Carolina Press，1984）。

担忧：由于联邦信贷来自各个方面，缺乏秩序或专业知识，其发放常常设置有误或规模不当，并且透明度低，因而利息率远高于通常的国库券。它们也代表了一种对预算控制的逃避。

## 4.4 优先权项目

在权利性项目增长的同时，总统与国会、管理与预算局［OMB，于1970年接替了预算局（BOB）］和拨款委员会之间的职能划分被弱化，只要与总量和相对优先权有关的冲突被限制在可协调的范围之内，该系统便能够运转。1960年，大多数政府项目要么存在时间足够长，其存在和规模被视为理所当然（新政在20年以前结束），要么刚提出来，在通过的过程中已经得到民主党与共和党的共同支持。尽管国会是民主党的，而政府是共和党的，或相反，在项目的存在和规模上还是有广泛的共识。然而，在20世纪60年代，国会变得更加民主党化，并且北方自由派主宰了民主党。林登·约翰逊的大社会思想创造了许多新项目和新部门。这些优先权上的变化反映了国会的开放，这导致了它程序上的变化。

20世纪70年代早期，参与式民主在国会大行其道。权力从委员会委员手中分散（不再由资深者控制）到激增的小组委员会（所有的委员会都必须有它们）和新成员中。决定数量、预算、规模、席位以及小组委员会管辖权的特权从现行委员会的主席转移到多数党的高层会议。从1967年到1980年，众议员的数量也从4 051名增加到7 376名，增长了82%，而参议员则增长了114%（从1 749名到3 746名）。在整个70年代，参议院常设委员会的雇员上升了88%（从635名到1 917名）。①

73 尽管在早些时候选择小组委员会成员可能是考虑到要对抗持续性的影响，但现在他们主要选择他们自己。“我们发现，”某位职员告诉希克，“城市和老城区来的家伙都在劳动与卫生教育福利部（Labor-HEW），所有鹰派的家伙都去了国防部，并且大（全面）的委员会主席不再有权对某个关注国防的家伙采取措施，说‘你到农业小组委员会去工作，为公众办点好事’。”②

独立立法者无疑具有更大的影响力。由于不再受资深者控制，并且配备了工作人员，与过去相比，他们更多地表达了带有较少专家个人意见的偏好。他们像独立的政治倡导者那样行动，将经常反对国会作为一种惯例的倾向，通过干预更多政策领域来服务于更多的选民。假如他们总的投票记录在大体上保持一致，议员们就能够在免受惩罚的情况下对独立项目施加影响。

总统也对变化做出了反应。如果不灵活变通，共和党人尼克松便什么也不是。

---

① John W. Ellwood, “The Great Exception: The Congressional Budget Process in an Age of Decentralization,” in Lawrence Dodd and Bruce Oppenheimer, eds., *Congress Reconsidered*, 3rd ed. (Washington, D.C.: CQ Press, 1985), pp. 4–5 of typescript.

② Allen Schick, *Congress and Money* (Washington, D.C.: Urban Institute Press, 1980), p. 432.

在他的第一个任期（1968—1972 年），他批准或允许支出大幅增加，特别是像住宅建设这类成本不立即显现的地方。当支出受到欢迎时，他不顾反对意见。但面对过去（包括那些在他自己的任期）承诺的结果，尼克松回归到他自己的长期信条，决定在他的第二个任期控制支出。

北方的自由主义者创设了许多新项目和机构来医治“社会病”，从针对老年人不充分的医疗护理问题，到西弗吉尼亚山区的贫困问题。对大多数民主党人而言，这些项目（其中许多包括未来更多支出的潜在承诺）是新基数。对于尼克松、大多数共和党人，以及许多南部的民主党人而言，这些项目在最初便是坏主意，或者至少是个没法实现的好想法。这些关于支出承诺的看法在支出用于军事方面时被颠倒。特别是在尼克松执政后，由于他们不再受制于应忠于他们民主党总统的限制，国会中的自由主义者认为被他们视为愚蠢和不道德的越南战争导致的支出水平很难说是一个不可侵犯的“基数”。保守主义者认为新国内福利项目同样是不合法的。结果导致了一系列围绕预算优先权的使人精疲力竭的斗争。理查德·尼克松运用他的预算权挑战国会的优先项目，他提出某些远低于国会多数派期望的拨款水平。接下来，当拨款委员会通过增加拨款回应时，尼克松拒绝花钱。他扣押了这些资金。

## 4.5　扣押

人们一直认为，如果为某一目的拨付资金被证实是没有必要的，或者资金无法有效且及时支出，只要大多数相关国会议员同意，行政部门就没有必要支出它。实际上，当议员们觉得这么做不明智时，他们可能希望总统做该做的事。因 74
此，建立在心照不宣的一致基础上的扣押是维持支出可控的非正式安全阀。国会不必再为撤销资金举行投票（因为这很麻烦），总统将仅仅通过管理与预算局和财政部拒绝拨付资金给受影响的部门。当然，对于部门实施有效反抗而言，决策来得太晚。尼克松力图将这一特例中非正式理解的传统转变为一项一般性的总统特权：他将仅支出他选中的项目。在通过否决权和院外活动塑造拨款的其他努力失败后，并且在宣称 1972 年的选举赋予他一项授权后，尼克松大量诉诸扣押权。正如艾伦·希克所言：

> 与行政传统背道而驰的是，尼克松的扣押权在 1972 年较晚时候和 1973 年被设计用来以国会的权力和意愿为代价改写国家政策。尼克松的目的是削减不需要的项目，而非暂缓开支……当尼克松因政治原因实施扣押时，他实际上告诉国会：“我不在乎你的拨款是什么，我将决定支出什么。”①

---

① Schick, *Congress and Money*, pp. 46, 48.

虽然尼克松扣押权中的赌注可能已经相当大，但政治上的赌注才是决定性的。在一场重要的战争期间要求节约，还未曾有过总统如此直率地宣称过自己在国会之上的首要地位。如果尼克松能够在行使大量扣押权后安然离开，还有什么他不会做？如果控制钱袋的权力都能被公然藐视，国会还有什么？

控制钱袋的权力在1974年得到保护成为不得不做的事，正如1774年一样——但1974年是因为相反的理由。在两个世纪里，国会把威胁定义为一个希望过多支出的行政部门。从皇家总督及其国民法的时代起，立法部门的问题就已经是通过限制其资金来控制行政部门。而1974年面临的问题是总统拒绝为官僚机构提供资金，希望支出很少并且公然蔑视立法部门（抑或如国会所言，人民）。对国会而言，这个挑战同样巨大，但它现在对于公众的意义以及可能的补救措施必须大不相同。

预算中的分工和分权要求分享被接受的观念，而非屈从于争论——也就是说，冲突必须被限制在一定范畴之内，而且斗争一旦解决就不必再战，以免系统崩溃。管理与预算局和总统的合法性在很大程度上建基于一种信念，即它们将仅根据部门技术上的原因和管理上的需要来调整国会的基数。拨款委员会的权力仅仅依赖于它们不走极端，并且不会利用它们的权力在国会意愿之外改变政策。如果它们超越了界限，国会将会反抗。如果拨款委员会与尼克松站在一边，它们的意见在议会中将被否决。相反，当它们与国会的意图保持一致时，尼克松通过扣押试图缩短整个拨款过程，国会就必须做出反应，试图在国会预算和扣押权法案中重申其职能。

## 4.6 预算法案：更多制衡，而非更多控制

75 对于那个被称为“控制”的令人难以捉摸的概念而言，它本身就是权力的同义语。但是，对人的控制权并不必然等同于对事的控制权，对总统的控制并不必然等同于控制预算，也不意味着控制经济。尽管一般而言，国会的确需要相对于总统而言更大的权力，并且的确希望将收入与支出联系得更紧密，但对于支出本身是否过高，或收入是否过低，或如果是这样，哪一部分应当被提高或降低的问题，并没有一致意见。国会是否能实现自我控制，至少如其所愿地制定预算的问题在表面上被解决：它能够要求自己做正确。国会在遵循其自身的命令时是否足够一致，是一个不同的问题。

老程序既不控制支出，也不控制总统。然而，强调控制预算的新程序将在国会内部转移权力，因而将遇到抵制。需要将关于总量的决策转化为项目上的决策。税收和支出委员会将不得不既相互合作，又相互压制。如果上述事情都得以通过一个程序来解决，那么这个程序将赋予某人很大的权力。从历史上看，国会议员们不愿将这项权力赋予他们中的任何人。

当然，该解决方案是1974年的《国会预算与扣押权法案》中的妥协。遵循美国政治体系的传统，国会将新程序和制度置于旧的之上，加强制衡系统。该法案的目的在于建立一个总量或限额框架，在其中预算可以在国会内形成。这一机制就是预

算决议，它的制定被授权给新的预算委员会。但有必要先对付扣押权。

## 再次扣押

国会预算法案创立了一个新程序，旨在使扣押过程正规化。如果总统不想支出已拨付的资金，他必须提议撤销；如果只想推迟支出，他必须提议延期。某项废除如果要生效，两院必须通过一个法案，在法定的 45 天内同意改变。如果它们不这么做，资金就必须按照最初的拨款来支出。推迟自动生效，但不能延续到财政年度结束之后。任何一院均可通过投票明确否决推迟（为了回应司法决策，推迟程序在 1983 年进行了调整）。

如果总统未能支出某笔资金而又未向国会报告，审计长（作为审计总署的长官，替国会监督行政部门）自己会汇报该行为。他的报告与总统废除或推迟的建议有同等的法律效力。如果总统忽视国会的反对，审计长可以在法庭上提出民事诉讼。当然，总统可以选择引发一场宪法危机。但因为总统必须与国会共处，所以他们不太会这么做。

## 国会预算局

1974 年法案还创建了一个新的参谋机构［国会预算局（CBO）］，为管理与预 *76*
算局和总统的经济参谋［经济顾问委员会（CEA）］提供一个国会的对应部门。许多预算（例如预测权利性项目的成本）都涉及技术分析。操纵数据相当容易，国会议员们不相信总统的参谋会不参与这类活动。实际上，他们甚至不相信国会的委员会成员更可靠。国会预算局要为中立分析提供一个堡垒，忠于国会而非委员会或政党，它的负责人在局里享有广泛的权威，由众议院议长和参议院议长联合任命，任期暂定 4 年。尽管国会预算局的报告并非总是受欢迎，但其技术性工作却很可靠。国会预算局成为预算中一个谦逊的参与者，在很大程度上减轻了国会对总统的专家们的依赖。

国会预算局和扣押控制在国会程序中很快就找到了它们的位置。然而，预算委员会和新的预算日程却存在较多的问题。

## 参议院预算委员会和众议院预算委员会

参议院预算委员会（SBC）成立于 1974 年，有 16 位成员，由政党高层会议选择，无任职期限。众议院预算委员会（HBC）以一种独特的方式构建。其成员中的 5 位来自拨款委员会，5 位来自筹款委员会；一位来自民主党领导成员，一位来自共和党领导成员；另外 13 位成员按照正常的众议院程序委任（后来在细节而非基本设计上做了一些调整）。因此，委员会是一个混合体，由固定成员和众议院内部权力中心的代表组成。此外，成员是轮换而非永久性的，以 10 年为一个周期，预算委员会成员任职不得超过 4 年（现在是 6 年）。轮换减少了预算委员会成员在他们的观点上变得闭塞或狭隘的可能性，并且帮助委员会从其他委员会得到信息。轮换还保证权力不会集中在一小群代表手中。

## 日程表

与旧日程表相比，新日程表增加了新步骤并调整了时间。以前，国会在 1 月初召开会议，总统在 1 月末递交他的预算，国会必须在 7 月 1 日下一财年开始前通过拨款法案。拨款和授权立法引发僵局，通常某项拨款不能做出是因为该法案的某部分需要授权，而授权尚未通过（例如军事采购）。由于拨款常常要拖延到 7 月 1 日
77 以后，国会不得不通过一项连续决议（CR）。连续决议在短期内为缺少拨款的部门提供资金，额度是以往年度的授权额。然而，通过将财年的起点调整到 10 月 1 日，它的需求在某个短时期内被最小化。日程表上的调整给予国会额外 3 个月来实施它所有的老工作并通过新预算决议。

## 决议

预算决议是新程序的核心，最初有两个。第一个决议最初要在 5 月 15 日（现在是 4 月 15 日）前通过，旨在为其他委员会和国会整体设定要完成的目标。它包括预算授权、支出、收入、该年度赤字或盈余以及相应的公共债务总额建议水平。第一个决议还建议将支出总额划分成少数预算功能。这些与总统预算的项目划分方式一致——例如第 150 项功能“国际事务”，或第 350 项功能“农业”。决议是对总统建议的正式答复。预算委员会将把这 19 项功能的总额转换进委员会的权限之内。

第一个决议在一系列信息基础上集成。预算委员会可以利用管理与预算局提供的一份当前服务预算，以此展示按当前水平提供服务的成本（包括价格变化）。总统的预算提供了比较、分析以及讨论的另一个基础。国会预算局分析总统的预算及其与当前政策的不同。总统预算提交后，在支出和（或）税收上有立法权的委员会要向预算委员会提交分析和预估，告诉预算委员会其他委员会的成员希望做什么。

同时，预算委员会将召开听证会讨论总统的经济政策和经济预测，以及他的预算的其他方面。根据总统的建议、其同事的分析和预估，以及手边的许多技术分析，预算委员会便可以草拟其决议的版本。通过预算决议的程序很像其他任何草案的通过程序，除了该决议是一项针对国会的规定，它不需要总统签署，也不具有法律或资金拨款那样的效力。参众两院的分歧必须在会议上解决。

在决议通过后，国会将开展它的授权和拨款工作。常规的授权和拨款（明确承诺资金的法律）应当在劳动节后的星期一之前通过。在夏末，预算委员会将召开听证会审查最新的经济数据和国会其他部分采取的行动或预计要采取的行动。在最初的法案中，这一信息被用于决定来自第一个决议的目标是否需要调整。接下来，预算委员会将提交一个预算上的第二次一致性决议。第二次决议的内容与第一次决议

相同，不同之处在于第二次决议的总额被认为具有约束力。因此，在第二次决议通过后，任何导致违背该决议限制的立法考虑均会遭到反对并被判无效。

## 协调

如果因未曾预料到的变化或新的立法，第一次决议中的限制无法实现，协调指 78
南可以包括在第二次决议之中。这些指南能够指导一个或更多的委员会颁布立法，使收入或支出与该决议保持一致。这一过程既可用于授权，也可用于拨款。协调被预算委员会一揽子接受，不做调整，并于 9 月 25 日之前成为法律。

实际上，协调并不以这种方式使用：1979 年之前，拨款被简单地打包进第二次决议，并未有意识地使其符合预先确定（或任何其他）的总额。理由很简单，在该过程结束的地方，在所有交易和协议均已达成之后，参与者没有心情再重启整个预算争论。

## 复杂性

预算决议为一个早已复杂的过程增加了一项新的活动。拨款已经受到授权的制约。现在二者均建立在预算决议的基础之上，而预算决议则来自预计的授权和拨款。授权草案要在 5 月 15 日前提交，致使拨款委员会将报告和第一次决议作为指南。在该决议被采纳之前，国会不会考虑任何做出预算承诺（拨付资金、设立一个新的权利性项目或改变税收）的法案。特定的程序拓展了拨款委员会质疑权利性项目增长和控制其他类型“后门”支出的能力。法案所要求的国会预算局的报告在特定时间为决策提供信息。这些各式各样的规定意在将项目上的活动与总量上的活动联系起来。预算委员会试图进行协调，但它们能做到吗？

## 一个国会预算，或仅仅是更多的预算

因此，从形式上讲，1974 年预算法案创立了一种预算：国会将查看项目，考虑总量，选择收入和支出之间的关系，并将二者结合在一起。权利性支出在考虑总量时将被审查。新的权利性支出将受到国会预算局的审查并根据日程上的规定被推迟，因而要接受比以往更长时间的审查。已经设立的权利性项目在协调期间可能被调整。预算决议将使得国会中的多数能够直接对总统预算做出反应，坚持他们自己在功能上的优先权和财政目标。采纳决议的过程将注意力集中于收入和支出的相对规模及其在经济上的影响等问题，比以往所做的更为明确，并且投票将迫使国会议员以一种以往不需要的方式选择立场。听证会和国会预算局的分析会形成信息，决议将引起争论，争论将告知国会和公众做出的选择。将税收和支出与预算规模联系 79
起来的程序将迫使议员重视总量。

然而，所有这些都有可能，除了建立一种新预算，新程序可能仅仅创立了更多的预算。只有当成员们希望遵守预算法案时，他们才会遵守；只有当他们认为过程本身的价值超过遵循该法案的损失时，他们才会遵守。

## 4.7 1975—1979 年的预算过程：控住总量

权力和政策是关键：国会内部的权力、涉及行政部门的国会权力，以及国会在项目上的权力。然而，如果国会在政策上出现分歧，它的成员将发现相对于总统职位的权力而言，他们相互之间的权力有一种不同的制度上的重要性。

在使该程序运转方面，预算委员会的成员有一种权力上的风险。除非预算决议影响到税收和支出立法，否则预算委员会成员在成员身份上将一无所获。当然，拨款委员会成员反对他们在权力上的损失，但他们仍然有支持该程序的理由。在 1974 年之前，他们因赤字受到责难；新程序使注意力转向授权委员会，特别是税收授权委员会成为可能。其他委员会成员也受到预算法案的威胁，该法案能够削弱这些委员会的独立性和服务于选民的能力。因为只有一小部分代表能够任职于预算和拨款委员会，因此实施预算总额要求他们要么令其他国会成员满意并胜任他们作为委员会成员的职位，要么其他职责和忠诚（对政党、对某位总统、对某个选区或对某种意识形态）超过了作为委员会成员的忠诚。因此，预算委员会力求一方面形成尽量不得罪人的决议，另一方面在其代表的议院动员其他忠实信徒通过并实施决议。

1980 年之前，预算过程的观察者和参与者致力于不断探讨这些决议和整个程序在支出与税收政策上有何（如果有的话）影响。对于他们的目的而言，预算委员会有足够的信息。他们有对项目基数的估计——上年支出了什么、有什么义务，以及预计的经济绩效将如何影响项目成本。这一信息可能并不准确，因为其中部分是未知的，但成员们得到的信息不会少于其他人。他们还知道，不同参与者（如总统和授权委员会）通常会提议何种变化，并能够判定这些建议的政治力量。

一个更大的困难是潜在的，即无论如何校准，第一次决议在该程序中的其他步骤将被忽略。各项功能上第一次决议的总额（支出、税收等等）仅仅是目标，但它们被证明是受到公开挑战的可变目标。通常，如果第一次决议假定要么对项目进行
80 立法调整，要么提供的资金低于国会的惯例，第一次决议不得不上调。因此，与预算决议相关的弱点制约了预算法案使国会联系收支的能力。

由于支持预算法案的广泛联盟包括各类支出者，新程序并非用来讨好各个方面。一方面，仅仅是预算委员会的存在便为更高的支出设置了一个可能的障碍。另一方面，这些委员会与税收和支出委员会维持共担责任关系的需要，以及仍旧服从于国会意愿的需要，意味着预算委员会必须使自身服从于更高支出的普遍愿望。艾伦·希克在《国会和钱》中的证据是结论性的：

> 在对国会议员和职员近 100 次的访谈中，没有人认为预算决议中的配置被有意设置在立法部门的期望之下。“我们得到了我们需要的一切，”某位委员会

的人事部主任兴奋地说。然而，某位拨款小组委员会的书记长抱怨决议中的目标数额过高："我们面临用光所有预算资金的压力。就好像预算委员会在竭力满足拨款委员会的需要之外，还加了一部分。"[①]

所有的内部激励均致力于提高支出。例如，谁会在削减支出上带头呢？政策涉及的各个部门，包括国会中最关注它的人，自然关注其自身的内部发展。那些主张从根本上重组项目的人很快就发现，如果不冒更大的风险，这么做极端困难。更多的钱使得解决内部争论更加容易。政策变化的代价是项目扩张。[②] 就像所有其他希望有影响力的部门一样，预算委员会仅能承受有限的失败，因为一旦预算委员会的失败变得显而易见，就没有人再会关注他们了。

增加支出不需要协调，项目申请者早就想那么做了，而削减支出必须协调。没有需要在项目间选择的支出上限，做加法而非减法的预算仍然是常见的做法，参与者将寻找创造性的方法来躲避控制的企图。

一个相关的例子是联邦信贷的持续扩张。尽管 1975 年成立联邦融资银行（FFB）集中发放联邦证券，联邦贷款和贷款担保还是迅速扩张。经过一个往复的过程，更多的联邦贷款通过 FFB 离开预算。[③] 在 1974 年至 1981 年，预算内直接贷款从 461 亿美元翻倍到 913 亿美元；预算外直接贷款增长了六倍，从 154 亿美元增加到 937 亿美元；贷款担保从 1 804 亿美元增加到 3 091 亿美元。同时，国有企业贷款从 438 亿美元增加到超过 1 820 亿美元。尽管这一债务的确以国会建立的所有 81 总债务限额为准，但它并未计入联邦赤字，并且，使部门能够在以其委托人名义借入更多钱的同时维持较低的名义赤字，显然是这类交易的目的。

## 4.8　古典预算垂而不死

截至 20 世纪 80 年代初，古典预算的实践已经被严重侵蚀。妥协更多地让位于冲突，威胁着整个预算过程。预算不再灵活，某个方面较多意味着其他方面较少。预算在某种意义上被先占，因为权利性项目和被保护的项目为新申请或即使是老项目的拓展留下的空间越来越少。凯恩斯主义原则基础上的预算管理甚至可行性更小：在理论受到抨击的同时，实践似乎也受到连续（尽管事后看来并非很大）赤字的质疑。

1974 年国会预算法案（重获控制的重要努力）得到的评价并不一致。立法部门本身因妥协而被削弱，集中体现为预算委员会无法在国会的其他委员会实施上

---

① Schick，*Congress and Money*，p. 313.

② 例如，见 Aaron Wildavsky，*Speaking Truth to Power*（Boston：Little，Brown，1979），Chapter 4，"Coordination Without a Coordinator，" pp. 86–107。

③ 见 James M. Bickley，"The Federal Financing Bank：Assessments of Its Effectiveness and Budgetary Status，" *Public Budgeting and Finance*，Vol. 5，No. 4（Winter 1985），pp. 51–63。

限。他们维护权威的尝试与委员会预设的特权及其谨慎的自我保护相违。20世纪70年代信贷项目的扩张也证实了支出方面上升的压力。

同时，传统预算过程的主要参与者拨款委员会似乎不再能够承担其传统职责。在20世纪70年代，拨款委员会已经偏离了它们作为国库看护人的职责。一个指定拨款申请者的联合和预算委员会的存在卓有成效。在有更多自由民主党议员和更多保守共和党人的情况下，议员间的政策距离拉大，因而削弱了内部凝聚力，并且由于预算委员会被置于拨款委员会之上，支出委员会倾向于认为它们的建议并非不可改变，而是一系列协调中的公开出价。因此，正如执行支出的机构一样，拨款小组委员会倾向于抬高它们偏好的项目，以便为预算委员会和国会的削减留出空间。

新模式开始出现。守卫者的准则或支出控制均未完全消失。实际上，正是支出控制使得拨款决策值得争夺。但拨款政治变得愈发集中化——一场不仅存在于委员会和部门之间，还存在于管理与预算局和国会领导之间的争夺，它们的分歧更大程度上存在于支出总额或它们内部最大的可能分类（国内对国防），而非个别项目。

国会内部没有什么是一成不变的；传统实践的继承人与他们的父辈往往有相似之处，拨款委员会也是如此。委员会继续撰写法案，委员会内的政党领袖在讨价还
82 价和国会策略中依然发挥重要作用。许多项目上的分歧（特别在国防上）在委员会内部得到解决。在小事情上，任何政治信仰的评论家均发现不适当的对地区利益的关注仍然存在。对于特殊的无政治倾向的众议院拨款委员会工作人员而言，也是如此。最重要的是，拨款委员会仍然承担着将项目偏好转换为拨款法案分项语言的职能。因此，它们在为项目提供资金的过程中保持着一个至关重要的地位。

尽管许多方面仍然为人们所熟悉，但随着政党预算政治的全面推进，该过程各部分之间的关系将发生巨大的变化，这反映了公共政策方面深刻的分歧，取代部门管理和通过拨款监管分配利益成为关注的焦点。新的政策党派性与其说是代替，不如说是包容了旧的政策党派性。

# 第 5 章

## 分歧的政治

1981 年保守的共和党总统罗纳德·里根的当选标志着政党间分裂的加速。在对分裂的原因做了一番探寻之后，威尔达夫斯基继续解释了预算制度和过程在 20 世纪 80 年代是如何在共和党和民主党的冲突中被改变的。

83 20 世纪 80 年代发生的关于预算的斗争令人瞩目。在美国历史上和其他工业化民主国家的当代预算中均未出现过类似的情况。虽然在预算的规模或范围或内容上的分歧在美利坚合众国建立前后也经常发生，但它们却未曾同时发生过。预算斗争也未曾持续如此长的时间。

虽然分歧的根源和表现已经出现了十年以上，但 1981 年里根的上台更是加剧了政策分歧。共和党在总统选举中的胜利伴随着其在参议院中的胜利（尽管在众议院并非如此），尽管民主党在 1984 年重新夺得参议院，总统位子却握在共和党手中直到 1992 年。共和党人的纲领清晰明确——削减国内项目、加强国防，以及平衡预算。这一纲领寻求的理念上的热情不仅引起了政治上的反对，还改变了制度。尽管国会委员会和行政部门继续按照国会预算法案运作，它们的职责和相互之间的期望却已被扰乱。

## 5.1 为什么预算决策变得如此困难

### 关注总量

84 1974年国会预算法案将注意力集中在预算的实质上：总量多少，主要项目间如何划分，谁来支付。从某种意义上讲，改革过的程序发挥了作用（制定出了决策），但在任何两个连续年度中，该程序的运作过程均不完全相同。总统的预算咨文有时提供了讨论的起点，有时却没有。有时有三个预算决议，有时有两个，也会出现只有一个的情况。拨款、财政以及预算委员会之间的相对权力差别很大，并且国会中最终做出关键性决策（国防和国内事务支出，预算总量，税收负担的重新分配）的联盟无法从某一年推及下一年，也没有人能够说出谁（根据地位、职责或观念）将在整合胜利联盟上领先。不稳定、延误、混乱、危机甚至宿命论（如果每项英雄事业必然被下一个代替，或者如果利息率的上升抹去了数月的努力，为什么还要自寻烦恼呢?）成为预算的标志。复杂性在增加，但却理不出头绪，这一切意味着什么?

据说某位有11个孩子的父亲总是觉得还应该再多一个孩子。也许最简单的解释就是：在国会上提出的需求连同它对自己提出的要求总是比国会的管理能力高一点。但在政府支出从20世纪60年代中期到整个20世纪70年代的戏剧性增长中，并无必然导致预算不堪重负的内在原因。甚至经济增长率的下降也不是难以逾越的障碍，尽管它无疑会使决策更为困难（可供分配的更少）。实际上，国会预算法案使国会倾向于将收入和支出联系起来——通过提高税收或减少支出来达到适当的总量。国会的确这么做了，支出增长率也确实缓慢下降。到目前为止，避开拨款过程的新权利性支出和其他形式的支出变得更难实现。如果税率并未提高，税级攀升便增加了通货膨胀时期的税收。尽管赤字仍然存在，但它们在国民产出中所占的比重并不大。

同时，国会已经将自身置于美国预算史上独特的必须采纳整体定位的处境。它必须建立总收入和支出，并根据主要的独立分类对总量进行划分。以前，这些选择至多被描述为结果（仅仅通过加总半独立委员会和小组委员会在逐项或逐个项目基础上做出的选择而为人所知），而现在的国会却必须作为一个整体来工作。

作为敏锐的预算观察者，国会研究服务局的路易斯·费舍认为预算模式的变化是对剧烈冲突升级的回应。

> 立法机关规模（从拨款草案到预算决议）扩大了立法冲突的范围，并且创
> 85 造了议员间做出额外妥协的需要。形成多数可能要付出更多……
>
> 自相矛盾的是，在一个分割的系统下，议员们重新配置预算优先权似乎更容易。他们可以削减国防预算草案并增加劳动—健康教育福利拨款草案，而不需要明确地从一个部门拿钱给另一个部门。希克解释说，1974年的预算程序

> 可能已经使国会过程复杂化，因为它将注意力放在预算优先权上。①

根据这一观点，将集中化程序植入一种分散化制度的做法削弱了国会应对冲突的能力。

关注总量是一个解释胜利、失败以及平局的简单却有效的方法。在更大的被某些人视为更好却被其他人视为更差的范围内，福利上更多或国防上更少，税率更高或更低，这些都是对政治斗争的概括。通过汇集总额并将其转换为谁领先或落后的标记，预算成为一场难以调和的原则上的冲突。

## 经济管理的终结

强调总量的原因之一是它们对于宏观经济管理的目的而言很重要。然而，正如我们在第 4 章中所见，20 世纪 70 年代的滞胀削弱了国会对于管理和调控经济的凯恩斯主义方法的信心。人们对赤字的怀疑取代了建立在战后良好经济绩效基础上的广泛共识，人们甚至对于是否存在正确的前行道路都产生了疑问。

经济管理上的广泛共识并非绝对。市场个人主义者——较少干预经济活动的小政府的支持者一直存在，他们已经形成了与到那时为止的凯恩斯主义理念不同的观念（货币主义、供给经济学）。经济困难将这些观念推向前台。

教条的基础已不复存在，自动稳定器（例如失业补偿）仍在运行。里根总统的政策仅仅是尽可能降低所得税率。当经济运行良好时，可以削减税率，因为政府有能力这么做；当经济不景气时，削减税率是必要的刺激。减税想必适用于所有的场合。

然而，尽管世道艰难，民主党人还是倾向于增加税收以减少赤字，并且防止债务利息进一步挤占未来支出。在经济繁荣时应增税，因为增加额可以为更多项目提供资金。由于主要政党不顾经济形势政治化地承诺税收削减或增加，因此调控预算的余地很小。意识形态的一面之词代替经济微调。民主党重弹预算平衡的老调使他们更难运用凯恩斯主义关于赤字规模的方法管理经济。 86

## 赤字主导

当国会在解决分歧方面做得更好时，的确可以起到缩小分歧的作用。冲突的解决发生在对税收的可容忍限度和支出的可允许程度达成非正式谅解的环境之中，也就是说，预算平衡提供了强有力的指导。一旦一致性崩溃，国会和总统便会带着平

---

① Louis Fisher, "The Congressional Budget Act: Does It Have a Spending Bias?" Paper delivered at Conference on the Congressional Budget Process, Carl Albert Congressional Research and Studies Center, University of Oklahoma, Norman, February 12-13, 1982, pp. 21-22.

衡预算的空壳离去，而无法在通过更高的税收还是更低的支出方面达成一致，在究竟是国内事务还是国防项目应首当其冲上也是如此。

“在当前环境下，”罗伯特·赖肖尔（Robert Reischauer）对问题看得更准，“国家及其预算过程也许有能力应付一场有关支出利益和税收负担相对分配的斗争，但它们没有能力在两方面同时开战。”① 由于这两个全局性的难题交织在一起，达成一致的困难成倍增加。然而，当每一方都过度地依赖另一方时，收入和支出究竟如何才能分开呢？

据说只有在美国，预算硬币的两面才被历史性地分开。收入和支出不在同一时间同一地点由同一批官员面对的压倒性理由并非他们无法达成一致，而是他们可能会过于一致。收入受到共同意愿的限制，除了战时，变化只能逐步推进。支出被期望（并且在很大程度上的确）在收入以内。因为缺乏一致，有时也许并不需要正式指令，但现在为了平衡预算，我们却需要这类正式指令。但是，在意见不一时，即使国会已经投票三次也很难使规则生效。

在税收和支出被认为是基本上相同或类似问题的情况下，分歧被强化。于是，在一个问题悬而未决的情况下，另一个问题不可能得到解决。一致所需的综合性越强（不仅是因为有全局性的决议，还因为这些问题和参与者的理智和情感相联系），实现它就越困难。

保守的共和党人坚持认为应当通过大幅削减国内支出，同时增加国防支出来实现平衡——并且均不需要新税收。自由的民主党人仅同意通过削减国防支出，同时维持国内项目来达到平衡，最好辅以针对企业或高收入人群的新税收。保守的民主党人和温和的共和党人共同坚信，首先且最重要的是平衡，越快越好，不论采取何种手段，他们关注国防和国内事务削减以及税收增长。每个人似乎都支持平衡，但具体说法不同。没有哪个观点居于主导地位，该怎么办？

87 赤字既是难题，也是武器。控制赤字成为一个“治理的象征”②。在政治上的极端，赤字是一根（可以随意挑选的）棍子，由于过多的国内支出敲打着自由主义者，或者由于过多的国防支出敲打着保守主义者。确切地说，因为那些极端的人怀疑彼此的诚意并知道彼此易受伤害，他们均宣称仿佛拥有了唯一正确的信仰。在战胜另一方方面，还有什么比吐出前最高法院大法官托马斯·里德·鲍威尔（Thomas Reed Powell）在涉及赤字的灾难性后果时所谓的“一场恐怖的展示”更好的呢？在这种情况下，极端主义者很高兴负责任的团体加入，因为这是他们真正共享的信仰（和武器）。

因此，有财政责任感的人抛出了国家经济学家的观点，他们发誓说（尽管没有真实可靠的证据）它内在于事物的本质，或者是简单的常识，那些糟糕的事（衰退、通货膨胀、高利率以及如我们所知的文明的衰落）才初露端倪。长期来看，这

① Robert Reischauer, “Mickey Mouse or Superman? The Congressional Budget Process during the Reagan Administration.” Paper presented to Association for Public Policy Analysis and Management, October 20–22, 1983, Philadelphia, p. 3.

② Symposium on Budget Balance: Do Deficits Matter? New York City, January 9–11, 1986, p. 161.

可能是真的，也可能不是，但可以确定的是，任何不利的经济形势均可归咎于赤字，所以不论发生了什么，都有必要使自己脱离其有害的影响。总之，赤字成为使对手对灾难负责，自己却能撇清干系的一种方式，并且赤字还使政党两极分化。

### 政党的两极分化

弥合分裂的一条通则就是减轻冲突的剧烈程度。在某些问题上彼此反对的立法者知道他们在一个不同类型的问题上将需要对方的支持。因此，他们缓和了立场。预算的两极分化恰好可以由相对的现象来解释：自我增强和不断深化的分裂。在某类问题上彼此反对的一批人，现在也试着比以前更多地在其他问题上彼此反对。

大多数希望维持或增加福利支出的人希望减少国防支出——反之亦然。但也并非全然如此。社会问题（学校祷告、堕胎、女权、反歧视行动、父母对子女的权利）倾向于向同一方向发展，伴随着保守主义者和自由主义者各自持有的相反的立场。共和党人的南扩运动和南部保守主义者转向共和党的运动可能也已经使主要政党的内部更具凝聚力，但却使他们在预算问题的看法上更加分裂。当然，在有些问题（例如社会安全网）上他们的确有广泛共识，但仍然留下足够的空间给三个主要的分歧（福利、国防和社会问题）去彼此强化。

罗纳德·里根上台后，公众的注意力聚焦在他减少国内支出的努力上。在他的第一届任期内，这些努力的成效并不显著。但是，里根使以传统方式编制预算更为困难的重要举措受到的关注却很少。所得税削减在几年内彻底消除了可用于渐进的 88
项目增长和赤字削减的资源。税级指数化不需要立法行为就拿走了收入增长。国防支出的增长为维持国内项目或赤字削减留下的空间更小。总之，由里根激起的这些变革使国会的痛苦选择更有必要，也更加困难。这些变化取消了预算参与者先前可以用于达成一致的最重要的活动——收入和支出的适度增长。取而代之的是，在一个财政资源减少、国防支出巨额增长以及社会项目大量削减的时代，政府在减少社会和经济不公平的道路上应当走多远方面存在重大分歧。

支出和税收期望水平上的分歧开始与收益和负担应如何分配的问题纠缠在一起。如果税收和支出的决策能够分开，我们有可能看到很多在这个或那个选择中的不断变换。但国会越来越多地使自己避免这种选择。因此，必须面对这一问题（税收和支出的规模和结构）的结果是：20 世纪 80 年代的预算突然陷入僵局并影响了国会预算法案的执行。

## 5.2　20 世纪 80 年代的国会预算法案

在形式上（并且偶尔在事实上），1974 年改革过的预算过程的确（或可能）在运作。国会可以通过它的决议和协调程序抨击赤字和任何其他问题或优先项目。一旦一个决定性的多数偏好某个特定政策，国会拥有实现其期望的所有必要工具。但问题在于缺少多数派。个别议案可能以大多数通过，但这个多数人在 13 个拨款草案上发生分歧，为将它们结合在一起而设计的预算决议得到的支持更少。实际上，预算决议需要一个多数派中的多数（一个整合所有其他多数派的足够综合的多数）使该过程显得步履蹒跚。

对一个有关预算的集中综合方法缺乏支持并非源于缺少机会。通过预算委员会操作的预算决议给了国会形成一个集中决议的机会。政党领袖和政党高层现在常规性地参与到预算协商之中。总统也一样。缺乏的是核心层在一个可以被立法部门多数采纳的决议（或者甚至是在一个被认可的起点）上的一致意见。1974 年法案的程序发展到了适应这些冲突带来的压力，但无法解决它们。

## R 和 R：决议和协调法案

曾经有这样一种说法：拉丁美洲需要的是一部规定其他所有法律实施的法律。
89 在这方面，预算决议可以被认为代表着拉丁美洲化的联邦预算。因为这些决议的确决心实施国会宣称其承担的所有其他行动：平衡预算、控制支出或实现其他有价值的目标。

这些压力的第一个受害者是第二次决议。简言之，每年 5 月通过的第一次决议应当是尝试性的，用一个一般意义上的收支目标设定变动中的程序。税收和支出委员会的工作将一直持续到 9 月，如果有必要，第二次决议将在整体和部分之间进行协调。如果在预算的规模和构成上已经有以第一次决议形式整理成的非正式谅解，那么委员会的建议对于该决议而言将带有某种家族相似性。在第二次决议和最终决议中仅需通过协调进行适度调整即可。但是，正如我们所见，事实上第二次决议才正式批准国会在拨款上的工作，并且没有使用协调。

截至 20 世纪 70 年代末，该程序的弱点在扩大的赤字中变得显而易见。第一次决议中的任何削减均不具有约束力，并且在那时那些自愿接受牺牲者不能指望第二次决议约束其他不谨慎的人。所有人都很快学会从较高的出价开始。

解决方式是通过附加协调来强化第一次决议。① 在卡特执政的最后一年，仅仅在总统于 1980 年 1 月提交他的预算数月之后，对于即将到来的高于预期的赤字的警告促使预算委员会重新发现它们的“弹性条款”。这个预算法案的模糊条款允许它们设置任何被认为是适当的程序。它被用于使协调成为第一次决议的一部分，使决议具有约束力（见第 1 章图 1—2）。一项 1981 年的规则提出，如果第二次决议在 10 月尚未通过，第一次决议将成为最终决议。在里根执政的第一年中，政府将协调作为前所未有的预算削减的核心机制，包括权利性支出以及预算授权和拨款。

与决议（现在只有一个）一同使用协调的重要性体现在三个方面。首先，它使

① Jean Peters, “Reconciliation 1982: What Happened?” *PS*, Vol. 14, No. 4 (Fall 1981), pp. 732-736. 另见 Allen Schick, *Reconciliation and the Congressional Budget Process* (Washington D. C.: American Enterprise Institute, 1981)。

得通过预算过程控制权利性支出成为可能：附在决议上的协调指令要求特别委员会（财政、筹资、授权委员会）通过权利性支出立法条款调整来厉行节约。其次，这些指令构成了制约性的限制条件，而不仅仅是目标。最后，在委员会传达报告时，最终的协调草案包必须作为一个整体被表决——它不能被分开。这意味着独立的议员不能只选择他们偏好的部分而反对其余部分，始终表现出他们自己在总体上偏好较低的支出。协调不必每年都发生，在过程中可以有变动（包含收入或支出，不限于一个草案），但一旦应用，它就可能成为一个有用的工具。

## 推迟和撤销恢复

尽管国会在使其分散的预算制定过程集中化的过程中修改了它的决议和协调程 *90*
序，总统和国会之间深刻的分歧还是导致了总统单方面强加他的意愿。围绕资金扣押的斗争体现了总统通过行政行为争取国会通过其预算过程不会给予的东西的努力。

总统可以试着自行其是，他们可以试着禁止部门提出总统希望废除或削减的项目申请。为了使受影响的利益团体更难分辨它们的钱在哪里，以及被削减了多少[①]，他们可以重组单位和分类。总统能够实施人员冻结，以及减少他们认为不必要的人员。然而，他们最直接的方法就是拒绝支出国会拨付的资金。

在 1974 年法案通过后，扣押建立在默许的基础之上；要么总统的工作人员劝说委员会参与，要么委员会表明如果不支出资金，他们也不会太在意。当里根政府发现自己无法说服国会，并且某个项目在投票中未获通过时，它力图通过推迟或拒绝支出实现同样的效果。于是，法院通过对扣押程序提出质疑来介入这场斗争。

在 1974 年法案下，总统可以将支出推迟到财年终了，除非参议院或众议院投票否决该做法。然而（移民归化局诉查达案），在 1983 年，最高法院宣布议院的某项立法否决因触犯权力分设而违宪，因而否决了该条款。作为回应，国会不同意总统因政策原因推迟。它们只能被用于临时情况，或实现效率，或需求变化带来的其他节约。[②] 否则总统会将扣押用于实际上的分项否决。

当里根将推迟用于几个国会明确告诉他要继续的项目上时，国会的反应非常强烈。尽管行政部门解释说该推迟与以前的推迟没什么两样，国会还是感到总统正试着用这种方法“以前所未有的程度……实施他相反的政策目标”[③]。试图区分为了管理上的效率还是为了政策扣押推迟支出的努力招致了大量批评。除非在参照的框架上一致，否则技术（或管理）上的推迟不可能从政策改变中区分出来。唯一真实

---

① 见 Irene Rubin，*Shrinking the Federal Government*：*The Effect of Cutbacks on Five Federal Agencies*（New York：Longman，1985）。

② Allen Schick，*The Federal Budget*：*Politics*，*Policy*，*Process*（Washington D.C.：Brookings Institution，1995），p. 173.

③ *National Journal*，May 24，1986，p. 1060.

的区别就是你同意的项目和那些你不同意的项目。

91 困难在于，在预算的大致框架上达成一致（多少、用于什么）有助于细节上的比较。当参与者知道他们在向同一方向前进时，就能够讨论到达那里更好的方法。然而，由于他们的立场不同，政策分歧在两个方向上要视自身而定：管理技术上的问题成为政策分歧，而政策上的不同转变为谁有决策权的争论。尽管在手段和结果、技术和目标之间的确没有捷径，但将每个事实问题转化为价值问题却扩大了冲突的范围并使之激化。

## 变动的预算基数

预算反映并合理化现存政治秩序。它的边界保护着这个秩序。这就是预算基数的社会意义，大部分预算基数免于严格审查，因而它将维持不变。[①] 在基数以内，除了少量的追加或削减之外，预算均受到保护；在基数之外，任何东西都可以争夺。因此，正在实施的项目的稳定性建基于稳定的预算基数之上。

过去，预算参与者比现在少得多。尽管该秩序不时受到攻击，但总统预算是公认的国会考虑的起点。最初申请上的大多数争议在行政部门内部解决——尽管期待国会的立法。现在，应当在行政部门内部解决的分歧外溢到国会，这是为什么呢？

显而易见的事情反倒容易忘却。“控制钱袋的权力”属于国会。总统通过预期反应的古老规则事先已经认识到这一事实；总统的职责是承认并逐渐改变先前年度的国会立法。通过这一默许行为，总统们提供了一个便利的起点，这一起点离上一年国会立法不远，以便维持预算的连续性。然而，在里根时代，总统的期望与国会在税收、国防以及福利上的多数意见相去甚远，他的预算通常被称为“到达即死”。总统的基数变成了他自己的偏好。

在国会方面，构成其基础的基数和一致也被侵蚀。协调已经引入了一个重要的新维度。现在它附在第一次决议上，而且已经被转换了，艾伦·希克告诉我们：“从一种审查当年决策的方式转换为一个修改先前年度实施的立法的过程（大多数是权利性支出和收入方面的法律）。”[②] 权利性支出作为持续的承诺，构成了基数中固定的一部分。因此，协调代表了在预算基数上一种持久的制度冲击，开启了对过去政治契约边界的协商。

92 一旦上年预算不再作为预算基数被接受，它的定义便会受到质疑。作为总统预算的替代，国会通过其预算委员会开始使用国会预算局的当前服务预算，或众议院或参议院的预算决议，或因此形成的某种组合，这视所考虑的项目而定。

由于现在在国会玩预算游戏需要一个可观的赤字削减额，基数上的模糊可能是一种高估被削减额的有意行为。这就好比威尔达夫斯基儿时年轻人们的经历：通过

① 关于预算基数的讨论，见 Aaron Wildavsky，*The Politics of the Budgetary Process*，4th ed.（Boston：Little，Brown，1984），pp. 16-18，102-108，231-233。

② Allen Schick，“The Evolution of Congressional Budgeting，” in Allen Schick，ed.，*Crisis in the Budget Process*（Washington，D. C.：American Enterprise Institute，1986），p. 13.

决定不经营蛋糕店使它免于被抢。“节约”不是用上年开支额的削减来计算，而是来自一个假定的基线——一个如果没有正在考虑中的法案，未来支出将会如何的预计。控制基线使立法者能够满足两个要求：通过节约项目满足委托人，通过削减赤字刺激经济。据汤姆金（Tomkin）所言，有时候每个人都运用同样的基线，但却出于不同的原因：共和党人能够假定他们的预算真的在节省，而民主党人则没有必要赞成深度的项目削减。在其他时候，不同的基线体现了服务于不同政治目标的不同假设。① “基线有一个重要的政治优势，”希克告诉我们，“它们把支出上升描述为预算削减。在 1981 年（协调被首次运用时）和 1986 年之间，医疗保险从 390 亿美金上升为预计 670 亿美金。然而，国会因这些年中大约 250 亿美元的医疗保险削减而受到好评。”② 因此，基线是人为的，要根据价格变化预期和参与率而定。假定计划增长1 000 亿美元，而实际上只增长了 800 亿美元，这能说导致了 200 亿美元的“节约”吗？就像一个人以半价买了（不需要的）标价 100 美元的帽子，能说他节约了 50 美元吗？

一致基础的消失是收支在数量和分配方面分歧的征兆和原因。说它是一个征兆，是因为如果参与者无法在从哪里开始，更别说在哪里结束方面达成一致，分歧必然会加深。

## 连续综合决议

在财年开始之前有关拨款草案的立法尚未完成时，国会可能要通过连续的决议。否则，政府部门的资金将耗尽。以前连续决议是例外，20 世纪 80 年代它们成为惯例。不仅如此，它们变得更长，从 1975 年到 1984 年，它们从 5 页增加到大约平均 100 页，长度和功能一同增加。以前连续决议仅用于一小部分项目或部门，现在则可能覆盖它们中的大部分。

“连续决议的发展，”罗伯特·基思（Robert Keith）和爱德华·戴维斯（Edward Davis）正确地总结道：“似乎与无法或根本就不能实施某些常规拨款的草案直接相关。”③ 这句话是正确的，但是不够准确。如果时间是主要的难题，推后 93
财年，同时放弃第二次决议，应当能够缓解它。如果时间最重要，连续决议应当更短而非更长。相反，连续决议的复杂性是不一致的一个强烈信号，连续决议以另一种形式继续支出上的斗争。大量的细节仅能向政党承诺具体的支出。连续决议现在通常包括提供给授权立法的参考，否则它的提倡者就不能传递自身的优点。连续决议变得越连续，它们就越被证实为一个对于通常调节模式的突破。同时，行政部门也感觉到了变化的影响。

---

① Shelley Lynne Tomkin, *Inside OMB: Politics and Process in the President's Budget Office* (M. E. Sharpe: Armonk, N. Y., 1998), p. 158.

② Allen Schick, "Controlling the 'Uncontrollables': Budgeting for Health Care in an Age of Mega-Deficits." Paper Prepared for Pew Fellows Conference, November 1985, pp. 25–26.

③ Robert Keith and Edward Davis, "Congress and Continuing Appropriations: New Variations on an Old Theme," *Public Budgeting and Finance*, Vol. 5, No. 1 (Spring 1985).

## 5.3 一个长期预算时代的管理与预算局

到现在为止，管理与预算局（尽管在它编制总统预算中的职责中非常重要）还是在幕后执行它的功能。当治理和预算在20世纪70年代末期与20世纪80年代变得地位相当时，管理与预算局不仅在制定预算政策上，还在协调与跟踪预算在国会的通过上作为一个强大的选手出现。

从它于1921年设立实施小额削减到它于20世纪30年代末重新焕发生机（并在第二次世界大战后再次成为总统有削减倾向的内部机构），管理与预算局（当时的预算局）自视（并且被其他部门视为）很有权力。虽然它没有自己的钱，在总统给予的权力之外没有权力，而且没有大量的员工，但管理与预算局一直是一个精英机构。它是人们可以去的最好的地方之一。它位于政策核心。在那里提升的概率比其他地方大。服务于总统、好像所有的事均要靠他们支持的感觉，以及这些核心员工具有全国（而非地方性）眼光的信念，长期以来建立了一种强烈的团队精神。

管理与预算局的首要职责（正如汤姆金在其关于管理与预算局的经典著作中所解释的那样）是“提供建议和帮助，它们得益于植根于联邦政府活动和项目制度记忆的长期知识与经验”①。它的功能包括作为立法提议的清算所、联邦规则的审查者（从1981年起）、财务和管理改革建议的管理者，以及各部门资金的分配者。但它最基础的功能是协助总统编制年度预算。在20世纪80年代，管理与预算局的活动从强调部门预算审查到自上而下的政策制定和持续不断地监管预算。

### 自上而下的政策制定

94 传统上，管理与预算局同时从上和从下开展工作。惯例是管理与预算局开展春季审查，将可能的支出需求（由管理与预算局员工估计）与预计的收入进行比较，然后对二者进行调整以实现经济上期望的影响。因此，部门的支出申请在受控环境下被提出。因为部门被告知它们的上限，它们能够准确地将行政意图转换为或松（申请更多）或紧（维持现状）的预算申请。部门可以向总统申诉或采取迂回战术求助于国会。这类尝试必须被限制，不仅是因为它们可能失败，还因为考虑到有限的时间和注意力，额外的政治努力最好留给最重要的问题。在小事上，即部门活动的内容方面，管理与预算局的建议可能是决定性的。

但现在，这一切明显不同。在20世纪80年代，用艾伦·希克的话说，以前的春季审查“萎缩了，可能是因为管理与预算局和白宫全神贯注于国会的预算活动，也可能是因为它们不想冒预算削减方面不成熟漏洞的风险”②。汤姆金注意到行政

① Shelley Lynne Tomkin, *Inside OMB: Politics and Process in the President's Budget Office*, p. 3.

② Allen Schick, *The Federal Budget: Politics, Policy, Process*, p. 54.

部门明确的预算优先权决定了政策，因此：

> 作为对于自下而上的反对，管理与预算局中的政策和政策制定开始变得自上而下，来自管理与预算局政治任命者的政策指南也变得愈发具体。管理与预算局发展过程中的这一变化是我在 1982 年和 1983 年的访谈数据中观察到的最令人瞩目的制度性逆转。受访者的回答显示一个趋势已经启动，即预算审查者被用于合理化或补充政治任命者已经作出的决策的细节，而非提供建议和信息来支持正在制定中的决策。①

进行大量的自上而下的运作与进行大量的自下而上的运作不同。过去预算审查者习惯于审查，他们调查项目细节、做出最后的走访，或者持续跟踪部门项目。有的仍然在做，但大多已经不做了。现在，大多数审查者要对付总量，以及部门支出总额。在一定总额内，部门有根据它们的愿望支出的自由（当然要符合国会的限制和委托人的需要）。总量主导着所有的讨论。多少而非用于什么成为首要问题。

## 连续预算

因为里根当局只对实现一套偏好的削减，而非对用预算为部门提供资金感兴趣，管理与预算局也偏离了常规的年度拨款。年度拨款服务于多重需要，但其首要目的是有规则地提供资金，以保证相应的政府机构的运作。由于提前一年提供资金，部门将能够计划并协调它的活动。因为在许多情况下，行政部门要么不关心这些部门的功能，要么确信它知道一个更好地（并且碰巧并非更低成本地）做这项工 95
作的方法，在 1981 年和 1982 年，里根的预算局长戴维·斯托克曼（David Stockman）抛弃了年度预算的规范，建议代之以大量的撤销。预算从根本上处于持续的协商之下，因此，即使是常规预算中的某个方面也不能确保在一度同意的水平上得到资金。管理与预算局还放弃了它作为部门保护者反对突然和没有理由的削减的职责。因此，联邦部门一再受损，不知道它们的分配额在年内是否会改变。它们的预算授权和人员配备均变得不可预计。

连续预算使中央预算部门更加重要，布鲁斯·约翰逊（Bruce Johnson）说得恰到好处：

> 为快速回应变化着的资本市场对联邦预算的反应，执行部门必须能够快速调整预算。只有管理与预算局能够为行政部门执行这项功能。财政政策的调控现在每 3～6 月发生一次，而过去它通常是年度事务……
>
> 管理与预算局是唯一一个能够汇总国会过程中互相让步的总额，看看预算

① Shelley Lynne Tomkin, *Inside OMB: Politics and Process in the President's Budget Office*, p. 89.

估计额用到哪里的行政机构。通过强调预算规划和它们对于金融界的重要性，预算“记录”的重要性（持续跟踪所有这些交易）已经提高。仅由于这一原因，管理与预算局便被认为在与国会协商预算和财政政策调整方面居于领导地位。①

## 与国会协商

预算局—管理与预算局总是要与国会打交道，通常是拨款委员会。因为这些委员会那时甚至比它们现在更重要（占预算更大的部分），局长和他的助手，包括专门从事公共建设工程和其他立法者感兴趣的事务的高层公务员，要经常与拨款委员会接触。无法及时通过拨款，或追加申请，或提高债务上限等，要求管理与预算局为行政部门安排一个政策定位。现在的不同之处在于接触的频率（制度上的安排使它们变得更加方便），相互之间的作用方式也有所不同。

当协调于 1980 年在第一次决议中被使用时，管理与预算局为了总统的偏好在游说并与国会沟通方面发挥了积极作用。游说国会通过行政预算优先于审查和形成部门申请。预算审查者在实地了解他们的部门方面所用时间减少了许多。相
96 反，工作人员致力于通过国会过程的多个步骤来跟踪预算活动——对决议的跟踪从预算委员会到国会，到联席会议之中，再到拨款委员会的议案审定，到国会的连续预算决议，以及日常拨款草案，似乎只有在补充法案审定中再现后才告完结。

由于预算决议的重要性，管理与预算局必然被卷入预算委员会。据布鲁斯·约翰逊说：“管理与预算局成为预算委员会的同僚……一个类似的目标形成，协调机制建立起来。预算委员会成为管理与预算局了解并影响国会的一扇窗户。”② 但是，在 1982 年的国会选举中民主党获得众议院多数并使参议院中的共和党多数感到不安之后，里根似乎不大可能再得到可以接受的预算决议了。

因此，管理与预算局将它的注意力几乎完全转向选择性支出，以及在其内部，拨款委员会据以分配它们从预算委员会那里所得额度的配置额。就像那个某人在街灯下而非丢失的地方寻找他的衣领扣的老笑话一样——因为那儿光线更好——管理与预算局专注于它们能够有所作为的那部分预算，与委员会成员协商，通过日益复杂的国会预算程序跟踪预算建议，并且预期它们在成本上可能的影响。③ 人们可能会说，管理与预算局是总统在国会的游说者。

---

① Bruce Johnson, “The Increasing Role of the Office of Management and Budget in the Congressional Budget Process.” Paper prepared for the Fifth Annual Research Conference of Association for Public Policy Analysis and Management, Philadelphia. October 21-22, 1983, pp. 7-8. 另见 Bruce Johnson, “OMB and the Budget Examiner: Changes in the Reagan Era,” *Public Budgeting and Finance*, Vol. 8 (Winter 1988), pp. 3-21; 以及 Bruce Johnson, “The OMB Budget Examiner and the Congressional Budget Process,” *Public Budgeting and Finance*, Vol. 9 (Spring 1989), pp. 5-14。

② Johnson, 1983, op. cit., p. 6.

③ Shelley Lynne Tomkin, *Inside OMB: Politics and Process in the President's Budget Office*, pp. 154-57.

### 对管理与预算局的意义

可能无法避免的是，预算复杂性的增加将改变管理与预算局的职责。通常，这个故事有两个方面。丢掉对部门的监管由管理与预算局对国会更大的影响来补偿。的确，预算审查者无法再像其前辈那样耗费漫长的夏季四处探听部门情况了。如果他们对自己诚实，他们便知道过去那些日子已经随着 1974 年预算改革的新要求土崩瓦解了。然而，管理与预算局内的几位观察者和官员因其在国会积极的协调职能而感到困惑。例如，休·海克勒（Hugh Heclo）认为："管理与预算局并不仅仅是另一个官僚机构。它是一个众所周知的为总统直辖机构服务的地方。"① 但如果某总统直辖机构从总统的偏好被广泛接受的意义上讲不再"众所周知"，那些服务于总统的人便难以避免政治化。②

管理与预算局已经从一个强调为整合预算提供信息和支持的机构变为一个支持 *97* 已经作出的政策选择的机构，从聚焦于预算选择及其正当性到关注总额，从与部门协调到与国会协调，从推进预算编制到持续地重新计算、追踪以及在预算通过国会多重复杂的预算过程改变结构时进行记录。同时，国会也力求做出它自己的调整。

## 5.4 国会中的争论

过去稳定的关系已经被打破。与它们作为申请者的通常角色不同，部门发现自己正在抵抗共和党政府实施的削减。尽管旧有关系的某些方面依然存在，但民主党众议院（以及后来的民主党参议院）里的拨款委员会和小组委员会承担了项目申请者的角色。他们的听证会成为政策分歧的论坛，并且当预算发展到代替并包括其他立法活动时，他们丢掉了对议席的主导权。这是滋生预算诡计的沃土。

### 颠倒的职责

随着部门遭到重复攻击，拨款委员会必须形成对重复削减的防御。然而，部门政治任命的首脑及他们的直接下属通常支持管理与预算局的大部分决策。在拨款听证会上，部门首脑不断引用预算控制的需要或政府的观点作为削减的原因。有一些例子中采取的立场可能的确反映了相关高层公务员的观点，但通常来说，公务员被

---

① 引自 Jonathan Rauch, "Stockman's Quiet Revolution at OMB May Leave Indelible Mark on Agency," *National Journal*, Vol. 7, No. 21 (May 25, 1985), p. 1213。

② 汤姆金将管理与预算局的政治化追溯到第二次世界大战后杜鲁门执政时期，当时预算局的职业员工开始协助白宫起草立法，或约翰逊政府利用预算局员工在各部门达到政治目的。Shelley Lynne Tomkin, *Inside OMB: Politics and Process in the President's Budget Office*, p. 54. 威尔达夫斯基将其回溯到富兰克林·罗斯福时期，那时的管理与预算局是大政府的关键。

证明要服从其政治长官的愿望。独特之处并不在于部门以前从未有过这样一种立场（它们当然有过），而在于口是心非已成为标准立场。

国会中的人仍然期望部门保卫自己的使命。官僚和政治家的反应因他们的倾向和环境而有所不同。但20世纪70年代的观察者睡过了头，尽管他们可能因不妥协而感到吃惊，但无论如何仍将认识到传统的动机。这一声音可能来自共和党参议员诺里斯·科顿（Norris Cotton）（“你将忘记我，但你不会忘记汉诺威的诺里斯·科顿癌症中心，是不是？那将是我在国会工作28年后离开时的唯一纪念”①），也可能来自立法者团体中的任何一个人。国家癌症研究院的某位官员像他的前辈一样热衷于“为了节约而支出”的策略，声称“每年患者带给国民经济大约30亿美元的收入，而联邦收入大约因此每年增加5亿美元。所以单凭一个成本收益分析，该项目就已经非常有生产力了”②。

98 “全有或全无”的策略亦在盛行。尽管联邦航空管理局（FAA）的长官于1985年加入里根政府，旨在“帮助减少赤字”，他谨慎地指出他的机构是“一个组织严密的机构，被设计作为一个整体发挥作用”③。每个人都知道无缝外衣不应裁剪。

但由于从欺诈和滥用到缺乏绩效证据方面的批评，许多项目在未来都会受到威胁。在古典预算中极其不寻常但在里根政府时期却很常见的是，提出的削减看上去没有实际的那么严厉。环境保护局（EPA）发布的声明宣称：“当环保局1981年运营及14.3亿美元的运营和超额资金预算与10 621项工作相比时，会发现总统提议的下一年环保局预算只被削减了2%。”该声明就其所述本身而言是真实的，而实际上环境保护局的预算包括给有毒废物堆场污染清除基金2亿美元，一个在1981年预算通过时不存在的项目。如果将有毒废物堆场污染清除基金剔除，环境保护局1982年的运作预算将有12个百分点的削减。④

在拨款委员会成员与过去相比更多地充当项目倡导者方面有很多例子。通常，行政管理者表达了无言的感激。如果立法者坚持国家公园管理局（NPS）需要新的空间作为需要更多维护资金的理由，官员们将伴之以“被逼到墙角”的策略。在解释为什么国家公园管理局不可能“接受削减”时，某位国家公园管理局的官员给出了他的“个人感觉……考虑到过去几年新增的区域和责任，公园服务在人员和财务方面已经尽可能压缩了”⑤。

听证会成为攻击行政部门的论坛，虽与预算关系不大，但却与政策分歧密切相关。观察者见证了部门代表与国会议员相互嘲讽的奇怪景象——它很难说是一个如何从公共钱包中得到资金的模式。拨款听证会成为行政部门和众议院民主党之间政

① 引自 Scott Stofel，“Budgetary Strategies”方面的研究报告。

② 同上。

③ Clifton Von Kann，Testifying in Hearings before a Subcommittee on the Committee on Appropriations，Subcommittee on the Department of Transportation and Related Agencies，Appropriations，for FY1986，House of Representatives，99th Congress，1st Session，Part 5，April 3，1985，p. 322.

④ Lawrence Mosher，“Will EPA's Budget Cuts Make It More Efficient or Less Efficient?” *National Journal*，No. 33（August 15，1981），p. 1468.

⑤ House，Hearings Before the Appropriations Subcommittee for the Department of Interior and Related Agencies，96th Congress，2nd Session，p. 599.

策斗争的场所。政策斗争如此耗时，以至于几乎没有授权所需的议员大会时间。

## 在议员大会上争执不休

在众议院拨款委员会的全盛时期，其成员因为他们的建议被国会接受的比例很高（超过95%）而感到自豪。“在发言席上争执不休是不称职或不光彩的某种标志。 99
它意味着议员们相互不接触，他们没有履行他们预期的政治功能，因而无法在反对发生之前避开它。如果它们常常争执不休，最有见识并且（更为重要的是）最负责的议员也可能会失去控制，因而预算与混乱成为同义语。”①

在1963年之后的20年中，每年拨款法案修正案的数量从120个持续上升到433个，在20世纪80年代，这些修正案中有超过一半被国会接受。② 显然，正如斯坦利·巴赫（Stanley Bach）总结的：

> 近年来修正案提交数量的上升，以及获批修正案比例的上升，表明委员会在与国会偏好保持一致以及在预测和预先解决潜在争端方面的困难增加。相应地，这可能反映出委员会和小组委员会领袖灵敏性和敏锐度的下降，与之相关的互惠和礼让规则的下降，或国会作为一个整体在支出政策和优先权上分歧和冲突的上升。③

对于拨款草案中获胜修正案增加的不完全解释很容易找到。有了更多的小组委员会及更多的成员。参会的途径大大增加，而对各项活动的兴趣也更为分散。毕竟，政府已经变得更大，而项目也有更为广泛的影响力（国防、住宅以及失业项目几乎无处不在）。立法者拥有更多的员工，并且他们对于在各领域而非仅仅在一个方面使自已扬名立万更感兴趣。国会的专业中心，例如国会研究局和国会预算局，在追踪拨款的现状和影响方面提供帮助，正如信息充分的那一代立法者一样。所有这些都有说服力。国会议员提出更多的修正案是因为有更多可修正的对象，他们在修正它们方面有更大的兴趣，以及更多的成功机会。

与过去相比，现在对于挑战委员会建议的出格行为的惩罚更少。主席不再强大到足以控制结果。预算事务方面增加的党派偏见提高了小组委员会成员公开表示不同意见的可能性。分派的任务难以拒绝，因为现在有更多的钱可用。员工充足，小组委员会的立场也是如此。由于缺少最终的惩罚（将某位立法者开除出党是最后一招），名誉甚至可能权力都将归于那些能干会说的人。

价值上的考虑可能还会导致立法者力图推翻小组委员会的决定。因为项目更多且专家更分散，因此没有什么理由相信小组委员会比其他人知道得更多。因为小组

---

① *Congressional Record*，October 1，1982，p. H8360.

② 数据来自 Stanley Bach，“Representatives and Committees on the Floor：Amendments to Appropriations Bills in the House of Representatives，1963—1982.” Paper prepared for 1985 Annual Meeting of the American Political Science Association，New Orleans，August 29-September 1，1985。

③ Ibid.，pp. 24-25.

委员会的事务也已经增加，听从专家的理由就更少了。

## 100 预算深入国会

预算决议和主要支出项目上的表决变得更具党派偏见，尽管拨款和预算委员会成员并不比国会整体更具党派性。① 其根本原因在于预算方面的不同逐渐开始定义党派间的不同。

国会中预算表决重要性的增加是这一值得关注的发展的一个好指标。在1974年预算法案之前，预算方面的表决（税收、拨款、债务上限）在所有事务的表决中占不到1/3，加上授权方面的表决（包括权利性项目——预算中增长最快的部分，以及新的预算决议和协调），但产生了一个令人吃惊的结果：埃尔伍德的记录显示，从1982年到1984年，众议院中一半的全院表决和参议院中2/3的全院表决都与预算有关。② 1985年，为了通过决议，参议院组织了约30次临时表决。如果一个人视预算问题与政党无关，就没什么与政党有关了。

预算日益增长的重要性的一个指标是国会预算局的工作量。国会预算局为几乎每一个需要支出的草案提供可能的成本预计。作为对立法进程的审议，它在预计上提供了非正式的投入。国会预算局还要就支出和授权在多大程度上处于预算决议以内发布阶段性的业务记录报告。③ 在整个过程中，国会预算局必须调整预计以便跟上总统预算、委员会调整、预算决议和全体表决。

因为预算在如此多的地方花费了如此多的时间，它替代了国会可以在其他方面做的事。预算不仅要有更多的参与者，每个参与者还必须（有效地）与其他人以及总统进行沟通。在更多的参与之外，还有更大的选择（年度预算决议、连续决议，以及协调），这些事以前要么没做过，要么做得很少。

无论是说“它是国会，因此它编预算”，还是说“它编预算，因此它肯定是国会”，结论都一样：国会和预算成了同义词。

## 诡计

当预算参与者之间的关系变得相对稳定和可靠，并建基于长期的目标认同之上
101 时，使用诡计（表面上装得像真的一样）就显得很可笑。这类策略，诸如古老的华盛顿纪念碑策略（以关闭这一美国圣地的不可能的提议命名），可能会被当作具有讽刺意味的消遣。由于参与者要靠信任完成工作，使用大量反复的欺骗的人将被处

---

① 在国会预算委员会方面，见 John W. Ellwood and James A. Thurber，“The New Congressional Budget Process：The Hows and Why of House-Senate Differences，” in Lawrence Dodd and Bruce Oppenheimer，eds.，*Congress Reconsidered*（New York：Praeger，1977），pp. 163－192。

② John W. Ellwood，“Providing Policy Analysis to U. S. Congress：The Case of the Congressional Budget Office.” Paper prepared for 1984 Annual Meetings of the Association for Public Policy Analysis and Management，New Orleans，October 18－22，1984，pp. 35－36.

③ Ibid.，p. 10.

以开除或降级。然而，由于现在预算短缺变得非常严重，使用诡计就成了主流。

通过只对 11 个月的资金投票，国会可能会在表面上实现预算决议中的目标，直到其余部分不得不被恢复。食品券项目便被如此处理了数次。支付日可能会被推后或提前，因而它们将不被计入存在问题的财年的赤字。不提供基本的支出授权，可能发挥同样的功效。商品信贷公司通过授权借款筹措资金，提供农田价格支持。通过拒绝商品信贷公司数亿美元的申请（因而似乎削减了预算），国会将不提供随后必须恢复的资金。①

在财年上要花招（将支出置于一个较早或较迟的财年，视何者最有用而定）是一个纯粹的（如果这个词可以用）诡计。工资可以早一天或晚一天发，因而为下一财年"节约"了数百万美元。医疗保险奇迹般地在 1980 年存在了 11 个月，而在 1981 年却有 13 个月。② 真实的预算削减也有，但实际上降低了质量，增加了未来的成本。例如，在公共卫生医院关闭后，为了给来自公共卫生部门更为资深的人员腾出空间，印第安人卫生服务办公室必须解雇许多工资水平较低的专家。③

国会议员自身也意识到诡计在制度上的破坏性。议员们现在可以运用各种策略使支出符合决议，或者使它们看上去比实际上的低。委员会报告的结余实际上仅是暂时的。决议上的表现和实际支出之间的脱节骗不了任何人，但却助长了国会内道德低下和自我怀疑的现象。

政治上的分歧扭曲和误导了预算过程和制度。但是，一致多年来已经强化了渐进的决策、稳定的预期，以及有序的过程，分歧现在似乎建立了一个镜中世界，其中所有的行为均被扭曲了。一致的丧失可能源于许多原因：1974 年国会预算法案面对预算总额的需要；对经济教条失去信心；与赤字有关的灵活性的缺乏；以及政党间政治分歧的深化，这一分歧被正在推行改革的政府的策略和手段所强化。国会预算法案的构造被扩展和分裂，它的控制要素（决议、协调、扣押规则、基线以及 102
连续决议）成为政治利益的工具。管理与预算局从一个预算制定机构（首先关注政府部门和预计细节）转为一个连续预算环境下的政策协调者。在国会，习惯上的委员会和部门职责被颠覆，因为共和党的政府希望削减部门预算，而民主党的国会希望增加它们。国会及其委员会之间明确的服从关系被打破，预算开始替代其他立法活动，而诡计取代了负责任的运作规则的位置。

艾伦·希克已经指出："政策和过程是同一枚预算硬币的两面。如果实质性的结果不尽如人意，就不能指望程序运作良好。"④ 然而，许多人因为国会没有能力做它希望做的事情而抱怨预算过程。下一步是试着通过改革将妖精装回瓶子里，迫使国会做正确的事，即平衡预算。

① Jerome A. Miles，"The Congressional Budget and Impoundment Control Act：A Departmental Budget Officer's View，" *The Bureaucrat*，Vol. 5，No. 4（January 1977）.

② 见 Allen Schick，"Controlling the 'Uncontrollables'：Budgeting for Health Care in an Age of Mega-Deficits，" Paper prepared for AEI Pew Fellows Conferences，November 1985，pp. 25-26。

③ Joseph S. Wholey 的一篇文章中包含了经济正确与错误两个方面的例子："Executive Agency Retrenchment，" in Mills and Palmer，*Federal Budget Policy in the 1980s*（Washington D. C.：Urban Institute Press，1984），pp. 295-332。

④ Allen Schick，*The Capacity to Budget*（Washington D. C.：Urban Institute Press，1990），p. 3.

# 第 6 章



# 平衡预算的政治

本章涉及 1985 年到 1998 年之间平衡预算的努力。它的主题是（尽管有冲突）如何在国会中赢得多数，通过改革并制定政策，为预算平衡作出不同的贡献。

103 在近 20 年中（从 20 世纪 80 年代初期到 90 年代末期），高额赤字主宰着预算政治。似乎每个人都想平衡预算，但预算仍不平衡。接下来，预算在 1998 年突然平衡，并且“正如目之所及”，国家沉浸在对巨额非预期盈余的希望之中（见表 6—1）。如前面两章所论及的，政治分歧如此巨大，以至于几乎在整体上阻止了有效预算。那么如何才能克服赤字？

持续赤字及盈余出现和复原的原因之一是预算与经济之间的密切关系。目前超过一半的预算由权利性支出和利息构成。因此，年度支出对通货膨胀率、失业、增长以及利息率的波动非常敏感，而经济活动的总水平影响收入。经济条件的细微变化对赤字或盈余产生的重大影响，以及容易出错的假设，影响预算者的预计。20 世纪 80 年代初期和 20 世纪 90 年代的衰退在增加失业救济和其他收入维持项目支出的同时，减少了收入。当经济在 20 世纪 90 年代后期复苏时，“战后历史上持续时间最长的繁荣”最终产生了盈余。

然而，经济环境似乎仅是解释中的一部分。在 20 世纪 80 年代
104 初期，国会预算局指出，“联邦支出和税收之间长期的不匹配”①

① Congressional Budget Office,“Reducing the Deficit: Spending and Revenue Options,” 提交给参众两院预算委员会的报告——第三部分，1983 年 2 月，1 页。

或"结构性赤字"的一个明显原因是里根政府初期的减税和国防支出的增加。另一个可能的独特的原因，即无论何时，只要联邦税收超过 GDP 的 19%，减税的政治压力就会增强。[①] 在支出方面，由于人口统计学、医疗费用上涨和法定程序扩张等方面的原因，社会保险、卫生项目、退伍军人福利以及补贴方面的支出已经上升。由于债务不断增多，赤字以自身为生，而这又会促使形成更高的赤字。

**表 6—1　　1985—2002 年的收入和支出缺口**

| | 收入（百万美元） | 占 GDP 百分比（%） | 支出（百万美元） | 占 GDP 百分比（%） | 赤字/盈余（百万美元） | 占 GDP 百分比（%） |
|---|---|---|---|---|---|---|
| 1985 年 | 734.1 | 17.7 | 946.4 | 22.9 | −212.3 | 5.4 |
| 1990 年 | 1 032.0 | 18.0 | 1 253.1 | 21.8 | −221.2 | 3.9 |
| 1991 年 | 1 055.0 | 17.8 | 1 324.3 | 22.3 | −269.3 | 4.5 |
| 1992 年 | 1 091.2 | 17.5 | 1 381.6 | 22.2 | −290.4 | 4.7 |
| 1993 年 | 1 154.4 | 17.6 | 1 409.4 | 21.5 | −255.1 | 3.9 |
| 1994 年 | 1 258.1 | 18.1 | 1 461.8 | 21.1 | −203.2 | 2.9 |
| 1995 年 | 1 351.8 | 18.5 | 1 515.8 | 20.7 | −164.0 | 2.2 |
| 1996 年 | 1 453.1 | 18.9 | 1 560.6 | 20.3 | −107.5 | 1.4 |
| 1997 年 | 1 579.3 | 19.3 | 1 601.3 | 19.6 | −22.0 | 0.3 |
| 1998 年 | 1 721.8 | 19.9 | 1 652.6 | 19.1 | +69.2 | 0.8 |
| 1999 年 | 1 827.5 | 20.0 | 1 702.9 | 18.6 | +125.5 | 1.4 |
| 2000 年 | 2 025.2 | 20.8 | 1 788.8 | 18.4 | +236.4 | 2.4 |
| 2001 年 | 1 991.0 | 19.9 | 1 863.9 | 18.6 | +127.3 | 1.3 |
| 2002 年 | 1 853.2 | 17.9 | 2 011.0 | 19.5 | −157.8 | 1.5 |

资料来源：United States Budget for Fiscal Year 2004，*Historical Tables*，Table 1.1，p. 22 and Table 1.2，pp. 23-24。

结构性的解释表明，如果有足够支持，就可以作出改变来影响预算平衡。翻译成政治术语，这意味着如果能达到多数，便有可能通过一些措施去影响收入和支出，但不是现在，而是未来的多年之后。并且这个多数的确出现了。联邦预算近期的历史在很大程度上就是那些多数派的故事，尽管是在一个经济上存在不确定性并且常常痛苦挣扎的背景之下，它们还是实现了。

为了跟踪事件，我们有必要对政治发展做一个简短小结。在 1982 年到 1992 年之间，共和党总统（里根和乔治・H・布什）面对民主党国会（除了 1981 年到 1984 年之间参议院中共和党占多数外）。然而，人们对赤字的关注是如此之大，以至于国会有可能通过两个控制赤字的立法措施（1985 年的格拉姆—拉曼德—霍林斯法案和 1990 年的《预算执行法案》），以及在 1990 年主要赤字削减上达成一致。*105*
不仅如此，到一位民主党总统（比尔・克林顿）于 1992 年当选时，年度赤字规划已经超过 3 000 亿美元，并且经济处于严重衰退之中。尽管民主党同时控制了行政部门和立法部门，民主党内部的分歧依旧使多数派很难形成，并且克林顿几乎无法在一揽子的增收节支上赢得赞同，他的某些建议也无法获得通过。

---

① 另参见 Allen Schick，*The Federal Budget*：*Politics*，*Policy*，*Process*（Washington D. C.：Brookings Institution，1995），p. 4。

1994 年，随着共和党通过选举在参众两院均成为多数，要求采取极端行动的新观点出现了。由于决定启动平衡预算和小政府的进程，共和党人静等着清除他们面前的一切，然而他们的计划遭到民主党总统及党内巨大分歧的阻拦。尽管在政党之间及其内部存在严重冲突，两党还是建立了足够的一致以通过 1996 年的重大福利改革，并且在 1997 年达成一致，希望在未来的五年实现预算平衡。但是，恰恰在次年就产生了预算盈余，尽管政党之间就如何使用它意见不一，但多数派很容易在增加支出上达成默契。

因此，我们以一个僵局开始，即每个人都支持平衡预算，但每个人在如何实现平衡上均意见不一。但是，我们应看到，多数是可能的，不论是通过选举、劝说还是党内分组表决。多数常常很勉强，因为政党之间相当均衡。它们有时候设置障碍，有时候提供便利，并且它们也并非总是向平衡预算的方向努力。当然，这并非完整的故事，它因制度上的冲突、个性、各种政治议程以及多重不确定性而被复杂化。

## 6.1 格拉姆—拉曼德—霍林斯法案

尽管格拉姆—拉曼德—霍林斯程序在其通过仅五年之后即被废弃，还是有一些段落保存了历史记录并解释一个失败试验的根本原因。1985 年，格拉霍法案（GRH）设定削减赤字目标，即在五年内赤字要达到零。总统预算和国会决议必须与该目标一致，并且在每年的 8 月 15 日之前，管理与预算局和国会预算局将评估预计的赤字是否确实在限额以内。如果国会和总统在财政年度开始之前无法在实现赤字目标的指标上合作，全面扣押（削减）将自动被用于实现它，一半针对国防支出，一半针对国内支出。

这一（由政党框架之外的个人提出并且实际上并未争论过的）建议如何获得通过？原因之一是漫无秩序、对持续上升的赤字感到失望，以及立法者担心自身没有能力治理的环境。年复一年，国会通过使达成一致的时间越来越漫长来展示它的无能。国会厌倦于毫无目的的预算，厌倦于没完没了的预算。国会成员在达成一致上是如此绝望，以至于希望诉诸一个方案来代替控制钱袋的权力——最重要的国会权力。偏好支出削减的总统赞同，而自由派和中间派满足于修改立法以便使大量社会支出免于扣押。

106 在两年内，很明显，最初的目标无法实现，并且尽管有调整，1990 年的赤字重回 2 000 亿美元的起点。当时有 3 套相对较小的扣押，但是，当任务变得更为艰巨时，遵从（如果有的话）只能通过诡计来实现。

它为什么无法运作？因为格拉霍法案无法使预算政治消失。过于严格的格拉霍法案，伴随着它对削减赤字不断提高的要求，使它自身没法运作：如果所有的结果都如此不成功，可能也就没人想再玩了。将某些项目从扣押中剔除只会使削减其他项目的负担更重。削减是一回事，取消则是另一回事。格拉霍法案表面上的一致掩盖了其内在的不一致。治理的能力最终取决于达成一致的能力；如果说格拉霍法案告诉了我们什么，那就是没有方案能代替政治上的一致。

## 6.2　1990 年的《预算执行法案》

从 1985 年的格拉霍法案到五年后的《预算执行法案》(BEA) 的过渡，引出了我们这个时代预算的重大主题：观念上的分歧如此严重，以至于冲突双方在结果上锱铢必较，一只赤字章鱼纠缠不已，它的触手能被放松但没法斩断，暂时的休战建立在政治家们希望建立一个不会自动指斥他们为失败者的程序基础之上。在赤字上升得几乎要失控并且格拉霍法案的目标似乎越来越不现实的时候，高层的共和党行政官员和民主党国会领袖共同召开了一次预算峰会。格拉霍法案是局外人的倡议，是一个被匆忙采纳的作为权宜之计的方案，因为似乎没人能提出更好的办法，而《预算执行法案》是曲折而复杂的协商的结果。该协商实际上涉及了预算的每一个方面，并且建立了一条概念化预算的新途径，还对新规则实施了立法。

协商者明确针对预算的主要因素。他们力求在预算前提上找到共同点，并且从它们出发（在国会预算局的协助下），提出似乎可行的接下来五年的赤字目标。不像格拉霍法案那样依靠一个没有明确说明细节的决策型机制，协商者力求提出在现实中会带来赤字削减的政策。这么做不可避免地意味着需要制定收入决策——一个被 1986 年的立法赋予充分自由的主题（已经用更低的税率来堵塞漏洞），以及布什总统一个不增税的承诺（"读我的唇"）。自然，共和党人和民主党人在征什么税上意见有分歧，并且建议非常细致和复杂。支出也类似。由于冷战结束，国会在国防支出下降上可能会达成一致，但也仅此而已。毫无疑问，冲突遍及委员会，妥协反映交易而非逻辑。当一揽子方案到达国会时，一方面受到经济保守主义者和自由主义者的强烈反对，另一方面，则被民主党多数所接受的更为渐进的一揽子方案所替代。

这个故事的重点（在这里已经被大大缩短）在于它的细节少于它可持续的因素。① 一切都摊在台面上（除了社会保障），并且它依然如此：使冲突升级，但同时改变着政治家、行政管理者以及其他人思考预算的方式。 *107*

在协调中，行政部门提议并且协商者也接受了一个应对预算的框架。这一框架将经济对预算的影响从政策变化中分离出来，留下收支之间的缺口去决定其自身，为权利性支出和选择性支出开启不同的轨道，并明确划分国防和国内选择性支出。这已经被证明是一种讨论预算问题的有效方式，并且自那时起就有影响。

削减 5 000 亿美元的最终一致意见包含在 1990 年的《综合预算协调法案》(Omnibus Budget Reconciliation Act) 之中。它包括税收规则的变化和权利性项目的变化，大的和小的削减与扩张。它还包括一个执行机制，1990 年的《预算执行法案》。

《预算执行法案》部分是对增税的回应，部分是对格拉霍法案失效的承认。它从重估赤字开始，将社会保障盈余排除在它的计算之外，尽管在现实中这一举动影响甚微。

下一步是抛开赤字削减方案（通过简单地忽略赤字规模）。为了对经济上的变化、预算术语的改变以及联邦信贷项目成本的调整负责，总统在法律上被要求改动

---

① 更多的细节参见 *The New Politics of the Budgetary Process*，第二版。

每年期望的赤字目标。赤字目标实际上变得没有意义，而这一举措是有意义的，因为国会和总统对付赤字并不容易，而它是收入和支出之间缺口的结果。它们都与预算授权和收入（以及权利性项目）立法有关。

《预算执行法案》有两部分。首先，为预算授权和国防、国际以及国内选择性支出设定不同的范围或限额。在各类别之间有“防火墙”，确保那些同意在某类之中削减的人不会看到他们的牺牲被其他人利用。各个限额在两年以后被合并成一个单一的限额（它们在1993年被扩展，而后在1997年至2002年被再次扩展）。

其次，制定成法律的收入下降或权利性项目支出上升必须用别的方法抵消（量入为出）。这个“抵消”的观念在参议院的“伯德规则”中有一个先例，根据该规则，增加未来赤字的支出或收入举措可能无法通过。①

作为改变的长期过程的一部分，《预算执行法案》还包括有关联邦信贷改革的规则。它不仅要求联邦政府公布贷款和贷款担保成本，还要求除了权利性项目和农业价
108 格支持方面的信贷项目，联邦政府必须有拨款来弥补贷款的补贴成本。有关联邦信贷活动的年度报告还包括国有企业，如学生贷款市场协会和联邦国民抵押协会。

因此，《预算执行法案》抛弃了年度赤字削减目标，支持对国会支出的直接限制：“该过程被设计用于强制执行在选择性支出规模、收入上的预算中立以及强制性支出立法上事先达成的一致意见。”② 但《预算执行法案》并未阻止经济使预算不稳定化的趋势。

两年后，当民主党总统比尔·克林顿就职时，局面似乎仍旧阴暗。

## 6.3 1993年的克林顿预算

在1992年之前，国会预算局和管理与预算局预计在可见的未来，空前的年度赤字将在3 500亿美元与4 000亿美元之间。1992财年的赤字达到2 900亿美元的高峰③，并且美国审计长也证实了在平衡预算上及时立法的必要性。他预计到了与人口统计学趋势以及现行政策继续相关的“联邦支出的激增”，并认为如果无所作为，计划赤字将达GDP的20%。④

赤字构成了有关新当选总统克林顿第一个预算的争论。政府如何力求平衡预算，同时在不进一步恶化赤字的前提下刺激衰退的经济？政府必须提高收入，但在人们对增税明显持有敌意时，怎么办？权利性支出似乎无法改变的增长挤压了剩下的预算。相对于国防需求，国内优先项目如何得到资金并平衡？而所有这些都在一个利息成本导致增加的每1美元中仅有85美分留下的预算之中（见表6—2）。

---

① Schick, *The Federal Budget*, p. 85.

② United States General Accounting Office, *Budget Issues: Budget Enforcement Compliance Report*, June 2002 (GAO-02-794), p. 33.

③ Roy Meyers, “Federal Budgeting and Finance in 1991: The Future is Now,” *Public Budgeting and Finance*, 4 Vol. 12, No. 2 (Summer 1992), pp. 4-5; Congressional Budget Office, *The Economic and Budget Outlook: Fiscal Years 1993—1997*, 1992, p. xv.

④ Statement of Charles A. Boesher, “Budget Policy: Long-Term Implications of the Deficit,” Testimony before the Subcommittee on Deficits, Debt Management, and International Debt of the Senate Finance Committee, June 5 1992, p. 1 (GAO-T-OCG-92-4).

**表 6—2　1975—2002 年可选择和强制性支出项目的增长**

| | 支出总额 | 国防 | | 国际 | | 国内可选择 | | 强制性 | | 净利息 | |
|---|---|---|---|---|---|---|---|---|---|---|---|
| | 10 亿美元 | 10 亿美元 | 占支出比例 | 10 亿美元 | 占支出比例 | 10 亿美元 | 占支出比例 | 10 亿美元 | 占支出比例 | 10 亿美元 | 占支出比例 |
| 1975 年 | 332. 3 | 87. 6 | 26. 4 | 8. 2 | 2. 5 | 62. 2 | 18. 7 | 164. 7 | 49. 6 | 23. 2 | 7. 0 |
| 1980 年 | 590. 9 | 134. 6 | 22. 8 | 12. 8 | 2. 2 | 128. 9 | 21. 8 | 282. 0 | 47. 7 | 52. 5 | 8. 9 |
| 1985 年 | 946. 4 | 253. 1 | 26. 7 | 17. 4 | 1. 8 | 145. 3 | 15. 4 | 433. 8 | 45. 8 | 129. 5 | 13. 7 |
| 1990 年 | 1 253. 2 | 300. 1 | 24. 0 | 19. 1 | 1. 5 | 181. 4 | 14. 5 | 604. 9 | 48. 3 | 184. 3 | 14. 7 |
| 1995 年 | 1 515. 8 | 273. 6 | 18. 0 | 20. 1 | 1. 3 | 251. 2 | 16. 6 | 783. 3 | 51. 7 | 232. 1 | 15. 3 |
| 2000 年 | 1 788. 8 | 295. 0 | 16. 5 | 21. 3 | 1. 2 | 298. 6 | 16. 7 | 993. 6 | 55. 5 | 223. 0 | 12. 5 |
| 2001 年 | 1 863. 9 | 306. 1 | 16. 4 | 22. 5 | 1. 2 | 320. 8 | 17. 2 | 1 055. 4 | 56. 6 | 206. 2 | 11. 1 |
| 2002 年 | 2 011. 0 | 348. 9 | 17. 4 | 26. 2 | 1. 3 | 359. 2 | 17. 9 | 1 153. 5 | 57. 4 | 171. 0 | 8. 5 |

资料来源：United States Budget for Fiscal Year 2004, *Historical Tables*, Tables 8. 1 and 8. 2。

注：强制性支出数据不考虑"未分配补偿收入"。

有人可能会认为既然总统和国会都在民主党手中，总统至少可以指望国会的支持。然而事实并非如此，民主党并不团结。在那些坚持保守哲学、认为首要议程是削减支出以降低赤字的人和那些支持社会自由哲学，要求退回到里根革命之前，并且增加支出以解决这个国家的社会病的人之间存在分歧。[1] 甚至在这一团体内部也存在分歧，“老派”民主党人首先关注社会公平，而“新派”民主党人则将更强的
110 经济、更高的效率以及公共项目的改革置于更为优先的地位。不仅如此，国会议员出于他们选区的自身利益，涉及范围涵盖从公共工程上毫无廉耻的政治恩惠项目到保护和推进州和地方经济的范围。加诸这些关注之上的是克林顿自己的议程，包括一项十分勉强的工业政策、科学和教育投资以及医疗补助改革。

克林顿于 1993 年早期通过一揽子经济刺激计划以复苏经济增长的最初行动在国会中遭到挫败：赤字被给予优先权。总统用一个提高所得税最高税率、高收入社会保障领受者缴费，以及公司税（包括一个税基广泛的能源税）的预算做出回应。他力求通过设置医疗保险税上限并提高社会保障受益应税比例，以及削减医疗保险和其他权利性项目增长来控制强制性支出的快速增长。5 年来，预算中的强制性部分总共将导致几乎 1/3 的预期赤字削减。同时，他的议程受到将选择性支出控制在预算执行法案规定的限额以内的需要的限制，这一议程在 1993 年被一个单一上限所取代，将国防和国内支出置于直接的竞争之下。[2] 克林顿继续加强了削减国防支出并提高国内支出的趋势，但国防支出中能够减少的很有限，况且不管怎么说，总统还有自己的偏好。他的选择作用有限。[3] 国会预算局的分析显示，如果项目针对通货膨胀进行了充分调整，上限将被突破。[4] 因此，1994 年的预算通过对超过 100 个国内项目实施削减为犯罪预防、教育和培训挪出空间。

预算似乎是一个政治上可行的一揽子交易。赤字尽管没有消除，但可以按照 GDP 的某个百分比来削减；税收可以提高，但应首先针对高收入纳税人；增长率最快的权利性支出可以放缓；支出上限可以扩大或收紧以冻结选择性支出的增长率；国防支出削减可以为支付某些国内项目提供帮助；总统至少可以部分实现他的人力资本投资议程；环境保护主义者将支持保护基础广泛的能源税。但是，这个一揽子交易能满足足够多的利益以取得多数吗？

共和党支持的可能性很小。那么民主党怎么样？关键性的措施是协调法案，它整合了税收增长和权利性支出的削减。该草案在众议院以 219 票对 213 票获得通过，但仅仅是因为在最后关头向温和和保守的南方民主党人做出了削减更多支出的
111 承诺。[5] 尽管如此，38 位民主党人投票赞成共和党人。在参议院，草案以极小的优

---

① John Brummett, *Highwire: The Education of Bill Clinton* (New York: Hyperion, 1994), pp. 92-93.

② 见 Dale Oak, “An Overview of Adjustments to the Budget Enforcement Act Discretionary Spending Caps,” *Public Budgeting and Finance*, Vol. 15, Fall 1995, pp. 35-37，对上限和调整条款解释的概述。

③ Lance Leloup and Patrick Taylor, “The Policy Constraints of Deficit Reduction: President Clinton's 1995 Budget,” *Public Budgeting and Finance*, Vol. 14, Summer 1994, p. 6.

④ 见国会预算局，1993 年 1 月。

⑤ Brummett, p. 136.

势通过（50∶49），取决于副总统戈尔的那一票。最终，在会议委员会协调参议院和众议院的分歧时，戈尔不得不再次投出打破僵局的一票，50∶49。① 在该过程中，总统有必要通过一系列的妥协争取个别议员在投票上的支持；然而，他仅能实现其 70%的要求，而且能源税失败了。这一经验显示了甚至是在一党之内形成并维持多数的难度。国会多数的潜力和局限在 1994 年的选举中进一步显现，国会中的多数倒向了共和党人。

## 6.4　1995 年的政治剧变

1994 年末，伴随着一项平衡预算、增加国防支出以及减少联邦政府职能的计划，共和党 40 年来首次在国会两院赢得多数。新的多数打算将某一年的预算作为实现未来许多年剧烈和不可逆转的变革的主要工具。

共和党人的大多数议程体现在国会共和党人的宣言，即《与美国缔约》（Contract With America）之中。② 它强调平衡预算，包括确保实现的宪法修正，以及总统的分项否决权。它概括出改革福利、削减税收、增加国防支出、严厉制裁犯罪、加强父母责任、实行某些法律改革，以及对国会议员设定任期限制的措施。该约定混乱的建议代表了一个更为宏大的计划，即运用平衡预算的说辞来推行更为根本性的变革——相对于公共部门而言，提升私人部门的影响力，并加强市场力量。

共和党多数派中最富有斗志的是年轻、坚定、通常新当选的冷静的国会议员。由于被灌输了事业的正当性，他们认为目标使手段正当化，并且他们中的多数不仅被授权推动议程，还代表了来自美国人民的要求。

共和党多数并非在所有问题上都完全一致。最令人烦恼的是那些表面上与预算没有实质性关系，但却被证明是预算争论中重大主题的内容，如堕胎和环境。议员们在其激进的程度方面、脱离现状的程度方面，以及特别是在签署极端保守主义者倡导的建议方面，仍旧存在分歧。相对于地区或选民方面的考虑，或者某种对于政治上可行或体面的公平的真诚感受而言，纯粹的经济标准和道德诚实可能得放在第二位。共和党多数实际上支持谁或什么仍存有问题。公众全心全意拥护现行契约的证据很少，并且参议院共和党人尚未认同它。随着共和党项目演变并且拓展到包括 112
权利性项目，民意测验在立法提议上显示出不断上升的公众不安。

民主党人在他们反对的问题上亦非铁板一块。正如我们所见，民主党分为希望增加社会支出以解决社会问题的社会民主派和希望削减支出并减少赤字的财政保守派。“老派”、“自由”民主党人倾向于经济国家主义，反对广泛的贸易协定，如《北美自由贸易协定》，要求企业分享更大比例的利润和权力，将社会问题与潜在的经济不公平相联系，并且要求维持或拓展在福利、收入再分配以及犯罪上的现行联

① Brummett, p. 185.

② *Congressional Quarterly Weekly Report*, November 12, 1994, pp. 3216-19.

邦政策。“新”民主党人提倡适应经济全球化、拓展海外市场，以及对美国工人实施再培训的战略，同时反思在犯罪、福利以及家庭破裂上的自由主义方法，强调更多的个人责任。① 所有这些立场均为共和党提供了潜在的支持者，前者支持日益抬头的孤立主义和保护主义，而后者致力于调整社会项目。尽管大多数投票都与党派路线保持一致，但民主党中的个人和重要的团体还是不断投票赞成共和党的措施，而且出现了一些彻底的背叛。民主党中一个名为“同盟”（或“蓝狗”联盟）的团体一直寻求中间路线，在年底之前已经吸引了更多的支持。

在国会通过预算立法后，总统必须做出艰难的选择。如果他彻底反对共和党的议程，可能会被视为不近情理和找麻烦；如果完全合作，他将承担失去同党并削减他过去赞同的提议的风险。他可以否决，但没法确定他是否能够在国会中维持他的否决，尽管在两院中共和党多数均少于 2/3。

逐渐地，总统采取了一项中间策略，整合了共和党议程的许多因素——平衡预算、增加国防开支、削减医疗保险并提高额外费用、“中产阶级”减税、福利改革以及接受对其支出提议的拒绝。分歧逐渐表现为数量而非原则。同时，鸿沟依然存在：在共和党一方，狂热派在他们的项目上坚持不妥协——项目削减、权利性支出削减、平衡预算以及减税。由于民意测验显示该项目越来越不受欢迎，总统强化了他作为社会项目、中产阶级以及环境的保护者的立场。而鸿沟也没有它一度显现得那样大。

## 序幕：宪法修改和废除

会议开始时的进攻序幕以一个平衡预算的宪法修正案开始。宪法在众议院以压倒性多数通过，在参议院遇到的抵抗也非常有限，如果共和党领袖希望为社会保障提供保护措施，它可能会得到所需的 2/3 多数。从这种意义上讲，社会保障离开了议程。

113 下一个议题是个撤销草案，作为一个当年预算的补充提出，在众议院中转化为一项对当年预算实施重大削减的提议。在对多数人权力一次极好的展示中，众议院草案削减了一系列社会和环境项目，并附加修正案以阻止医疗补助项目下的堕胎基金、增加联邦土地上的木材采运，以及阻止某些空气污染规定。② 某些更具争议性的提议在参议院得到修正，而另一些改变在会议上做出，但撤销草案在国会的通过或多或少与政党路线有关。总统否决了草案，但在 6 个星期之后，在某些妥协后签署了它。

对预算的这种游击队式的攻击标志着预算争论的到来。它反映了政党间根本的分歧，但是，当民主党用其支持换取让步时，它也显示了妥协的可能性。参议院和众议院之间的分歧显而易见，参议院在保持了对一般原则认同的同时，定义了自身在某

① Brummett, pp. 92-93.

② *Congressional Quarterly Weekly Report*, March 4, 1995, p. 676, and March 18, 1995, p. 797.

种程度上较少极端和对抗的方式。草案的通过要花费 5 个多月的时间，在通向结论的令人难以想象的旅程中，详细的条款被插入、取消、重申以及修改。到最终被签署之时，它只不过是已经经过一段高潮时期的预算争论的余兴表演而已。

## 预算和反预算：总统预算和国会决议

提议将赤字稳定在每年 2 000 亿美元的总统预算很快就被放在一边。相反，国会采纳了一个在接下来 7 年中能带来一个特定赤字削减额的预算决议——相对于不变的 1995 年支出水平而言是 8 940 亿美元，相对于国会预算局预计的赤字基线而言是 1.25 万亿美元。加上超过 3 000 亿美元的减税和国防支出的增长，这项任务更为艰难。

有关决议和投票的争议深化了政党间的分歧。共和党唱起了高调。在众议院，多数派领袖汤姆·迪雷（Tom DeLay）宣称："今天我们将做出一项历史性决定，我们可以维持现状，也可以为美国持有一个大无畏的立场。"① 作为回应，少数派领袖理查德·格哈特（Richard Gephardt）将该计划谴责为对穷人和老人无情的攻击，参议员爱德华·肯尼迪（Edward Kennedy）说该决议是一个"对老人、孩子、家庭和退伍军人的直接攻击"②。

但战场已经消失，即使在攻击的过程中，格哈特也说："我们都认为我们的预算必须实现平衡。问题是你怎么做到。"③ 至少两个吸引某些民主党人的民主党平 *114*
衡预算备选计划被提出，但没有共和党人表示支持。最终，总统加入争论，提出一个在 10 年内平衡预算的计划，即需要削减 1.1 万亿美元赤字和超过 1 000 亿美元的减税。尽管并非所有民主党人都赞成他的提议，但预算平衡和减税已经成为预算议程中不可或缺的部分。

预算平衡和减税方面的决策导致强制性支出方面的进一步决策。为了达到新的总量，权利性支出必须削减。虽然尚未触及社会保障，其他权利性支出要实现 2/3 所需的赤字削减。参众两院预算决议间的妥协削减了未来 7 年医疗保险和医疗补助支出一半以上的增长。扶贫项目上的削减计划节省 1 000 亿美元以上，另外 750 亿美元削减将在退休、农业补贴、失业救济以及学生贷款上发生。决议还在 7 年中增加了 350 亿美元的国防支出。④

对国内选择性支出的攻击前所未有。该决议提议在国内选择性支出上削减 1 900亿美元，与 1995 年的实际执行水平相比，几乎是总额的一半。如果用一个考虑到通货膨胀的基线来衡量，削减约为 30%。⑤ 众议院建议取消商务部、教育部、

---

① Janet Hook, "House Adopts GOP Plan To Balance Budget by 2002," *Los Angeles Times*, May 19, 1995, p. A17.

② *Los Angeles Times*, June 30, 1995, p. A28.

③ Ibid., May 19, 1995, p. A17.

④ Congressional Budget Office, *An Update*, p. 37.

⑤ George Hager, "Today's Appropriators Preside over a Shrinking Empire," *Congressional Quarterly Weekly Report*, May 20, 1995, p. 1365.

能源部、其他 13 个部门、69 个委员会和授权机构，以及 284 个联邦项目，而参议院建议取消超过 100 个联邦项目。会议报告还对 1996 财年到 2002 财年之间的选择性支出设置了新的上限，划分了自 1998 年以来的国防支出和非国防支出。[1] 该决议和调节指南几乎完全传递了政党路线，将实施选择性支出削减的任务分派给拨款委员会。

## 渐进主义翻版：拨款

拨款委员会对于大部分共和党议程的成功而言至关重要。众议院议长纽特·金里奇（Newt Gingrich）已经任命了主席，并要求众议院拨款委员会中的共和党高层提供效忠的保证书。[2] 在一次与拨款委员会主席和小组委员会主席的内部会议上，金里奇议长提醒他们，“你们将位于变革的前沿。你们干着众议院最难干的工作。如果你们不想干，告诉我”[3]。

拨款委员会有自己的特权和行事方式。传统上，他们使党派性服从于制定拨款
115 草案的工作，“齐心协力地工作，推进意见一致的支出并（抵制）党派性的议程，不论是共和党人还是民主党人”[4]。他们代表两党的、实用主义的以及平静的模式有别于众议院议长金里奇党派性的、欠理智的、生硬粗暴的态度。他们的模式是一种建构且互惠的文化，并且还是一种独立决策的模式。“当我们的草案通过时，（预算）变成现实。”众议院拨款委员会主席罗伯特·利文斯通（Robert Livingston）说。另一位小组拨款委员会主席宣称“我不认为我们关心他（金里奇）期望的削减……他可能不得不接受我们给予他的削减”[5]。

拨款委员会与预算委员会的不同还在于他们的关注点不同。预算委员会制定了一个七年计划，而拨款委员会关心的是下一年的预算，“一个传统的，每年一次的预算方法”。预算委员会视预算为一个整体，并且在大块上考虑预算；拨款委员会因为他们的管辖权已经定义好，必须在严格的限制下，用某种利益交换另一种利益。在空间项目上投入更多意味着在住房项目和城市发展项目上投入更少。反犯罪措施不得不直接地与经济发展竞争。与传统的投票交换过程完全不同，支持某个项目自动意味着削减其他项目。

意识形态和更老的利益集团以预算削减、改变优先级以及用附件装饰拨款法案的辞令来完成它们的议程。复杂的联盟和“政治分肥”政治为达成一致设定价码。某些项目要么被取消，要么被保留，而项目的取消或保留与它们的预算影响无关。冲突遍及社会和环境政策领域，在这些领域中，有人提出激进策略，即通过预算来

---

① George Hager, “Furor over First Spending Bills Promises Stormy Summer,” *Congressional Quarterly Weekly Report*, July 15, 1995, p. 2044.

② David Rogers, “Budget Round II,” *Wall Street Journal*, May 19, 1995, p. A4.

③ *Washington Post*, August 13, 1995, p. A6.

④ *Congressional Quarterly Weekly Report*, March 4, 1995, p. 677.

⑤ Rogers, op. cit.

实施已彻底转变的政治。争论的范畴和细节无法简要概括。在财政年度开始之前，总统仅签署了两个拨款草案，国会需要一个连续决议。

## 对抗：连续决议和债务限额

对于一个维持政府在财政年度中运作 6 个星期的连续决议而言，国会和总统的一致意见很少，尽管它通过的支出低于到目前为止仍在国会中审查的拨款草案承诺的水平。但在 11 月之前，总统仅签署了农业和军事设施方面的草案，并且否决了对立法机构的拨款（因为如果同意给国会钱，但却拒绝给其他联邦雇员，这将是不公平的）。在 10 个未批复的草案中，克林顿威胁要否决至少 5 个。同时，联邦政府已经达到规定的债务限额（4.9 万亿美元），需要国会提高这个限额。

危机气氛已经弥漫了一个月。除非在 10 月底之前把发行债券的限额提高，否 116
则政府便无法借钱还债。共和党人对此无动于衷，反而建议政府在现金流基础上运作，并要求克林顿总统在 7 年内平衡预算以避免危机。①

一个月后，财政部着手缩减短期借款，并再一次向国会提出提高债券限额的要求。白宫幕僚长帕内塔（Panetta）重申了总统将否决任何包含无法接受的支出削减的平衡预算案的决心，同时责备国会中的共和党人制造了“不稳定的气氛”。②这一进程中有一个短暂的插曲，议长金里奇似乎有暂时提高债务限额的想法，但显然是出于对激进分子的防备，他放弃了。③

随着最终结果揭晓日的临近，双方的态度愈发坚定，相伴而生的两种可能性也日益凸显——联邦政府的倒闭，以及随之同时出现的资金拖欠。共和党人想践行他们在竞选中的许诺，在 7 年时间内实现预算平衡。如果总统同意他们的要求，他们将获得胜利。否则，他们将把紧随其后的政府倒闭的责任归咎于总统。公认的多数党领袖罗伯特·道尔（Robert Dole）表示：“如果政府关闭，总统将难辞其咎。”④

行政部门从它们的角度出发将共和党的策略贴上“某种形式的恐怖主义”⑤ 的标签，最近的投票显示公众的意见正在倒向总统一方，在此支持下，总统重申了他否决这一法案的意愿，理由是它们试图制定政策，而对此应当单独立法。总统自始至终在预算辩论中扮演了最为消极的角色，现在他需要声明自己将会“坚定不移”且通过“划清界限”来表明立场，即使这有可能引发直到 1996 年 11 月大选的临时应急法案。

---

① Jack Nelson, “Rubin Urges Congress To Raise Debt Ceiling,” *Los Angeles Times*, September 8, 1995, p. A33.

② Jonathan Peterson, “Treasury To Scale Back on Borrowing To Avert Debt Crisis,” *Los Angeles Times*, October 18, 1995, pp, A1, A21.

③ *Wall Street Journal*, October 19, 1995, pp. A23, A13.

④ Helen Dewar and John E. Young, “political Stakes Are High as Each Side Cries Foul in Budget Showdown,” *Washington Post*, November 10, 1995, p. A10.

⑤ Paul Richter and Jonathan Peterson, “Federal Shutdown Nears Despite GOP Budget Action,” *Los Angeles Times*, November 10, 1995, p. A32; Eric Pianin and Ann Devroy, “Clinton and GOP Push Fiscal Stand Off to Brink,” *Washington Post*, November 11, 1995, p. A1.

达成共识符合双方利益。而证明它有多艰难并扩大危机对双方也有利——共和党领袖向党派左翼施压，威胁他们如果不在某些方面让步，共和党便要冒一无所得的风险。总统对右翼自由民主党施压，声称如果要所有政策保留，那么某些妥协是必要的。双方都必须向选民证明自己是对政府负责的党派，因而难以承担延长政府倒闭时间的罪责。"他们会归咎于我们双方"①，众议院议长金里奇说。然而，双方对其选举
117 诉求的看法不同，并且也看到了作为其对该事件严肃承诺证明的即将到来的灾难。

总统否决了连续决议和债务限制法案。除了必要的活动，联邦政府将被关闭。财政部长执行决策，从两项联邦信托基金"撤资"，通过这种技术手段降低联邦债务，允许在债务限额下另外借款，这样联邦政府便不会拖欠债务。②

谈判陷入僵局。总统谴责共和党人利用"政府关闭的威胁迫使美国接受他们在教育、技术和环境方面的资金削减"。连续决议需要"在医疗保险、医疗补助、教育、环境投入上作出某种程度的削减，并对工作者增税，凡此种种皆令人不快"③。共和党声称克林顿歪曲了他们提议的预算削减，同时，指责他因为没有对平衡预算作出实际贡献而导致危机的产生。④

在双方的雄辩下，僵局结束得相对较快，并使双方皆能自称其利。国会通过了一个新版本的连续决议，只在一种条件下允许政府操作，即总统需要按照国会预算局的设想，在 7 年的时间内平衡预算，与此同时，降低医疗保险金的增长幅度。总统再次许诺将对此提出否决，然而这一洪流向两党同时袭来。民调中，共和党的位置停滞不前，在国会中，将近 50 名民主党众议员和 7 名民主党参议员对连续决议的最终版本投了赞成票。

最终的妥协触及了双方的底线。一方面，它声明国会和总统在 2002 年之前"应该出台"一项平衡的预算，而且也要基于国会预算局的设想——"遵循同管理与预算局和其他政府部门以及私人专家进行的全面磋商和审查"。这一点支持了共和党的主张。另一方面，这一协议规定平衡预算必须"保护未来的新生代，保障医疗保险的偿还能力，改革福利政策，并为医疗补助、教育、农业、国防、退伍军人和环境提供充足的资金"。此外，"平衡预算需要采用税收政策来帮助工薪家庭并促进未来发展"⑤。这一点对民主党有利。

众议院议长金里奇将这一协议赞誉为：

---

① Janet Hook, "Showdown: High Stakes Game for Both Parties," *Los Angeles Times*, November 14, 1995, p. A14.

② 财政部长所做的是取消由两大联邦退休基金扶持的保障总计 6 130 亿美元的社会保障，由此使得政府解脱出来，在不违背限额的情况下向公众出售更多债券。这一举措将引领政府前进直到 12 月底，而其他的选择能帮助政府运行至 1996 年的 2 月中旬或者 3 月。Alan Murray, "Debt Limit Crisis Is Not Over Yet," *Wall Street Journal*, November 27, 1995, A1。

③ Jerry Gray, "Feuding Goes on as GOP Presents its budget Plan," *New York Times*, November 17, 1995, p. A14.

④ Paul Richter and Janet Hook, "800 000 Federal Workers Idled in Budget Impasse," *Los Angeles Times*, November 15, 1995, p. A1.

⑤ Alan Miller, "Budget Deal Reached To End Government Shutdown," *Los Angeles Times*, November 20, 1995, p. A6.

这是现代美国最杰出的历史成就之一。我想每个家庭都将度过一个更加美好的感恩节，因为我们真正关心美国儿童，并且我们真正为他们提供了机会，使他们能够拥有美好的未来，在未来他们不会被负债、税收和高利率压垮。① 118

然而，总统似乎保留了他阻止不符合其考虑重点的预算方案的权利："今夜，真正的胜利者是美国人民。因为现在我们能针对怎样在平衡预算方面做到最优开展公开坦诚的讨论……除非在所有方面均达成共识，否则什么也不会得到同意。"②

虽然对其间的某些内容不敢苟同，但总统在达成协议后立即签署了四项新法案。与此同时，在调节法案方面的主要冲突呈现出紧急态势。

## 和解妥协与毫不让步

调节法案中的一揽子方案包含了已由多个国会委员会执行数月的工作，在收入和权利性支出方面重新制定法律法规。（其中也包括多种附带措施，因为这似乎是使之通过的一种好方法。例如，开发北极野生动物保护区用于石油开采。）此举的目的在于通过在调节说明中设定的支出和结余限额标准，它们附着于国会决议。最终的法案长达 1 700 多页，取决于两院中仅 20 小时的辩论，并且需要一个简单的投票（同意或反对）。参众两院通过了各自的版本，在会议中进行协商，并且最终在两院通过了一致的办法，几乎完全遵循了政党路线。总统立即表示他将对此予以否决。

调节法案包含了 2 450 亿美元的减税。同时确定了新的最高限额，该限额将把国内选择性支出降低到低于底线 30%的水平。权利性支出项目的资金削减总计达 5 000亿美元，涉及医疗保险、医疗补助、福利、农业补贴、学生贷款以及较小的项目等多个方面。

1995 年 12 月初，预算洽谈破裂，总统否决了调节法案，同时提供了 50 页的情况说明书来阐明原因，并提交了一份新的预算申请，要在 7 年内做到预算平衡，这一新方案比此前 1995 年 6 月的版本能多产生 1 400 亿美元结余额。共和党反对该方案，并且对总统提出的数字表示异议。谈判继续进行，以图避免 12 月 15 日新一轮的政府关闭。国会批准通过了三项拨款法案，总统又一次迅即否决。预算洽谈再一次破裂。共和党声称总统拒绝提出一份新的符合国会预算局数字的"诚心诚意"的计划，而总统则坚称他正在被迫对医疗补助项目做出令人难以接受的削减。

这一次，联邦政府的关闭长达 19 天之久，26 万～28 万的联邦雇员因此待业， 119
与 11 月的 80 万人相比有所减少，因为目前只有 6 个拨款法案仍处于争论之中。尽管许多政府服务得以维持，例如社会保障金的发放和医疗保险金的给付，但危机却

① John Broder and James Gerstenzang, "Accord Doesn't Signal the End of Budget Fight," *Los Angeles Times*, November 20, 1995, p. A6.

② Todd S. Purdum, "President and GOP Agree To End Federal Shutdown and Negotiate a Budget," *New York Times*, November 20, 1995, p. A1.

日益恶化。在一周之内，国会批准通过了一个临时性的应急法案，为退伍军人和福利受益者提供暂时性的救助金。然而，政府关闭的影响依旧显而易见：护照和签证无法办理；联邦资金支持的失业保障单位关闭；旅游景点和国家公园、博物馆和纪念碑闭门谢客；形形色色的项目包括“领先”计划、联邦应急管理局、医疗补助、法院和老年人服务等方面的资金即将消耗殆尽。涉及移民、环境和健康的监管工作受到妨碍。由于联邦雇员尚未获得工资，连锁反应传播开来，公共舆论变得对共和党更为不利，相反更倾向于总统。

这一论辩对于双方意义重大，双方都把政府关闭的责任归咎于对方。对于 7 年平衡预算的持续关注被一场在很大程度上具有象征意义的众议院投票（12 月 19 日）所证实，票决以 351 对 40 的结果获胜，其中有 133 名民主党党员投赞成票。然而，双方似乎都没有依据表面上显示出来的有利条件进行预算规划。总统否决了国防授权法案，并且当众议院批准通过一项福利改革法案时，总统声称他仍将对此实施否决。各种终结政府关闭的方案被共和党人所阻，他们相信，正如议长金里奇所言：“放弃在预算上寻求平衡将成为一场灾难，它将在我们的余生缠着我们。”① 即使党派领袖可能愿意达成妥协，许多党派中的普通成员还是将预算斗争视为道德层面的战争，并坚信只要他们保持坚定，就能赢得胜利。

直到 1996 年 1 月初，情况才似乎日渐明朗，共和党迫使政府关闭以逼迫总统就范的策略是行不通的。试图将超过 25 万联邦雇员作为棋子只能让他们显得极端。除此之外，共和党对债务限额控制手段的运用也遭遇挫败，如果到了 3 月初他们依然毫无作为，其地位也将岌岌可危。然而尽管如此，对联邦拖欠后果的责难已经产生了令人生畏的局面。

共和党领袖因此改变了既有路线。众议院（早先反对由参议院通过的一项短期连续决议）现在赞同领导层的新建议——一项选择性资助的新战略。总统在经历了最初的犹豫后，批准了有关资助政府直至 1996 年 1 月 26 日的持续决议。前提条件是他将根据国会的数据提交一份新的平衡预算申请。国会同样批准通过了一项“有针对性的拨款”，向 17 个重点机构返还资金以供其剩余财政年度之用，包括执法机构、医疗保险机构、医疗补助机构、国家健康研究所、疾病控制中心、黑肺病和一些土著美国人计划。这一策略使共和党多数拥有了选择权，并在实际上通过连续决议制定政策。

120 与此同时，双方实际上走得更近了。1 月 7 日，总统同意了由参议院民主党提出的方案，该方案显示，2002 年底将实现 6 050 亿美元的资金结余，这也为美国预算局平衡预算的结果所印证。然而，尽管双方提供出来的资金数额相近，但双方都不想表现出已经让步的姿态。1996 年 1 月 9 日，谈判破裂，虽然 1 月 17 日又短暂继续，但达成共识的前景依然惨淡。

一周后，双方在另一项持续决议上达成共识，这一决议将资助政府直到 1996 年 3 月中旬，并提高发行债券的限额。双方各自做出了一些让步：调节法案已然失

① *Los Angeles Times*, December 19, 1995, p. A16.

效，关于在 7 年内平衡预算的争论僵局似乎难以打破。双方都想把能量留给 1996 年的选举。

快到 4 月底的时候，经过几周的谈判，国会批准了一项综合性的拨款法案，总统在第二天签署通过。这项法案涵盖了容易引起争论却十分重要的五项最终拨款，并为过去几年艰苦卓绝的纷争划上了符合两党利益的句号。妥协是当下的风尚：在参议院拨款委员会主席的口中，（妥协就是）“每人都获益，每人都付出”①。

早先法案中几项更为严厉的削减和项目淘汰方案相应缩减。虽然资金支持被削减，几项受抨击将遭淘汰的项目被保留下来。几项饱受争议的附加条款，尤其是那些攻击环境规章的条款，遭到挫败并最终被放弃。

1995 年事件的影响很容易被过分强调或否定。国会中的大多数不足以保证关键性的改革项目获得通过或决定性地改变未来。这一议程设置不仅受到反对党领袖的阻挠，而且其自身也缺乏内聚力。对于预算程序的复杂机制而言，要为多样化的议程提供多种机会，要不断地形成和重构不同的同盟，权力被分散到多个中心，任何一个都可能提出某个反对意见或从自身利益出发坚持某个理由。

然而，1995 年的冲突改变了辩论的焦点：平衡预算、税收减免、权利性支出审查、支出限制和福利改革现在都成为预算修辞的一部分，1996 年初总统的国情咨文就是典型代表。大政府的时代结束了。在两年内，总统和国会在通过平衡预算法案上达成了广泛共识。

## 6.5 1997 年的《预算平衡法案》

1995 年之后，预算政治的标志是怀疑、分歧以及不确定性（虽然产生了对总统的弹劾程序，但对此亦毫无帮助）。1996 年，其他中间派的方案与参众两院的决议竞相角逐，虽然他们都无法掌控大多数。预算委员会因为政治气候的不确定性推迟了对决议的审查，最终众议院预算委员会的方案为众议院拨款委员会提供了基础，指导其如何着手将资金分配给下属的小组委员会。直到众议院通过计划之时，伴随着不久之后强硬路线派的反抗，在没有某个决议授权的情况下，税收和支出措施已经付诸实施。计划中的国内选择性拨款部分遭到拨款小组委员会主席的强烈抵制，他（虽然是优秀的共和党人）认为方案对他们的限制太过严格，无法满足他们自身的议程。 121

拨款反映了这些诉求。例如，仅仅一项法案就包含了超过 10 亿美元的金额，这一涵盖水源和洪水控制的项目共计有 2 500 多个条款。② 退伍军人管理局的议会和城市发展拨款法案包括一项新的专为脊骨裂儿童提供的权利性支出，他们的父母

① George Hager, "Congress, Clinton Yield Enough To Close the Book on Fiscal '96," *Congressional Quarterly Weekly Report*, April 27, 1996, p. 1155.

② Richard Simon, "Congress Approves Pork-Laden Budget," *Los Angeles Times*, December 16, 2000, p. A30.

曾在越南战争中接触了有毒的橙剂。① 冲突扩展到不涉及资金的附加条款，例如，对国内法案的附加条款而言，到了最终的关键节点，需要决定是否有必要对加利福尼亚州方圆 4 万英亩的斑海雀栖息地实行环境保护。②

然而，1996 年中期的选举结果似乎也表明全体选民对于预算斗争和极端主义已经厌倦。日益增长的平衡预算压力迫使共和党领袖和克林顿政府在 1997 年展开了一场秘密谈判，重点是如何在之后 5 年内做到预算平衡。提案将收支措施整合成两项调节法案，经历重重曲折后由国会通过。③ 由于国会委员会倾向于采用自己的方式，为了或多或少地恢复最初的一致意见，最终的闭门协商必不可少。细节显示，这与其说是一个共识的领域，不如说是一桩交易，每一方尽可能多地争取它认为它能够得到的，尽可能少让步，将困难的抉择留给将来，并增加一定的主观意愿使数据变得正确。

协议中很大部分的赤字削减是在医疗保险和医疗补助项目上。预算执行法案设置了直到 2002 年 9 月的预算授权和支出增长上限。选择性支出总额将被削减至通货膨胀水平以下，其中约一半以上来自国防。在第一年国内支出小幅增长之后，限
122 额要求在之后 5 年中将国内支出削减 12%，高于之前 7 年实现的数额。④

仅仅在 9 个月之后，财政赤字这条威龙似乎已经被杀死。不久，国会预算局为新世纪规划了“一个结余增长的持续时期”⑤。在讨论财政结余对预算政治产生何种影响以及在 4 年之内它如何消失之前，我们需要仔细观察联邦预算的三个重要方面——权利性支出、国防以及预算改革。

---

① Jon Healey, “VA-HUD Spending Bill Clears with Bipartisan Support,” *Congressional Quarterly Weekly Report*, September 28, 1996, p. 2762.

② Allan Freedman, “Trouble May Be in Store for Interior Bill,” *Congressional Quarterly Weekly Report*, June 15, 1996, p. 1664.

③ 欲知细节，参见 Daniel J. Palazzolo, *Done Deal? The Politics of the* 1997 *Budget Agreement*, (New York: Chatham House, 1999)。

④ Robert Reischauer, “Scrap the Budget Caps, *Washington Post National Weekly Review*, June 14, 1999, p. 26.

⑤ Congressional Budget Office, *The Economic and Budgetary Outlook: An Update*. July 1999, p. 1.

# 第 7 章



# 权利性支出

在撰写《预算过程中的新政治》这本书时，阿伦的主要出发点是权利性支出的快速增长，它现在构成了半数以上的联邦预算。他首先力求探索各项权利性支出的正当性和它们对预算过程的影响。本章的第二部分与各项权利性支出的动态变化有关，它不仅包括一些大项目，例如社会保障、医疗保险和医疗补助，而且包括一些较小和知名度较低的项目。但在本章的讨论中只会涉及那些已经被很多文献提到过的问题。

123 “传统政治”只能很好地描述预算中不到20%的部分。除了国防支出（目前大约占整个预算的17%）和占预算总额8.5%的债务利息支出外，超过一半的预算——大约60%的支出——用于权利性支出。这些支出大部分将支付给个人，这就使得非国防用途的选择性支出要将国内各政府部门的开支考虑进去，这些部门包括气象局、林业局、国务院、劳工部、商务部以及其他政府部门。①

权利性支出是通过立法产生的法定义务，它需要向符合法律规定资格要求的人和政府单位支付补助金。这类支出可能没有事先获得预算授权。因此，这样诸如食品券项目的权利性支出的立法，需要颁布事后的授权法律。关于权利性支出项目的例子还包

① Congressional Budget Office, *The Economic and Budget Outlook: Fiscal Years: 2003—2013*, January 2003, pp. 79-84. 关于权利性支出的数据根据资料来源的不同会稍有不同，这是因为不同的资料会把不同的东西算进去。

括社会保障、医疗保险和失业救济。权利性支出是整个预算中最大的单一预算项124 目。很明显，当代任何对预算的描述都不仅要涉及拨款过程，还必须要涉及权利性支出立法过程中的政治。

为什么会产生对权利性支出的关注呢？这是因为权利性支出的增长快于预算中的其他部分（见表7—1）。根据国会预算局的报告，强制性支出在预算中的份额从1962年的32%提高到了2001年的59%。并且预计将来权利性支出的增长仍将快于其他支出的增长，到2012年，它会占预算份额的70%。① 因此，保守派担心这会引发更高的税率和（或）更大的财政赤字，自由派则担心权利性支出将挤占其他项目支出所占的份额。

**表7—1　　1975—2003年权利性支出和选择性支出的增长**

| | 权利性支出 | | | 选择性支出 | | | 合计 | | |
|---|---|---|---|---|---|---|---|---|---|
| | 支出（十亿美元） | 占总支出比例（%） | 占GDP比例（%） | 支出（十亿美元） | 占总支出比例（%） | 占GDP比例（%） | 支出（十亿美元） | 占总支出比例（%） | 占GDP比例（%） |
| 1975年 | 164.7 | 49.6 | 10.6 | 158.0 | 47.5 | 10.1 | 332.3 | 100.0 | 21.3 |
| 1985年 | 433.8 | 45.8 | 10.5 | 415.8 | 43.9 | 10.1 | 946.4 | 100.0 | 22.9 |
| 1995年 | 783.3 | 51.7 | 10.7 | 544.9 | 35.9 | 7.4 | 1 515.8 | 100.0 | 20.7 |
| 2000年 | 993.5 | 55.5 | 10.2 | 614.8 | 34.4 | 6.3 | 1 788.8 | 100.0 | 18.4 |
| 2002年 | 1 153.5 | 57.4 | 11.2 | 734.4 | 36.5 | 7.1 | 2 011.0 | 100.0 | 19.8 |
| 2003年（预测） | 1 237.8 | 57.8 | 11.5 | 791.4 | 37.0 | 7.4 | 2 140.4 | 100.0 | 19.9 |

资料来源：United States Budget for Fiscal Year 2004, Historical Tables, Table 8.1, p.123, Table 8.3, p.125, and Table 8.4, p.126。

权利性支出包括各种各样的支出项目，在这些支出项目中，人们因其处境而获得补助金。只有大约1/4的权利性支出用于"穷人"的项目，这些项目通常被称为经济状况调查项目。老年人项目占了权利性支出中最大的份额（包括社会保障、医疗保险和退休金）（见表7—2）。并非所有的社会项目都是权利性支出，权利性支出也并非全用于有需要的人。虽然支出不断增长是大多数权利性支出的共同特征，但各项权利性支出的增速是不同的。然而，在探讨权利性支出的动态变化之前，我们先要关注一下权利性支出的共同点：它们都将定额补助金给予了符合法定资格要求的特殊群体。

**表7—2　　权利性支出的增长：1975—2002年部分权利性支出项目**　　单位：十亿美元

| | 1985年 | 1990年 | 1995年 | 2000年 | 2002年 |
|---|---|---|---|---|---|
| 社会保障和相关项目 | 186.4 | 246.5 | 333.3 | 406.0 | 452.5 |
| 医疗保险 | 64.1 | 95.8 | 157.0 | 194.1 | 227.7 |
| 公共医疗补助 | 22.7 | 41.1 | 89.0 | 118.0 | 147.5 |
| 联邦雇员退休基金 | 38.5 | 51.9 | 65.7 | 77.0 | 83.2 |

① Congressional Budget Office, January 2002, op. cit., p.71.

续前表

| | 1985年 | 1990年 | 1995年 | 2000年 | 2002年 |
|---|---|---|---|---|---|
| 食物和营养援助项目 | 16.7 | 21.3 | 33.5 | 28.0 | 33.2 |
| 失业保险 | 15.8 | 17.1 | 21.3 | 20.7 | 50.6 |
| 补充担保收入 | 8.7 | 11.5 | 24.5 | 31.1 | 31.4 |
| 家庭补助和其他补助 | 9.2 | 12.2 | 17.1 | 20.1 | 25.1 |
| 退伍军人津贴 | 15.9 | 16.1 | 20.5 | 26.3 | 26.8 |
| 教育、培训等 | 7.6 | 9.3 | 12.1 | 4.8 | 7.8 |
| 农业 | 23.5 | 9.3 | 5.8 | 32.0 | 16.8 |

资料来源：United States Budget，Fiscal Year 2004，Historical Statistics：Table 8.5 Outlays for Mandatory and Related Programs pp. 127-132。

## 7.1 "应当"与"实际"的权利性支出

为权利性支出提供资金有立法政策上的原因，如对效率的追求，或备选方案在政治上的困难，或信守诺言的需要等。在充满不确定性的市场经济中，权利性支出增加了社会的稳定和安全，代表了社会对日常生活中风险的共同防范。但是，如果政府要限制社会成员对政府资源的需求，它也有很好的政策理由。当好的理由出现冲突时，困难的抉择是必然的。

道德力量（有关在社会中谁被授予什么的共有信念）对于某个不仅寻求保持在最低水平，还寻求增长的权利性支出而言是一个虽然不充分但却必要的条件。根据受益人被认为对其条件负责的程度，权利性支出的道德力量会有所不同。例如，个人被认为对贫困的责任越大，政府供给便可能越少。政府和社会承担的责任越大，某个权利性支出的拨款就越多。保守派强调个人应承担更多的责任，他们反对政府发放补助。自由派强调应该给个人充分的补助，并且这种补助要一直维持下去。随着权利性支出的兴起，社会上的主流观点发生了从个人应负主要责任向社会（也就是政府）应负主要责任的转变。

对于"谁应该对贫穷负责"，以及由此产生的"穷人应有权得到什么"的问题，人们的意见分歧很大。[①] 在关于权利性支出的争论中，一个很重要的争论点是对于
平等或公平的社会定义。雇员应该得到他们所得到的吗？他们是否享受到了应有的 126
待遇（如果可以比较的话）？他们的所得没有（因为通货膨胀）减少吗？他们的所得跟得上社会发展（退休人员的所得随着生活水平的提高而提高）吗？他们获得足够水平的收益了吗？以上任何一个问题所导致的补助支出的增长都可能符合法律要

① 参见 Sidney Verba and Gary R. Orren，*Equality in America*：*The View from the Top*（Cambridge，Mass.：Harvard University Press，1985），p. 74。

求，但是全面减少补助支出的建议也可能是正当的，因为受益者的生活水平已经高于他们应有的水平了。

即使是在社会普遍认可的公平观（没有人可以剥夺他人获得补助的权利）上也存在分歧。因某人已经退休而改变他的补助水平（也就是降低现有的补助水平）是否公平？如果不公平，那么降低那些上班族应得的补助水平公平吗？如果降低年轻雇员的补助水平，而不降低资深雇员的补助水平，这样做会更公平吗？人们常常会认为某种义务比其他义务更有必要，之所以会产生这种想法，一部分是因为受益者在应对变化的能力和依赖旧体制的程度上有差别。

只有无知者才会认为政治力量对权利性支出没有影响；只有傻瓜才会相信，政治家关于哪些人可以获得补助的看法在权利性支出的决策中不起作用。事实上，这两个概念是相关的：如果政治家们认为委托人很有影响力，他们就会倾向于认为这些人应该得到权利性支出；如果政治家们认为委托人应该得到权利性支出，那么他们就会为了委托人的利益而合理动用社会资源。如果人们普遍认为某一阶层的市民应该得到帮助，那么政治家们就很难否认这部分市民应该得到权利性支出的正当性。相反，如果人们认为这部分市民不应该得到权利性支出，那么政治家们就很难坚持给予这部分市民对社会公共资源的优先获取权。在处理有关人的各项事务中，很多不同的动机会掺杂其中，将这些不同的动机细分开来是很困难的，但我们仍能看到公民权利性支出在“应当”和“实际”之间是如何相互促进的。

任何一个受某项权利性支出影响的人都可能是其众多委托人中的一个。委托人不仅包括那些直接受益者，例如小麦种植者、得到午餐补助的学生，也包括那些以为其服务对象提供服务为生的服务提供者，例如生产肥料和拖拉机的公司、厨师、洗瓶工人、行政管理者和利益集团，还包括那些想要取得公众信任，或者沉浸在为
127 公众提供优质服务的满足感之中的政治家和政论家。用休·海克勒的话说，委托人不仅包括那些在联邦政府中工作的人员，还包括各级政府里的相关人员，他们经常会关注权利性支出的实施、辩护、批评以及更改。

持续影响的条件众所周知：该团体的基础越广泛、人数越多、地理分布越广、对政府应该向某些人群提供补助的想法就越坚定（这种感受来自选民对补助重要性的认识，以及认为某些人群应该得到补助的想法。例如，我曾经为我的祖国上过战场，或者我辛苦奋斗了一生）；选民群体的组织化程度越高、能够动用的资源（选票、金钱、智力以及呼吁共享价值的能力）越多，这项权利性支出在政治上就会越有说服力。迄今为止，这些条件都是显而易见的。选民的规模不仅取决于那些正在受到某项权利性支出影响的人，也取决于那些将来可能会受到该支出影响的人；选民的规模不仅取决于那些直接参与某项权利性支出的人，也取决于那些关注该支出的人。上百万的退休工人显然是社会保障项目的有力政治支持者。它的支持者还有那些现在正为社会保障项目提供资金，希望将来能从中获益的人，他们希望这样可以减轻家庭的负担。此外，服务提供者也是社会保障项目的支持者，如家庭护理人员。

直接受益者的规模不是既定的，从其本质上看，这群人就像是在等待采撷的果

实，但现实中的受益者是社会和政治的产物。身体或精神上是否有某种程度的残疾的人所能要求的补助种类随时代标准的变化而变化。① 人们很了解这方面的极端做法，但通常的做法往往是改变支出，使其覆盖更多或更少的受益人。政府也许会极力鼓励人们申请权利性支出，它在食品券项目上的做法就是一个明显的例子。在此，社会道德的力量非常突出：如果人们认为某项项目是令人不齿的，或者人们认为某项权利性支出的受益者早就应该获得他们的受益权，则人们的这些看法会对项目的覆盖率及其成本产生巨大影响。潜在的受益者不仅要了解他是否有资格获得权利性支出的补助，而且要在受益者的数量增加之前，了解申请这种补助在道德上是否说得过去。

政治力量创造和改变了权利性支出，这是不可否认的事实，而权利性支出也有助于创造政治力量，这也是一个事实。不论利益集团是否影响权利性支出的创建（它们通常不会），正是这些利益的存在为利益集团的组织创造了激励。②

由于在获得政治支持方面选民规模的大小是一个十分重要的因素，因此用戴维·斯托克曼的话来说③，那些诉求很小，但有强大影响力的委托人，或者那些影响不够大的委托人，就会自发组成联盟。在国会里，物价支持政策之所以能长久地维持下去，很大程度上就是因为联盟的形成：人口稀少的州在参议院中拥有和人口众多的州一样多的席位，受益于这个规定，来自农业州的议员们可以互投赞成票。因为他们的这一做法，棉花也被加入到小麦和其他需要补贴政策支持的商品类别之中。农业州的议员以对食品券、营养项目等的支持来换取来自城市的议员们对补贴政策的支持。因此，来自马里兰州的共和党人罗伯特·鲍曼（Robert Bauman）说："把食品券项目和农业法案结合在一起……真具有讽刺意味，这纯粹是政治交换的结果，其目的是使两个法案都获得通过。"④

但不管怎样，读者们也许很想知道，如果处于变化中的人们的价值观真的发挥 *128*
了作用，那么烟草价格和补贴方案是怎样维持下来的呢？答案是通过妥协和技巧。大量证据表明，吸烟可能会导致肺癌、肺气肿、心脏病以及其他健康问题。对此，人们自然会产生这样一个疑问：既然烟草如此臭名昭著，那么政府为什么还要补贴损害人体健康的烟草产品呢？然而，南方家庭农场主的困境抵消了人们的质疑。一方面，价值观的碰撞导致了妥协：相关人员不再深究每个技术细节，他们设计了一个复杂的方案，寄希望于通过这个方案让种植烟草的农场主为自己的补贴政策埋单。另一方面，相关人员也制定出了一些策略，这些策略使人们很难仅对烟草采取特殊（甚至敌视）态度。在这个多元化的时代，在北卡罗来纳州共和党参议员杰西·赫尔姆斯（Jesse Helms）的支持下，烟草补贴项目不是与小麦和奶制品的价

---

① 详见 Deborah Stone, *The Disabled State* (Philadelphia: Temple University Press, 1984)。

② 详见 Aaron Wildavsky, *Speaking Truth to Power* (Boston: Little, Crown, 1979), Chapter 3, "Policy as Its Own Cause," pp. 62-85。

③ David Stockman, "The Social Pork Barrel," *The Public Interest*, No. 39 (Spring 1975), pp. 3-30.

④ John A. Ferejohn, "Logrolling in an Institutional Context: A Case Study of Food Stamps Legislation," *Working Papers in Political Science*, p-5-85 (Palo Alto, Calif.: Hoover Institete, October 1985), p. 19.

格补贴项目捆绑在一起，就是作为来自南方的参议员同意其他价格补贴项目的筹码。通过减少可见的预算费用以及反对政治上代价昂贵的项目的方法，政府对烟草价格的补贴减少了，但对烟草的价格补贴依然存在。

“权利性支出”也许表明这些支出是“应该”的。权利性支出是否会成为查尔斯·赖克（Charles Reich）所说的“新财富”①，这是立法机关极力想避免的问题。在不涉及这个问题的情况下，关于正义的社会的构想应该会包括对以下这类问题的见解：个人有权得到什么？他们应该给其他人什么？政府在权利性支出中又应该发挥什么作用？谁应该付出，谁应该从谁那里得到多少东西，这是一个基本的政治问题。因为权利性支出不仅向一些人提供收益，它也向另外一些人索取费用。纳税人的收入转移到受益者的手中，这一转移不仅需要有道德上的正当理由，也要能经得起政治上的推敲。贫穷可以作为标准吗？如果是这样，那么富有的老年人怎么办呢？或者，是否可以把财产损失作为标准呢？如果养蜂人可以获得一项权利性支出（曾经确实是这样，接着读下去），那么其他处于收入损失或破产危险中的人为什么不能获得这项支出呢？为什么种植某一特定农作物的农场主可以得到价格补贴，而其他农场主得不到呢？是不是所有已经是农场主或希望成为农场主的人都应该获得这项权利性支出呢？实际上，谁有资格获得权利性支出是一个很重要的问题，但它并不是最重要的问题，最重要的问题是：权利性支出优先于其他绝大多数支出的现状已经引起了人们广泛的争议。

人们既接受权利性支出的现状（没有人希望预算中最大一块支出有很大的变化），又对它存有争议，因为权利性支出和预算结合在一起，它们的累计影响已经波及政府。由于权利性支出相对于其他支出而言享有优先权，所以这项花费是以不满足其他公民对政府的要求为代价的。没有资格得到权利性支出的人的态度会有所改变。当收入增长大于或等于支出增长时，权利性支出的受益者与一般政府项目（司法、信息、管理等）以及国防受益者之间的冲突就会减弱。但是，当赤字增加，人们认为支出费用过高，而权利性支出却在不断增加，甚至占到或超过总支出一半时，权利性支出的合理性就值得怀疑了。

当个人从权利性支出中得到的补助金额和一个衡量价格变动的工具（例如消费物价指数）联系起来时，这个补助金就被“指数化”了。在一定的时间间隔里，如果价格指数的变化超过了某个特定限度，受益者得到的补助金额也会发生变化。根
129 据国会预算局的估计，补助金额的这种自动增长占权利性支出增长的1/3以上。所有主要的退休金项目都会自动根据人们所需生活费用的变化进行调整，而另外两个主要的权利性支出项目——食品券和医疗保险则每年都会根据价格的变化进行调整。在2001年，根据生活费用的变化来调整的支出已经占到整个预算的1/3以上。②

虽然很难令人相信，但在以前，指数化的确是作为一种可以节约政府资金的手段被采用的。在1972年，受将来财政可能产生盈余的错误预期，可能还受到在选

① Charles Reich, “The New Property,” *Yale Law Journal*, Vol. 73 (April 1964), pp. 733-87.

② Congressional Budget Office, *The Economic and Budget Outlook 2000—2009*, p. 73.

举中获得好处的愿望的影响，国会在几乎不增税的情况下，投票通过了将社会保障受益金提高 20%的决定。在 1973 年，为了防止再作出这种错误决定，使“社会保障摆脱政治的影响”，国会通过了一个法案，采纳了自动指数法。这样，退休人员就不必坐等国会来弥补通货膨胀给他们造成的损失了，政治家也就没有理由再在选举期间为讨好选民而刻意提高社会保障水平了。工资的增长率应该等于消费物价指数加上生产力的增长率，基于这一假定，税率被确定下来。但这一决定却产生了与预期相反的结果。虽然在 20 世纪 70 年代以前，价格的增长慢于工资的增长，但在此之后，通货膨胀的速度便开始超过工资的增长速度。

很难说未来的情况会如何。当只有少数人能从补助支出指数化中受益时，指数化并不会产生多大危害，因为人们认为这些少数受益者可能比他们更需要保护。但当成千上万的人因指数化而受益时，就会产生少数人保护多数人的情况，社会中互助契约的作用就会减弱。

## 7.2 权利性支出和预算编制

权利性支出是一个充满变化的项目：谁应该得到补助，谁不应该得到补助，这是很难准确界定的。一个人很难对真实存在的东西做出评价。这是因为权利性支出是历史的产物，不是逻辑的产物，它是历史演变而来的，不是设计出来的。如果有人想要强调权利性支出的某方面特征，那么他就会选择他想要的分析方式。有一些权利性支出（例如社会保障）是永久性的（有时被称作“没有年限的”），除非进行改革，否则它们会永远存在。另外一些权利性支出，例如商品信贷的价格支持项目和食品券项目，虽然人们实际上把它们视为完全的权利性支出，但它们每年都需要拨款授权，因为这些项目需要补充拨款以弥补资金缺口。还有一些权利性支出，例如针对穷人的医疗补助项目，需要调查受益者的收入状况，也就是说，一个人能否享受这种补助取决于他的收入和其他财产的数额。与之相反，失业救济在开始阶段并不需要调查受益者的收入情况，但是救济金额会根据某一特定水平的税收来确定。退休人员项目（公务员、联邦军队雇员以及其他人）的资金部分是由雇员和雇主共同出资的信托基金支付的。有一些权利性支出严格控制受益者的范围（例如黑肺病、学生贷款），而另一些权利性支出（例如医疗保险）则受益对象广泛。为了保护受益者免受通货膨胀的危害，铁路员工退休项目和退伍军人抚恤金项目与消费物价指数挂钩（或者说有指数化的关系），而用于肾透析的权利性支出则没有和消费物价指数相联系。仅仅描述这些项目的特征就像看电话号码簿一样，当你想要从中获取一些资料时，它会很有用，但并不值得深入了解。作为预算学科的学生，我们想知道的是，与其他权利性支出和拨款相比，某一项权利性支出如何增长，以及 130
它为什么会增长？有关权利性支出的争论和关于拨款的争论有哪些不同？在政治机构制定有效预算的能力方面，权利性支出的增长预示了什么？

预算和权利性支出是两个不同的概念。预算指的是（或过去通常指的是）如何将有限的资源分配给互相竞争的项目。但是，如果把预算定义为分配资源，那么权利性支出就是强制性的资源分配，没有人可以剥夺它一分一毫。无论其他地方或其他人发生了什么事，个人或者单位只要满足了支付条件，例如满足失业救济的条件、农业价格补贴的条件，等等，就有权得到按授权法令规定的公式计算出来的救助金额。从根本上讲，权利性支出是运用加法的预算（每一总额均等于各项目加总），而非运用减法的预算（项目被取消或削减，或某个项目更多意味着另一个更少）。

权利性支出就是权利性支出，这些项目不能被取消。因为提供的总额不仅被视为一个相对利益的判断问题，而且被认为是突出的道德价值（政府必须提供权利性支出，因为这一阶层的人民有权得到它），当必须做出独立的价值判断时，分配、优先性选择和其他类似术语便是不适当的。所以，尽管预算被视为一个整体，某一部分与另一部分相互联系，但权利性支出是不能相互比较的，人们只能研究某一项权利性支出或活动本身。预算是关于平衡的承诺，如果某个项目是一项权利性支出，那么就不能把它和其他任何项目进行比较。虽然预算中的相关部分与总体的这种关系实际上只是一个理想，无法真正实现，但人们普遍认为这种关系是正当的。

权利性支出完全颠覆了预算编制的方向。传统的预算编制主要关注中央预算建议者、预算分配者（总统和国会）和预算支出者（行政机构）三者之间的内在联系。为了控制总支出，中央部门竭力控制行政机构的支出。现在，由于大部分支出并未用于行政机构（政府各局和部门），这种控制措施也就显得过时了。过去，政府的主要支出用在购买商品和服务上，而现在，权利性支出完全改变了这一现象。现在，向个人签发支票成了政府大部分资金的支出方式。早先，政府面向内部来实施和监督项目，而现在政府则面向外部那些需要补助的民众。以下是政府努力改变公民生活的一些例子：政府向孕妇提供有营养的食品，政府帮助老年人存储他们养老的钱，政府使穷人可以享受医疗服务。

谁将承担变革的成本？这是政治生活中的一个重要问题。如果有人提出这个问题，那么权利性支出可以给出一个全新的答案。旧的答案是“我们所有人”，而现在答案已经变为“权利性支出受益对象以外的人”。当权利性支出的受益对象仅是少数人，而且支出数额又相对较小时，大多数人为少数人支付成本。但是，当权利性支出受益对象的范围变得非常大时（它不仅使穷人受益，也使富人受益；它不仅使老年人受益，也使年轻人受益），预算系统中就会充斥着大量的常量，同时里面
131 几乎没有变量。坦率地说，权利性支出的盛行表明，只有用保留少数项目和机构的方法，才能实现大规模削减支出的目的。当你必须从预算表中拿走总支出的 3/5（权利性支出和利息支出）时，资源分配就会变得非常困难。对于权利性支出而言，它比较适合采用自下而上的预算编制方式（将所有项目的支出加总起来），而不适合采用自上而下的方式（在给定支出总额的情况下，尽量合理分配支出），因为预算中剩余部分分配的削减必然很严重。

古典预算的主要工作是调整预算基数（增加或减少支出），而权利性支出有一个恒定的预算基数，这就使得它缺乏灵活性。权利性支出是按基数增长的，除非有意改变这种支出，否则它只能增加不能减少，而且这种改变既复杂又棘手。这一阻

力不仅可以避免旧的冲突，而且符合人们公认的正义观念。这种预算基数的操作方式变成了政治上的共同信仰，即“谁有权得到什么”，因此，它得到了公平观和公正观的支持。另外，权利性支出的规模必须随着外部条件的变化而变化，这些外部条件包括价格上涨（如果支出按照通货膨胀指数化）、人口变化（如果有资格获得补助的人的规模不断扩大）、天气情况、经济状况，等等。

权利性支出增加了外部人员对预算制定过程的关注，这对预算过程参与者的政治生活产生了深远的影响。权利性支出受益人的生活将会变得更加稳定，而与此同时，由于在对什么构成了公平份额这一问题上无法达成共识，预算制定者之间的关系也将变得更加对立。一旦一个项目的支出基数被确定下来，加之此项支出的数额会随着外部条件的变化而变化，这就使得无人能明确指出支出多少才算过头。这会引发预算制定者内部的冲突。

在推行权利性支出项目的过程中，国会会使自己和预算陷于极大的不确定性之中。而在推行其他项目时，立法者会给行政机构一笔用于推行某一项目的费用，如果项目所需开支大于预期支出，对于下一步该做什么，国会将面临一个真正的选择：建一栋小一点的楼，改变进度，给予更多的拨款，或只是让行政机构把它们手里已有的钱用好。如果行政机构未能准确地估计出实施某个项目所需的费用，它便可能被迫放弃其预算中的其他一些支出（例如差旅费用）。在这个过程中，主要是国会议员和行政机构在打交道，而且国会可以把很多过失责任推到行政官员头上。反过来，如果国会未能准确估测权利性支出所需的开支，那么它便没有反悔的机会，因为资金已经从国库中被提取出来了。

权利性支出直接增加了预算支出的金额，同时也间接减少了其他项目可得资金，这使得政府在编制预算过程中不能再采用传统的预算程序。权利性支出所具有的稳定性特征给预算制定者增加了很多不确定的因素，因为它削弱了政府官员监管预算支出的能力。权利性支出使得预算制定者承担了相当大的责任：在权利性支出已经占据“指定”或必要预算的大部分的情况下，他们在尽可能想办法帮助民众的同时，也要努力调控经济和控制赤字。政府在进行监管时，一方面要（对权利性支出）保持坚定的立场，另一方面也要（在拨款方面）懂得变通。政府就像一只巨大的蜈蚣，它用无数只小腿支撑着数不清的公民，但却很少有人注意到是什么支撑着这个背负一切的动物。增加税收或者减少权利性支出都可以解决这个问题，但我们 132
的立法者和总统对此至今没有达成共识。他们都承认权利性支出确实带来了一些重要变化，但却没有就采取何种措施来应对这种变化达成一致。

现在的事实是，如果一项支出是权利性支出，那么它就会受到保护，因此它每年都不用受拨款法案的影响。对于它已经承诺要承担责任的事项，国会一般不会轻易考虑去违背这一诺言，它一般也不会对它进行干预，因为这样做会剥夺法律赋予受益者的一些权利。权利性支出意味着不能因为钱花完了就只说声“对不起”来了事。

和其他决策机构一样，国会未必会把所有的时间都花在重要的事情上，它宁愿把这些时间花在它可以改变的事情上。通常，这就意味着国会会忽略很多大额的权利性支出项目，而将自己的精力放在那些易于改变的小额的权利性支出项目上。从这个角度来说，权利性支出确实颠覆了先前有关预算基数的概念。以前，基数与单个项目密切相关，但是在这里，基数发挥了融资功能：权利性支出可以获得和以前一样多的支出基数，同时它得到的拨款也会逐年增加，但这会引发争议和谈判。虽然权利性支出的增长并没有减少立法者在不同地区分配项目的兴趣，但因为很多钱都被用于个人支付，因而议员能为选民争取到的公共建设经费就被压缩了。

当权利性支出开始主导大部分公共支出时，它们就像自动领航员那样引导着预算。比传统更有甚者，先前获得的授权决定了预算的形式，因为当有“最大的权利性支出”（普遍的、无时间限制的、充分指数化的、部分由自己的信托基金支持的）之称的某项权利性支出开始占据总支出的大部分份额时，可变范围便会大幅缩小。

但是，权利性支出并不是一个统一体。每个权利性支出项目都有它自己的动力，都有它自己的受益对象和支持者。每项权利性支出都是在特定的环境下，在越来越多的民众接受了它们的主张及所宣称的价值观的情况下开始实行的。权利性支出有很多种形式，它们也正以不同的速度增长着。尽管某些权利性支出在增长过程中并没有遇到很大阻碍，但也确实存在着很多抑制它们增长的因素。

## 7.3 权利性支出如何产生

在美国建国初期，权利性支出这一概念并不存在，也没有类似的支出项目。内战后才开始有支付给退伍军人及其遗孀的抚恤金。现代权利性支出的开端可以追溯到“大萧条时期，罗斯福新政为解决困扰美国的贫穷和失业问题所采取的一系列革命性举措”①。1935 年，《社会保障法案》开始实施，这标志着众多新社会项目的兴起，这些项目包括社会保障、失业保险以及贫困儿童救助。几年后，罗斯福总统签
133 发了第二权利法案，并把它作为实现安全和繁荣的新基础。罗斯福总统没有说政府应该承担这些义务，但是权利性支出的理念已经非常清楚，并且推动了一场赞成社会提供的广泛运动。后来的权利性支出遵循了被视为超越个人控制和财务资源的情况集中提供的相同逻辑。但是，这些行为既非无法避免，也不是事先计划好的：每一个权利性支出都起因于特殊的紧急情况，为当时的政治环境引发并塑造。

一些项目启动得很慢。公共医疗补助就是一个典型的这类项目，这是一个需要进行收入调查、向穷人提供医疗服务的项目，其成本由联邦和州共同承担。虽然该项目从开始到最后形成花了很长时间，但却使政府在其后几十年有序参与到卫生保健工作之中。早在 1798 年，联邦政府就对特定医院向商人和海员提供的医疗服务进行资助。② 后来，联邦政府又向现役军人、退伍军人、印第安人以及某些其他团体提供住院治疗和其他形式的医疗保健。1933 年的《联邦紧急救助法案》是第一部要求政府向有需要的人提供卫生保健的联邦法律。根据该法案，联邦紧急救援署

① Gary Bryner, *Politics and Public Morality* (New York: Norton, 1998) p. 2.

② Anthony Jong, *Dental Public Health and Community Dentistry* (St. Louis: C. V. Mosby, 1981).

(FERA) 成立，由其筹集资金来支付需要帮助的失业人员的医疗保健成本。虽然 FERA 项目只持续了两年半时间，但它开创了联邦和州政府更多地资助穷人医疗保健的先河。①

有时，权利性支出从危机中诞生，用于帮助引起公众同情的特殊群体。给予矿工的黑肺病致残赔偿金是全国范围内对于矿工工作境况广泛呼吁的结果。黑肺病（或肺尘病）是指因肺部呼吸系统吸入了煤矿粉尘而导致的疾病，这种病的明显症状就是病人的行动逐渐受限，极端情况将导致死亡。1968 年西弗吉尼亚州的煤矿爆炸事故导致 78 名矿工身亡，多家煤矿工人自发游行汇成了“黑肺病罢工”的洪流。

西弗吉尼亚州通过了一项法案，认为根据放宽的残疾标准，黑肺病是应该获得赔偿的职业病。② 法律建立了有关黑肺病权利性项目的基本框架，维护矿工的健康成为法案支出的基本原则，而且它的定义和标准在联邦政策中均得到延续。矿工们的大规模示威活动逐渐灌输了一种普遍的道义责任观，即认为应该由联邦政府来确保矿工的安全并负责赔偿。矿工的公众形象成为煤矿公司大肆利用的一个经济手段，这使得煤矿行业和国会中想控制支出的群体在接下来的十年中都处于被动防御的境地。

具有划时代意义的 1969 年的《联邦煤矿健康和安全法案》使所有的残疾矿工和他们的遗孀有权享有与联邦公民残疾服务水平相同的救助，而联邦公民残疾服务救助随联邦工资的调整不断提高。③ 联邦原打算暂时且小范围地涉入该事件，并且 134
只要各州和煤矿公司进行了赔偿谈判，联邦政府就将退出。

权利性支出有可能源于另一个项目。有关晚期肾病（ESRD）的权利性支出就源于 1963 年为退伍军人设立的一些小项目。在 1967 年，预算局和科学技术办公室建立了一个专家组，颁布了 VA 项目，并建议通过医疗制度来资助病人。④

ESRD 中描述了肾脏的衰竭时刻，由于无法过滤和处理人体新陈代谢所产生的废物，这些废物就会在血液中堆积，最终达到致命的水平。只有通过血液透析和器官移植的方法进行治疗，才能挽救病人的生命。

有许多因素有利于权利性项目：有影响力的政治家确信需要为 ESRD 病人提供资助；病人的困境被广泛宣传；随着治疗效果的改善，临床肾病医生的数量逐渐增多；VA 补助提供了现行权利性支出的基本架构。阿伦·希克给我们讲述了这样一件事：

> 在 1972 年休会前的一天，国会通过了一项综合性的社会保障法案，（其中许多条款）赋予肾病患者享受医疗服务的权利。条款通过参议院修正案被补充

---

① 参见 Margaret Greenfield, *Medicare and Medicaid: The 1965 and 1967 Social Security Amendments* (Westport, Conn.: Greenwood, 1968)。

② Alan Derickson, “The Origins of the Black Lung Insurgency,” *Journal of Public Health Policy*, Vol. 4, No. 1 (March 1983), pp. 32-33.

③ Bernard Popick, “The Social Security Disability Program. The Black Lung Benefits—an Administrative Case Study,” *Journal of Occupational Medicine*, Vol. 13, No. 7, (July 1971), p. 335.

④ 之后的叙述选自 R. A. Rettig, “The Policy Debate on Patient Care Financing for Victims of End-Stage Renal Disease,” *Law and Contemporary Problems*, Vol. 40, No. 4 (Autumn 1976), pp. 217-218。

> 到法案之中，委员会事先没有举行过听证会，也没有进行审查，众议院也没有考虑过这个问题。当参议院以压倒性的多数通过这个修正案时，参议院没有可靠的费用估计，只对医疗保险范围扩大对未来预算的影响有一个模糊的概念。在简短的辩论中，修正案的发起人参议员万斯·哈克（Vance Harke）恳求参议院优先考虑健康保健，他问道："我们如何解释生与死之间的差异仅仅是一个金钱问题呢？"①

权利性支出赋予那些享受 ESRD 的人获得补助的资格，这些人是残疾人，或曾在社会保障或铁路系统工作，或者是参加铁路退休项目的员工的配偶，或者是其需要抚养的后代。1978 年，有关年龄的限制也被废除了，这使得该项目的范围几乎涵盖 ESRD 中 93%的人。

各种不同的行业都根据其认为的特殊需要得到了补助金。蜂蜜价格支持就是一个例子。第二次世界大战中，糖的配额制和军火防水对蜂蜡的需求导致了蜂蜜生产的增长。但是战后蜂蜜的价格大幅下降，这个行业因此要求政府补助。1949 年的《农业法案》要求农业部部长支持蜂蜜的价格。基本原因就是蜜蜂在许多农作物的授粉中是必要的，而且这种服务可能因缺少蜜蜂或因农民无力购买蜜蜂而供应不足，而且补助只是暂时的。

135 蜂蜜的支持价格水平被制定出来，然后，养蜂人用储存的蜂蜜向政府进行抵押，从而获得贷款。如果市场价格上涨，养蜂人会卖出蜂蜜并向政府支付贷款本金和很低的利率。如果市场价格下降，生产者可能在贷款偿还上违约（不用支付利息），从而使政府拥有大量的蜂蜜。

芬芳甜蜜之物确实令人沉醉。从 1970 年到 1979 年，没有任何贷款发生过问题。随后，生活（外部力量）与政府（内部立法具体化了权利性支出的条件）惯常的结合居于主导地位。在 20 世纪 70 年代中期的通货膨胀中，与农产品指数相联系的蜂蜜支持价格翻了 1 倍。同时，外国供应商产量增加，蜂蜜的世界价格下降，导致进口增加。

较高的支持价格和较低的市场价格相结合具有预期的结果：蜂蜜贷款几乎增长了 3 倍，留给政府的蜂蜜增长了 20 倍，并且违约和管理成本很快就达到了 1.6 亿美元。美国生产的蜂蜜中超过一半的数量都因其生产者对政府违约而被抵押给了政府。（1993 年，蜂蜜的价格支持项目最终停止，而后来提高限额和针对价格低廉的中国进口蜂蜜的关税措施也没有奏效。）

## 7.4 权利性支出为何增长

1988 年以来，权利性支出和其他强制性项目翻倍了。权利性支出增长的原因

---

① Schick, "Controlling the 'Uncontrollables,'" p. 1.

之一是越来越多的人有资格参与其中。根据国会预算局的资料，由于享受权利性支出的人数增加而导致的权利性支出的增长平均占总支出增长的 1/5 以上，其中绝大部分集中于社会保障、医疗保险和公共医疗补助项目，其增长反映了老年人、残疾人和穷人数量的不断增长。权利性项目增长的第二个原因是救助的自动增加机制，这也适用于所有的主要退休项目以及食品券项目和医疗保险项目。权利性支出增长的其他原因可能是成本增长，特别是卫生领域成本的增长，以及其他一些因素，例如计算社会保障补助的收入基数的提高。① 但是，这些原因没有解释为什么一些权利性支出增长，而另一些权利性支出却下降了。

所有权利性支出的产生均不相同。一些权利性支出增长很快，而另一些几乎维持不变（考虑通货膨胀），还有一些已经被终止或支出明显减少，后者包括第二次世界大战和朝鲜战争之后的《退伍军人权利法案》、《社会服务补助法案》和《一般收入共享法案》。但是，这些只是例外，并且因为权利性支出已经在联邦预算中发挥了决定性的作用，关注的焦点集中于大多数人所依赖的规模庞大、增长迅速的健康和保障项目。它们的增长由许多复杂的因素共同决定，包括通货膨胀指数化、人口变动、条件放宽、联邦主义、政府机构和服务提供者的利益以及大规模游说团体的政治支持。然而，除此之外的其他权利性支出也在增长。

## 维持承诺：社会保障

有关老年人、遗属和残疾人的保险（社会保障）在完成了初始承诺之后，已经 136
成为一个稳定增长的项目。这一项目作为新政的一部分始于 1935 年大萧条期间，其目的在于提供基本保障，保护老年人抵御年老时的经济窘困或死亡威胁，这一目标一直没有改变。② 社会保障是一个强制性支出项目，独立核算，其补助款根据参加者（有些偏向低工资收入者）过去的收入确定，无须进行家庭收入调查。

这个项目变化相对较小，大部分变化的目的只在于扩大救助范围以实现全覆盖和达到最初计划的救助水平。1956 年，保障的受益范围扩大到残疾人。1972 年，自动化指数应运而生，代替了补助金的特定增长。这一项目使 2 800 万退休人员、500 万残疾人和 1 200 万家庭成员受益。③ 30 年以前，老人的贫困率是一般人群的 2 倍，而目前只有一般人群的 10%。④

现在的社会福利花费超过联邦政府支出的 1/4。在过去十年中，老年人、遗嘱保险项目的补助金以平均每年 4.5%左右的水平增长，而且预计在未来十年中的增

① Congressional Budget Office, *The Economic and Budget Outlook 2003—2012*, January 2002, p. 81.

② Robert E. Ball, "The Original Understanding on Social Security: Implications for Later Developments," in Theodore Marmur and Jerry Mashaw, *Social Security: Beyond the Rhetoric of Crtisis* (Princeton, N. J.: Princeton University Press, 1988), p. 18.

③ Congressional Budget Office, *Social Security: A Primer*, 2001, p. 18.

④ United States General Accounting Office, *Social Security: Restoring Long-Term Solvency Will Require Difficult Choices*, Statement of Jane L. Ross before the Special Committee on Aging, United States Senate, February 10, 1998, p. 4 (GAO/T-HEHS-98-95).

长将略高于这个水平。这些增长相对而言均可根据老年人口的增长、工资变化和通货膨胀率进行预计。①

对该项目的关注源于它的高度可预测性。首先是人口统计。现在几乎难以相信，1940 年时只有 7%的人口是老人，而到 1996 年，这个比例已经提高到 13%。随着出生于“生育高峰”年代的人群逐渐到达退休年龄，到 2030 年，65 岁以上的人数将增长 90%，从 3 600 万人增至 6 900 万人。② 但成年人的数量仅会增长约 15%，因此，估计每位退休人员将仅有 2 名工作者支持，相较而言，20 世纪 70 年代以来是 3 位。该系统将如何负担呢？

社会保障被认为是即收即付制的：当资金进入时，会在保持流入与流出大体平衡的前提下被立即付出。这就意味着现在的工作者正在为上一代人支付退休保障金。1983 年，支出将超过收入的警报曾导致格林斯潘委员会建议提高社会保险税税率，这使社会保障信托基金出现了大量盈余。现在，估计到 2016 年，信托基金
137 的年度支出将大于年度净收入；到 2025 年，包括信托基金利息的年收入将低于支出；到 2038 年，准备金将被用光，当期收入（按现在的社会保险税税率）可能仅能支持预计需求的 75%。③

这一警示似乎描述了典型的权利性支出的情形。为下一代工作并为自己退休支付保险金的一代人会发现，当他们年老时共同基金已经亏空。预算已经被贪婪的老人们肆意花光，没有为年青一代的需求留下任何东西。老年人的收入通过指数化免受通货膨胀的影响，而正在工作的人为了维持生活标准，不得不努力减少通货膨胀对他们工资的影响。

但是，所有这些都无法掩饰人们对社会保障的偏爱。它的支持者甚众，包括家人得到帮助的直接受益者、那些从赡养老人的重负下解放出来的家庭，以及从这些服务中获取收入来源的服务提供者。此外，老人并不是一个独立的阶层，而是（假定我们还活着）几十年后的我们自己。因此，即使年轻人与老人的利益诉求不完全相同，但至少也是一致的。最后，社会保障是一个收入再分配项目，在这个意义上，它将补助金偏向那些更需要的人群，这也缩小了市场经济中贫富差距不断扩大的现象。因此，社会保障被冠以预算政治中的“第三条通道”也就毋庸置疑了。

对此，有三种可能的解决方案一直备受争议。第一种是提高社会保险税税率并降低补助金额度。这一方案从某种程度上可以说发端于格林斯潘委员会，但自始至终鲜被论及。第二种方案为克林顿政府所采用，即用当前的政府预算结余补充社会保障信托基金并且偿还国债。这一战略将提升联邦政府的经济地位，一旦有必要兑现由信托基金发行的债券，政府将处于较为优越的地位。随着预算结余和社会保障中“有锁的箱子”（lockbox）的消失，这一方案似乎无济于事。

---

① Congressional Budget Office, January 2002, op. cit., p. 78.

② Congressional Budget Office, *Social Security: A Primer*, 2001, p. 3.

③ Henry J. Aaron, Alan S. Blinder, Alicia H. Munnell, and Peter R. Orszag, *Perspectives on the Draft Interim Report of the President's Commission to Strengthen Social Security*, Center of Budget and Policy Priorities and the Century Foundation, July 23, 2001, p. 8.

第三种可能的解决方案是私有化。在1999年，克林顿政府提议将社会保障金的一部分投资于股票市场而不是国债。2001年7月，由总统布什设立旨在改革社会保障政策的委员会发布了它的临时报告草案，主张将工人缴纳的社会保险中的2%划作个人投资账户使用。根据该草案，有必要对社会保障制度进行“根本性的结构重组”。为了适应当今社会，社会保障制度需要纳入额外的目标，包括对个人储蓄和投资、财富积累以及对收益合法占有进行鼓励。它的假设是：“无法依靠政治过程来代表美国家庭储蓄”；信托基金不相关，因为它没有资产支持，而个人账户实际上将增加储蓄和投资的总量。①

四名杰出专家对此的回应反驳了委员会的观点。没有理由相信社会保障信托基 *138*
金将会不履行它们的责任——它们由美国政府完全信用支持。由政府注资的个人账户通过转移收益的途径（除非资金来自一般税）实际上将减弱信托基金支付收益金的能力。个人账户不会增加储蓄，只会带来资源的转移和行政支出的增加。社会保障不是一项简单的投资计划，使投资者能获得资金收益。它是一项保险，使人们免受生活中危险的影响，包括残疾和生存福利，这一过程是审慎的资源再分配。② 最后，股票市场中的投资者将担负损失的风险。2002年股市崩盘导致数以百万计投资者的退休储蓄金亏损得颗粒无收，这使当时的争论得以终结。

## 提高成本：医疗保险

医疗保险，即老人健康保健项目，于1965年开始实施，这一项目是作为社会保障范围的合理扩大而实施的。在当时，只有刚刚超过一半的老人享受医疗保险，很明显，他们的收入根本无法满足突发性医疗事件的需要。③ 医疗保险制度颇具争议：自由主义者认为它是实现全体健康保险的一项渐进措施，而保守主义者，尤其是医疗机构，则抨击它将政府的控制权延伸到医疗领域。住院保险由信托基金资助，而信托基金由强制性的雇主和员工薪金税筹集；门诊病人的医疗保险由参加者的自愿保险来承担所有成本，其自愿保险的资金缺口将由联邦政府补足。1972年，保障范围扩大到了残疾人和晚期肾病病人。1989年扩大到了家庭保健服务方面。

有资格享受医疗保险救助的人群与社会保障受益人的范围相同，因此，两者有相似的有力基础作为支持。除了大约3 900万直接受益人之外，医疗保险获得了家庭成员的支持，因为它使这些家庭成员不用为其父母或亲属的疾病承担财务责任。医疗保险制度还得到活跃的工会力量的支持，他们目前是信托基金的贡献者，但将来会是信托基金的受益者。由于对老人的健康保健救助已经被社会公认为在道义上是正确的，因此，政治家们讨论削减医疗保险支出实际上冒着不关心老年人的风险。

---

① President's Commission to Strengthen Social Security, *Draft Interim Report*, July 18, 2001, pp. 8-9.

② Aaron, Blinder, Munnell and Orszag, op. cit., passim.

③ Theodore R. Marmor, "Coping with a Creeping Crisis: Medicare at Twenty," in Theodore Marmor and Jerry L. Mashaw (eds.), *Social Security: Beyond the Rhetoric of Crisis* (Princeton N. J.: Princeton University Press, 1988), p. 177.

但是，医疗保险支出增长的幅度是社会保障支出的2倍。在政策制定后的最初5年中，支出增长超过2倍，其后5年这一数字几乎又翻了一番。20世纪80年代，增长的速率有所减缓，但在80年代末，支出的增幅又超过了2倍。20世纪90年代记录的年均增长约为10%，直到1998年增长减缓，但2000年以后又反弹（见表7—2）。①

139 为什么支出增长得如此迅速？一个原因是越来越多的人有资格享受医疗保险，然而，这只是其中的一部分因素。健康支出在总体上比价格水平增长得更快，医疗支出也因此增加。医疗费部门（覆盖了85%的参与者）根据价格水平的即时更新来确定保险税率。保险税和增加的注册人数据估计占医疗保险的60%。

支出增长的另一个原因是由于医疗保险在制度设计上是一项开放式的权利性支出。由于免赔额和分担金额的专项提供，受益者可以根据意愿或多或少地选择这一权利性支出。受益者和健康保健服务提供者（医院、医生和其他）都没有限制支出的动机，因为所有的资金均由第三方支付，这第三方即政府。支出增加也因为其他诸多因素，如参与者的多样化组合（包括年轻—中老年和老年—中老年）、计划调整、结算行为、技术上的变更以及实践模式，等等。②

支出大幅增长在医疗保险项目的一部分中可见一斑，那就是家庭保健服务。1989年，作为法院判例的结果，家庭保健访问的使用范围标准被定义为对长期慢性病人提供服务。之后几年间，享受家庭保健服务的受益者人数从170万增加到280万（尽管这仍然低于享受医疗保险人数的10%）。③ 在1989年到1996年间，支出从20亿美元增长到181亿美元，平均每年增长33%。支出增长大部分是由于对资源的滥用，而非支付的增长。家庭保健机构的数目从1989年的近6 000个增长到1996年的10 000个，而且增加的大多数都是营利性机构。④

医疗保险支出增长的另一个原因是欺诈。卫生保健资金管理机构（HCFA）负责监督医疗保险制度（和公共医疗补助制度），每年要处理9亿个以上的项目支出要求，并且只可能仔细审查其中的10%。⑤ 1996年，国会颁布法律打击卫生保健欺诈和服务滥用行为。审计总署估计有超过200亿美元（相当于11%的医疗费）是不适当的。⑥

医疗保险支出的快速增长引发了人们的担忧。1995年，国会中的共和党多数计划大幅削减医疗保险支出，这也是削弱政府权力的计划中的一部分。然而这一方

---

① Congressional Budget Office, *The Economic and Budget Outlook: Fiscal Years 2004—2013*, January 2003, p. 86.

② Ibid., p. 72.

③ General Accounting Office, *Medicare: Home Health Utilization Expands While Program Controls Deteriorate*, Report to the Chairman, Special Committee on Aging, United States Senate, March 1996, pp. 3-7 (GAO/HEHS-96-16).

④ General Accounting Office, *Medicare: Interim Payment System for Home Health Agencies*, Statement of William Scanlon, Director Health Financing and Systems Issues, Testimony before the Subcommittee an Health, Committee on Ways and Means, House of Representatives, August 6, 1998, p. 3 (GAO/T-HEHS-98-234).

⑤ Sue Kirchhoff and Mary Agnes Carey, "Purse Strings and Heartstrings: The Home Health Dilemma," *Congressional Quarterly Weekly Report*, September 36, 1998, p. 2556.

⑥ General Accounting Office, *Medicare: Health Care Fraud and Abuse Control Program Financial Report for Fiscal Year 1997*, June 1998, p. 4. (GAO/AIMD-08-157).

案被总统否决。两年后，1997年《预算平衡法案》规定将在其后的5年中主要通过降低医疗提供者报酬的方式对医疗保险支出作出广泛的削减。这一法案还增加了对医疗服务的资助额度，制定了受益人选择管理式医疗（医疗保险＋其他自主选择） 140
的规定，限制服务并且对家庭医疗服务的出诊冻结支付。

由此，支出的增长速度显著放缓。1999年，医疗保险支出实际上降低了1%，而其后的几年，支出增长仅为3%。2001年，增长回到了10%的水平（反映出许多服务的缴税额增加以及年复一年的费用转移），国会预算局预测医疗保险项目支出将在之后的10年中以平均每年超过7%的速度增长。①

医疗保险项目被广泛地认为是一项处于危机之中的项目。随着出生于“生育高峰”时期的婴儿达到退休年龄，收益与支出间的差距将会显著增大，项目成本预计将比经济中的其他成分增长更快。② 到2030年，根据未来医疗保险方面代表两党的医疗保险委员会的估计，受益者人数可能达到总人口的22%，而每年的成本可能会达到2万～3万亿美元。③

医疗保险项目是否真的面临危险？在一篇具有深刻见解的文章中，约瑟夫·怀特（Joseph White）对这一传统观点提出了挑战。④ 从一开始，预测明显就是错误的。尽管人口统计毫无疑问地决定了医疗保险支出会随着受益者数量的增长而提高，但人口增长只承担支出增长的一半责任。余下的增长难以预计，因为这依赖于外部事件和可能发生的政治变化。

这项政策体现了支持医疗保险的选民的力量。1999年，国会投票恢复了1997年的许多削减。在2002年预算案辩论中，经过代表两党的医疗保险委员会艰苦卓绝的努力，同时得到包括美国医学会等强有力的团体的支持，又有400亿美元针对服务提供者的资助金削减得以恢复。同时，有证据表明老年人的健康水平似乎正在发生始料未及的改善。

## 不断膨胀的合格受益者：公共医疗补助

公共医疗补助制度从1965年开始实施，是旨在帮助贫困老人承担没有包括在医疗保险中的医疗成本和服务的一项措施。这一项目加强了联邦政府的努力程度，向穷人提供医疗帮助，将福利拓展到有小孩的家庭、盲人和残疾人。⑤ 每个州都要 141
设计自己的公共医疗补助项目，这一项目根据联邦法律实施，联邦法律规定了受益者的资格条件和救助水平。这个项目由州和联邦政府共同出资，各州与联邦的出资

① Congressional Budget Office, *The Economic and Budget Outlook* 2003—2012, January 2002, p. 79.

② General Accounting Office, *Medicare Reform: Ensuring Fiscal Sustainability While Modernizing the Program Will be Challenging*, Statement of David M. Walker, Comptroller General of the United States, September 22, 1999 (GAO/T-HEHS/AIMD-99-294).

③ Joseph White, " 'Saving' Medicare—From What?" Paper for the Annual Meeting of the American Political Science Association, Committee on Health Politics, Boston, September 3-6, 1998, p. 6 and p. 11.

④ Ibid.

⑤ *Congressional Quarterly Weekly Report*, June 10, 1995, p. 1638.

比例由各州人均收入所决定的公式计算出来，对于联邦支出金额没有设置任何上限。联邦政府设定了福利覆盖范围的最低标准，而州政府则可以在其上增加救助金额和扩大合格受益者的人数。①

从这个项目一开始，它的支出就增长迅速。1966 年，各州和联邦的总支出是 17 亿美元，而到 1980 年，总支出增长到 258 亿美元。绝大部分是由于保健成本的膨胀，尽管也有些是由于项目的扩张，比如儿童保健救助金额的提高，以及向智障者提供救助的非强制性项目。里根政府早期的一些努力使联邦支出增长减缓。改革措施包括：加强成本控制，允许各州实施成本削减措施，削减联邦支出，限制医院滥用服务，并且制定了一个前瞻性的支付制度，这一制度给出了一个各种不同服务项目允许收取多少费用的清单。②

然而，符合救助条件的人数在 1984 年开始膨胀，尤其是针对孕妇和儿童的项目，其中包含强制性的和由州政府选择的扩大救助金规模的项目。③ 在 20 世纪 80 年代末 90 年代初，更多孕妇和儿童的加入导致受益者人数和支出迅速膨胀。④ 1989 年，项目支出增长了 13%，1990 年增长了 19%，1991 年增长了 26%。1989 年到 1995 年之间，受益者人数从不到 2 400 万增加到 3 300 万。⑤ 这个项目花费了各州和联邦政府 1 310 亿美元。⑥

20 世纪 90 年代末，增长放缓了。但是在 1998 年，项目支出又开始增加。2001 年，医疗救助项目支出的增幅超过 11%，连续 5 年保持高速增长。2002 年，这一支出并无任何减缓的迹象。2012 年，联邦政府在医疗补助项目上的支出有望翻倍，从 1 430 亿美元增长到 3 230 亿美元。

公共医疗补助支出快速增长的背后有许多原因。第一，随着项目的逐渐发展，它纳入了新的受益群体。许多州扩大了医疗补助项目的注册人数，接受了联邦政府给予的弃权证书，使更多人得以加入。2002 年，医疗补助项目仍在致力于填补为养老院的老人提供长期护理的不足，这也占了其中 1/3 的支出。合格受益者的人数
142 扩大了，越来越多的孕妇和其他成年人加入受助行列。更多儿童也逐渐被认为是合格的受益者，对他们的帮助超出了 1997 年制定的《国家儿童健康保险计划》(SCHIP) 规定的范围。福利改革驱使更多的人投入工作，立法（2002 年到期）允许他们保留医疗补助的福利。2002 年，医疗补助项目服务于 4 700 万人，预计花费联邦政府 1 470 亿美元。不久的将来，因为美国颁布了《残疾人法案》，州政府有可

① Amy Goldstein, "No Cure for What Ails Them," *Washington Post National Weekly Edition*, October 21–27, 2002, p. 29.

② 参见 Allen Schick, "Controlling the Uncontrollables," Paper prepared for the American Enterprise Institute Pew Fellows Conference, November 1985, p. 4。

③ General Accounting Office, *Medicaid Spending Pressures Drive States Toward Program Reinvention*, Report to the Chairman, Committee on the Budget, House of the Representatives, April 1995, pp. 56–59 (GAO/HEHS–95–122).

④ 细节见 General Accounting Office, 1995, op. cit., and Holahan et al., p. 28, op. cit。

⑤ Stephen H. Long, "Causes of Soaring Medicaid Spending 1988—1991," in Rowland, Feder, and Salganicoff, op. cit., p. 9.

⑥ General Accounting Office, 1995, op. cit.

能把受益范围扩大到家庭和社区对残疾人的关怀上。

第二个原因是因为项目的联合筹款。州政府抱有使联邦补助最大化的动机。有几个州，尤其是南部的那些州，它们对贫困人口提供的医疗服务原本很少，后来逐渐增加了合格受益者的数量。20 世纪 90 年代，经济迅速发展，随着烟草公司的法院官司结算完毕，资金到位，州政府意识到它有资源用于扩大项目并提高服务提供者的退款率。它们还利用联邦政府配套补偿机制中的各种漏洞（"不成比例地分担医院"支付、超过支付限额）来赢得更多联邦资助。

第三个原因是较高的卫生保健价格、增长的注册人数和更多使用等为人熟知的综合因素。一半左右的医疗补助支出提供给了紧急医疗服务，其中包括住院保健和门诊病人的药剂处方。这些花费在近几年内显著增长。

目前有迹象表明，医疗补助支出的增长率和水平似乎正在变得难以为继。尽管 2002 年的注册人数预计将增长超过 6%，但州政府仰赖的可供用于扩大合格受益者人数和范围的收益增长却到了尽头。为将福祉惠及无卫生保健者的数十年的努力正在被倒转，州政府千方百计削减开支，它甚至游说联邦政府以取得支持。根据最近的一项调查，"越来越多的州正在遗弃特定群体的病人，裁减部分服务，要求贫困人口自行支付他们的医疗保健开支，限制使用高价药品，同时减少（或者冻结）对于医院、医生、养老院和其他保健提供者的资助金额"①。

## 服务提供者的压力：晚期肾病②

最近几年，增长最快的权利性支出之一是一个服务人群相对较小的医疗保健项目，它是医疗保险的一部分，负责向晚期肾病患者提供救助。有关 ESRD 如何成为权利性支出的故事前面已有所提及。1973 年，ESRD 项目有 11 000 位受益者，到 1997 年，受益人数已增至 304 000。③

同时，晚期肾病资助的成本也在激增。1974 年该项目耗资 2.83 亿美元。到了 143
1996 年，100 万 ESRD 受益者中约有 1/4 的人使用了将近 100 亿美元的医疗保险费用，尽管他们连医疗保险受益者人数的 1%都不到。每人每年平均支出 38 574 美元，而其他医疗保险受益者年均支出仅 5 253 美元。2001 年，该项目成本超过 150 亿美元。

这是怎么回事？正如汤姆·多纳休（Tom Donahue）所言，接受透析的病人和其他美国人一样，"寿命更长，同时变得更虚弱"。尤其是老年人群体中的糖尿病患者，这意味着众多健康问题，以及要求 ESRD 提供许多高难度和高成本的治疗。并且，更多医师愿意为年长的患者实施透析治疗，而这些患者中的大多数此前从未得

---

① Amy Goldstein, "No Cure for What Ails Them," *Washington Post National Weekly Edition*, October 21-27, 2002, p. 29.

② 本节来自汤姆·多纳休的研究，他是加利福尼亚州立大学洛杉矶分校研究生。

③ United States Renal Data System, *USRDS 1999 Annual Data Report* (National Institute of Health, National Institute of Diabetes and Digestive and Kidney Disease, Bethesda, MD.: April 1999), pp. xvii-xviii.

到过治疗。

医药发展，特别是昂贵药物，在不用进行透析的情况下改善了病人的生活，但同时也大大增加了项目成本。仅仅一种重组人体促红细胞生成素（rttn EPO）的药物，每年就花费了约 10 亿美元的医疗保险，这几乎占 ESRD 项目总成本的 1/10。

但是，人口激增和医疗进步并不能完全解释为什么相对较小的一部分人群会产生如此高昂的费用。公民权利性支出被普遍认为是向那些符合一定适用标准的个人或家庭提供的救助，也是向企业和机构支付的补偿机制，即使其他获得一定形式的法定受益。在 ESRD 中，只要服务供应者向指定的受益人提供治疗，他们的服务就将为他们带来补偿。通常，服务提供者比受益者更倾向于增加权利性支出，他们自己因此而成为既得利益集团。

在大型公司和重要游说团体的影响下，ESRD 治疗通过国内外的公司已经成为一个高盈利和快速增长的行业。在 1992 年，仅有 2 086 家专门提供透析服务的医疗中心，而在 1998 年，已达 3 470 家。在 20 世纪 90 年代，国内外的大型公司互相兼并，并争夺专门提供透析服务的小型中心，掀起了一场合并的浪潮。大型连锁公司主导了市场，并能够从中获得可观的收入。这些公司和它们的投资者已成为维系当前项目并使之存在下去的重要利益保障。

那些靠治疗 ESRD 病人维持生计的医生和专业人员也是该项目的既得利益者，
144 同样，那些在设立和使项目合法化方面提供帮助的政府机构也从中获益。而那些用于控制成本的措施如通过支付定额、将服务打包（而非各项服务费用有单独的账单）、规定受益等候期以及限制用药等可能会降低支出，但项目支出的总体趋势仍然是不断上升。

## 7.5 如何控制权利性支出?

权利性支出似乎带有宿命主义的特征，其不可阻挡的增长趋势已经超出我们控制或影响的范围。但如同其他类别的支出一样，权利性支出不仅仅由经济和社会环境决定。它们是项目设计过程中政治决策的结果，这些决策是对于压力和影响的回应——压力和影响来自寻求利益的群体，来自对公众利益的认识，来自当前的危机，来自官僚机构和委员会。

控制联邦政府权利性支出的机制当然存在。无论何时，总统和国会都可以影响权利性支出的法令。每一项权利性支出都要接受参众两院授权委员会的监督，并且它们还会成立特殊委员会提出改革建议。国会预算程序中的协调规定将资格、支付、收益和贡献方面的一揽子立法变化恰到好处地统一起来。1974 年的《国会预算法案》严格限制了新的权利性支出，而 1990 年《预算执行法案》中的量入为出条款限制了权利性支出的扩张。

然而，权利性支出的改革并不容易。受益人团结起来维护自身权利，而人们对于公共利益的认识又互相冲突。例如在 1999 年，两党联合委员会成员在医疗保险改革方面存在很大分歧，以至于最终未能达成一致意见。参议员克里（Kerrey）就权利性支出的可负担性和约束性说道：“我们无法满足那些在‘生育高峰’时期出生的人对于社会保障和医疗保险的需求——他们的需求太大了……委员会和国会无法表示它们在将来控制这个项目的决心。”作为回应，众议员约翰·丁格尔（John Dingell）（其父曾在 1965 年帮助起草医疗保险法案的初稿）声称医疗保险“是那个世纪的伟大胜利之一”；它“在提高美国老年人的生活质量方面取得了巨大的成功”，并且它甚至惠及“生育高峰”时期出生者的利益。

国会中的分歧对立也波及有关权利性支出的讨论，并且很难将其从国会的对立中区分开来。当讨论减税时，权利性支出改革的支持者们就会受到攻击，因为改革将削减穷人的权利性支出，但却向富人提供了税收补助。由于不同的标准被用于扩大或削减在讨论中的指标——有时基于名义货币，有时又基于通货膨胀调整后的指标；有时预计的支出削减来自某一特定年度的预算，有时又与将来的支出基数相联系，并规定支出速度只能保持“下降”态势，因此，讨论本身变得越来越令人费解。

然而，将权利性支出描绘成静态或完全刚性的支出都可能是误导。它的确在发生一些变化，但这里的空间太有限，甚至无法包括那些已经写入众多权利性支出项 *145*
目改革的内容，如社会保障和医疗保险改革，或者已经发生的不同程度上立法规定的有关项目的具体变化。总而言之，影响遥远未来的彻底的、根本性的改革是不可能实现的，政治家倾向于进行细枝末节的改变。他们也会为了避免损害既得利益者的利益而侵害未来申请者的权利。然而，有时终止或削减某一项目是依据制度的设计行事，或因为未来不再会有需求。

## 需求减少的项目：黑肺病

黑肺病权利性支出是一个支出逐渐减少的项目，这是因为工作环境的改善和受感染人群不断减少。但项目设计中仍预示了将来的增长。有关疾病和残疾的定义取决于推定所用的证据（与在煤矿中逗留的时间有关）。在特定案例中，煤矿运营者的偿还责任只有通过长期的法庭诉讼才能实现。后来补助的范围扩展到包括由灰尘引发的支气管炎和肺气肿。

直到 20 世纪 70 年代后期，尽管对于残疾认定的标准放宽，对于该项目的担忧使自动符合条件这一规定走到尽头。1973 年之前，提交申请所获得的救助金由社会保障管理机构（SSA）支付，而此后该救助金由煤矿运营者新设立的黑肺病信托基金支付。

1981 年，因黑肺病向煤矿工人支付的救助金达到了顶峰。当时社会保障管理机构的救助金支出高达 10 亿美元。黑肺病信托基金是由煤矿运营者支付的自给自足的基金，但它受到煤矿销售滞后的影响，因而政府不得不支付大笔款项来弥补该信托基金的赤字。在 1979 年到 1980 年之间，提交到信托基金的病例数量几乎翻了一番，仅 1981 年政府就支付了约 15 亿美元。

里根政府曾试图控制该项目的增长，在此期间，这一项目的救助金额和资格条件都发生了急剧变化，以此作为向信托基金转移 10 200 件未决病例的交换条件（这些病例涉及的补偿高于接下来 5 年因救助金额调整而减少的支出）。确立资格的标准越来越困难，而煤炭的税收翻了 1 倍，那些收入高于社会保障水平的人获得的收益减少了。

与此同时，支出仍然在下降。管理的加强、技术的进步以及教育的普及已经减少了矿工在煤矿中接触到的煤炭粉尘。并且近年来一些研究得出结论认为，感染黑肺病的矿工数量减少了。在 1974 年到 1997 年之间，社会保障管理机构救助金的受
146 益者从将近 50 万人降到了约 11.9 万人。而且这批人的年龄不断增大，新增病例则不断减少，因此，该项目支出将不断下降。黑肺病信托基金的受益人也在减少，从 1980 年的 13.8 万人降至 2000 年的 5.7 万人，而新增的救助申请也从 1994 年的 10 530 例降至 1998 年的 6 115 例。

然而，尽管信托基金向受益者的支付一再减少，但它为了弥补其年度赤字向财政部所借的债务却意味着每年仍要支付大量利息，而且由于基金从煤矿运营者那里获得的收入不足以支付其支出，因而信托基金有可能需要继续支付利息成本，一直到下个世纪。尽管如此，项目的规模在以每年减少 10 000 个受益人的速度缩小。

## 结束一项权利性支出：福利项目

为了与州政府支出相匹配，对有未成年子女的家庭补助（AFDC）曾经是联邦政府提供给符合资格条件的低收入母亲和子女的一项保障性援助。正如丹尼尔·P·莫伊尼汉（Daniel P. Moynihan）写到的，它“几乎是以一个事后的想法”开始。作为《社会保障法案》优先支出条款的组成部分之一，期望对该补助的需要会逐渐减少。正如许多萧条时代的项目一样，AFDC 不是为最贫穷的穷人，而是为那些暂时陷入贫困的工人和中产阶级设计的，例如因公死亡的工厂工人的妻子和孩子。有关立法记录显示，国会希望该项目能随着经济的发展和社会保障方面项目的建立而逐渐消失。

很明显，截至 20 世纪 60 年代初，AFDC 正在服务于一群不同的顾客——脱离农业地区迁徙到城镇的破裂家庭。尽管经济正在稳步改善，AFDC 的受益人数却在不断增长。到 20 世纪 70 年代中期，AFDC 救助的数量达到了 370 万例，3 倍于 1960 年，并且所有减少贫困项目的支出都增长到了 3 倍。接下来的几十年中，虽然支出增长下降，但贫困人口的比例却不容乐观。在 20 世纪 60 年代到 70 年代初，该比例曾经或多或少有所回落，在 1973 年达到 11%，但在 1979 年它又一次上升，并在 1983 年达到 15%。这个减少贫困项目支出和贫困人口比例同时增加的矛盾导致了如下观点，即救助支出本身通过助长依赖性而导致贫困。正如筹款委员会主席威尔伯·米尔斯（Wilbur Mills）所言：“社会福利成为一种生活方式，这符合公共利益吗?”

社会福利改革实际上被列入了从理查德·尼克松总统开始之后所有总统的议事日程。但撇开项目的持久性不谈，项目得到的支持很少：正如一份 1996 年的调查

研究总结的那样，“大部分美国人认为社会福利是一个严重的缺陷，并且需要彻底 147
革新”。AFDC的受益者不仅人数众多，而且都是弱势群体——它们包括了社会最贫困的群体、单身母亲和将近1 000万名儿童。尽管现实中AFDC并没有资助社会福利的默认对象青少年母亲、人口众多的家庭以及一定数量聚居的少数族裔，但这种误解仍然存在，并且助长了人们对于该项目的反感。人们指责社会福利系统是造成社会福利依赖这一循环的原因。同时，另一社会群体，即贫困的工人，吸引了更多的关注，他们对于利益的诉求从某种程度上能与社会福利人口抗衡。

没有哪个党派对于该项目感到满意。1988年，由于认识到该项目遗孀受益者的变化，即如果遗孀的需求从社会保障中得到满足，她们将成为“新的依赖家庭的阶层”，《家庭支持法案》将AFDC重新定义为“一种暂时提供帮助的方式，其新重点在于让受益者找到工作并变得自立”。而且鼓励各州政府进行试验、创新和评估。

在1992年，克林顿总统发誓要“结束我们所知的福利”，但他由于被其他事项分散了注意力而没有着力实现他的承诺。1995年，福利改革是共和党人议程的重要内容，但在此问题上达成的一致性意见几乎没有超出减少支出以平衡预算这一共和党人致力实现的目标范围，在某种意义上，社会福利改革并不是关于钱的问题。尽管AFDC的受益者人数从1989年的近1 100万人增至1994年的1 400多万人，而且支出对于经济波动非常敏感，但联邦政府每年在AFDC项目上仅花费170亿美元。从1970年到1994年，以实际价值衡量，AFDC项目的救助支出实际上下降了近50%。

1995年，随着克林顿总统否决了主要的预算协调法案，共和党人对社会支出方面的攻击变得不得人心并且暂时停止。第二年，克林顿否决了另一项福利改革法案，该法案将社会福利与医疗保障改革联系起来，涉及更广大的选民。但是，在1996年8月22日，他签署了《个人责任与工作机会协调法案》，结束了一项长达60年的联邦政府的权利性支出。这一措施通过非常详细的讨论缓和了更为激进的提案，将社会福利单独列为一个独立的问题。它获得了全国州长联合会的关键性支持：各州都希望能控制自己的福利项目成本，同时在很大程度上控制由意识形态产生的问题。要么否决福利改革，然后被指责为违背了自己的承诺；要么同意该法案，并且不再反对这一议题。面对这两种选择，克林顿签署了该法案。

上述权利性支出（对所有符合资格条件的低收入母亲和孩子的保障支出）从此终结。代之以赋予各州政府在规定资格条件和救助金额方面几乎所有的控制权。该救助的受益者在2年内应该参与工作，并且有限制，一生只能享受该收益5年。在
食品券项目和其他收益项目上另外做出限制，不向合法移民提供上述福利。福利改 148
革的重点在于在政府的帮助下重塑工作道德，并在重塑的经济中获得工作机会，而非仅仅是原先对于母亲和孩子的保障。

## 7.6　权利性支出与其他

虽然单个的权利性支出是公共社会救助体系的重要组成部分，但就此认定它们

与预算的其余部分存在明显区别却是错误的。实际上，它们是在保障权利和分配利益方面统一措施的一个组成部分，这些措施包括个人权利、补贴项目、税式支出、信托基金、信用项目（贷款和贷款保证）、政府间转移支付和拨款。这些支出源于各种意图并且照顾到很多不同的群体——农民、小本商人、学生、出口商、投资者、私房屋主等。其中一些支出被称为“企业的社会福利”。如果不简单介绍一下这些“准权利性支出”，那么本章将不能算是完整的。

## 拨款：领先计划和妇女、婴儿及儿童项目

领先计划（Head Start）自 1965 年开始实施，它是一个针对贫困学龄前儿童的非常受欢迎的项目。如同一项权利性支出一样，它的受益者需要符合资格标准才能具备获得救助的资格，尽管它有两党的共同支持，但最终并未成为一项权利性支出。它最初的资金源于平等机会办公室未用完的拨款，由此看来，它好像失去了成为权利性支出的机会。这个项目每 5 年重新授权，并且每年都需要拨款。

领先计划从一开始便稳步增长，1965 年，它花费了 9 640 万美元，为 50 多万儿童提供了帮助。在它最近一次重新授权时，入学儿童数量高达 83 万人，而支出将近 45 亿美元。该项目仅仅覆盖了约 1/4 符合条件的儿童，并且还存在有关其有效性和质量的问题。但是，该项目很难被削减，更不用说终止它。它的支持者不仅是受益人（他们不完全是有影响力的人），还包括一个非营利性组织、政策专家和政府机构在内的网络。

妇女、婴儿及儿童项目（WIC）是一个补充的食品券项目，它向低收入的妇女和儿童提供临时性的营养改善。该项目由联邦政府出资，由各州卫生部门负责管理。这些卫生部门将资金分配到地方性公共部门和非营利性机构，再由这些机构向受助者提供优惠券和其他服务。WIC 依赖于定期重新授权和每年拨款，但其收支缺口通常需要通过追加拨款来弥补。该项目一年花费约 40 亿美元，补助惠及 700 多万人。

*149* WIC 拥有广泛的两党选民的支持。它为美国一半的婴儿提供服务。一份报告赞扬其有效地降低了潜在的卫生保健成本，因而该项目在国会得到了更多的支持。非营利性机构和反对贫困的倡导者也为该项目游说。但是，一些 WIC 最热衷的支持者来自食品工业，尤其是谷物食品和婴儿配方奶的生产者：据估计，美国生产的婴儿配方奶中有一半是用 WIC 提供的优惠食品券购买的。

WIC 看起来很像权利性支出。2003 财年的预算建议每年的常规拨款应反映当年服务的所有受益人的估计资金需求额。而且应该设立应急资金，以便在任何州因任何原因减少拨款额时维持参与。

## 税式支出：所得税抵扣

税式支出是指因为联邦税法中的优惠条款而引起的税收收入损失，这些税法优

惠条款有特别减免、免税、减税、税收抵免、递延纳税或税率优惠。它们及其预期成本一同被列示在年度预算之中。实际上，仅有两种税式支出将实际税收和法律减免中的差额返还给了受益者。其中之一是所得税抵扣（EITC），始创于 1975 年，作为刺激低收入人群参加工作的一项举措，旨在抵消社会保障、医疗保险以及其他支出，并使受益者能够生活在贫困线之上。它是一种可以返还的应纳税款抵扣措施，即如果纳税人可以享受的抵扣额超过了其应纳税款，那么他就可以得到现金补助，使其收入与抵扣额相当。

如同一项权利性支出，受益者根据规定的资格条件取得所得税抵扣资格，即根据收入和赡养人数来确定其受益资格。20 世纪 80 年代中期以后，该项目迅速增长，比其他任何救助穷人项目的增长速度都快，并且它的资格条款也被扩大了几次。项目支出也从 1985 年的 20 亿美元增长到了 2000 年的 300 亿美元，从而能够将 1 900 万个家庭纳入其中。

EITC 并没有一致的支持者，但由于其激励了参加工作的人，并且由于经济学家将其作为一项“负所得税”极力鼓吹，因而得到了共和党和民主党的共同支持。

## 联邦向各州的补助公式：收养援助项目、《残疾人教育法案》和《赖安·怀特护理法案》

描述联邦向各州的补助方式就如同进入了一个充满有关资格条件和资金来源详细规定的迷宫。有三个例子可以阐明这些项目的复杂性，以及它们与权利性支出的相似和相异之处。

收养援助项目（AAP）（《社会保障法案》中的第 IV-E 项）在 1980 年被通过，*150*
目的在于帮助各州改善儿童的生活环境，尤其是改善那些无家可归的儿童的境遇，从暂时看护到永久收养都在项目范围以内。对于每一个离开自己原先家庭的儿童，联邦政府的补偿金额相当于各州收养援助和暂时看护费用的 50%～80%。这项补助是不设上限的权利性支出，它每年的资金不依赖于年度拨款。因而该项目的联邦支出从 1991 年的 1.71 亿美元上升至 2001 年的超过 10 亿美元。

1998 年，国会通过了《收养与家庭安全法案》，该法案按照每个被看护中心收养的儿童 4 000 美元的标准补贴各州，这一补贴水平超过了上一年度，并且如果是残疾儿童，联邦政府将多补助 2 000 美元。与早期法律不同的是，这些鼓励收养的措施 5 年中每年获得 2 000 万美元的拨款。该法案获得了两党的共同支持。《收养与家庭安全法案》与早期收养援助项目有着共同的目标、相同的援助资格规定，并且依据各州实际情况实施。收养援助项目与《收养与家庭安全法案》两者互为补充，但是前者是权利性支出，而后者是授权拨款。

另一个针对儿童的类似于权利性支出的项目是《残疾人教育法案》（IDEA），1975 年，在一些法院判例的推动下，开始实施 IDEA 以补充先前的法规，旨在为残疾儿童提供同等的受教育机会。当时，250 万残疾儿童接受的是非标准教育，而 175 万残疾儿童根本没有接受教育。IDEA 提供永久性拨款来承担学龄儿童的额外教育成本。1990 年，该项目扩展到学龄前儿童，并且符合资格的条件被适当放宽。到 1996 年，IDEA 包含了 3 个基于联邦政府补助公式的补助项目（永久性支出授权）和 14 个可控补助项目。对于每个残疾学生，联邦政府向各州提供的补助最多不超过全国平均教育成本的 40%。IDEA 保障了残疾儿童接受免费教育的权利并将其置于“最少限制”的环境之中。该项目得到了国会中广大代表残疾儿童的团体和一般教育机构的大力支持。与权利性支出一样，IDEA 使用一个依靠资格定义的公式并且可以被修改。然而，提供资金需要年度拨款。

《赖安·怀特护理法案》(Ryan White Care Act) 的命名源于一个感染艾滋病的青年人，他在去世前，成为一个活跃的艾滋病社会教育者。颁布于 1990 年的《赖安·怀特护理法案》标志着联邦政府开始介入艾滋病的看护和治疗领域。先前，联
151 邦政府虽然支持研究，但是给受感染者的直接援助却是由州和地方政府承担。随着成本的攀升，州和地方政府无法承担巨大的医疗卫生成本带来的负担，它们担心如果联邦政府不干预，该成本还将变得更高。

该法案的条款 1 为那些受艾滋病感染影响的符合条件的大都市提供补助资金，这些地区获得补助的条件是其在前 5 年报告的艾滋病病例超过 2 000 例，而且该城市人口超过 50 万人。项目资金的管理权属于规划理事会，这些规划理事会代表特殊群体，如卫生保健机构和服务提供者。法案的授权每 5 年进行一次，并且已经发现这一项目存在很多问题。符合获得补助资格的城市从 1991 年的 16 个增长到 1998 年的 49 个，并且该项目已经扩展到包括艾滋病毒和艾滋病病例。自 1991 年以来，这一法案已经花费了近 50 亿美元。根据公式获得补助与权利性支出一样都存在资格条件和资金预测两方面的问题，即各州都将获得联邦补助作为自己的权利。

每一项权利性支出都有不同的历史，而我们可能仅触及其表面。相比于以年度拨款为资金来源的项目，权利性支出均根据法定的资格条件来获得补助资金。但是，这种区别已经不再那么明显，因为一些准权利性支出正逐渐确立其在预算中获得补助的权利。总之，权利性支出占预算的一半以上，如果把相关的措施也算在内的话，比例更大。而且通常情况下这种支出的增长无法避免，其原因在于人口增加带来受益人数的增加，补助范围的拓展、通货膨胀造成支出增加，以及服务供应者从中获利。权利性支出对于那些不断分裂增长的社会群体来说是一项公共利益。上述支出不仅扎根于预算中的社会和经济政策，甚至还将影响预算的政策制定。

# 第 8 章



# 国防预算

尽管国防预算的程序或多或少与其他预算相同，但它有与众不同的特点：如何界定国防支出的概念问题；不同年度之间比较的复杂性；国防任务使命的不确定性，以及以何种方式给予补助；国防部计划项目预算系统（Planning，Programing，Budgeting system，PPB）的使用，以及每年决策时对于政治影响的考虑。基于以上原因，加之国防预算的巨大规模、复杂性和技术性，外行很难理解和评判某些当下的议题，这些议题与军队变革以及成功应对国际环境新挑战的能力有关。本章将简述国防预算是什么、其所获资金的升降，以及每年国会制定国防预算的程序。



即使在一个相对简单的层面上理解国防预算，也像被蒙着眼睛穿越迷宫一样复杂。国防是一个庞大复杂的系统，仅其采购一项就能够称得上世界上最大的交易。显而易见，国防预算是大规模的预算。

国防预算凸显了能否在不考虑资源约束的情况下制定政策的问题。人们也许会争辩说，当国家利益受到威胁时，我们只应考虑需要，而“我们能负担得起吗?”这样的问题不应出现在辩论之中。随着 2001 年 9 月 11 日恐怖袭击的发生，抵御恐怖主义似乎在很多地方成为最优先考虑的事项，因而其所需资金得到全额补助。但是，即使在最高层面，国防仍然属于经济范畴——它与其他公共目标一起角逐资源。在不考虑一些约束的情况下，我们不可能真正明确国防目标，否则，为什么我们不把所有的资源都用于国防开支呢？在任何情况下，人们对于风险程度、战备需要、当下或未来所面临威胁的规模都有着
153 不同的想法——所有这些都要与人们愿意投入的不同额度进行比较和权衡。在较低的战略层面，资源问题的处理更直接。我们应该多用这个或少用那个？我们的资源给予我们的最佳回馈是什么？因此，预算不仅与支出和履行财务承诺有关，而且由目标和战略决定。它关乎根据可用资源选择政策并制定决策，并决定用什么数量和种类的资源来使可行的、可取的政策得以实施。一如既往，结果和手段不可分离。

如其他预算一样，国防预算关注未来年度，然而制订计划对于制定可行的方案来说必不可少，既要考虑变动，也要为将来做准备。国防预算包括对发展和部署昂贵武器、设备维修和装配、军队训练和准备等费用做出承诺。因此，变动很难实现。国防建设不仅受困于长期的契约和下降的开支，同时对于一个如此庞大、如此复杂的组织（一个必须依赖于许多惯例行事的组织）而言，很难调整、废弃和重置它的武器和基础设备，很难限制它的人事部门，也很难去重新部署其资源。难怪所有国家的军方经常被指责为正在同上一场战争进行战斗。

从第二次世界大战结束至 20 世纪 90 年代初，国防预算反映的是冷战思维，用军事力量在世界范围内威慑和遏制，对付唯一的敌人。在苏联末期，冲突的性质发生了转变：民族矛盾和区域问题凸显，需要进行迅速干预、维和行动、在各种前线同步行动以及应对或实际或潜在的导弹威胁。紧接着发生了“9·11”事件，反恐战争、国家安全以及伊拉克战争等问题，使得两党都支持建立一个庞大且持久的国防力量。这些变动对于国防预算究竟会产生什么影响？决策又将通过什么方法来制定？

## 8.1 国防规模

国防预算意味着一批数目惊人的资源。在 2002 年，国防部雇用了约 140 万着装的现役军人以及将近 100 万的文职人员。超过 80%的联邦职员为国防部或国防项目工作，超过 100 万个（有些人说是超过 200 万个）私人领域岗位的设立直接由国防部来承担，如采购、承包工程和海外军事基地。① 单单一个国防部大约就要花掉联邦预算中的 1/6。②

国防预算究竟是什么？在总统的预算提案中，国防支出是一项被称为国家防卫
154 的功能支出，不仅包括国防部的军事活动，还包括能源部的核武器计划，以及其他机构的安全项目。其他一些与国防相关的活动并不包括在职能之内，如军事建设、退伍军人相关事务、国际军事援助、陆军工程公司（the Army Corps of Engineers）

① Lawrence J. Korb, “The Process and Problems of Linking Policy and Force Structure through the Defense Budget Process,” in Bobert Harkavy and Edward Kolodziej, eds., *American Security Policy and Policy Making* (Lexington, Ky.: Lexington Books, 1980), p. 186.

② Congressional Budget Office, The Long-Term Implications of Current Defense Plans, January 2003, p. 1.

的民用项目、退役军人退休金等。[1] 新部门国土安全部的部分活动也包括在内。这些项目是否应被包括在一个有关预算资源的决定或对它们的解释之中，既存在争议，又显而易见。无论如何，最主要的国防项目均被安排在国防部以内。

更为复杂的是总统的预算职能与国会使用的预算分类之间的关系，即拨款和预算授权，以及预算授权与实际支出（实际支出的钱）之间的关系。预算的其余部分也存在同样矛盾，但国防预算的复杂性更多体现在针对国防部的一个特定概念之中，即总强制授权。使用此概念的主要理由是，国防预算包括超过一年的支出需求，因此，每年都有必要加上以往预算年度授权的额度，同时减去当前财政年度不会支出的预算授权。[2] 国防的不同预算定义（预算功能和拨款）、预算授权（几年）和实际开支（当前年度）之间的差异，在有关数字的讨论上引发混乱。

国防预算究竟是增加了还是减少了？如何才能知道我们究竟是花费充足，花费太少，还是花费过度？这些问题与预算基数这个熟知的概念有关，它是进行年与年之间比较的起点，是预算充足性的标准。

至少可以用5种不同的基数来看待国防预算。首先，我们可以统计名义上或者说货币层面上的国防支出——照字面来说，在某一年中究竟支出多少钱？在这个统计数值上，预算可能是逐渐增长的。由于它没有考虑到年度之间通货膨胀的影响，因此，我们必须借助二次测量（“定值货币”法）。通常以某一年（如1996年）的货币价值为基准，在此基准年的基础上推算前后年的货币价值，显示出“实际”支出的差异。用基准年得到这些“实际”支出的方法，意味着支出应该考虑通货膨胀的影响。国防拥护者力求证明当前的国防支出不足，他们声称，虽然支出数额增加，但定值货币数据显示，国防开支实际上在逐步减少。预期的基准线还应包含对通货膨胀的估值，而这个估值可能准确，也可能不准确。

预算比例也是一种有用的基数：计算某一年国防预算占总预算的百分比，以此作为一个标准来估测后几年军事预算的充足性。如果比重下降，也就成为国防经费分配不足的一个证据；如果比重保持稳定不变，就证明了一个观点——实际的国防 155
支出并不像它看起来那么庞大，也并没有挤占其他领域的预算。此外，还可以计算国防经费占GDP的比例，对这一计算方法的评价与前者类似。

最后，第五种基数源于国防“需求”，它通过多种途径来评价。预算计划为用什么资源实现它们的争论提供了一个基数。另一种基数可能停留在概念层面：为了现代化进程、军事准备、有效的维和行动、战争及其遗留问题、反恐行动等，究竟需要多少支出？如何解决这些问题，它们需要多少资源，没有人能够切实地给出一个明确的答复。一个更为明确的基数，就是简单地在现有武器发展的基础上，在制图板上增加更为先进的替代性武器，配上一份“需求”必要性的论证报告，并推算出将来所需的数额。所有上述基数均用于衡量国防支出的充足状况，以便更好地确定战略和

---

① Mary T. Tyszklewicz and Stephen Daggett, A Defense Budget Primer, Congressional Research Service, December 9, 1998, p. 3.

② 蒂什凯维奇（Tyszkiewicz）和达格特（Daggett）认为：“全义务性权威等同于由国会批准的所有预算的权威，加上从其他来源获得的一定数额，加上从前一年义务下的非义务性平衡基金。” op. cit., p. 6.

资金。

## 8.2 国防战略和国防资金

国防预算图表中有高峰和低谷，这鼓励着国防部的官员和国防拥护者们尽可能多地、尽可能快地、尽可能持续地去争取预算。当形势改变时，用于计算的不同基数导致不同的判断。根据不同的基数，表 8—1 显示了从冷战时期至 2002 年的国防预算状况。(挑选了特定的年份，以显示支出趋势上大致的转折点。)

战争是国防预算的最大争议焦点。在交战状态下，朝鲜战争消耗了虽不到 530 亿美元，但是以定值美元（以 1996 年的美元）计，则相当于 3 700 亿美元。在 1953 年，国防占据了全部预算的近 70%，占 GDP 的比重超过 14%。之后，支出水
156 平下降，经济复苏，因而国防占 GDP 的比重持续下降，但仍然保持了预算中的一个较大比重。随着冷战的继续，国防预算具有典型意义地开始预计在应对可以想象的最严重的威胁时所需的所有军事力量。肯尼迪总统及其国防部长坚信，必须提供一切来保障军事所需。越南战争的升级导致了一个支出的新高峰，用定值美元计算甚至超过了朝鲜战争，虽然它在经济中只占一个较小的比重，但在 1968 年，它仍然占据了将近一半的总预算。

**表 8—1　　根据不同方法计算的国防支出**

| | 国防支出（十亿美元） | 以定值美元计算的国防支出（1996 年）（美元） | 国防支出占总预算的百分比 | 国防支出占 GDP 的百分比 |
|---|---|---|---|---|
| 1953 年 | 52.8 | 372.1 | 69.4 | 14.1 |
| 1968 年 | 82.2 | 380.2 | 46.1 | 9.5 |
| 1975 年 | 87.6 | 243.8 | 26.4 | 5.6 |
| 1980 年 | 134.6 | 246.4 | 22.8 | 4.9 |
| 1989 年 | 304.0 | 370.3 | 26.6 | 5.6 |
| 1999 年 | 275.5 | 261.3 | 16.2 | 3.0 |
| 2000 年 | 295.0 | 271.3 | 16.5 | 3.0 |
| 2001 年 | 306.1 | 276.4 | 16.4 | 3.1 |
| 2002 年 | 348.9 | 308.0 | 17.4 | 3.4 |
| 2003 年（预测） | 375.7 | 326.9 | 17.6 | 3.5 |

资料来源：United States Budget for Fiscal Year 2004，*Historical Table*，Table 8.1—8.4，pp. 123—125. 表格是建立在预算执行法案中财政支出目录的基础上。

在 20 世纪 70 年代，在名义上，每年的军事开支都略微有所下降，而当数值开始增长时，扣除物价因素，整体而言开支还是持续下降的。随着政府津贴和国内事务的扩张，国防在预算中的比重有所下降（见表 8—2 和表 8—3）。国防建设始于 20 世纪 70 年代末并在 1989 年达到巅峰，国防拥护者们强调通货膨胀因素对基线的影响，证明国防预算正在持续下滑，并且已远远落后，他们的主张推动了国防建设的进一步加强。

冷战结束以及来自苏联的威胁的消失，加之自 20 世纪 90 年代以来不断增长的

赤字，改变了合理化的基础。对用于国防的资源的无限制需求无法维持：需求必须有个标准。克林顿政府为此制定了综合性的评估方法来测定国防战略和执行所需的资源。① 1993 年，一份“自下而上的审查”(Bottom-Up Review) 定义了新的基数：使美国能随时对抗两大地区冲突，以及资助维和行动所需的军力。② 在《预算执行法案》中规定的选择性支出限额之内，它还确定了对此军力所需资源的预估标准。157
国防限额有效地设定了基线，但由于在许多年内只有一个单一的预算限额，国防不得不与国内项目直接竞争。

**表 8—2　　国防支出与个人报酬的比较**

| | 支出 | | 占 GDP 的百分比 | | 占支出的百分比 | |
|---|---|---|---|---|---|---|
| | 国防支出（十亿美元） | 个人报酬（十亿美元） | 国防支出 | 个人报酬 | 国防支出 | 个人报酬 |
| 1965 年 | 50.6 | 33.1 | 7.4 | 4.8 | 42.8 | 28.0 |
| 1975 年 | 86.5 | 153.8 | 5.5 | 9.9 | 26.0 | 46.3 |
| 1985 年 | 252.7 | 428.1 | 6.1 | 10.3 | 26.7 | 45.2 |
| 1990 年 | 299.3 | 585.7 | 5.2 | 10.2 | 23.9 | 46.7 |
| 1995 年 | 272.1 | 877.4 | 3.7 | 12.0 | 17.9 | 57.9 |
| 2000 年 | 294.5 | 1 054.3 | 3.0 | 10.8 | 16.5 | 58.9 |
| 2001 年 | 305.5 | 1 128.2 | 3.0 | 11.3 | 16.4 | 60.5 |
| 2002 年 | 348.5 | 1 243.8 | 3.4 | 12.0 | 17.3 | 61.8 |
| 2003 年（预测） | 376.3 | 1 347.1 | 3.5 | 12.5 | 17.6 | 62.9 |

资料来源：United States Budget Fiscal Year 2004，*Historical Tables*，Tables 6.1，Composition of Outlays 1940-2008，pp. 109-15。

**表 8—3　　国防支出和国内选择性支出的比较**

| | 国防支出（十亿美元） | 国内选择性支出（十亿美元） | 国际支出（十亿美元） | 总选择性支出（十亿美元） |
|---|---|---|---|---|
| 1965 年 | 51.1 | 22.1 | 4.7 | 77.8 |
| 1975 年 | 87.6 | 62.2 | 8.2 | 158.0 |
| 1985 年 | 253.1 | 145.3 | 17.4 | 415.8 |
| 1990 年 | 300.1 | 181.4 | 19.1 | 500.6 |
| 1991 年 | 319.7 | 193.6 | 19.7 | 533.0 |
| 1995 年 | 273.6 | 251.2 | 20.1 | 544.9 |
| 1998 年 | 270.2 | 263.8 | 18.1 | 552.1 |
| 1999 年 | 275.5 | 277.0 | 19.5 | 572.0 |
| 2000 年 | 295.0 | 298.6 | 21.3 | 614.8 |
| 2001 年 | 306.1 | 320.8 | 22.5 | 649.3 |
| 2002 年 | 348.9 | 359.2 | 26.2 | 734.4 |
| 2003 年（预测） | 375.7 | 388.1 | 27.6 | 791.4 |

资料来源：Congressional Budget Office，*Economic and Budget Outlook Fiscal Year 2004-2013*，January 2003，Table F-7 Discretionary Outlays，Fiscal Years 1962-2001，p. 164；United States Budget for Fiscal Year 2004，*Historical Tables*，table 8.1，p. 123。

---

① Les Aspin，*National Security in the Post-Cold War World* (Washington，D. C.：Office of the Secretary of the Defense，September 1993).

② Andrew F. Krepinevich，*The Bottom-Up Review：An Assessment* (Washington，D. C.：Defense Budget Project，1994)，pp. 8-9.

该审查［以及它在1997年的继任者“四年一次的国防审查”（the Quadrennial Defense Review）］的目标为评论家们提供了一个新的基数，而他们声称当前的国防资金预估并不充足。武装军队的使命已经扩大并发生改变，而它实际的预算拨款却在下降。对于国防缺口最明显的证据在于军备。“军备”是“军队组成部分的集成能力，旨在提供其预设的产出”①。在当代文本中，军备意味着一种国防军事能力，能够应对多变而复杂的任务的需要，尤其需要迅速灵活的反应、自如应对陌生环境的高素质人员、精密的通信技术以及充足的储备物资和人员。②

在20世纪90年代中期，据美国国防部透露，12个军事部门中的5个部门已经出现了军备能力的显著衰退。③ 报道揭示了严重的低效：船只已开向大海，但没有足够的人员补充④；招募和保留高素质人员成为难题（甚至连一个也没有）；更为
158 经常性的和长期的海外任务没有足够的储备，分裂的常规单位和部署。⑤ 在军事人员从冷战高峰时期的210万人降至140万人的同时，任务、基础、指挥结构并没有相应减少，留下的是一支被掏空的军队，缺位的专业岗位、不充足的军事操练，以及令人不满的工作环境、工资、住房和抚恤金等。⑥

截至1998年，国防预算已经从其巅峰时期下降了9个百分点，但如果考虑到通货膨胀因素，据估计国防预算授权下降了1/3以上。⑦ 国防在总预算中的比例从超过1/4降至仅16%左右。如今它在GDP中所占比重仅为10年前的一半多一点。即便如此，在20世纪90年代，相对于其他国内选择性支出项目，美国在国防项目上仍然支出最多（见表8—3），甚至在冷战结束时，国防支出也几乎相当于世界其余地区的总和。

转机出现在1998年9月，参谋长联席会议主席在国会面前证实，军队正“显示出越来越多的衰退迹象”⑧。美国也越来越需要面对各种军事挑战——科索沃穆斯林的对抗、在波斯尼亚的维和行动、东帝汶的民主运动、南亚的核武器新力量、伊拉克人的反抗、解体的苏联帝国、与中国的不稳定关系以及各地的恐怖主义。世界似乎已成为虎穴狼巢，于是，克林顿政府宣布了一项“10年内国防支出的首次、持续、长期增长”计划。⑨

---

① Tyszkiewicz and Daggett, op. cit., p. 22.

② 对于军事准备而言，没有一份单一的目录。参见Richard Betts, *Military Readiness: Concepts, Choices, Consequences* (Washington, D. C.: Brookings Institution, 1995)。

③ *Los Angeles Times*, November 16, 1994, p. A18.

④ Steven Lee Myers, "It's All Too Few Hands on Deck for the Navy," *New York Times*, February 2, 1999, pp. Al, A17。

⑤ Pat Towell, *Congressional Quarterly Weekly Report*, May 25, 1998, op., p. 1082.

⑥ Martin Fritz, "A Gradual Erosion of U. S. Force." *Los Angeles Times*, November 11, 1998, pp. A1, A20. Paul Richter, "Fewer Troops, More Missions Strain Military," *Los Angeles Times*, January 10, 2000, pp. A1, A15.

⑦ Mary T Tyszkiewicz and Stephen Daggett, op. cit.; General Accounting Office, *Defense Sector: Trends in Employment and Spending*, April 1995, p. 10. (GAO/NSIAD-95-105BR).

⑧ Eric Pianin, "A Meeting of Minds on Defense," *Washington Post National Weekly Edition*, June 7, 1999.

⑨ Pat Towell, "Clinton's Defense Budget Increase Falls Short," *Congressional Quarterly Weekly Report*, January 9, 1999, p. 71.

在过去两年中，克林顿政府的国防开支开始逐步增长，但不如国内选择性支出增长得快，而实际上它也首次超过国防支出（见表 8—3）。众所周知，甚至仅仅是为了维持当前的军队规模、替换和更新设备以及保障军备和训练，军队在未来也将支出更多钱。① 在 20 世纪 90 年代，采购支出的削减超过 60%，因此，能够得出的观点是：已经到了上新武器系统的时候了。

在新反导防御系统的发展上，重建压力尤其沉重。在 1983 年至 1995 年期间，超过 360 亿美元被用于弹道导弹防御系统建设，但其成果却令人怀疑。克林顿政府彻底削减并重组了导弹防御计划。② 但是，共和党推进原计划的压力很大。1995 159
年，针对克林顿的申请，国会在国家导弹防御部署方面增加了一大笔钱，但克林顿否决了它，最终协商达成了一个折中的增长方案，尽管后来的经费削减延缓了该项目的实施。③ 但在 1999 年，随着一份来自两党联合委员会（拉姆斯菲尔德委员会）的报告，一个意外的转变发生了：国防部的官员们将导弹威胁定位于朝鲜、伊朗和其他可能的地点，全面支持 21 世纪初反导防御的构建和部署。④

随着乔治·W·布什的当选，这位怀有建立强势国防愿望的总统为推动国防预算的增长带来了新的动力。在 2002 财年，他的第一项预算提案相对保守，这反映了对军人支付的增加、研究、通货膨胀以及甚至是对武器采购预期支出的小幅削减。⑤ 紧随这份预算提案的是一份追加提案，申请的是该年稍后额外的 180 亿美元。与此同时，布什的国防部长唐纳德·拉姆斯菲尔德启动了一项综合性的审查，审查的目的在于转变军队的职能，塑造一支“有能力在瞬息万变的世界中解决各种问题的军队”⑥。

不足为奇，拉姆斯菲尔德的想法尚未公开即遭到来自国防部内部和国会双方的反对。增加额没有了，并且总统似乎甚至无法使其国防申请（不包括该项改革）的第二部分在国会通过。随后，一个特殊的日子打破了整个局面：“9·11”的灾难凝聚起了大家对总统的鼎力支持，国防成为重中之重。

国会立刻拨款 400 亿美元用于灾后重建和国土安全。⑦ 在对国防授权草案的辩论中，增加了成百上千的补充事项。⑧ 2002 财年的国防支出迅速增长至将近 3 500 亿美元。

“9·11”袭击也创造出了一个新的预算支出种类：国土安全。此项开支并非史

---

① Congressional Budget Office, *Budgeting for Defense: Maintaining Today's Forces*, September 2000, p. 14.

② Pat Towell, "Senate Bill Boosts ABM Effort," *Congressional Quarterly Weekly Report*, July 29, 1995, p. 2288.

③ Pat Towell and Donna Cassatta, "Senate Backs Nuclear Tests, Anti-Missile Program," *Congressional Quarterly Weekly Report*, August 5, 1995, p. 2380; *Los Angeles Times*, February 17, 1996, p. A6.

④ *Los Angeles Times*, January 21, 1999, p. A18.

⑤ *New York Times*, April 10, 2001, p. A14.

⑥ Esther Schrader, "White House Wants Extra $18.4 Billion for Defense in'02," *Los Angeles Times*, June 23, 2001, p. A11.

⑦ Congressional Budget Office, *The Budget and Economic Outlook: Fiscal Years 2003—2012*, January 2002, p. 73.

⑧ Pat Towell, "Arms for a New Kind of War," *CQ Weekly*, September 15, 2001, p. 2148.

无前例，因为自1998年以来，管理与预算局每年都会向国会报告反恐斗争的情况。国土安全的定义包括了政府的实体安全、法律的实施和调查、对恐怖主义行动的预
160 防和应对、研究与开发、国民的实体安全、关键性基础设施的保护。[①] 国会在当年120亿美元的支出中增加了超过50亿美元（增幅为45%），并且在2002财年总统136亿美元的预算提案中增加了近90亿美元（增幅为65%）。[②]

2002年初，布什总统提交的预算提案申请了3 790亿美元的国防经费，与2001年相比增加了480亿美元，或者说提高了14%。目的在于建立国防支持，使之达到1985年里根任职时的巅峰。[③] 此时，来自两党的共同支持已不复存在。政府为了一个赤字编制预算，违背了不动用社会保障盈余的承诺，也给国防带来了财政上的困难。财政拨款的冲突僵持不下，行政部门拒绝自身需求之外的任何额外支出也于事无补。[④] 在新财政年度之初，包括国防和国土安全在内的财政拨款已经出现僵局。随后，总统向国会申请并找到了解决困境的方法，他得到了国会赋予的干预伊拉克问题的权力，国防拨款接踵而至，国会不仅毫无异议地批准了政府的申请，还为国防增加了成百上千万美元的预算。

在2001年，虽然按定值货币计算的国防支出仍在下降，但在名义货币上的国防支出已经超越了1989年的巅峰。两年之后，据估计，国防支出增长了约24个百分点（见表8—1）。CBO的分析显示，布什的国防项目（2003年的未来国防项目）2007年将有4 080亿美元的国防预算需求，至2020年的年均需求是4 880亿美元，并且最高值将达到近5 000亿美元。[⑤] 这样的国防经费水平前所未有，但据CBO报告，实际国防经费不会变化太大：如果在通货膨胀影响下其余预算项目也将持续增长，“在当前计划的长期运作过程中，国防经费将会在总预算中占据一个更小的稳定比例”[⑥]。如果经济如期保持增长，国防支出占GDP的比例也将减小。

对国防预算起落的这一简要说明仅仅是对其复杂性的一瞥。每一次预算讨论不仅包括分配给国防和其他事项的拨款总数，还包括种类和数量上的详细讨论，例如船只、飞机、兵器、坦克、导弹、车辆、通信设备、加薪、设施建设，等等（这份看似永无止境的清单还要进行分类和整合）。每项削减或增长决定都将牵扯到一连
161 串的利益关系（生产商、供应商、建筑商、承包商），还包括不同的地区，那里的代表都投票赞成增进并维持国防的扩张。像现在这样充满不确定性的年代，为应对新挑战，政策调整被附加在对军备、现代化建设、导弹防御、部队构成的竞争性需求和对军事部门现存资源的分配上。所有这些决策的制定如何将国防预算的不同部

① Office of Management and Budget, *Annual Report to Congress on Combating Terrorism*, July 2001, in Congressional Budget Office, January 2002, op. cit., p. 110.

② Congressional Budget Office, January 2002, op. cit., p. 113.

③ Vernon Loeb and Bradley Graham, “The Biggest Bang for the Buck?” *Washington Post National Weekly Edition*, February 18-24, 2002, p. 29.

④ Daniel Parks, “President's Hard Line on Spending Shatters Brief Bipartisan Consensus,” *CQ Weekly Reports*, July 13, 2002, p. 1864.

⑤ Congressional Budget Office, *The Long-Term Implications of Current Defense Plans*, January 2003, pp. xi-xii.

⑥ Ibid., p. xii.

分整合在一起？又如何平衡不同的主张和重点？

## 内部预算过程

在一个像国防这样庞大复杂的领域中，制定和实施年度预算是一项令人生畏的任务。为国防部制定预算需要一大批参与者连续26～27周的共同努力。自1961年起，该过程根据计划项目预算系统进行了组织，预算被分为不同的项目，该过程依序排入不同阶段，并设法整合当期预算的项目和预算以及中长期计划。

## 计划项目预算

计划项目预算系统的与众不同之处在于它根据项目将预算进行分类。国防部的内部过程运用了“项目要素”，将武器、人力、储备设施划为一类，超越了国会在拨款中使用的分项模式。这些项目要素被归入11个“主要军事项目”，包括“战略部队”、“机动部队”、“研究和开发”等宽泛的分类目录。①

不同军种的竞争改变了（有人说是破坏了）此项目的重点：陆军对海军对空军。其他联邦机构没有国防部这样激烈的竞争和高度的利害关系。戴维·琼斯（David Jones）将军是前参谋长联席会议主席，他将国防预算描述为一种“内部的资源争夺”②。

每个军种都有一个独立组织的实体。并不存在“军事官员”这样的职位。个体是陆军、海军或者海军陆战队中的成员。各个军种保持独立的设施、训练项目和预算，保持着属于自己的独特传统、军种研究所以及制服样式，甚至还有科研融资的专属机构。③ 组织间的界限显而易见，所有的参与者都了然于心。一个特定的军种不仅是个人身份的来源，也是“法令和奖励的主导性要素，是向组织效忠的核心”④。

竞争是把双刃剑，它也有不利的方面，大量证据显示，军队在战场上缺乏必要 162
的合作。对竞争的拥护取代了分析、效率和逻辑。各军种都设法争取项目，因为项目能够给特定的部门带来好处（在它的规模、重要性和晋升机会方面），同时他们会声称（坚信）这些项目对全国都有利。⑤ 正如国防分析家威廉·W·考夫曼（William W. Kaufmann）所描绘的20世纪80年代中期的局面：

> ……所有的三个军种同时试图扩张它们的实力，升级旧武器，并且尽可能快地用更新、更贵的型号去替换。此外，（各军种）都在武器上进行投资，以

---

① 参见 Tyszkiewicz and Daggett，op. cit.，pp. 17－20。

② Glenn Pascall，*The Trillion Dollar Budget*（Seattle：University of Washington Press，1985），p. 6.

③ Allyn Jackson，“Declining Mathematics Funding at DOD，” *Notices of the American Mathematics Society*，Vol. 47，No. 1，January 2000，pp. 42－45.

④ Arnold Kanter，*Defense Politics*（Chicago：University of Chicago Press，1975），p. 17.

⑤ 参见 Mark Rovner，*Defense Dollars and Sense*（Washington，D. C.：Common Cause，1983），p. 36。

使自己能够独立于其他军种进行战斗。①

军种独立也有好处，因为所有的创新都需要拥护者。例如，一项关于海军航空的研究显示，第二次世界大战前，美国和日本的成功及英国的失败是因为对制度化的拥护。英国将海军航空置于中央司令部的控制之下，而中央司令部总是有其他优先考虑的事务。它从未拿出足够的经费和晋升机会去培养一支骨干队伍，使其能够与其他的竞争对手抗衡，推动海军航空事业的发展。②

军种结构导致了僵化的问题，阻碍了资源部署的必要调节。③ 在1986年，为了增进各个军种间的协调合作，国会通过了《戈德华特-尼科尔斯国防部重组法案》(the Goldwater-Nichols Reorganization Act)，它阐明了参谋长联席会议的职能，并且增强和提高了它的地位。④ 近来，国防部部长拉姆斯菲尔德已经开始维护自己超越联席会议的统治地位。⑤

国防预算的正式编制被划为三个阶段。计划阶段始于使用预算资金的财政年度的两年之前，确定国防目标，并明确这些目标所需的资源。项目阶段的重点在于为实现目标开发项目。预算阶段审查项目的开支和功效，并将国防支出预算与其他联邦预算一同提交国会。⑥

当然，预算过程中的计划受限于政府中行政和立法机构的政策方向。在国防部内，主要的计划文件是《国防计划指南》(Defense Planning Guidance，DPG)，文
163 件由国防部长办公室编制，概述了使命、战略、执行中的计划和项目以及预期资源的政策。它吸收了每一军种和联合参谋部内文职官员及军事官员的评论和意见。例如，据报道2002年6月颁布的《国防计划指南》制定了下一个五年的政策，以贯彻上一年10月发布的“四年防务评估报告”[其中包括用另一种作战战略代替两种主要的作战战略]，它强调高科技、网络战、反恐、情报、空袭和空间能力以及具体的武器系统，被视为比先发制人的军事政策更为适当。⑦

参谋长联席会议准备了一份独立的联合战略计划文件，在向国防部长的正式建议中，这份文件提供了具体的方案内容分析。《国防计划指南》被转化为未来六年的国防计划(FYDP)，它将所有的项目要素都综合在一起，形成“一个实现军事结构、战备、可持续性和现代化目标的各种要求和各种选择方案的摘要”⑧。一直到

---

① William Kaufmann, *A Reasonable Defense*, Washington, D. C.: Brookings Institution, 1986), pp. 101-02.

② Thomas C. Hove and Mark D. Mandeles, “Interwar Innovation in Three Navies: USN, RN, IJN,” sponsored by the Office of Net Assessment, DOD, 1982.

③ Richard J. Sherlock, “New Realities, Old Pentagon Thinking,” *Wall Street Journal*, April 24, 1997.

④ Fred Thompson and L. R. Jones, *Reinventing the Pentagon: How the New Public Management Can Bring Institutional Renewal* (San Francisco: Jossey Bass, 1994), p. 78.

⑤ Peter Boyer, “A Different War,” *The New Yorker*, July 1, 2002, pp. 55-67.

⑥ 此段描述是基于 Thompson and Jones, op. cit.; L. R. Jones and Glenn Bixler, *Mission Financing to Realign National Defense* (Greenwich, Conn.: JAI Press, 1992); 以及 Tyszkiewicz and Daggett, op. cit。这些描述与正式 PPB 过程的细节并不总是一致。

⑦ John Hendren, “High-Tech Strategy Guides Pentagon Plan,” *Los Angeles Times*, July 7, 2002, p. A18.

⑧ Jones and Bixler, op. cit., p. 23.

该阶段，对资源的考虑都很少。①

规划阶段使用FYDP来制定一项为期两年的资源配置计划。由各军种开始，每一个军种都将它的要求综合到一个计划目标备忘录（POM）中。它们根据参谋长联席会议对风险和能力的意见，在国防部长规定的财务限额内制定和编制方案，以实现《国防计划指南》的目标。在经过国防部长办公室人员的分析后，POM由国防资源规划委员会来审查。这是一个行政预算委员会，由国防部副部长任主席，其成员包括来自参谋长联席会议的代表和来自国防部长办公室内其他部门的代表。国防资源规划委员会对预算框架做出最终决定，并写入决策备忘录（PDMs）。

PDMs是进行成本估算的基础，按要求由军事部门递交给国防部审计长，以完成落实它们的首要任务。② 审计长和其他国防部长办公室人员以及管理与预算局审查预算在成本估计方面的准确性、可行性、进度，以及是否与已经确定的优先任务一致。③ 管理与预算局与其他部门不同，作为国防审计团队的部分，向总统提出一份联合建议。

审计长随后制定一个“最终”预算，将预算形式从内部程序的计划要素重构为国会使用的拨款形式。在国防部长办公室和管理与预算局之间悬而未决的问题还要被讨论，同时还要将最新的经济预测纳入预算考虑（这通常将引起数百个预算科目的调整）之中。随后，预算将被提交给总统审批。接下来，管理与预算局将国防预算与其他联邦预算合并在一起提交给国会。

PPB为国防预算的制定提供了框架。然而，PPB在最初不仅仅被视为财政预算 164
分类。在国防部内，它的发展源自效率低下、缺乏远见以及第二次世界大战后各军种之间的竞争。④ 在20世纪60年代，实施PPB旨在提高国防部长办公室的权威性，利用预算系统来制定符合军队职能要求的预算，这种做法随后被运用到整个国防部。

尽管计划过程与项目分类确实得到实施，但PPB改革的实质目的是否真正实现却令人怀疑。国防部仍维持以投入为导向，将注意力置于支出目标，在将任务与资源联系起来的实际操作层面没有下放自主决策权。⑤ 预算系统在确保目标得到真正考虑方面也做得不够，据称早期改革使责任（执行任务的指挥官）与管理部门（实际得到资金的军事部门）分离。⑥

根据汤普森（Thompson）和琼斯（Jones）的观点，预算过程本意是帮助国防部长办公室建立它的战略优先等级，并在主要的项目之间合理地分配资源，但这一

---

① Tyszkiewicz and Daggett, op. cit., p. 56.

② Jones and Bixler, op. cit., p. 26.

③ L. R. Jones, "Policy Development, Planning, and Resource Allocation in the Department of Defense," *Public Budgeting and Finance* Vol. 11, Fall 1991, p. 20. 参见 Gordon Adams, *The Role of Defense Budgets in Civil Military Relations* (Washington, D. C.: Defense Budget Project, 1992), p. 14。

④ Thompson and Jones, op. cit., pp. 25-6.

⑤ Ibid., p. 63.

⑥ Ibid., p. 69.

目的并未实现，直到 1991 年布什政府提出基地增兵建议，对军事结构实施了自 1961 年以来的首次全面改造。他们得出结论：“这意味着在整个冷战期间使用的 PPBS 程序这一精心设计的机制，仅仅只是生硬地拼凑出了一些新的关于机构和装备的图表，然后再用新式武器和训练有素的人员来满足这些图表所列明的需要，这一过程很少能完全实现目的。”[1] 但琼斯认为，PPB 确实提供了一个进行决策和边际选择分析的框架，它将最终决定国防预算（除了明显的“政治分肥”项目）。此外，它也给参谋长联席会议下属的军事部门提供了参与国防预算制定的重要机会。[2] 现在的问题是，这个体制对正在推行的改革起到了推进作用还是阻碍作用。

PPB 也意在将预算变成一个结果导向的体系，根据战斗任务纲要重新调整国防部，并且要求将辅助活动与任务联系起来，对任务中心直接资助。任务中心的需要会推动预算拨款，并在使用资源实际完成任务过程中实现问责。[3] 但是，辅助活动与任务很难联系起来，并且在资金和结果之间也缺乏充分的联系。[4]

165 1993 年，戈尔报告[5]研究了相同的主题，他推荐使用任务推动、结果导向的预算，这种预算把对绩效的评估也包括进来，并将绩效与预算挂钩。1993 年的《政府绩效和结果法案》要求国防部像其他联邦机构一样，编制一份年度绩效计划、绩效评价和绩效报告，并且用绩效分类调节预算。

## 采 购

装备、车辆和武器的采购占了国防预算的一大部分。各军种都不断地争取军事硬件能有更好的性能。要想追求更好的性能，就要在尖端科学和工程的新领域投入巨资进行研究。正是军队推动了复杂精密且昂贵的武器装备生产系统的产生。

军队都想获得最先进的武器装备，这样的动力显著表现在卡特和里根政府时期武器成本的差异上。根据国会预算局的一项研究，就数量而言，里根总统在第一个任期内比卡特总统多买了 6.4%的导弹，但若以定值美元计算，他的花费则增加了 91.2%。里根多买了 30%的坦克，花费上升了 147.4%[6]；多买了 8.8%的飞机，花费上升了 75.4%；多买了 36.1%的船只，花费上升了 53%。[7] 截至 2002 年，国会

---

① Thompson and Jones, op. cit., pp. 25-6.

② 参见 L. R. Jones, “Policy Development, Planning, and Resource Allocation in the Department of Defense,” op. cit., pp. 15-27。

③ 参见 Joint DOD-GAO Working Group, “The Department of Defense's Planning, Programming and Budgeting System,” September 1983, pp. 119-120 GAO/DOD-84-5。

④ Ibid., p. 121.

⑤ *Reinventing Government: From Red Tape to Results: Creating a Government That Works Better and Costs Less. Report on the National Performance Review* (New York: Times Books, 1993).

⑥ Jacques S. Gansler, “How To Improve the Acquisition of Weapons,” in Robert J. Art et al., eds., *Reorganizing America's Defense* (Washington, D. C.: Pergamon Brassey, 1985), p. 384.

⑦ Kaufmann, *A Reasonable Defense*, p. 43.

同意添置两艘神盾驱逐舰，价值约 23 亿美元；一艘核潜艇，价值 15 亿美元；一艘直升机母舰，价值 15 亿美元。23 架 F-22 战斗机，将花费 40 亿美元；46 架 F/A-18E/F 战机，约 32 亿美元；15 架 C-17 宽体货机，约 33 亿美元。① B2 隐形轰炸机每架需 30 亿美元。现在已被否决的十字军火炮系统将花费约 110 亿美元②，同时，一期导弹防御系统的花费在 360 亿美元左右。③

所有士兵都想得到最好的武器，这无可厚非。正如图伊·斯帕茨（Tooey Spatz）将军所言："一架二流的飞机就像一手二流的牌，一点都不好。"④ 武器研发需要数年时间，这个进程无法轻易加速。每一军种每隔十年左右才能获得一批新武器，所以，他们会寻求尽可能在每一次武器升级中将所有能够想到的武器都包括在 166
内。军队根据经验知道，在战争时期或在局势高度紧张时，国会将批准尽可能多的资金以扩张军事力量和增加武器生产。但是，国会的举措不可能立即创造出所需的先进技术。

也许有人认为，提供资金用于长期采购是 PPB 过程中不可或缺的一环。然而，琼斯和比克斯勒（Bixler）认为："国防部取得主要资本资产（如导弹、武器系统、军舰、飞机、坦克等）的预算案和决策是在一个国防运作预算之外半自动运行的预算过程中被审查和分析的。"⑤ 另外，出于对安全的考虑，许多我们所了解的采购过程实际上都像奇闻逸事一样。详细的采购和签约过程的描述超出了本章范围，这里仅涉及一些笼统的影响国防预算的重要方面。⑥

大规模军事硬件的研发需要漫长的时间，这方面至少要对采购中一个最显著的问题——成本超支——部分负责。武器采购中的成本超支历史由来已久，并不光彩。1794 年 3 月 27 日，国会通过了建立远洋海军的计划，拨款兴建了 6 艘护卫舰。为了分配联邦支出的利益并获得政治上的支持，这一项目承包给了地理位置分散的 6 家私人造船厂。欧洲的战争使船厂无法购买一些必要物资，直到 1795 年底船的龙骨才铺设好。此后不久，由于管理不善、时间延误和成本超支，所要购买的护卫舰的数量减至 3 艘。⑦

据估计，武器系统的成本（将通货膨胀因素考虑在内）比当初军队第一次提交给国会的拨款申请中的最初成本预计平均增长了一倍。⑧ 罗伊·迈耶斯（Roy Meyers）的报告称，少报武器预计总成本是"数十年来国防部的一种生存方式"⑨。

---

① Pat Towell, "House Approves Defense Spending Plan That Allows for Controversial 767 Leases," *CQ Weekly*, October 12, 2002, p. 2680.

② Peter Boyer, "A Different War," *The New Yorker*, July 1, 2002, p. 65.

③ General Accounting Office, *Missile Defense: Status of the National Missile Defense Program*, May 2000, p. 14.

④ Robert J. Art, "Restructuring the Military-Industrial Complex: Arms Control in an Institutional Perspective," *Public Policy*, Vol. 30, No. 4, Fall 1974, pp. 429–30.

⑤ Jones and Bixler, op. cit., p. 26.

⑥ 想要了解更详细的关于采购和承包的描述和分析，参见 Jones and Bixler, op. cit., and Thompson and Jones, op. cit。

⑦ Charles Hitch, *Decision-Making for Defense* (Berkeley: University of California Press, 1970), p. 6.

⑧ Rovner, *Defense Dollars and Sense*, p. 42.

⑨ Roy Meyers, *Strategic Budgeting* (Ann Arbor: University of Michigan Press, 1994), p. 95.

1992 年底，审计总署的报告称：“尽管有法律和法规的限制，国防合同定价过高仍然是一个显著而普遍的问题，多花费了纳税人成百上千亿美元来为那些不必要的产品和服务埋单。”①

三年后，情况看上去并没有多少好转。一位审计总署的官员在国会作证时说：

> 国防部的武器采购中经常会出现成本超支、进度延迟以及性能不足的问
> 167 题。例如，我们已经汇报过，在大型武器项目上成本上升 20%～40%的现象司空见惯，甚至有大量项目的成本增加幅度还要大。尽管从过去到现在我们一直致力于采购体制改革，但这些浪费的习惯仍然使国防采购成本增加了数十亿美元。许多新武器成本更高，但作战能力却不如预期，也经常有进度延迟的现象。此外，特别是在苏联解体之后，是否真正需要那些造价昂贵的武器也值得怀疑。在决定武器系统时需求不足，不切实际的项目成本、进度以及绩效估计，同时研发和生产武器，在彻底的测试完成之前就将武器系统投入生产，这些都是国防部历史上的典型问题。②

导弹防御系统似乎更容易发生成本超支。据估计，“爱国者-3”改进型导弹项目的花费从 1999 年的 39 亿美元到 2000 年的 68 亿美元③，增加了 77%。一个 1996 年启动的机载激光器项目预计到 2006 年初的开发成本为 25 亿美元。而在 2001 年 8 月，据估计该系统的成本将上升 50%，而且需要另外 4 年的时间。④

有些问题可能是国防部的专业需求引起的。所以，五角大楼具有这样的倾向性（这种观点受到国会微观管理和官僚政治倾向的影响），即不仅要对主要的采购列明详细的规格要求，对日常物品也要如此。它希望通过照章办事免于被指责。采购一个哨子需要一份长达 16 页的军事规格要求，包括要求“用中等或强劲的力道来吹它时，可以良好地发出声音”。对于墨西哥玉米薄饼和水果蛋糕也有类似细致的规格要求。⑤

由于在日常物品上骇人的超高支出，国防部被描述为被不诚实的承包商们肆意讹诈欺骗的愚蠢的官僚机构。有传闻说，五角大楼花了 91 美元买了 3 美分的螺丝，花了 110 美元买了 4 美分的二极管，以及花了 9 609 美元买了 12 美分的 L 形扳手起

---

① General Accounting Office, *Defense Contract Pricing*, December 1992, p. 7 (GAO/HR-93-8).

② Statement of Frank Conahan, *Defense Programs and Spending: Need for Reforms*, Testimony before the Committee on the Budget, House of Representatives, April 27, 1995, p. 4 (GAO/T-NSIAD/95-149).

③ GeneralAccounting Office, *Missile Defense: Cost Increases Call for Analysis of How Many New Patriot Missiles to Buy*, June 29, 2000 (GAO/NSIAD-00-153).

④ GeneralAccounting Office, *Missile Defense: Knowledge-Based Decision Making Needed to Reduce Risks in Developing Airborne Laser*, July 2002, p. 1. (GAO-02-631).

⑤ “In Wake of Foul-Ups, the Pentagon Is Pressured To Shop Around for Bargains on Everyday Goods,” *Wall Street Journal*, October 3, 1986, p. 50.

子（后来调整过来）。尽管一个局外人可能不容易了解内情，但这些传闻可能是真的。①

尽管有关报告暗指存在着许多浪费现象，但国防部确实审查了装备的成本。例 168
如，当承包商提交一份新式武器零部件的设计时，国防部负责签约的官员会审查这份设计并提议适当地用一些通用规格的零件来替代特别订制的零件。在接下来的阶段，国防部的价值工程师将对其进行独立评估，分析特别订制的零件是否必要。国防部的项目经理被鼓励适当购买有库存的“现成”产品。

但购买“现成”产品也有问题。最便宜的部件可能大部分都在国外生产，这就有了对安全性和可靠性的争论。商业市场并没有发达到可以提供在价格上具有竞争力的产品来满足国防部的需要。例如，联合战术无线电系统（JTRS）项目依靠商业化生产的产品来提供其软件和硬件设备。然而，审计总署的报告称，近来的研究显示当前商业环境中的技术可能不足以完全支持设备更新或未来需求。②

如果能开门见山地指出该买什么、谁可以以给定的价格提供产品，那么问题就简单了。就长期、复杂、技术型的项目而言，这些都是问题。琼斯和比克斯勒已经研究了国防部采购过程中不同阶段不确定因素的所在。承担研发任务的公司抱怨到，他们没有赢得生产合同的任何保障。他们想长时间锁定价格和数量，这样就可以免受每年预算制定中那些政治上不确定因素的影响。③ 为了将来的发展，国防部既不愿授予这一产品专利权，也不想保证与同一承包商合作。④

我们可以从设计制造和生产的并行中看出另一种方法的危险性，这等于批准承包商们可以在一个新武器或装备的设计初期，甚至还没经过野战测试的时候就开始低水平的生产。人们断言，就是这种“先买再飞”的做法导致了 2001 年“鱼鹰”直升机在试飞中坠毁，“通过在全美各国会选区内分配工作以及分包合同，国防部的承包商们可以快速建立起自己在政治上的安全网络”⑤。

国防采购中的问题部分是因为国防部可能是这些产品唯一的需求者。相应地，这也许就意味着需要保持这些公司的业务以维持该产品的生产，并且这也意味着该产品的竞争太有限，以至于国防部没有机会货比三家。随着 20 世纪 80 年代国防支
出激增的结束，为五角大楼提供军需的公司也相应减少。20 世纪 80 年代中期有大 169

---

① 斯蒂文·科尔曼（Steve Kellman）认为有许多传闻是夸大其词的。他认为 91 美元的螺丝和 110 美元的二极管并不意味着浪费，而是会计的问题。通常承包商们会计“件”而不是计“价”来分配开销。例如，如果总开销是 100 万美元，分配给 1 万个零件，那么一些承包商们会分作 100 美元一个而不考虑它们相应的成本。所以一个 15 万美元的东西会价值 15 100 美元而一个 4 美分的东西会价值 100.04 美元。（Steve Kellman，“The Grace Commission：How Much Waste in Government?” *The Public Interest*，No. 78，Winter 1985，p. 64）。遗憾的是，我们无法确定这一过程是否真的存在。

② General Accounting Office，September 1999，op. cit.，p. 7.

③ Anne Marie Squeo，“Pentagon to Review Procurement Policy In Effort to Help Ailing Defense Firms，” *Wall Street Journal*，January 21，2000，p. A3.

④ 参见 Jones and Bixler，op. cit.，178-182。

⑤ Franklin Spinney and John Shanahan，“The Pentagon Can't Afford to Wing It，” *Washington Post National Weekly Edition*，February 19-25，2001，p. 23.

约 50 家大公司，而到了 2000 年，仅剩下 5 家。例如，仅有一个公司生产为 M-1 坦克定制的计算机屏幕，而每年 200 万美元的亏损使该公司决定于 1999 年初退出这一行业而改行。这一问题后来由一个小公司解决，它们从日本购进市售的屏幕后再进行改装。①

国防预算的庞大规模更可能导致管理不善和浪费。每年国防部都要花费 800 多亿美元用于研究、发展和采购武器系统，以至于一小部分的问题都会产生巨大的影响。此外，还有其他种种困境，例如存货问题。在备用状态与流动状态中应如何平衡呢？前者意味着在需要时可随时取用物资，而后者则可以使资源不闲置。② 另一个问题是应购买还是租用。联邦预算规则需要项目的“足额资金”，使得相关机构和国会能够考虑完整的成本。但在 2002 年，为远程战斗机加油的需求在阿富汗战争中凸显出来，而空中加油机机队已经服役了 40 多年，这使得租用（将成本分散到未来数年）飞机的压力增大。不仅仅美国空军部长支持这一决定，诺姆·迪克斯（Norm Dicks）也支持。他是众议院国防拨款小组委员会的成员，而他的家乡正是波音公司的所在地华盛顿州。③

可以看到，近几年政府已经加大了改善国防采购过程的努力。《国防人力采购改进法案》（DAWIA）通过后，通过加强教育和培训，国防部已经尽了极大的努力来改进采购的专门管理技术。④ 在一个高级财务管理监督理事会的领导下，完善并现代化财务管理的努力正在进行，由《首席财务官法案》设立的首席财务官和指导委员会也参与其中。⑤ 1997 年，国防部发起了一项国防改革倡议，这是为减少基础设施成本和改善业务运营所作的重大努力。此后，许多附加的倡议由此展开，包括采购、财务管理和后勤改革。⑥

武器系统的机密性和复杂性、涉及的无数细节、军队内部以及分支机构与合同
170 承包商之间的关系网，还有其所驻扎的社区，所有这些都使国防预算极难理解。无论是平民百姓还是军事国防人员都难以区分什么观点是自私自利，什么观点的确是为了取得国防成就。没有人对所面对的威胁或对武器选择与人事政策会带来什么后果完全有把握。巨大的不确定性和无限的复杂性交织在一起，很显然，无论采取什么立场，无人能掌控未来。

---

① Pat Towell, “Does Security Suffer as Pentagon Shops in the Global Marketplace?” *Congressional Quarterly Weekly Report*, February 13, 1999, p. 401-02.

② General Accounting Office, *Defense Inventory*: *Growth in Air Force and Navy Unrequired Aircraft Parts*, pp. 16-22; General Accounting Office, *Defense Inventory*: *Changes in DOD's Inventory*, 1989-93, August 1994, pp. 4-5 (GAO/NSIAD-94-235).

③ Pat Towell, “House Approves Defense Spending Plan That Allows for Controversial 767 Leases,” *CQ Weekly*, October 12, 2002, p. 2681.

④ 与琼斯的对话。

⑤ David C. Morrison, “Green-Eyeshade Blues,” *National Journal*, December 10, 1994, 1994, pp. 2898-2901.

⑥ General Accounting Office, *Defense Infrastructure*: *Improved Performance Measures Would Enhance Defense Reform Initiative*, Report to the Chairman, Committee on Armed Services, House of Representatives, August 1999, pp. 1-2. (GAO/NSIAD-99-169).

## 8.3　国会预算过程

国会中的国防预算过程实际上与其他预算一样。预算的基石——授权、拨款和支出——都一样。预算由授权委员会（主要是参议院武装部队委员会和众议院国家安全委员会）、拨款小组委员会（参议院拨款委员会下的国防小组委员会和众议院拨款委员会下的国家安全小组委员会）以及参议院和众议院的拨款委员会批准。处理国防预算的不同之处不在于预算结构，而在于国会一直试图对国防预算施加更多、更广泛的控制。

国会中关于国防预算的政治已经发生了变化，用詹姆斯·林赛（James Lindsey）的话来说，就是从20世纪60年代的“内部游戏”变成了八九十年代的“外部游戏”。像以前一样，60年代的国防委员会受到专制的委员会主席们的支配，他们把委员会当作“他们的私人领地”。① 在70年代，国会中的改革通过剥夺委员会主席进行分配的权力，强化了下属委员会及其主席的地位。虽然他们在国防委员会内的影响仍然存在，但独裁掌权的现象减少了。而到了80年代，讨论的地点从委员会转向范围更为广泛的利益成员团体。国会对委员会建议的修订案越来越多，大规模召开参众两院国防授权和拨款会议以解决分歧，这些都是改革的例子，在这些会议中，国防委员会成员甚至是少数派。

伴随着施加于国防预算的影响的分散化，开始发展出一个双重决策系统。1959年前，大部分国防预算是永久性授权，而到了80年代中期，几乎所有的国防预算项目都要求年度授权。② 从理论上讲，国防授权委员会对政策进行广泛的控制与监督，而拨款委员会则负责为权利性项目提供资金。但实际上，两种委员会的权限变得几乎完全一样，它们之间的敌对状态已经达到人尽皆知的地步。正如一位观察家 171
所指出的：“国防拨款小组委员会做了更多的立法性工作，武装部队委员会则做了更多预算编制方面的工作。”③

对于国防预算的重复审查延长了预算过程，使之进一步复杂化，也增加了它的不确定性。授权应先于拨款并成为其模板，并且通常都这样执行。这一点要多亏严厉的授权委员会主席。但至少在最近的3年间（1996年、1998年和2002年），国防授权均受到阻滞，而拨款则先行一步。拨款经常会超额，为不包括在授权立法内的活动提供资金。由于争议普遍存在，所以还没有到需要采取法律行动的地步，但

① James M. Lindsay, “Congress and Defense Policy: 1961 to 1986,” *Armed Forces & Society*, Vol. 13, No. 3, Spring 1987, p. 377.

② Les Aspin, “Congress vs. Department of Defense,” in Thomas M. Franck, *The Tethered Presidency* (New York: New York University Press, 1981), p. 251; Rovner, *Defense Dollars and Sense*, p. 28; Jones and Bixler, op. cit., p. 48; Tyszkiewicz and Daggett, op. cit., p. 35.

③ Robert J. Art, “Congress and the Defense Budget: Enhancing Policy Oversight,” *Political Science Quarterly*, Vol. 100, No. 2, Summer 1985, p. 228.

却不得不通过磋商和非正式和解来解决问题。授权金额和实际拨款金额之间的差别同样令人困惑，因为国防授权也包括向几个授权法案中要求的活动拨付资金，例如军事建设，或者由能源部实施的与国防有关的活动。①

4 个主要的国防委员会代表了国防预算决策的核心，但还有许多其他机构参与其中。预算委员会通过预算决议对国防预算施加影响，尽管它们并不明确规定具体项目之间的资金分配问题，甚至允许国防支出可以有一定的灵活性。② 10 个参议院委员会和 11 个众议院委员会在国防政策的这个方面或那个方面有正式的管辖范围。其余没有正式权限的委员会可就具体国防事务召开听证会。③

国防预算最重要的控制机制是国防拨款。每年的拨款过程是全面调查预算要求和财务运作的机会。"使调查得以实行的听证会，其证词在某些情况下可能长达数千页，并为那些机构如何花费国会授权的资源提供广泛的证据。"④ 国防授权和拨款法案文件页数的增加表明对预算细节的控制加强。1970 年，授权法案的页数为 10 页，拨款法案为 19 页。到 1991 年，授权法案已经增至 371 页，拨款法案则增至 59 页。⑤委员会的职员人数也增加了，因而委员会获取信息的能力得到加强。

近几年来，国防拨款法案似乎更多依靠整笔拨款而非具体的分项拨款。但这并不意味着国会已经放弃了对于国防预算的明细控制。拨款法案中附有委员会的报
172 告，报告里明确规定了各单项的拨款数额。近年来这些报告变得越来越长，越来越详细。提交预算也需要有具体的理由说明，如果没有做什么改变，那么就意味着可以相应地支出资金，执行预算。委员会召开听证会的次数激增，每年国会中的争论也为国防预算增加了许多修正案。

国会在制定国防预算的过程中提供了许多干预的机会。国会成员可以自由地修改总统的申请。而到了 20 世纪 90 年代后期，他们还有意要从武装部队代表手中得到"尚未落实资金的优先项目"。例如在 1999 年，每个军种都带着"采购清单"来到国会上，这些采购清单给国防部预算增加了几百亿美元。⑥

鉴于国防部是迄今为止产品与服务的最大买方，国会也很注意将国防政策作为选区政策的延续。军事基地应建在哪里？国防部向谁购买什么？根据什么标准？这些都要求国防部的政策符合各种社会、经济以及最终的政治判断标准。当然，关于国防支出的争论在很大程度上仍与国家安全紧密相关，但大量资金仍然被用于帮助地方性项目和许多重点项目。

有许多关于国防部为了保证地方就业而被迫接受一些项目的例子。这在 60 年代只能通过与委员会成员培养感情、获得支持来实现（一个漫长而又充满不确定性

---

① 参见 Tyszkiewicz and Daggett，pp. 40－45。

② Ibid.，p. 33.

③ Jones and Bixler，op. cit.，p. 94.

④ Ibid.，p. 46.

⑤ Ibid.，p. 47.

⑥ Pat Towell，"Spence Faces Reluctant Leaders in His Quest for ＄8.7 Billion More in Defense Budget Authority，" *Congressional Quarterly Weekly Report*，March 6，1999，p. 564.

因素的过程），现在则不同了，这块“肥肉”被民主化了。如今，包括初级委员会成员以及其他立法委员在内，所有人都有机会利用国防来造福他们的选民。例如，空军想要取消 T-46 喷气教练机项目，因为其性能不佳，但纽约州的代表却力争维持对该项目的资金投入。来自亚拉巴马州的威廉·M·迪金森（William M. Dickinson）是众议院武装部队委员会的一名共和党高层人员，他批评他的同僚道：“在那些星期五投票支持削减国防预算的人中，有许多又在星期一领导了这场斗争，要将 T-46 项目塞进国防预算。T-46 项目耗资达 30 亿美元，是空中项目中的一块大肥肉。”①

国防预算的增加通常是因为委员会中“部分成员偷偷将他们的项目塞进报告里”②。这些项目中有一些与国防相关，例如为参议院多数党领袖特伦特·洛特（Trent Lott）的家乡密西西比州增加一艘价值 15 亿美元的军舰，而另一些似乎与国防毫不相关，例如由夏威夷的参议员丹尼尔·英诺伊（Daniel Inouye）发起的，将棕色的树蛇赶出夏威夷的计划。③ 由于国防预算被视为“必须通过的立法”，而且常常“否决无效”，所以议员们想要附加不相关立法（被称作“搭便车”）的企图也在增加，例如癌症研究和旱灾救济等。这些专项拨款和附加拨款要求通常出现在国防预算过程后期，即在会议报告或者支出法案综合汇编的印制阶段，几乎没有经过详细审查或争论。查尔斯·巴布科克（Charles Babcock）解释了它是如何运作的：

> 寻求预算过程后期支持的议员必须请求得到拨款小组委员会同事的支持。 *173*
> 然后这些议员会请求委员会领导将这些特别条款加进去。通常情况下这些条款通过私下会议解决不需要正式投票，然后再作为分项纳入最终的拨款报告。④

当然，这样的附加条款和修正案会分散资源，表现为对国防预算的随意干预，逃避了对军事支出整体方向的讨论，而这种讨论被认为可以更加有效地使用国会资源。对国防授权和拨款的干预也可能导致重大的政策变化，甚至改变拨款的优先顺序。以 B-2 轰炸机为例，它的生产被限制在以大约 450 亿美元的成本建造 20 架飞机。1995 年，克林顿政府试图结束这个项目，但是，由于得到受其影响的各州两党成员们的共同支持，该项目的提议者胜利了，他们成功地获得了用以生产下一代 B-2 轰炸机零部件的拨款资金。这是一个典型的以小搏大的例子。它不仅允诺给一个不为军队所需，并且不包括在其预算中的项目提供资金，而且它的费用还挤占了武装部队重视并且仍需完成的优先项目。

布什政府对于议程的更改向国会控制国防预算提出了新挑战。在当时那种全国告

---

① David Morrison, “Chaos on Capital Hill,” *National Journal*, September 17, 1986, p. 2305.

② Charles R. Babcock, “A Slice of Pork for the Pentagon,” *Washington Post National Weekly Edition*, August 24, 1998, p. 28.

③ Ibid.

④ 93 Charles R. Babcock, “Some Last-Minute Pork to Chew On,” *Washington Post National Weekly Edition*, October 19, 1998, p. 32.

急的状况下，布什政府还是成功地获得了对该提案近乎一致的支持。但是，在新武器系统的支出不断增长、维持军队所需开支不断增加、军队抵制削减已通过的方案，以及国会议员提出全体选民诉求的情况下，国会可能会重申它在国防预算细节上的支配权。

国会对国防预算细节的控制并不会随着预算的通过而结束。出于灵活性（需求变化、对资金不足项目的追加拨款、没有纳入计划的军事行动、成本超支）的目的，国防部也希望通过转移或项目调整来改变国会批准的资金用途。

## 项目调整

项目调整，用审计总署的定义来说，"就是资金没有按拨款被批准时的最初计划使用，而是用于其他项目"[1]。项目调整与资金转移不同。转移是指将资金从一个拨款账户转移到另一个拨款账户；项目调整是在同一账户中，将资金从一个项目转移到另一个项目。转移只有通过专门的授权才能进行，而项目调整可以根据非正式的协定实施。例如，将资金从维修用途转为对个人的支付是转移，而在维修账户中将更多资金用于某些项目（同时减少另一些项目的投入）则是项目调整。

174 通常会有例外。当国防拨款账户数额巨大且存在争议时，以及当国会在国防拨款大类下又实施了具有法律效力的项目细分时（例如陆军导弹系统、海军造船、改换装备），资金转移的规则便适用了，拨款资金在项目之间转移。项目调整通常仅应军方要求进行，国会可以决定通过从别的项目上转移资金来资助这些项目，例如削减空军采购以增加军人的津贴。

通常有四种类型的项目调整。众所周知，当立法机构特别感兴趣时，当国防部使用其一般性转移支付授权时（你可以这样做，但显然必须申请），当某个已获批准项目的政府采购增加时，国会事先核准的项目调整将会发生。当拨款法案批准的金额被超过，或正在实施的新计划或项目导致成本持续增加时，国会通知的项目调整将会发生。事先核准的项目调整和通知的项目调整需要得到国防部长或助理国防部长的批准。内部项目调整如涉及拨款账户以内或拨款账户之间资金的重新安排，均需得到国防部审计官员的批准。这样做的目的是留下路径便于审计，使国会能够看到资金被用到什么地方去了。最后，规定额度之内的项目调整并不要求事先批准，可以在某项服务内自行处理。但不管怎样，必须将各项目半年内的累计变化情况形成报告提交给国会，以便国会履行它的监督职责。在存在疑问的情况下，例如一个新项目只有一笔很小的启动资金，国会希望通过信件预先通知。

项目究竟多大才会大到应当通知国会？这要视情况而定。标准是变化的，从400万美元用于增加一个新采购项目到1 000万美元用于提高一个现有的采购项目或军事人员的预算活动不等。[2]

---

① General Accounting Office, "Budget Reprogramming: Department of Defense Process for Reprogramming Funds." Briefing Report to the Honorable David Pryor, United States Senate, July 1986, p. 1. GAO/NSIAD-86-164BR. 下文描述摘自该报告。

② Ibid., p. 10; Tyszkiewicz and Daggett, op. cit., p. 49.

项目调整的目的既是为了防止国防部用原来的行动规则去指导新实施的计划或项目，又是为了在必要时能保持一定的灵活性。四个国会委员会——众议院和参议院的国防拨款委员会和武装部队委员会（秘密的事件还要求两个情报委员会）——将决定什么是必要的。由于所有这些监管都未在法定要求的基础上进行，所以项目调整要求不受法律约束，正如审计总署所言，这是一件“忠于信仰”的事。由于项目调整是一项必须得到四个委员会预先批准的要求，因此，任何一个委员都可以拒绝这个要求。这就导致了协商和分歧。参议院拨款委员会下的国防拨款小组委员会通过要求批准的方式将原本只需要报告的项目调整转变为需要事先批准的项目调整。

当所有人都染指预算这块馅饼时，自然就会引出项目调整过程是否有点太过烦琐的问题。如果企业管理者被认为需要如此严格的监管，他们宁愿被解雇。① 政府处理事务的独特之处就在于委员会成员一致认为“值得烦琐”，因为这样可以保证 175
只有那些非常重要的要求才会被提出来。

调整的整个精心设计的过程表明国会渴望保持对国防预算的控制。毫无疑问，它的一些关注不可避免地就是议员对自己选区项目的兴趣。但是，国会一直努力保持对预算的控制。国会原本应当管理这些庞大的预算，应该在一些复杂的问题上作出关键性和技术性的决定，如在高度危险地区驻扎军队的规模、装备、武器、飞机和军舰等。然而，仅仅规模和细节便已令人望而生畏，保密常常是个问题；由于拨款有长期承诺，削减支出很困难；意外（毕竟，军队要为战斗做好准备）也会中断计划中的预算。

## 秘 密

秘密活动在预算过程中要么是作为不说明目的的一般性拨款资金（秘密资金）出现，要么是作为完全隐蔽的资金，包括拨款在内均保密（保密资金）。有时，秘密资金或保密资金所支持的活动被称为“机密项目”。秘密资金自共和之初即与我们在一起。② 在 1811 年，国会秘密地给麦迪逊总统提供了十万美元用于暂时占领佐治亚州以南地区，因为国会担心这片土地会被西班牙转让给另一个国家。第二次世界大战期间，16 亿美元被秘密地用于原子弹研究项目。③

数十亿秘密资金被用于武器系统。尽管国会议员中很少有人会质疑秘密预算项目对国家安全的必要性，但国会议员对迅速增长的秘密资金申请越来越关注，从 1981 财政年度的大约 55 亿美元到现在被通常接受的 280 亿美元。国会现在关注的是国防部的一种趋势，用众议院武装部队委员会成员、资深共和党人威廉·迪金森的话来说，即他们喜欢“将一些东西放进不必要的秘密项目，或者不必要地延长秘

① 更多国会微观管理信息，见 Jones and Bixler，op. cit.，Chapters 1，4，and 5。

② Louis Fisher，*Constitutional Conflicts between Congress and the President*（Princeton N. J.：Princeton University Press，1985），pp. 244-47.

③ Louis Fisher，*Presidential Spending Power*（Princeton N. J.：Princeton University Press，1975），p. 214.

密项目的期限，也许因为这样做太容易了，没人能监督你”①。正如罗伊·梅耶斯所说，“有充分的证据表明，这个项目列为秘密项目就会使它脱离预算控制，甚至连国防支出的拥护者也公开同意这种观点”。他最后得出结论说，“保密技术用得最好的例子就是空军藏钱的地方”②。

由于承认对秘密资金的不定期需要，在《美国法典》140号第10款之后，国防年度拨款法案授权军队可以将它们的军事行动和维修资金用于紧急事件和特殊情况
176 (E&E) 支出。这些又分为两类：一类是对美国的访客提供官方性礼节活动的费用（不大可能是紧急情况）；另一类是“当使用正常资金渠道将使行动的安全性大打折扣，危及相关人员安全，或导致失去一次调查或情报活动的机会时”③。这类数额很小，一年大约2 500万美元。④ 但它们却很重要，根据国防部的规则，这些资金可以被用于国防部长官和军队长官认为适当的任何目的。

紧急事件和特殊情况资金会被用于违法吗？第12333号行政命令《美国情报活动》规定，搜集情报的活动应该在宪法允许的范围内，而且不能用于暗杀和未经授权的电子窃听活动。在其他方面，合法和非法的界限很模糊。审计总署在一份报告中指出：

> 我们就紧急事件和特殊情况的资金使用是否构成违法行为的问题咨询了国防部官员，发现他们的态度摇摆不定。国防部秘书办公室的总顾问不说这些资金可否用于违法活动，但告诉我们紧急事件和特殊情况资金授权的目的是使军队能够将资金用于没有授权的地方。一位陆军总顾问告诉我们，他认为国防部秘书办公室的意思是这部分资金能够用于那些没有被法令所特别禁止的任何项目。这个官员解释说，如果一项法令未具体说明不能将紧急事件和特殊情况资金用于哪些方面，那么这些资金的使用就可以不遵守这一法令。⑤

如此看来，将资金从一个项目转移到另一个项目也许是合法的，除非授权法令禁止这么做。

## 削 减

理论上说，年度拨款过程应该给予国会任意削减国防部预算的机会和权力。但

① Louis Fisher, *Presidential Spending Power* (Princeton N. J.: Princeton University Press, 1975), p. 214.

② Roy Meyers, *Strategic Budgeting*, p. 60.

③ GAO, “Internal Controls: Defense's Use of Emergency and Extraordinary Funds,” Report to the Chairman Legislation and National Security Subcommittee, Committee on Government Operations, House of Representatives, June 1986, p. 2 GAO/AFMD-86-84.

④ 同上。“1984财年和1985财年，E&E花费分别约为2 400万美元和2 500万美元。这两年中，E&E费用中约86%的部分都是用于保密目的。”

⑤ GAO, “Internal Controls,” p. 4.

是，现实却远没有那么简单。因为一些国防部的采购奉行的是“全额支付”原则，这样便导致拨款一年又一年地重叠在一起。多达 1/3 的国防支出按照上年预算执行。[①] 各个拨款账户以不同的速度支出：支付账户或收益账户或运转维修账户的变化会立即影响支出，而武器购买造成的变化则可能会在几年后显现。

当国会作出削减时，他们必须在尽可能少的反对意见下进行。一般来讲，这意味着当国防预算被削减时，这个被削减的负担便落在军队的战备和人员账户上。军队和国会首先削减（更准确地说是“设定上限”）这些项目以获益。国会更倾向于 177
为部队人数设定上限是因为其造成的影响不会集中在任何一个地区。除此之外，人员和战备削减的资金可以迅速实现，使支出立即下降。当国会希望寻找到一种能立即见效的削减预算的方法时，这些快速支出账户可以起到立竿见影的效果。对国防预算来说，饥荒通常会紧跟在盛宴之后出现。当饥荒来临时，国防部最有可能采取的办法就是削减战备和人员支出，这是因为他们清楚，相对于其他主要的支出而言，这类资金最容易被恢复并且更容易重建。人员和战备支出削减就这样节约了采购合同。对于国会和军队的意外奖励是：这样做也能维持军种的结构稳定。

另一方面，采购的支出进度通常在数年内进行分配，所以，采购预算中明确的削减额度（会导致支出中一个更小的年度下降）。同时，当国会议员想影响国防预算时，他们一般不想对终止项目的特定决策负责。根据众议院武装部队委员会主席众议员莱斯·阿斯平（Les Aspin）的看法，“国会从不削减国防行政部门预算中的主要武器采购申请。通常，国会会批准部门所要求的装备，但并不总是批准他们所要求的数字”[②]。一个例外出现在 2002 年，国会取消了十字军战士重型坦克项目，但是，这是行政部门作为其计划中军事变革的一项提议。

不愿意削减国防预算项目的一个原因在于存在广泛的利益保护。大的国防承包商为了获得更多国会议员的支持，会采取分散生产设备及合同分包的方式使生产分布在更广大的地区，使那些有直接经济利益的选区的代表数量最大化能保证某个武器系统的合同。北美罗克韦尔国际公司在生产有争议的 B-1 轰炸机上就将这一策略发挥到了极致。B-1 轰炸机的零件分散在全国 48 个州和 400 个国会选区中生产。[③] 为了获得政治支持，军队和国防部管理人员尽可能发展大规模、分散在不同选区的项目。

军事基地就是一个恰当的例子。在整个 20 世纪 90 年代，关于过多军事基地散落在全国的抱怨从未停止过，据说它们的运营花费很大，而且通常用处不大。但是，关掉这些基地会使成千上万人失业，那些受到影响的州和选区显然会在国会反对这一举措。[④] 1990 年，国会因此设计出一个减少政治干扰的程序。军队和国防机构必须提交一份拟关闭和调整基地的备选名单给国防部长，然后部长把他推荐的名

① Tyszkiewicz and Daggett, op. cit., p. 8.

② Art, “Restructuring the Military-Industrial Complex,” pp. 429–30.

③ Pascall, *Trillion Dollar Budget*, p. 104.

④ 关于军事基地关闭的分析与批评，参见 Fred Thompson and L. R. Jones, *Reinventing the Pentagon* (San Francisco: Jossey Bass, 1994), pp. 194–205, 210–215。

178 单递交给独立的基地关闭与调整委员会（BRAC）。所有的基地都必须在评选标准和现行的军种结构下进行公平的评比。BRAC 可以增加、减少或者调整部长申请的基地名单，然后向总统提出自己的推荐名单，总统可以接受也可以否决这份名单。如果总统接受，这个名单就会转交给国会，并成为最终决定，除非国会能制定一项决议否决整个名单。①

首次实行这个三轮审核使 70 个主要基地及其他大量基地完全或者部分关闭，但到了 1995 年，当面对一份包括加利福尼亚州和得克萨斯州两个重要军事基地的关闭名单时，克林顿总统却建议私有化它们的功能。这个政治上的担保为国会拒绝以后的基地关停计划提供了借口或理由。直到 2001 年，行政部门通过克服“两党在众议院的激励争论”争取到了额外（尽管推迟了）的关闭。②

一旦一个军种、合同承包商、国会和劳工组织投身于某个项目，想要停止这个项目的采购和扩张便非常困难。例如，推迟或取消一种新型运输机的计划很可能不仅会遭到来自海军的反对，而且还会引来弗吉尼亚州国会代表的不满，因为唯一一个可以装配这种运输机的船坞就在该州。③ 不过，项目也会被取消或因为资金不足，最终导致放弃该项目，或“试图延长该项目的期限”。因此，在 1996 财年的预算提议中，为了减少采购预算，克林顿政府试图延长或推迟 6 个主要的武器项目。④

另外还有一些理由有助于解释为什么不愿取消国防项目。如果国会议员倡导的事情结果很糟，或者他们取消的某些东西结果被证明是必要的，那么他们也许会觉得自己不称职，并且不愿承担过错。他们很清楚地意识到，在真实的战争中，公众的观点或许会从认为已经在国防上做得太多变为做得还不够，没有给战斗力量配备最好的一切。

国会也会经常削减一般性支出，但是，在没有具体说明什么项目要削减的情况下，他们不会做出具体的削减决策。当追加的预算在某个财年后期出现时，国防部也许会被告知需要减少年度人员费用的增长以弥补追加的预算。预算申请被削减也许是因为国防部被告知可以通过“未事先安排的调整”得到补偿。⑤ 当然，这类变化可能会导致更高的成本和项目的瓦解，而且还可能使先前否决的选择最终变得可行，不稳定自我强化了。

## 179 意外事件

关于国防预算最有趣的一点是国防预算实际上根本没有为战争作准备——这些

---

① General Accounting Office, *Military Bases: Analysis of DOD's 1995 Process and Recommendations for Closure and Realignment*, Report to the Congress and the Chairman, Defense Base Closure and Realignment Commission, p. 19 (GAO/NSIAD-95-133).

② Pat Towell, “Rumsfeld Defense Plan on Track as Senate Clears Spending Bill,” *CQ Weekly*, October 19, 2002, p. 2756.

③ Ibid., p. 2760.

④ Steven M. Kosiak, *Analysis of the Fiscal Year 1996 Defense Budget Request* (Washington, D.C.: Defense Budget Project, March 1995), p. 12.

⑤ Joint DOD-GAO Working Group on PPBS, p. 73.

战争都在预料之外。但是，自 1991 年 2 月海湾战争之后，在海外意外的军事活动几乎从未停止，据报道，增加的花费已超过 290 亿美元。[1] 根据班克斯（Banks）和斯兆斯曼（Straussman）的研究，"国防部为维护国际和平的花费不断上升，1991 年是 3.465 亿美元，到 1996 年达到 33.5 亿美元"[2]。为维护和平和巩固和平的行动提供的资金已经包括在运营和人员账户、应急资金、其他紧急情况或专用资金、项目调整和转移预算之中了。意外事件发生后，相关的支出必须通过总统向国会提出追加预算的申请来弥补。通常国会批准这些要求是没有什么问题的——以 1999 年的科索沃/塞尔维亚行动为例，国会几乎提供了两倍于总统申请的资金。但在 2002 财年，一个关于支付恐怖战争费用和援助纽约重建的追加预算虽然得到了两党在国会的支持，但却因为资金超过申请数额而遭到来自白宫的否决。[3] 行政部门在其 2003 财年的预算中包括了一个 100 亿美元的意外储备，但国会没有通过它。

意外事件发生后，制定战争预算面临诸多困难。第一，应急资金的迅速拨付对预算的其他领域会产生不利影响，例如，运转维修和研发项目减少了其他部门的人员和设备开支。第二，事先不需要提出资金申请赋予指挥官和武装部队以高度的自由，使他们可以决定对世界任何地区进行军事干预：无论其他控制措施效果如何，预算控制在这里被否定了。第三，国会失去了对国防预算规模的控制，以至于它自动提供增长以弥补已经发生的支出。第四，当追加支出没有通过其他国防预算或预算其他部分的削减来弥补时，它就被视作紧急支出，这意味着它们没有被记入预算执行法案中的国防支出或支出限额，因而在实际上否定了设置上限的想法。但是，这是实实在在的支出，它或是增加了赤字，或是减少了其他方面的预算支出。

最终，追加的预算很容易成为国会议员将资金用在他们感兴趣的项目上的工具，而且与战争无关。因此，为伊拉克战争追加的 850 亿美元很快就获得了新的追加。[4] 而战争花费的不确定性会为事先拨款带来困难。用众议院拨款委员会主席的 *180*
话说："我不知道怎样才能设定一个战争花费的底线。"[5]

国防预算账户看上去很复杂，因为它的确如此。是不是只有专家才能解决这一问题呢？答案是否定的。尽管复杂性令人心烦，但它们让我们了解到一个巨大的联邦预算如何决策。由于国防看上去似乎会得到国家资源的一个更大份额，因而理解它们如何制定预算的关键是询问需要询问的问题，并且评价应当提交的答案。

---

① General Accounting Office, *Defense Budget: Need to Strengthen Guidance and Oversight of Contingency Operations Costs*, May 2002, p. 1. (GAO-2-450).

② William Banks and Jeffrey Straussman, "Defense Contingency Budgeting in the Post-Cold-War World," *Public Administration Review*, March/April 1999, Vol. 59, No. 2, p. 137.

③ Daniel Parks, "President's Hard Line on Spending Shatters Brief Bipartisan Consensus," *CQ Weekly*, July 13, 2002, p. 1864.

④ Mark Fineman, "Pork Barreling Is Charged in War Funds Bill," *Los Angeles Times*, April 4, 2003, p. A27.

⑤ Daniel J. Parks, "Guns and Butter, Again," *CQ Weekly*, September 28, 2002, p. 2511.

# 第 9 章

# 改　革

本章讲述的是人们如何努力去完善预算过程，讨论最初的预算准则及其在政府和政治的变化中消失的过程。这个过程并非如我们期望的那样反映了技术进步或现代生活速度的提高，而是政治变革及其预算的反映。预算过程的改革可能是中立的，但在细微之处还是会涉及预算参与者的权力转换。本章将继续对最近的几项改革进行简要讨论，这些改革被认为可以提升对预算的管理和控制。

181 预算现在已成为美国人政治生活中的头等大事，因为它引出了我们要什么样的政府和我们是什么样的人这一重大问题。这似乎（也确实）意味颇多。如果当读者思考“改革”时，他们也在考虑“什么样的政府”和“什么样的人”这样一些问题，他们就找到了正确的思路。

## 9.1　预算行为的准则

仔细考虑指导预算行为的最优准则所发生的巨大变化是理解当前预算变化的最佳方法。作为一项改革成果，预算出现在 19 世纪初，它用建立在年度性、全面考量、立法拨款、审计和平衡等准则之上的支出控制取代了几个世纪以来混乱无序和管理不善。尽管这些准则现在依然得到很高的评价，但它们的假设——

人们对税收和支出可接受的限额、年度预测及支出的部门控制——已经不再被人们遵守。今天人们会评估联邦预算的长期意义；联邦预算由不同的支出组成，失衡且充满不确定性，并且受控制范围之外的环境变化影响。

平衡准则在支出和税收收入之间建立了一种均衡。预算涉及的每个人对未来的 182
支出限制都有自己的想法。各部门竞相提高它们的份额，但如果超过预期水平，则将遭到来自其他部门或项目支持者的反对，因为这些人知道，某个部门更多意味着其他部门更少。因此，支出在源头上便被抑制着；有可能“耗尽资源”的支出申请将不被考虑，因为每个人都知道那意味着部门之间的团结会被破坏。随着预算的平衡，在严格的支出约束下提出资金申请逐渐成为人们的共识。预算的膨胀不仅是自下而上的，还会受到上级压力的影响。这些压力不但会影响部门对合理要求的认识，而且会影响他们最终的所得。这种预算约束反映的就是受“内部人”控制的政治体制，对于那些希望保持低税率的人来说，能否达到目的，就要看他们在资源和权力分布极不平衡的情况下是否有保持低税率的能力了。

虽然预算平衡是一个合理的预算准则，但这一准则在凯恩斯经济理论几乎被普遍接受的情况下开始弱化。不过，随着对凯恩斯经济学信仰的逐渐减弱，将预算作为保持经济增长、价格稳定以及充分就业手段的观点也相应淡化。控制经济不确定性的预算本身就具有不确定性，因为它没有明确的决策标准。

全面准则刻画了这样一个理念，即所有的收入都要进入中央国库，所有的支出都要在一套账户内支取。尽管有专项资金的存在，但大部分资金的确进入了国库。除了偶尔一遇的专项资金外，过去大部分政府支出都是部门支出。如果你控制了部门，也就意味着你控制了支出。今天，在工业化的民主社会中，部门的商品和服务支出仅占总支出的1/3，不可避免的结论就是，传统的预算准则已经不可能涵盖现在庞大的支出了。大多数资金都用于影响公众行为，而不是直接支持政府行动。由于大多数支出由收到支付或贷款的个人和地方政府实施，部门控制的减弱就显而易见了。①

即使遵循了全面准则，也不能说就有了一个可以从概念上进行比较的预算。彻底的全面或许一直就是一种幻觉——预算往往是被分割的，因为人们发现集中控制太严格，而且靠不住。贷款和贷款担保、预算外企业团体、专项资金、指定用途的税收和税收优惠②均损害了全面准则。管制也是某种形式的支出，
因为私人部门必须承担成本，尽管这些成本不出现在部门预算之中。比较所有这 183
些不同类型的支出是不可能的，因为没有共同的预算货币，将资源从税收优惠贷款再分配到权利性支出、部门支出、国有企业（至少本意并非如此）中是不

① 见 Allen Schick 的重要论文，“Off-Budget Expenditure：An Economic and Political Framework。” Paper prepared for the Organization for Economic Co-operation and Development，Paris，August 1981。

② 见 John F. Witte，“Tax Philosophy and Income Equity，” in Robert A. Solo and Charles Anderson，eds.，*Value Judgment and Income Distribution*（New York：Praeger，1981），pp. 340-378；and Ronald King，“Tax Expenditures and Systematic Public Policy。” Paper Prepared for delivery at the Annual Meeting of the American Political Science Association，Denver，Colo.，September 2-5，1982。

可能的。

曾被认为是牢不可破的年度预算准则（因为如此简单、如此没有争议）已经被普遍的不确定性严重削弱了。过去只出现在贫困国家的现象——重复预算以及一年中几次重新制定预算①，现在也已成为相对富裕国家的常规做法。无论预算是否以正式的方式重新制定，它的潜在前提、财务假设和实际分配都在迅速发生变化，而且这种变化是以月而非以年来衡量的。因为政府无法控制大部分预算，同时缺乏资金储备来处理短期经济波动，因此，它们在一年里需要多次重新配置被批准的支出项目。

那又怎么样呢？如果某些过时的准则（这些准则可以追溯到工业化进程刚开始的时代）失去了作用，会不会对预算产生很大影响？不一定。一个严谨的人会这样回答，因为这些准则已经被一些更好的或至少不会显得更糟的准则所代替。如果一套准则不再适用，而另一套准则尚未建立的话，预算将失去方向，就像没有了方向盘或者罗盘一样，这意味着解决分歧和明确方向的主要政府过程（为了达成一致并掌控方向）制造了问题，而非解决了问题。

年度准则、全面准则和平衡准则创造了一个时代，在这个时代，预算过程“在发挥作用”，这是一个“限制”被人们绅士般地接受的时代，这也是一个预算稳定并且发生渐进式变化的时代。这些准则所代表的预算价值观与其他一些价值观对立，例如赢得战争、更大的个人安全、较低的财富分配不平等、超出私人部门能力的任务。如果建立在传统预算准则之上的预算过程阻止了这些价值观的出现，那么这一预算过程必须被改革。

但是，似乎没有人真正对结果感到满意，对应该有多少支出、支出应该用于什么地方、应该征多少税、谁应该付税等问题总是存在着太多的不同意见。虽然令人烦恼的对于预算失控的抱怨不断出现，但很少有人能够说清楚这意味着什么。

预算准则的重要性可以通过旨在改革的新实践和建议间接反映出来，它们的目的在于对曾经使用过的准则进行修订。我们在本章中要讨论的宪法的支出限制、总统的分项否决权、战略计划都将是通过法律实施的努力（而在以往，这些都是约定俗成的），也就是说，在确保政府稳定的条件下，为协调与预算有关的冲突提供能够接受的前提。

## 9.2 预算模式②

184 似乎没有人系统地按照特征将现行预算模式与主要的可选择模式进行过比

① Naomi Caiden and Aaron Wildavsky, *Planning and Budgeting in Poor Countries* (New Brunswick, N. J.: Transaction, Inc., 1980).

② 本节是对“A Budget for All Seasons? Why the Tradional Budget Lasts”的修订，见 *Public Administration Review*, (November/December 1978) pp. 501-509。

较。[①] 通过这样的比较，我们能够更好地看出在不同的环境下，预算过程中哪些特征符合不同的预算目的。

人们希望预算模式服务于什么目的呢？控制公共资金和公共授权责任在最初的目的之中，预测和计划（知道将支出什么）紧随其后。起初，使支出和收入相符最重要。我们的时代增加了宏观经济管理，旨在缓和通货膨胀与失业。在这个时代，货币需求开始成为提高政策效率或有效性的杠杆。在这里，预算要有助于：持续性（为了计划）、变化性（为了政策评估）、灵活性（为了经济）、刚性（为了限制支出）和公开性（为了责任）。

这些不同并且（在某种程度上）对立的目的暗示了预算编制永远都不会令人满意。很明显，没有一种预算模式能够同时实现持续性和变化性、刚性和灵活性。那些聚焦在自己个人目标上的人会发现预算无法令人满意，并且，随着预算目的的变化，这些批评会一直存在。对此，没有人会感到奇怪。

某种预算模式在贯彻某个准则时的高度成就可能会增加在体现另一个准则时成绩不佳的可能性。计划要求可预测性，而经济管理则要求可逆性。这样看来，也许不存在一种理想的预算模式。如果真是这样，问题就在于：我们是通过选择一种在某个准则上表现出色但却在其他准则上表现糟糕的预算过程来妥协，还是通过选择一种能够满足所有准则要求（即使没有凸显任何一方面要求）的预算过程来妥协？

在任何情况下，预算都是一个政治工具。由于无法实施决策会使它们无效，所以获取支持的能力与作出正确选择的能力同样重要。因此，预算对冲突和计算的影响（作出决策和支持决策的能力）也必须考虑。当冲突压倒计算时（也就是存在意见分歧时），规避（要么达成某种一致，要么继续斗争）可能会战胜质量更为可取的预算。

## 9.3 没有冲突的改革

在美国，大部分关于预算的文献都与改革有关。被提议的改革的目标都可以用相似的语言表达——经济、效率、改进或更好的预算。在很长一段时间里，改革者很少或根本没有意识到预算关系的有效变化必然会改变预算过程的结果。今天，这已经得到了广泛认可。被提议的改革远非一个关于“更好的预算”的中性问题，毫无疑问，它对政治体系而言意义重大，也就是对“谁得到什么”和“谁应该得到”，甚至是“谁应该决定什么值得得到”的政府决策有重要意义。预算改革的主要政治意义是什么？对此，我们需要从改革最宏大的视野出发，即发展一个规范的预算理论（说明应该是什么），这将为在竞争性活动中如何分配资金奠定基础。 *185*

1940年，在仍旧是这个主题中的最好的讨论中，V. O. 基叹惜“缺少一种预算

---

① But, for a beginning, see Allen Schick, “The Road to PPB: The Stages of Budget Reform,” in *Public Administration Review* (December 1966), pp. 243-58.

理论”。他呼吁建立一种有助于回答预算支出方面基本问题的理论：“在什么基础上决定将 X 美元分配给活动 A 而不是活动 B?”[1] 虽然为应对这一挑战已经有过几次尝试[2]，但没有一次接近成功，并且是出于一个极好的理由：这项任务（正如提出时一样）不可能完成。

对于一个不只是一次应用的规范预算理论而言，为了具有实效性，它必须在实际上指导政府决策制定。国会通过的支出被制定为法律，支出必须在很大程度上与该理论相符，这一理论实际上等于规定所有政府活动都必须遵循的规则。

预算是政府所为或意欲所为的财政反映。因此，一种包含决定什么应包括在预算中的标准的理论，毋宁说是一种规定政府应该做什么的理论。如果我们用“政府应该做什么”这句话代替“预算中应该有什么”的话，我们就会非常清楚，一套规范的预算理论将是一种全面和具体的政治理论，这一理论详细描述了某一特定时期政府活动应该是什么。考虑到预算代表政治斗争的结果，一套规范的预算理论就意味着消除了任何政府在社会职能方面的冲突。因此，这样一套理论从最完整的字面意义上讲是乌托邦式的：它的建立和被接受意味着政治的终结。

通过压制不同意见，独裁制度确实将其规范预算理论强加于人。我们想必会拒绝社会冲突的这一解决方法并坚持民主程序。那么，如何才能得到一种不仅仅反映个人偏好的预算理论呢？

预算的两个关键方面是“多少”和“为什么”。问题不仅在于“预算收益如何最大化”（似乎谁得到它们或谁支付它们并无区别），而且“在预算利益方面谁应当支付，谁应当得到多少”。有人可能会建议通过提出一套明确预算支
186 出最大收益的规范理论来解决预算问题。然而，如果无法将一套体现自身偏好的政策强加给他人，那么这一解决方法将会失败。这就等于说，如果你能说服其他人同意你的意见，那么你们将达成一致。但是，这样一种普遍一致的状态几乎从未出现过。

另一个方法是将社会视为一个具有统一偏好的单一有机体，即收入筹措和预算支出过程只涉及一个人的行为，而不将其作为许多显然有不同偏好的个体的行动过程。这一方法避开了社会冲突的核心问题，即以某种方式整合不同偏好以形成决策的需要。（毕竟，今天我们在达成年度预算决议上所遇到的巨大困难不是个人无能的结果，任何数量的议员和总统都能够制定出一个一致的预算，困难在于得到他人的认可。）我们如何比较为农民的水利灌溉提供支出与为驾车者拓宽道路提供支出的价值呢？或者，我们如何衡量老年医疗补助支出和通过扩大国防项目提高安全度的支出的权重呢？

在现实世界中，美国发展起来的用于处理政府中人际比较的程序不是经济的，

---

① V. O. Key, Jr., “The Lack of a Budgetary Theory,” *The American Political Science Review*, Vol. 34 (December 1940), pp. 1137–44.

② Verne B. Lewis, “Toward a Theory of Budgeting,” *Public Administration Review*, Vol. 12 (Winter 1952), pp. 42–54; “Symposium on Budget Theory,” *Public Administration Review*, Vol. 10 (Winter 1950), pp. 20–31; Arthur Smithies, *The Budgetary Process in the United States* (New York: McGrawHill, 1955).

而是政治的。冲突通过政治体系解决（按照一致性规则），政治体系将不同的偏好转换成被称为选票的单位，或转换为否决权之类的授权。不需要（并且也没有）在目标或被赋予不同目标的偏好权重上完全一致。在意义重大的政策上，参与者直接进行威胁、妥协和交换利益，并且随后在根据计票规则记录结果上达成一致。

预算上的讨价还价发生在许多分散的影响力中心之间，它们相互支持，如在争取公共工程拨款中互投赞成票。因为在美国的政治体系内，单一的组织不能够将它的偏好强加给其他组织，因此形成了支持或反对某一政策的特殊联盟。在这一权力分散的体制中，许多影响力中心都在寻求支持，如国会委员会、国会领袖、总统、管理与预算局、部门间委员会、部门、办事处、私人团体等。但是，没有哪个单个机构有权决定预算中将会有什么。

## 9.4 预算改革中的政治

政治体制中有明显的不合理性，即不提供正式的整体预算（除了通过总统，但他不能控制最后的结果），这导致了许多非议和关于改革的建议。但是，这种改革的目标是错误的。如果人们对现在的预算过程感到不满（不管这种感觉是对还是错），那么必须改变的应该是政治体制的某些方面，预算只是这种政治体制的一种表现形式。说想在不改变影响力分配格局的情况下实施重大预算改革是没有意义的。然而，政治改革的任务十分艰难，所以大多数改革家宁愿只谈预算过程的改革，这就好像通过一些巧妙的魔力，将难以驾驭的政治因素转换成一个更易塑造的东西。

事实上，预算改革应该从政治改革入手。预算不可避免地与政治体制联系在一 *187*
起，因此，影响预算最有效的方式无疑是引入基本的政治变革。例如，赋予总统权力，使总统能够控制国会中其所在党派的投票；使某个小团体成员在任何情况下都能掌控多数投票，因而他们能够推动他们的项目通过（现在，这是一个预算委员会），这样便会对预算内容施加深远影响。

不仅如此，不改变政治过程，预算过程就不可能有重大变革。如果最后的结果与过去完全一样，那么调整预算机制将毫无意义。相反，除非预算改革能带来不同类型的决策，否则就没有正当理由实施预算改革，并且如果预算改革取得成功，政治力量的作用必然被改变。

因为预算代表着谁的偏好应占上风的冲突，因此，一个人不可能不考虑谁获益、谁受损，或者在证明没有人有损失的情况下提出“更好的预算”。如同假定的“效率”目标标准有规范含义一样①，一个“更好的预算”很有可能掩饰了某人隐藏的政策偏好。预算度量单位、时间周期和计算方法都有政治含义。

---

① Dwight Waldo, *The Administrative State* (New York: Ronald Press, 1948); Herbert A. Simon, “The Criterion of Efficiency,” in *Administrative Behavior*, 2nd ed (New York: Macmillian, 1957), pp. 172-97.

## 预算度量单位：钱或数量

预算不仅可以从钱的方面编制，还可以从数量方面编制。除了保证在下一年或几年支付那么多，还可以根据要实施的活动或要提供的服务作出承诺。保证一定数量活动的常规方法是将项目指数化以消除通货膨胀的影响，保持购买力不变。为什么有些人可能希望根据数量（或者以购买力保持不变的货币）编制预算呢？目的在于辅助计划：如果公共机构知道它们不能依靠价值不断变化的现金，而只能依靠现金实际能够购买的东西（例如一定数量的活动），它们就可以在预算运行时便提前计划。实际上，如果某人为了确保时间上的连续性，希望在现在而不是在未来做出决策，那么，在成果单位稳定基础上作出预测（处理很多的申请，或提供一定水平的服务）便是适当的处理方式。

只要购买力保持不变，区别以钱衡量还是以数量衡量预算便没有意义。但是，如果货币的价值是浮动的（在我们这个时代，这意味着通货膨胀），为提供一定数量的活动，公共预算就必须提高可用资金。那么，预算者便失去了对货币的控制，因为他们必须提供任何所需资金。如果遇到巨大且难以预料的价格变化，以钱衡量的预算无疑将强烈波动。但同样显而易见的是，没有任何政府允许自己对预算失控。因此，恰恰是实现根据数量编制预算的稳定环境成为它主要的潜在前提。

188 考虑到体制中无法减少的不确定性，并不是每个因素都能够同时被稳定化。那么，谁偏好稳定？谁又将承担变化的成本呢？私人部门和中央预算局根据数量支付预算的价格。事实上，根据数量编制预算所要表达的是，通过在其他需要实现之前达到它同意的服务水平，公共部门将在通货膨胀方面得到保护。用于弥补计划价格和实际价格之间差距的实际资源必须通过税收或债务的方式取自私人部门。换句话，就预算的运行而言说，对于公共部门而言，数量预算是一种消除通货膨胀影响的指数化形式。

## 时间周期：月、一年、多年

多年预算，即从一个长期视角来审视资源配置，已经被作为加强理性选择的一项改革计划。每次考虑一年已被认为导致了短视（只审视下一年的支出）、超支（因为巨额的未来支出被隐藏）、保守主义（渐进式变化，未打开更大的未来远景）和狭隘主义（项目审查通常孤立进行，而不是通过比较与预期收入相关的未来成本进行）。将预算周期延长到两年、三年甚至五年被认为能够使长期计划超越短期反应，并且代替含混通过的财务计划。运用骆驼鼻子的老策略（以小额支出开始，隐藏以后将会出现的更大支出）将会变得更加困难。不仅如此，为了在预算年度结束之前用光资源而加速支出的做法也将减少。

全国绩效审查委员会（NPR）在其 1993 年的报告《从繁文缛节到结果导向：创建一个花钱少、工作好的政府》（戈尔报告）中提出的改革之一就是实施双年预算，并且为了实施这一想法提出了十分详细的草案。[1] 但一个为期两年的预算不会改变太多。虽然我们没有理由相信这将有助于达成一致性意见，或者能够促进更好的理解，但它也许会作为某种预算官员有人情味的行为而被通过。预算参与者也许每隔一年可以休息一下，而不用每年都有一周工作 80 个小时。因为他们不再如此劳累，也许就能更明智地作出决策。不管怎样，这种改革都不可能有大的坏处，或许还可以带来一些好处。

多年预算对预算的某些部分非常有效，如军事采购，这通常需要数年才能完成。但是收益、薪金和运营费用这类项目并不适合长期预算，因为这些项目的规模受外部因素如通货膨胀的影响非常大，很难预测。当人们想在预算实施的前一年开始编制预算时，预算预测似乎更加困难。因此，双年预算周期几乎必须对未来三年的经济变化进行预测。这导致预算者将“花费更多的时间用于修正对未来 33 个月的预测（即使这些预测可信度较高），并且根据长期假设（它们在今后也必然会发 189
生更大的改变）制定决策”[2]。

多年预算另一个潜在的不利方面是增强了项目的持久性。某些项目可能会更难纳入预算，与“难进”相对应的是“更难出”。一旦某项支出被包含在一个多年计划之中，它就很有可能得以保留，因为它已成为一套互相关联的计划的一部分，而终止这一计划是昂贵的。这样，为了保持多年预算的约束，就不得不牺牲对于单一年度的预算控制；一旦被要求削减支出，承诺在未来削减（通常是可疑的）很容易换来对当前所有重要项目支出的保留。

然而，让我们假定为了增加某些支出而大幅减少另一些支出是可取的。由于预算长期承诺的内在压力，一个年度内的活动将极大地受到限制。但是，做一个为期 2～5 年的安排，就可以以更加有序的方式使支出发生重大变化。事实的确如此，然而，其他事情，如价格、优先性和政治，很少保持不变。当维持年度预算变得非常困难，以至于预算必须一年重新修订几次时，延长预算周期很可能只会增加预算的不确定性。正如罗伯特·哈特曼（Robert Hartman）所说：“在设计长期预算战略上没有绝对正确的方法。”[3]

## 计算：渐进或者全面

传统预算的主要替代品是一种强调全面计算的预算，例如计划项目预算

---

① 见 Naomi Caiden, “The New Rules of the Budget Game,” *Public Administration Review*, Vol. 44, No. 2 (March-April 1984), pp. 109－117。

② Symposium on Budget Balance, pp. IV－30.

③ Robert A. Hartman, “Multiyear Budget Planning,” in Joseph A. Pechman, ed., *Setting National Priorities: The 1979 Budget* (Washington, D.C.: The Brookings Institution, 1978), p. 312.

(PPB) 和零基预算 (ZBB)。①

通常认为，计划项目预算体现了横向的全面性，即比较不同的一揽子支出，以决定哪一项支出最有助于实现大的项目目标。相反，零基预算可能被认为体现了纵向的全面性，即每年以零为基数考虑不同的支出，所有的政府活动或目标都被视为互不关联、独立存在的。简言之，计划项目预算比较项目，而零基预算比较同一项目的不同资金提供水平。

计划项目预算的优点在于它强调旨在改进效果的政策分析：如果项目经评估后
190 被视为不合格，便可能被预计将产生更优结果的选择代替。遗憾的是，计划项目预算会导致错误识别与错误纠正之间的冲突。对一个需要纠正的错误而言，它的纠正过程必须相对容易，然而计划项目预算要做到这一点却很难，因为根据项目编制预算、通过目标进行界定，使得在抛弃目标的同时保留组织非常困难。在那些能够在重叠的目标之间进行交易的竞争性项目之间选择则较为容易。相反，计划项目预算却倾向于形成这样一种趋势：要么只有几个笼统的目标（因而所有事都符合它们），要么目标众多（每个组织单位都有自己的位置，不需要与其他单位竞争）。②

零基预算是一个理想的、不考虑历史记录的信息体系。在零基预算中，不考虑反映在预算基数中的过去的预算信息，即没有昨天、没有什么被认为是理所当然的、对每个时期的每件事都要进行仔细审查。但如果抛弃了历史，便什么事都没有解决过。过去的争吵以新冲突的形式重新出现，计算和冲突将以指数方式成倍增长。不考虑历史的行事有点像消除记忆，也许这样能带来暂时的便利，但最终会导致令人尴尬的局面。事实上，真正的零基预算从未存在过。在每个预算中，零基预算的“零”被忽略，基数却越变越大，最后达到上年预算的80%～90%；当然，这意味着又回到了渐进预算。③

计划项目预算和零基预算都表达了这样一种观点，即为目标排序要有根有据。但是，在研究文献中呈现结果的有效方式，即发现目标、对其排序、选择被赋予最高价值者，却与恰当的社会调查过程混淆在一起。为了资源配置的目标（这正是预算的目的所在），在不考虑资源的情况下为目标排序是不合理的。问题不可能是“你想要什么”（好像没有限制），而应该是“相对于你能得到的，你想要什么”。毕竟，一个拥有10亿美元资产的机构不仅能比拥有100万美元资产时做得更多，而且它也许还希望做一些完全不同的事情。由此可见，资源影响目标，反之亦然。预算不应把那些按照常理应该划归一处的东西分离开来。

---

① 计划项目预算源于20世纪60年代美国国防部门，很多年来作为一种更高级的预算形式得到提倡。最好的参考仍然是 Allen Schick, “The Road to PPB,” op. cit。零基预算在20世纪70年代出现。它曾经在卡特总统时期的联邦政府应用过，并且在一段时间内十分流行，但是现在它已经在很大程度被放弃了。对其详细的解释，见 Graeme Taylor, “Introduction to Zero-Base Budgeting,” in Albert Hyde and Jay Schafritz. eds., *Government Budgeting: Theory, Process, Politics* (Pacific Grove, Calif.: Brooks/Cole Publishing Co., 1991), pp. 358-368。

② 见 Jeanne Nienaber and Aaron Wildavsky, *The Budgeting and Evaluation of Federal Recreation Programs, or Money Doesn't Grow on Trees* (New York: Basic Books, 1973)。

③ 见 Thomas H. Hammond and Jack H. Knott, *A Zero-Based Look at Zero-Base Budgeting* (New Brunswick, N.J.: Transaction, Inc., 1979)。

立法投票中的财政形式与思考预算的不同形式之间有一个关键的区别。在不要求分析模式与拨款模式相同的情况下，有可能在很长的一个时期内以许多其他方式从项目分析支出。简言之，提交拨款的形式越中立，在不提高分类刚性并由此为未来的改变设置障碍的情况下，将项目、方向、组织结构上的其他变化转化为期望的数量就越容易。

## 9.5 管理改革 191

### 绩效和预算

追求更为分析导向的预算的努力从未中断。1993 年，《政府绩效和结果法案》(GPRA) 获得通过，其目的在于使联邦机构能系统地说明项目取得的效果。①

其中的道理很容易理解。我们应当知道我们的税金服务于什么目标。在一个长期的年度绩效计划和报告框架中，GPRA 赋予政府机构确定目标、评估绩效和报告进展的权利。②

GPRA 延续了早期预算改革努力中的传统做法，但从中汲取了一些教训。它要求行政机构和立法机构协商决定项目和目标，并使用了现行预算分类方法。而且，虽然法案强调了评估结果，但它考虑到了多种测量方法。同时，这个法案也要求联邦机构充分做好准备。

绩效评估和项目评估不仅仅出于获取信息的目的，通过使管理者对结果负责而不是遵循详细的程序而带来管理上的灵活性，他们希望通过再造和更好的信息技术来实现管理和财务上的改进。通过“结果导向型管理改革”③，管理和责任的焦点从联邦政府做什么转向他们完成了什么。改革的目的不是简单地提供信息，而是转变如何完成政府机构任务的思维方式，并且改变组织文化。

GPRA 颁布后，其他西方工业化国家，如澳大利亚、新西兰和加拿大紧跟着开展了许多类似的改革，这些改革成为提高财务管理、发展信息技术和改善人力资源管理整体努力的一部分。所有这些国家均引用了一个相似的改革理念，即预算缺少灵活性、抑制效率、过于依赖集权化和规章制度，以及（值得注意的）政治优先权在计划和生产力上的负面影响。

GPRA 设计了一个正式的绩效计划过程，明确说明了战略性的结果导向目标、决定其是否实现的评价指标、系统化的信息收集，以及每年向国会报告其实现程度。审计总署发布了一系列以“结果管理”为总标题的报告，以及一份评估指南，

---

① Government Performance and Results Act, p. 1.

② General Accounting Office, *Major Management Challenges and Program Risks: A Governmental Perspective*, January 1999, pp. 33-34, (GAO/OCG-99-1).

③ General Accounting Office, *Managing for Results: Experiences Abroad Suggest Insights for Federal Management Reforms*, May 1995, p. 12 (GAO/OCG-95-120).

用以帮助国会确定机构是否尽职尽责。①

192 绩效计划过程的一个主要困难在于对结果导向型目标进行详细说明，即“应该对每一项目活动的绩效界定一个客观、可量化、可测量的目标水平”。在可能实行这一做法的地方，重点关注的是评估结果，并且许多机构，包括那些参与监管活动的机构，或者那些监管活动主要由其他层级政府执行的机构，很难界定其机构的结果导向型目标。在设立指标方面，问题在于对竞争性需求，如成本、服务质量、顾客满意度和利益相关者关心的其他问题的回应。长期目标很难和年度目标联系起来。不管怎样，谁又能分辨结果的改善（例如犯罪率下降）是因为政府项目的成功，还是因为其他原因呢？

假定通过坚持、良好的意愿以及专家意见，所有这些问题都能克服，预算的问题仍然存在。生成信息就其自身而言可能是件好事，但如果没有人关注，再好的信息也没用。现实中任何将要发生的事情都必然涉及两个要素：钱和国会。几十年来改进对机构常规监管的努力已经证实了国会的漠然，同时，预算冲突充斥于国会的议事日程。困难在于使国会中的政治家在通过预算过程制定有关增加、削减或取消项目资金的决策时使用绩效信息。另外，问题还在于能否简单地使用预算信息来削减或者消除出于政治目的的项目。

联邦预算过程的可渗透性使不同利益能够介入公共项目筹资以及相应的公共目标决定。预算过程包括了选举政治、州权利、意识形态目标、整体和局部、制度特权、管理价值（例如效率、效果、经济、生产、计划）以及实质利益（例如环境、贫困、产业、贸易、对外援助、国防）之间的动态不均衡。而且，目的和资源相互依存。机构不是简单化的执行机器，而是提倡者。它们在明确其目标方面存在困难，因为它们的项目是妥协、冲突、战略、忠诚、反应和意外事件之间的复杂组合。

尽管有最初的问题，在联系绩效计划和预算申请方面的进展还是被报告出来。2002 年 1 月，审计总署报告称在它审查的机构中，几乎 3/4 的报告“能够显示期望绩效和申请的项目活动资金水平之间有直接联系，这是界定预算决策绩效结果的第一步”②。2003 财年包括大量项目信息。每个机构均展示了它如何包含以下五项管理改革：人力资本的战略管理、竞争性资源配置、电子政府、财政管理，以及预算与绩效的整合。被选项目被评估为有效（绿色）、适度有效（黑色）、无效（红色）。
193 目的是将预算的关注点从支出多少转向完成了什么，将资源从效果较低的项目转到效果较高的项目。在 2004 财年的预算中，新的绩效评级工具得到测试，机构被要求在制定战略计划时将资源和效果联系起来。③

管理改革也有政治含义吗？从某种程度上说是，因为它们影响了消费的规模大小、构成乃至是否消费的决定。如果“效果”一词有一致公认的标准，那就不存在

① General Accounting Office，*Agencies' Annual Performance Plans under the Results Act*：*An Assessment Guide To Facilitate Congressional Decisionmaking*，February 1998，(GAO/GGD/AIMD-10. 1. 18).

② General Accounting Office，*Managing for Results*：*Agency Progress in Linking Performance Plans with Budgets and Financial Statements*，January 2002，p. 3.

③ United States Budget for Fiscal Year 2004，Analytical Perspectives，pp. 2-3.

问题了，然而，“效果”却只能根据某几种特定的目标来进行评估，那么，哪些目标占优势呢？另外，效果的水平和资源的水平分不开。项目评估是件好事，它不仅明确了项目所需完成的内容，还增强了透明度以及管理责任。但如果表面上客观的项目分析被用于使政治议程合法化，则似乎有些过头了。

## 集权和分权：OMB的作用

在汇编和执行预算过程中，一个普遍存在的问题是核心和外围之间存在的紧张关系。编制过程应该“自上而下”还是“自下而上”呢？应该要求部门预算和项目预算只是简单加总，而后在一个流程结束时再由中央机构审查员整理汇总呢？还是整个过程应在最初设想的框架所规定的指导原则和优先顺序乃至支出目标的指导下实施完成呢？20世纪80年代，各层次的工业化民主政府均审查和重新设计了它们的预算过程，作为对预算约束和缩小政府的思想议程的一种实用主义的回应，它们偏好更为“自上而下”的方法。同时，寻求结合这两种方案的新公共管理正在不断地向预算和政府改革领域进军。

在20世纪90年代初期①，全国绩效审查委员会严厉批评了现行的自下而上的联邦预算流程，同时倡导使命导向、以结果为中心的预算方法，强调建立在绩效基础上的预算和灵活性。② 那时，在该过程的开端，来自总统和OMB的政策指导似乎很少，并且，由于国会议员之间对预算方法意见不一，细节和投入更受重视。预算过程中的集中干预主要是在结尾而非在开端，也就是在总统和OMB处理了一些突出的问题和悬而未决的选择之时。③

因此，NPR是对OMB的一个批评，它被认为既未发挥它传统的详细审查预算 194
的分析功能，又未能成为一个高标准的政策性预算机构。NPR设想的更多的是一个自上而下的过程，初始的指南将指导该过程，并且部门将有更大的灵活性。GPRA设想的聚焦并强调结果的战略计划与这一方法相符。

比较经验显示，维持凝聚力需要一个强有力的中央机构，比如英国财政委员会和加拿大财政委员会。然而，OMB多少有些受人怀疑，这部分是因为它与前行政部门有所谓的政治关联，部分是因为它在很多机构都有微观管理的坏名声。④ 出于这个理由，推进这一改革行动的责任便分属不同的部门：为此建立的全国经济委员会（包括OMB局长和某些内阁部长以及其他高级决策官员）的目的在于负责经济政策的制定并监督其实施；全国绩效审查委员会则负责实施“重塑政府”的改革。

---

① Albert Gore, *Reinventing Government: Form Red Tape to Results: Creating a Government That Works Better and Costs Less. Report on the National Performance Review* (New York: Times Books, 1993).

② *Mission-Driven Results-Oriented Budgeting*, Accompanying Report of the *National Performance Review*, Office of the Vice President (Washington, D. C.: U. S. Government Printing Office, September 1993).

③ Allen Schick, *The Federal Budget: Politics, Policy, Process* (Washington, D. C.: Brookings Institution, 1995) p. 55.

④ Shelley Lynne Tomkin, *Inside OMB: Politics and Process in the President's Budget Office* (Armonk, N. Y.: M. E. Sharpe, 1998), p. 218.

面对这些要求，OMB 努力应对挑战。1994 年，在一个“相对于近年来的总统预算编制而言包括更多高层‘权力中心’的决策环境下”，它与白宫以及其他经济和内阁顾问联手恢复了自上而下的预算过程。[1] 在接下来的一年里，这一过程得到了更好的巩固，大量预算预先编制和“春季审查”都得到了恢复。作出的决定以“战略指南”函的形式与各部门沟通，对部门编制其预算提案给予详细指导。[2] 该指南随后在秋季被用来评估各机构的申请。

尽管在预算过程的实际执行中发生了变化，但 OMB 还承担着与预算有关的其他责任。它已在政府层面承担了规范性审核和财务管理的责任。如今，它在 NPR 和 GPRA 的实施过程中发挥着关键性作用，如设计试点计划、审核效果和致力于推行执行机构的绩效计划等。在 1996 年的《科恩-克林杰法案》（Cohen-Clinger Act，信息技术管理）、1994 年的《政府管理改革法案》（Government Management Reform Act，政府财政决算）和 1995 年重新批准的《文书工作缩减法案》（Paperwork Reduction Act）中，OMB 同样发挥了重要作用。所有这些均将潜在地加强了 OMB 在预算过程中的作用……如果它有能力利用它们的话。

1993 年，在 OMB 2000 的名义下，OMB 着手重组。改革提出了一个古老的问题，即管理功能和项目功能之间的冲突。OMB 认为，最近几年，项目划分已
195 经失去了基础。现在，两个部门均划入资源管理办公室（RMOs），它们将负责预算编制和扩展、“项目效果和效率”、政策和项目分析，以及实施覆盖政府的管理政策。[3] 其根据是对于长期分析能力的需要、预算编制的全局观、面对资金约束时对项目细节的关注、与部门的合作而非敌对关系，以及 OMB 的某些架构与国会委员会的对接。[4] OMB 的作用应该集预算分析、管理审查和政策发展于一身。它的员工应该是政策分析家，能对现行政策和新政策的实施提供建议，能够就政策计划的资源要求向国会提供信息，并且能够确保管理项目得到实施。[5]

## 信贷改革

1990 年以前，由联邦政府担任借款方的信贷项目是预算控制中很大的一个漏洞。所有信贷交易均以现金为基础入账，也就是说，交易过程即现金的支出与收入过程。[6] 这个方法并没有把信用交易的真实成本和对借款担保的偏好考虑进去，而

---

① Shelley Lynne Tomkin, *Inside OMB: Politics and Process in the President's Budget Office* (Armonk, N. Y.: M. E. Sharpe, 1998), pp. 224–26.

② Ibid., p. 264.

③ Ibid., p. 244.

④ Ibid., p. 245.

⑤ 关于 OMB 改革的更多信息，见 www.whitehouse.gov/omb。

⑥ Congressional Budget Office, *Budgeting for Administrative Costs under Credit Reform*, January 1992, p. ix.

这两点却只有在拖欠债务发生时才会显示出其无效性。①

1990 年《联邦信贷改革法案》(Federal Credit Reform Act)的目标是更加准确地评估联邦信贷项目的成本,用一个与其他项目可进行比较的方法揭示信贷项目的成本,以最恰当的形式促使信贷项目的好处到达接受人的手中,以及提高资源配置的效率。决策制定者应该知道信贷项目在政府提供贷款担保期间的全部成本,这样他们就能够对项目作出明智的选择。记录信贷项目的补助成本为国会提供了一种控制这类支出的工具,因为削减贷款补助的数额减少了借出资金的数量。法案要求计算补助成本,以净现值的形式表示,并且要在进行信贷交易时包括在支出之中。它也建立了一套新的记账方法,将补助成本和非补助现金流划分开来。《联邦信贷改革法案》的实施和监督都掌握在 OMB 手中,这要求 OMB 跟踪、控制、记录、划分和解释信贷交易的工作。

就联邦信贷的规模而言,在 2002 年底,它持有 2 510 亿美元直接贷款债务和 *196*
11 450 亿美元的贷款担保。政府主办企业的贷款总额超过 3.6 万亿美元,而且联邦政府还为银行存款、固定福利的养老金和其他风险提供担保。②

## 财务管理

弗兰克·霍德索尔(Frank Hodsoll)在成为联邦政府首席财务官时,回忆其就职时的震惊,"发现一些项目的设立者不知道通过项目要取得什么成果,不知道项目的存货存放在哪儿以及价值多少,也不知道项目建筑物的折旧是多少,不知道应收账款的期限是多少,不知道项目贷款和担保贷款会成为坏账"③。如果没有有效的财务管理,所有的预算策略、政策、技巧和专门技术都将无法实现它们的目标。为了了解所分配的资金是否被用于既定目的、资金能否按时收回,以及为了提供有关债务、结余、交易、政策和项目结果,以及储蓄方面的信息,财务管理非常有必要。

1990 年的《首席财务官法案》的目的在于解决长期存在于联邦财务管理中的缺陷。④ 它主要通过两个措施来加强财务运作。第一,在主要部门和机构中任命首席财务官(CFO),OMB 通过整个联邦政府的首席财务官监督财务管理。通过这种方式,成立了一类专门制定、实施和监督财务管理政策全局的机构。在这些机构之中,首席财务官向机构首脑汇报即时情况,审查所有的财务管理活动,制定统一的

---

① 关于信贷改革的更多信息,见 James M. Bickley, "The Bush Administration's Proposal for Credit Reform," *Public Budgeting and Finance*, Vol. 11, No. 1 (Spring 1991), pp. 50-65; Thomas J. Cuny, "Federal Credit Reform," *Public Budgeting and Finance*, Vol. 11, No. 2 (Summer 1991), pp. 19-32; and David B. Pariser, "Implementing Federal Credit Reform: Challenges Facing Public Sector Financial Managers," *Public Budgeting and Finance*, Vol. 12, No. 4, (Winter 1992), pp. 19-34。

② *United States Budget for Fiscal Year 2002, Analytical Perspectives*, p. 189.

③ Frank Hodsoll, "Facing the Facts of the CFO Act," *Public Budgeting and Finance*, Vol. 12, No. 4 (Winter 1992), p. 72.

④ 关于该法案的背景,见 L. R. Jones and Jerry L. McCaffery, *Public Budgeting and Finance*, Vol. 12, No. 4 (Winter 1992), pp. 75-86。

机构和财务管理与会计制度，负责管理财务人员，监督预算财务的执行。其目的在于使首席财务官管辖下的会计、预算和其他财务职能融为一体。

第二，要求机构制定经过年度审计的财务报告和管理报告。联邦会计准则咨询委员会要在现有基础上进一步改进会计概念和标准。① 最近还出台了许多补充法规用来指导财务管理的改进。1998 年出现了美国政府的第一个财务报告和其他 24 个主要机构的报告。但是，数字的意义在于，给一个人多一些就意味着给另外一个人
197 少一些，数字的准确性和分类有政治含义。相关的例子就是资本预算。

## 9.6 资本预算

一个反复出现并且尚无结果的争论到目前为止至少已经存在了 25 年，这一争论就是联邦政府是否应该有与其经常性预算相分离的资本预算。有人争论说，州和地方政府都有资本预算，为什么联邦政府就应该不同呢？对更好地获取和维持资本的迫切需要进一步支持了这个观点。最重要的是，它们的数额非常巨大。2004 年，针对非国防目的的直接投资预计将接近 300 亿美元，而对于以国防为目的的投资将超过 750 亿美元。（联邦对州和地方政府的实质性投资补助预计为 586 亿美元。②）年复一年积累下来，这已成为年度预算中非常重要的一部分，从任何方面看，似乎都值得关注。

但是，制定预算不只是记账或监督，它的目的是对现在和将来作出支出决策。这就是为什么关于资本预算的争论充满了政治性，并且其决策受到财务管理决策规定的很大影响的原因。首先，我们需要一个定义：对于联邦预算的目的而言，审计总署将资本定义为“联邦政府所拥有的有形资产，并且主要用于提供联邦服务”③。法律和现实都要求这些资产由政府提供全部资金，或者在一个项目或工程刚开始时，资源就应预先到位，并能够支付其全部成本。这种规定并非偶然作出，而是来自 1861 年《拨款充足性法案》（Adequacy of Appropriations Act）、1870 年《反赤字法案》（Anti-Deficiency Act）和 1967 年《总统委员会关于预算概念的报告》（Report of the President's Commission on Budget Concepts）的立法规定。理由很直接，即国会不会愿意启动一个没有充足资金保证其完成的项目。国会通过这种方式维持控制，了解项目成本，知道这些成本的具体使用方向，也能向承包商保证支付成本。在预算紧张，或预算支出的优先权发生变化时，国会有改变预算投向的自主权，而不用考虑没有完成的项目资金短缺的压力。

这些敏感争论的奇妙之处在于，资本预算的倡导者实际上竟然反对这些观点。他们坚持认为，充分提供资金的实践误导了预算过程，使之不利于所需的资本支出，导致对于资本计划的短期关注，使资本项目支出（以及维护）直接与其他支出

---

① 见 Robert Bramlett and Frank Rexford, “The Federal Accounting Standards Advisory Board: A View of Its Role One Year Later,” *Public Budgeting and Finance*, Vol. 12, No. 4 (Winter 1992), pp. 87-101。

② *United States Budget*, *Fiscal Year 2004*, *Analytical Perspectives*, p. 144.

③ General Accounting Office, *Budget Issues*, p. 20.

竞争。人们认为，这样做的结果是资本预算糟糕的状况和无法满足需要的计划。因为根据定义，资本项目是典型的长期项目，耗资巨大，所以机构倾向于逐步向其提供资金。这样，它们将避免在其年度预算中“受挫”，吞噬其想用于其他目的的资源。私营企业家常常以这种方式分摊他们的资本投资成本，而过去某些联邦机构也 198
是如此，例如陆军工程兵团和垦务局。这样，政府层面控制的需要就与被审查机构（及其支持者）的需要之间产生了冲突。多年来，由于机构试图通过租赁购买合同而不是直接购买来避免全额拨款规定，这一紧张关系的实际影响是很明显的。前者也许实际上耗资更大，但在预算中却能表现得耗资甚小，因为在租赁期内，预算授权和支出所记录的是每年的支付额。① 为阻止对租赁合同的偏好，1990年的《预算执行法案》改变了这些规定。

自1994年以来，在协调机构的拨款需要和项目需要方面已经做了很大的努力，在资本支出过程中更强调计划和监督。1994年的《联邦采购简化法案》（Federal Acquisition Stream Lining Act）要求机构建立一个以绩效为基础的计划、预算以及采购资本资产的管理方法。它要求各机构编制并优化一个五年期的资本支出计划，并且通过一个描述性的摘要和一张三年固定资产需求表来审查资金机制。接下来，OMB制定了其第一个固定资产审查指导规定，并将主要的计划和监督原则列举出来。第二年，OMB继续执行这些规定并发布了《资本计划指南》（Capital Programming Guide）。② 与GPRA一样，机构也必须将资本采购决策和它们的任务及目标相对应，将资本采购决策与它们的战略和绩效计划联系起来。③

1999财年的总统预算提出了一个有关资本预算实践和改进它们的努力的详细讨论，并且提供了一个名为“资本资产申请预算原则”的附录。④ 联邦预算中关于分析观点的部分用表格的方式清晰阐明了那些产生长期收益的有名的支出。这不仅包括实物资产，还包括“股本”，比如研究、发展和教育。2004财年的预算包括一个资本预算看上去会如何的例子，连同对可能的备选方案的讨论。⑤ 但是，到目前为止仍没有资本预算。

## 9.7 限 制

上面的预算观点或限制收入，要求支出限制在其范围之内；或限制支出，禁止收入超过那一水平。这一预算观点将使资源的调动能力和资源配置发生革命。共同 199

---

① General Accounting Office, *Budget Issues*, p. 29.

② U. S. Government, *Budget of the U. S. Government for Fiscal Year 1999*, *Analytical Perspectives*. General Accounting Office, pp. 132-45; General Accounting Office, *Budget Issues*, pp. 72–79.

③ General Accounting Office, *Executive Guide*: *Leading Practices in Capital Decision-Making*, December 1998 (GAO/AIMD–99–32).

④ U. S. Government, *Budget of the U. S. Government for Fiscal Year 1999*, *Analytical Perspectives*, pp. 140–450.

⑤ United States Budget for Fiscal Year 2004, Analytical Perspectives, pp. 157–66.

增加需求将无法运作，因为超过预先安排的预算总量的支出将被剔除，增加支出的要求也将不再可行。给某个项目或部门更多的资源的结果将是给其他项目或机构更少。减少预算（在不可能全部满足其资金要求的好项目之间进行交易）开创了一个新的预算秩序。

早在 1936 年，人们就试图通过修改宪法来实施平衡预算，而在预算赤字较高的年份里，政府对此项计划的愿望则更为迫切。1990 年以来，人们提出过四种版本的修正方案，但都被国会一一否决。要修改宪法，必须在国会的每个议院中获得 2/3 以上的支持，并且由 3/4 以上的州立法机构批准，或者 2/3 以上的州要求召开修宪大会。

民主党在 1995 年提出的《与美国缔约》的政纲中包括一项有关平衡预算的宪法修正提议，该提议要求总统在向国会提交预算时必须保证总支出不大于总收入。超支或增税都要得到两院 3/5 以上议员的支持才能通过，而且因为国债的发行额受到限制，所以增加预算限额的唯一可能就是获得国会 3/5 以上议员支持。只有在战争爆发或国家受到严重外部威胁、安全形势紧急时，才无须通过以上程序。①

这项修正案并未明确指出预算平衡的具体程度，但它将有效控制并削减支出，因为要想使绝大多数国会议员支持增税或增加国债基本上不可能。这个版本的平衡预算修正案与以往更有弹性的方案不同，在那些方案中，政府支出与经济增长水平挂钩，允许按 GDP 的一定比例逐年增加预算。

根据以前方案倡导者的说法，采取这一限制的政治结果是促进社会合作并加剧政府内部冲突。在目前的情况下，限制的倡导者认为，通过提高它们在国民收入中的总比例，政府内提议的项目有理由在提高它们支出的同时减少其内部冲突。如果私人将支付，公共部门自身为什么还要争论不休呢？于是，冲突从政府转移到社会。

修正案的倡议者相信，一旦制定了限制措施，刺激的方向便会被扭转：社会合作将得到促进，而政府内部的冲突也会增加。社会公民会有共同利益，但政策的各方面（住房、福利、环境、国防）将陷入冲突。对帮助低收入人群的收入再分配政策感兴趣的机构会意识到实际国民收入越多，政府能够用于它们想做的事情上的钱也就越多。这些组织不得不考虑它们能为提高的生产力作何贡献，而非假装钱从哪
*200* 里来无关紧要。劳资双方、主流人群以及少数人群都会考虑他们的共同目标，即如何互利共赢而非从对方索取。

但设定这类限额的想法从未抵达过国会，不过简单一些的平衡预算修正案看起来还是非常有吸引力的，尽管它们也受到许多很有道理的观点反对。在 20 世纪末，随着联邦政府盈余的出现，这个问题变得没什么实际意义（尽管政府可能再次遭遇赤字），但另一项流行的改革却得到通过。

① Sandra J. Nixon, "Budget Amendments: An Idea ... That Never Goes Out of Style," *Congressional Quarterly Weekly Report*, (January 14, 1995), p. 143.

## 9.8 分项否决权[①]

美梦偶尔能够成真，但就像许多幻想很久之后才被发现一样，现实总是令人失望。1996年的《分项否决权法案》（Line-Item Veto Act）就是一项长期倡议的顶点，它的历史可以追溯到一个世纪之前。事实上，这项法案只维持了一年多一点，从1997年1月初开始实行到1998年6月最高法院认为它违宪（因为它违反了总统和国会之间的权力分设原则）。虽然历史短暂，但它具有指导性意义，因为它显示了在夸大好处、忽视政治现实、掩盖存在争议的实际的情况下，试图通过过程改革来替代政策改变的后果。

虽然表面上看起来很诱人，但联邦分项否决权法案背后的思想其实很简单。美国宪法给予总统审查由国会通过的议案的权利，他可以选择签署或完全否决。[②] 分项否决权允许总统在法律许可的范围内取消一些特定条款，尤其是在13项拨款法案及其他财政法规许可范围之内。

分项否决权很符合渐进改革派在20世纪初提出的改革方案，他们支持通过强化行政力量来提升政府行政过程中的合理性和效率。它在美国的起源甚至还可以追溯到更久的南部联邦宪法。那时的理念是公开地引进一些英国模式的优点。正如我们所知的，这个假说从来就没有经过检验，因为它所根植的政治系统在美国已经被推翻。但是这个想法保留了下来。根据布赖斯爵士19世纪末所言，分项否决权是由"有见地的人设计"的实践之一，它能够在增强行政权的同时更加清楚地阐明并确认在一个集权领域的责任。[③]

分项否决权让人联想到一位睿智的行政官阻止立法机关继续挥金如土的形象。 201
这一论断得到了所谓已经试点成功的政府的支持，43个州的州长有权削减立法机构通过的预算中的条目。但是，整体而言，来自政府的证据并没有显示出非常鲜明的记录，而且结果也有些混乱：很多研究已经发现分项否决权对拨款的总额只有相对较小的影响，有些证据暗示政府官员利用拨款法案的否决权力追求的是党派或政治因素而不是财政目的[④]，立法机关也有能力通过推脱战术和法庭规则来使它的操作无效。[⑤] 然而，在20世纪八九十年代的财政赤字阶段，联邦政府的部分否决权对

---

① 本节摘自 Renee Brandt 的课程论文，"No Big Deal：Measuring the Line-Item Veto Act of 1996，" California State University，Los Angeles，Department of Political Science，November 1998。对分项否决权的早期分析可见 Philip G. Joyce and Robert D. Reischauer，"The Federal Line-Item Veto：What Is It and What Will It Do?" *Public Administration Review*，Vol. 57，No. 2（March/April 1997），pp. 95－104。

② Article 1，Section 7.

③ House Resolution No. 1879，49th Congress，1st Session，3. Quoted in John F. Wolf，"The Item Veto in the American Constitutional System，" *Georgetown Law Journal*，Vol. 25（1936），p. 113.

④ Catherine Reese，"The Line-Item Veto in Practice in Ten Southern States，" *Public Administration Review*，Vol. 7，No. 6（November-December 1997）；pp. 510－16；See also，David Hosansky，"Can States Give Washington a Lesson in Veto Politics?" *Congressional Quarterly Weekly Report*，August 9，1997，pp. 1922－23.

⑤ Louis Fisher，"Line-Item Veto of 1996：Heads-up from the States，" *Public Budgeting and Finance*，Vol. 17，No. 2，Summer 1997，pp. 3－17.

民主党人、共和党人、政治领袖和普通成员的思想具有代表性的意义。它被称赞为“反对浪费和政治拨款支出的武器”[1]，“减少联邦支出并有助于带来预算平衡的工具”[2]，“保持‘联邦支出一体性’（无论这个一体性指的是什么）的方法”[3]。在1995年共和党人获得国会控制权时，由众议院共和党人签署的《与美国缔约》法案在其第一段中就要求批准分项否决权的议案。

国会花了很长一段时间将这些华丽的言语付诸行动，并且提出了一个可以被接受的版本。对总统来说，分项否决权显然是其所期望的，但为什么国会如此急于给行政机构这样一项武器？用路易斯·费希尔的话来说，这项武器明显有利于行政机构优先支出项目的安排，而不利于立法机构优先支出项目的安排。[4] 一个民主党总统面对国会中共和党多数这一事实（这一状况后来在其连任选举中又被加强）确实使理论家感到忧虑，他们一定注意到了这样一个危险，即总统也许会使用否决权来支持某些项目，而这些项目是这些理论家原先没有想到的。在讨论了分项否决权所应采取的形式之后，国会最终通过了一项法案，1996 年 3 月底，克林顿总统充满激情地将其签署，使之生效成为法律，他说，“通过减少浪费、保护纳税人和平衡预算，法案将允许总统更好地代表公众利益”[5]。

202 1996 年的《分项否决法案》允许总统在签署法案使其成为法律之后的五年期间取消“任何数量的选择性预算授权”，任何直接支出项目，以及某些被限制的税收优惠。[6] 总统被要求向国会说明其计划删除项目的原因和影响。他也必须确保项目的取消可以减少联邦预算赤字，并且没有损害任何必要的政府职能，也没有损害国家利益。所有的节省都被自动地记录为赤字的减少，并且不能因为它们节约了资金，就要求以相同数额的资金用于其他目的，也就是说，将现有的可控制性支出封顶，要求抵消强制性支出（公民权利性支出）的增加或者税收减少的规定仍然有效。

在总统实施分项否决的 30 天内，国会能够简单地以多数通过一项不赞成议案，否决总统通过的分项否决项目。如果总统否决了这一议案，国会也能够通过参众两院的 2/3 多数驳回总统的决定。这项法案计划于 1997 年 1 月生效，2004 年到期。

显而易见，这项法案有利于总统。为了阻止总统的行动，并保留总统已经删除的项目，国会必须谨慎行事。为了预防被国会驳回，总统仅需要获得 1/3 国会议员的支持就可以了。从总统的角度看，分项否决可能会成为一个在联邦预算中确保“责任”的潜在的强大武器（在一方面），并且（在另一方面）得到他自己的优先项

---

① Andrew Taylor, “Line-Item Veto Struck Down Again,” *Congressional Quarterly Weekly Report*, February 19, 1998, p. 381.

② Hosansky, 1997, p. 1922.

③ Andrew Taylor, “Judge Voids Line-Item Veto Law,” *Congressional Quarterly Weekly Report*, April 12, 1997, p. 833.

④ Fisher, op. cit.

⑤ Andrew Taylor, “Line-Item Veto Bill Becomes Law,” *Congressional Quarterly Weekly Report*, April 13, 1996, p. 984.

⑥ Louis Fisher and Virginia McMurtay “The Line-Item Veto Act,” Congressional Research Service, April 23, 1998, p. 2.

目。从国会的角度看，这似乎是承认自身无力控制不负责任的冲动的表现，是史无前例的权力转移。

将近9个月之后，克林顿总统才实际使用了分项否决权。在1997年的拨款程序中，他删除或者试图删除9个拨款法案中的80个项目或条款，5年中累计节约支出总额超过19.5亿美元。在年度预算超过1.5万亿美元并且每年赤字超过1 000亿美元的情况下，分项否决几乎无法满足其支持者的需要，其支持者原本希望分项否决能够成为平衡预算、消除浪费或者降低联邦支出水平的一项有效武器。

同样，分项否决可以在很大程度上解决联邦赤字或控制不断膨胀的联邦支出。如果总统不能将美国人民从更大的灾难中拯救出来，他也许能在道义上获得一些小小的胜利。

但是，应该从哪里开始呢？议员项目和浪费性支出并没有贴上标签，总统是应删除所有这类项目，还是仅瞄准那些数额巨大、令人震惊的项目？削减的标准应该是什么？法案几乎没有给出任何指导——所有的删除都被假定为可以减少赤字，一切考虑均从国家利益出发。谁又能说什么是必要的，什么是不必要的呢？

为了保持工作的一致性，总统是否应该仔细审查成千上万个拨款条目、备忘录和税收条款？委员会数小时辩论的成果、预算人员的协商、讨价还价和交易以及重复投票现在是否应被重新考虑，再次分析，并且得出结论？这样一个庞大的任务必然要求白宫成立一个与国会平起平坐的官僚机构——实际上是在重复国会的工作， 203
并且是在很短的时间之内。

根据克林顿政府所罗列的否决项目的理由，一些标准确实变得清晰。这些项目包括：

> 未包括在总统预算申请中的项目；部门未申请或对其而言不适合的项目；1998年根本无法开工建设的项目；无法真正提高军人及其家庭生活质量的项目；或者与国会协商后不被批准的项目。①

但是，似乎很难始终如一地运用这些非常模糊的标准。比如，克林顿尝试运用其否决权的第一个拨款法案是军事建设支出。它包括129个克林顿没有申请的项目，但仅有38个被否决。② 在国防拨款法案中，国会增加了750个项目，总成本达110亿美元，仅有13个项目被取消，节约了1.44亿美元。③

分项否决的谬误在于假定总统（任何总统）没有政治偏好，对运用权力不感兴趣。它认为总统就像一些类似独行侠的人，只单纯地对经济、效率和国家发展感兴

---

① Brandt, p. 7.

② Andrew Taylor, "Line-Item Boosters Reconsider as Clinton Vetoes Hit Home," *Congressional Quarterly Weekly Report*, October 11, 1997, p. 2459.

③ Donna Cassata, "President Uses a Delicate Touch in Vetoing Military Spending," *Congressional Quarterly Weekly Report*, October 11, 1997, p. 2557.

趣。这些观点实质上与20世纪早期拥护联邦行政预算的社会改革者提出的观点相同。① 然而，分项否决权并没有替代预算过程的政见，而仅仅是作了一些改进，为参与者提供了新的战略背景、新的机会和限制机制。

谁的偏好将获胜呢？实际上，某个人眼中的政治挥霍和浪费对另一个人而言是基本项目。并且，除了全国范围内的项目外，大多数项目都是地方性的。“你近来都为我做了些什么？”是美国政治中一个历史悠久的问题，是对需要国会选票的总统和需要选民选票的政治家的询问。

总统必须对项目进行选择，而均衡分配也许并不被某些赞助者认同，因为他们有自己认为有用的项目。例如，为了腾出的土地要用于建设2002年奥运会运动员的宿舍，克林顿取消了《军事建设法案》中用于重新部署犹他州陆军预备队维修厂的资金。因为此前有报道说，项目发起人之一的参议员罗伯特·贝内特（Robert
204 Bennett）（犹他州共和党人）怀疑政府是否认识到这一奥运项目的重要意义。② 另一方面，克林顿在国防拨款法案中为一家夏威夷州的公司保留了建造两艘巡航舰的拨款，这也许对参议员丹尼尔·伊诺伊（Daniel Inouye，夏威夷州民主党人）有利，而他是对国防拨款委员会非常有影响力的著名民主党人。③

毋庸置疑，一个更为广泛的问题是政策。一个共和党总统也许会使用分项否决权削减国内支出，而不触及国防支出；一个民主党总统也许不会这么做。当克林顿在税收条款上成功地尝试了他的新玩具，删除了某个试图否决的草案后，他信心大增，大胆地否决了38个军事建设项目。当然，他声称他的举动并无党派偏见：“我取消的项目都是全国性的，既有共和党立法者的项目，又有民主党立法者的项目。”④ 可以想见，国会对此十分恼火，它恢复了所有的项目，推翻了克林顿在其反对的法案中的否决意见。在这之后，总统似乎变得慎之又慎，因此，剩下的拨款法案中很少有项目被取消。在取消了《能源和水资源发展拨款法案》（Energy and Water Development Appropriations Act）中的8个项目之后，克林顿表示：“我努力表现出对国会在拨款过程中作用的尊重。”⑤ 但这并没有阻止他删除国防分配额中总额达1.44亿美元的13个项目，虽然它仅是价值2 480亿美元的国防预算法案中的极小一部分，但这一削减史无前例。

在纽约市诉克林顿（City of New York v. Clinton）、斯耐克河流域马铃薯种植者有限公司诉鲁宾（Snake River Potato Growers，Inc. v. Rubin）这两起案件中，分项否决权被最高法院宣布为违宪。最高法院中的大多数认为，通过取消已经颁布的法律中的规定，总统单方面修改了法律，从而违反了宪法。

---

① Naomi Caiden, “Paradox, Ambiguity and Enigma: The Strange Case of the Executive Budget and the United States Constitution,” *Public Administration Review*, Vol. 47 (January/February 1987), pp. 84-92.

② Andrew Taylor, “Line-Item Boosters Reconsider as Clinton Vetoes Hit Home,” *Congressional Quarterly Weekly Report*, October 11, 1997, p. 2463.

③ Cassata, op. cit.

④ Clinton Outlines Reasons for Defense Veto Items,” *Congressional Quarterly Weekly Report*, October 18, 1997, p. 2562.

⑤ Johathan Weisman, “Energy and Water Law Gets Line-Item Veto,” *Congressional Quarterly Weekly Report*, October 18, 1997, p. 2552.

分项否决权在1997年短暂的经验表明它即使作为一个选择性的解决方案也是不够的。它关于总统勇敢地试图阻止支出浪潮，但由于没有这一工具而被大量国会支出者击败的描述仅是个幻想。总统与国会一样，处在支出的最前沿，都对追求自己的政治利益感兴趣。与那些现行的机制相比，分项否决的确是一个软弱无力的工具。

预算过程充满了公共政策方面的权力斗争。预算的制定过程是政治权力发挥作用的场所，而不是对该权力的取代。就其自身而言，预算无法形成多数并实施其意愿。虽然公布信息、评估项目、分散决策、设置限制或投票的规则也许会使一致性意见的达成稍微容易或稍微困难一些，但它们不可能缩小无法逾越的鸿沟。所以，更为合理的认识应当是政治过程决定预算，而非预算决定政治联盟。

# 第 10 章



# 从盈余到赤字

本章主要探讨联邦预算在 1998—2001 年之间出现的短期盈余。我们将具体解释这次预算盈余出现的原因，它本质上的不确定性，关于它的作用的争论，以及它如何随着布什政府的减税法令而消失。在最后，本章会大致描述 2002 年底的预算过程。

205 从表面上看，预算赤字的时代已经一去不复返。尽管自 1992 年以来，赤字已经开始持续减少，但 1998 年出现的少量盈余还是不能不算作一个惊喜，更不用说关于未来几年将会出现大量盈余的预测了。那么，这一切究竟是如何发生的呢？

## 10.1 消失中的赤字

财政情况正在以令人难以置信的速度转变着（见表 10—1）。早在 1995 年，国会预算局还预测 1998 财年的赤字将达 1 830 亿美元。到了 1998 年初，这一预测便降到了 50 亿美元。然而事实是，1998 年出现了 700 亿美元的盈余，并且此后一直到 2001 年，预算都出现了盈余（见表 10—2）。

表 10—1　　未来的赤字和盈余　　（十亿美元）

1995—2003 年之间的赤字和盈余预测

| | 1996 年 | 1997 年 | 1998 年 | 1999 年 | 2000 年 | 2001 年 | 2002 年 | 2005 年 | 2009 年 |
|---|---|---|---|---|---|---|---|---|---|
| 1995 年 12 月 | 172 | 182 | 183 | 195 | 204 | 211 | 228 | 294 | |
| 1996 年 5 月 | 144 | 171 | 194 | 219 | 244 | 259 | 285 | 376 | |
| 1997 年 1 月 | 107 | 124 | 120 | 147 | 171 | 167 | 188 | 254 | |
| 1997 年 9 月 | | 34 | 57 | 52 | 48 | 36 | +32 | +36 | |
| 1998 年 1 月 | | | 5 | 2 | 3 | +14 | +69 | +75 | |
| 1998 年 8 月 | | | | +80 | +79 | +86 | +139 | +170 | |
| 1999 年 1 月 | | | | +107 | +131 | +151 | +209 | +256 | |
| 2000 年 1 月* | | | | | +176 | +177 | +227 | +268 | +444 |
| 2000 年 7 月* | | | | | +232 | +268 | +312 | +402 | +685 |
| 2001 年 1 月 | | | | | | +281 | +313 | +433 | +796 |
| 2002 年 1 月 | | | | | | +127 | −21 | −103 | +274 |
| 2002 年 8 月 | | | | | | | −157 | −39 | +133 |
| 2003 年 1 月 | | | | | | | −158 | −73 | +103 |

资料来源：Congressional Budget Office，*Economic and Budget Outlook*，issues 1995—2003。

*对于 2000 年 1 月和 2000 年 7 月的数据，CBO 基于不同情况给出了三种估计。这里给出的数据假定选择性支出在 2000 年后会以通货膨胀的速度增长。

表 10—2　　赤字的消失　　（十亿美元）

1992—2003 年的联邦赤字和盈余

| | 预算内赤字/盈余 | 社会保障盈余 | 总赤字/盈余 |
|---|---|---|---|
| 1992 年 | −340.5 | 50.7 | −290.4 |
| 1993 年 | −300.4 | 46.8 | −255.1 |
| 1994 年 | −258.8 | 56.8 | −203.1 |
| 1995 年 | −226.3 | 60.4 | −163.9 |
| 1996 年 | −174.0 | 66.4 | −107.4 |
| 1997 年 | −103.3 | 81.3 | −22.0 |
| 1998 年 | −29.2 | 99.0 | +69.0 |
| 1999 年 | +1 | 124 | +124 |
| 2000 年 | +86 | 150 | +236 |
| 2001 年 | −34 | 161 | −127 |
| 2002 年* | −317 | 160 | −158 |
| 2003 年* | −361 | 162 | −199 |
| 2004 年* | −319 | 174 | −145 |
| 2005 年* | −268 | 195 | −73 |
| 2006 年* | −228 | 212 | −16 |

*估计值

注：社会保障盈余和邮政账户余额均被计算进赤字总额之中，但由于邮政账户数额很小，所以忽略不计。

资料来源：Congressional Budget Office，*Economic and Budget Outlook*，issues 1995—2002。

赤字预计数的减少有大约 2/3 是因为收入增加[1]，收入增长的速度不断超过预计水平（见表 6—1）。1992—1996 年，收入增长了 1/3。[2] 1998 年，财政收入创第二次世界大战后新高，达到了国内生产总值的 20.5%，并且预计至少在接下来的十年中收入可以一直保持在这一水平上，或略微低于这一水平。收入的持续高增长主
207 要是由于 20 世纪 90 年代的经济繁荣，同时也源于税法的变化：1993 年税收收入就已经增长了，1997 年减税措施所带来的影响被其他收入的增长部分抵消。股票市场的繁荣、资本收益的迅速增长和应税收入的提高，推动了个人所得税和公司所得税的增长。[3] 连续五年税收收入的增长速度都超过了经济的增长速度，其增长水平前所未有，出人意料。

如果不采取进一步措施，收入还将继续保持高位，预计支出占 GDP 的比重将下降到 17%左右，而且差距还将进一步拉大。逐渐地，净利息支出（在 20 世纪 90 年代初是 2 000 亿美元，并且当时预计此项支出还会上升[4]）将不断下降，从 1997 年占 GDP 的 3%下降到只占 GDP 的 1.5%。到 2008 年，公众持有的债务将从目前几乎占 GDP 的一半下降到不到 GDP 的 25%。[5]

财政支出的节省要部分归功于权利性支出的节省。在 20 世纪 90 年代初，几项主要的政府津贴支出均急剧上升，1986—1996 年翻了一番，超过经济增长速度和通货膨胀。符合享受权利性支出的人数不断增加、支出标准根据生活成本指数自动调整、修建更多公益设施、医疗价格迅猛提高、更高的收入水平推高社会保障受益标准、各州采取行动提高联邦补偿额等，这些都导致了权利性支出的增长。[6] 在增长最迅猛的那几年（1990—1992 年），医疗补助以每年 20%～30%的速度急剧增长。到 1997 年为止，强制性支出已经占联邦预算支出的一半以上（见表 6—2）。[7] 人们开始担心，如果这样的趋势持续下去，那么在接下来的几年中，联邦预算将无法负担权利性支出，尤其是医疗保险和医疗补助的费用。

然而，目前来看，这一可怕的预想并未成为现实。1996 年，医疗补助仅仅增加了 3%，1997 年也只有 4%；医疗保险 1996 年增加了 8%，1997 增加了 9%；社会保障和贫民食品券支出在那几年甚至有所下降。[8] 这样一来，人们降低了对政府津贴费用的预期，对未来预计的支出也相应减少。

赤字减少的其余部分源于几年来对选择性支出的严格控制。1991—1998 年，选择性支出总共只上升了 4%，如果扣除物价因素，甚至还下降了 13%。[9] 国内支出的增加也被国防开支的减少所抵消。1990—1996 年，国防支出按实值计算（剔

① Congressional Budget Office, *Economic and Budget Outlook*, *1998—2008*, January 1998, p. 38.
② Congressional Budget Office, *Economic and Budget Outlook*, *1998—2007*, January 1997, p. 33.
③ Ibid.
④ Congressional Budget Office, *Economic and Budget Outlook*, *1997—2006* January 1996, p. 51.
⑤ Congressional Budget Office, *Economic and Budget Outlook*, *1999—2008*, January 1998, p. 43.
⑥ Congressional Budget Office, *Economic and Budget Outlook*, *1997—2006*, January 1996, p. 47.
⑦ Congressional Budget Office, *Economic and Budget Outlook*, *1998—2008*, January 1998, p. 69.
⑧ Ibid., pp. 25-6.
⑨ Congressional Budget Office, *Economic and Budget Outlook*, *2000—2009*, January 1999, p. 32.

除通胀因素）下降了28%，而国内预算中可自由支配的部分只增长了15%。① 这是由于对选择性支出设定了一个几乎固定不变的限额，导致不得不削减每年拨出的款项。根据1997年的《预算平衡法案》，在此后五年中，选择性支出的增长速度必须低于通货膨胀预期的10%，或者在这一时期内只能增加30亿美元。经济飞速增长、冷战结束、税制改革、选择性支出被设定限额，这些都使当时以及未来的预算盈余达到了前所未有的水平。② 208

## 10.2 预算盈余中的政治

20世纪末由民主党总统向共和党掌权的国会提出的几份预算大都出现了盈余。或许人们会这样想，随着赤字的消失，剩下的将是一派和平安宁的景象，因为政治家、经济学家和各派人士只需要讨论用盈余来做什么就行了。而事实上，冲突和互相之间的谩骂却进一步升级，尽管这就像职业摔跤一样，更多的动作只是为了给观众一个印象，而与争论的问题本身无关，但预算盈余下的政治看起来一点儿也不比赤字下的政治简单。

争论的源头在于盈余的本质。对盈余的估计总是在不断变化（见表10—1）。尽管至少目前各方对预算的重估都是乐观的，但各方估计间的巨大差异还是让人感到困惑。当然，要估计预算盈余，就要首先建立一个模型，通过它模拟各个宏观经济变量之间不断的相互作用，包括未来的经济增长、通货膨胀、就业率、收入、利润以及利率，从而作出预测。这样的预测具有很大的不确定性，因为它对于未来全球经济的变化以及它对美国产生的影响有一系列的假设。与此同时，个人、企业、政府和非营利机构将作出数以百万计的决策，对于这些决策将产生的累计影响，人们在预测时也只能凭借假设。以这样的预测作为收入和支出的基线标准，并未将未来立法上的变化纳入考虑范围。在某些年份里，国会预算局根据不同的基准假设对盈余作出了三种不同的推断。这些基线标准也没有将可能出现的意料之外的经济衰退、战争、灾害、全球气候的影响、人口的大规模迁移、政权变更，以及科技上的突破考虑进去。即使是最自信的推断也很容易被颠覆。

至于"盈余到底有多少"的问题就更复杂了。表10—2显示，盈余有两方面，即预算内盈余和预算外盈余。预算外盈余主要来自社保基金账户，这部分盈余是美国综合预算盈余的主要部分。1998年首次出现了近700亿美元的盈余，在预算内实际上有290多亿元的赤字，只是被社保基金盈余抵消而已。那么这到底有什么关系呢？

事情之所以重要，是因为人们想让它重要。在被亨利·阿伦称为"伟大的预算

① Congressional Budget Office, *Economic and Budget Outlook, 2000—2009*, January 1999, p. 124.

② 1992—1995年，与预测不同，财政赤字从GDP份额的4%多下降到了2.7%，根据预测，在2000年之前会降到2%。1994年之前，根据OECD数据，美国的财政赤字在主要发达国家中最少（*The Economist*, February 12, 1994, p. 73）。

悲喜剧表演”① 中，民主党与共和党的预算制定者都信誓旦旦地说，他们对预算盈余的计算没有包括“社会保障盈余”。在克林顿总统承诺要“首先保护社保基金账
209 户”之后不久，不甘落于下风的共和党领导人也马上保证将“停止对社保基金的滥用”。所有这些论调都不肯承认数十年来以社会保障信托基金盈余抵消预算赤字的现实。经济学家也已反复向我们保证，使用现在计算出的盈余将不会对未来的社保基金产生任何影响。

不考虑社保基金的盈余将会对赤字的计算产生至关重要的影响。短期来看，它将使盈余的幅度变得很小（见表 10—2），从而使盈余的存在几乎完全依赖于 1997 年《预算平衡法案》所设定的支出上限的连续执行。② 据估计，1998—2002 年，如果继续执行限额规定，在国防支出增长的情况下，国内选择性支出必须被削减 1/4。③ 但如果盈余依赖于限额规定的连续执行，而限额规定所要求削减的国内选择性支出数又不切实际，那么只可能出现两种情况。一种情况是要继续实现盈余，国内选择性支出就会面临巨大压力；另一种情况则是用各种各样的作弊手段来掩盖违反限额的事实。在一个所谓的富裕时代，为什么还会有人严格节制消费呢？1998 年，曾经有许多人反对一项国会决议的通过，作为替代拨款委员会后来改为根据设立的限额对款项进行分配。1998 年重新通过有效期为 6 年的《综合运输能力法》（Intermodal Surface Transportation Efficiency Act，ISTEA）的过程就是一个能说明当时政治环境的例子。随着这项法案经参众两院审批，提案也像滚雪球一样越来越多。这项法案将使高速公路和公交方面的支出在接下来的 6 年里上升 40%，对公路的投资将达到自 20 世纪 50 年代以来的最高水平。同时，这项法案前所未有地包含了 1 500 多项专款，这比 1997 年达成的预算协议所允许的金额多出了将近 300 亿美元。④ 即使是那些最极力主张削减预算的人也支持这项法案，因为整个国家也都从中受益。但是，运用这种方法优先占有支出的权利势必会削减预算的其他部分。增加的公共交通支出会与社会保障支出发生冲突。在削减医疗补助和贫民食品券支出的提议被无情地否决之后，人们最终决定削减退伍军人的伤残补助和社会服务补助。用总统的话来说，“《综合运输能力法》是脱离整个预算的……它和预算的其他部分没有任何关系”⑤。即便如此，他还是签署了这项法案。另外，未来的公路支出会和前一年收缴的汽油税直
210 接挂钩，这样它才不会被挪用来减少赤字，同时受到另一个支出上限的保护。⑥

---

① Henry Aaron, “Great Pretenders,” *Washington Post National Weekly Edition*, November 15, 1999, p. 26.

② 1997 年法案为 1998 年和 1999 年国防、非国防支出分别设置了上限。从 2000 年开始，取而代之的是一个唯一的选择性支出上限。随着时间的推移，其他用于暴力犯罪削减、交通、环境保护的支出上限开始生效。见 General Accounting Office, *Budget Issues: Budget Enforcement Compliance Report*, June 2000, GAO—02—794。

③ Robert Reischauer, “The Phantom Surplus,” *New York Times*, January 28, 2000, p. A27.

④ Eric Pianin and Charles Babcock, “Piling up the Pork,” *Washington Post National Weekly Edition*, April 6, 1998, p. 32.

⑤ “Road Bills Keep Republicans Divided While Clinton Plays Budget Hawk,” *Congressional Quarterly Weekly Report*, April 25, 1998, p. 1069.

⑥ Alan Ota, “Conferees Trim Bill, Near Agreement, but Clinton Still Threatens Veto,” *Congressional Quarterly Weekly Report*, May 16, 1998, p. 1269.

在接下来的一年当中，根据决议规定，应该按照支出上限来支出，但是，因为它增加了国防支出，所以必须对国内支出做大幅削减——估计会比当时的水平低 11%。根据两党的共识，由于不计算社保基金带来的盈余，预算内盈余的实现必须严格遵守支出上限的要求。在这种情形下，随之而来的一系列作弊手段其实骗不了任何人。它使公开作假合法化，从而进一步降低了拨款程序的权威性。拨款委员会并没有精心地权衡取舍，而是用各种欺骗手段来掩盖超出限额的事实。由于应急支出不在支出上限规定的范围之内，所以成为冠冕堂皇的托词。它不仅用于飓风过后美国中部的救济物资和科索沃战争，连退伍军人医疗、人口普查以及农业救济产生的支出也都被算作应急支出。① 支出的计算被推迟到下一年，于是每年都重复上一年的老把戏，像这样的欺骗手段还有很多。

很显然，到一个财年结束，那些限额将被突破，而预算内盈余也将被超过。为了避免程序性问题，早些时候的拨款委员会就会向之后的拨款委员会"借款"。这样一来，排在最后的劳工支出（也就是医疗支出）和人力支出（也就是教育支出）就不得不被削减掉相当于前一年选择性支出的 1/4。② 总统最终只会看到有两项特别支出的预算案。

在下一个月里，在连续决议下，除了五项拨款预算案，其余方面均达成妥协。最终，两派人士均宣告胜利，因为这五项草案被归为一个综合包，为预算过程混乱结果中的特定利益项目创造了一个纪录，两党领导人都为此洋洋自得，而实际上，他们并未履行他们的承诺，他们既没有遵守支出上限的要求，也没有剔除社保基金带来的盈余。

在 2001 财年克林顿政府的最后一份预算案中，他提出彻底取消支出上限。尽管这看似可以解决表面赤字实则盈余时期的预算制定问题，但依旧无法解答盈余究竟有多少的问题。到底有多少资金可以用来分摊呢？首先，只有预算内的盈余在我们的考虑范围以内，而预算外盈余则会被用于偿还国债。国债从 1940 年起就一直在增长，直到 1998 年才开始减少。政府计划到 2013 年为止用预算外盈余抵消所有国债。多达支出 15%的利息储蓄将被存入社保基金，为日益临近的婴儿潮一代的退 *211*
休提供保障。

并非每个人都支持这一政策。供给学派经济学家就认为这么做对整个国家的经济没有好处。共和党人不赞成为了偿还债务这一不切实际的想法而征收超过实际所需的税。有人认为最好把资源投在现有的人力资本（譬如教育、医疗）上，因为这些投资在将来会有回报。比起债务偿还，个别政客对自己的计划更感兴趣。③ 还有

---

① Eric Pianin and Juliet Helperin, "How to Bust a Budget Cap," *Washington Post National Weekly Edition*, August 2, 1999, p. 30. 关于支出上限最近的历史，见 Congressional Budget Office, The Budget and Economic Outlook, 2004—2013, January 2003, pp. 114-117。

② David Rogers, "GOP Accepts Higher Spending Levels Rather than Risk Budget-Process Delay," *Wall Street Journal*, September 15, 1999, p. A22.

③ Clay Chandler and John Berry, "Pay What You Owe With What You Reap," *Washington Post National Weekly Edition*, March 23, 1998, p. 19.

人觉得债务按绝对价值计算已经下降，而它目前占 GDP 的 50%也是可以接受的。①

然而不管怎么样，目前人们的注意力还是从年终结余转向了对未来十年的预测。一个原因是预算总盈余估计为 1 840 亿美元，而其中大部分因为是预算外盈余而无法动用。十年盈余是相当可观的数额，使政府有能力作出更多的承诺，如支持医疗补助、拨款给处方药津贴、为某些受欢迎的减税做准备、改善教育等。这种安排是为中产阶级精心设计的，而且即使预计不再出现盈余，它依然有可能实现。

所有的一切都是基于人们不同的假设。国会预算局为预算内、预算外和总盈余预计给出了三种不同的假定。其依据是 2000 年以后的选择性支出是以通胀的速率增加，还是始终保持在 2000 年的水平，或者直到 2002 年均被控制在限额以内，随后则以通胀的速度增长。在前两种假设的前提下，2001 年的预算盈余只有几十亿美元，而如果按照第三种假设，盈余则将会达到 690 亿美元。

长期预计到底有多么可信？似乎所有事都取决于选择性支出的数额。根据国会预算局的说法，如果在接下来十年中始终保留支出上限，那么预算内盈余将累计达到近 2 万亿美元。而如果放弃支出上限，选择性支出可以按照通货膨胀率增长，总预算内盈余将不到它的一半。②

一方面，像罗伯特·赖肖尔（Robert Reischauer）这样的评论家认为，盈余被大大地高估了。20 世纪 90 年代，国内消费增加了 20%（没什么理由认为增长达不到 20%），而国防支出看起来至少会以通胀的速度增长。其他压力（例如更新过期的税收抵免，调整可选择的最低税）将用去数千亿美元。赖肖尔认为十年的预算盈余很可能连 1 000 亿美元都不到。③

另一方面，共和党人却认为盈余被低估了。参议院的预算委员会主席皮特·多梅尼西（Pete Domenici）就曾经抱怨道："如果你想把每一项新支出都估计进去，
212 那根本就不会有盈余出现。"④ 实际上，由于总统支出提案的成本很可能被低估，从而在一开始便通过将更高的支出包括在盈余估计本身之中而预先挤占了预算盈余。故意低估盈余的目的在于排除大幅减税的可能性。

从这个角度看，双方的冲突进一步升级。共和党人想制定法律减少税收并增加国防支出，但这么做就必须大幅削减国内消费，而对于这一点他们却无法赢得足够的票数。⑤ 在党派界限下通过的国会预算决议仍旧坚持一个共识，那就是用社保基金盈余来偿还债务，但它为国防支出的增长和以国内项目削减为代价的更大的税收削减留出了余地。随着国会通过拨款草案，更多支出被加进来。似乎在 2001 年的总统和国会选举前，预算案被按时通过还是很有希望的。遗憾的是，10 月的第一个星期，总统只签署了两项拨款法案，到 11 月为止也仅签署了 7 项。只要总统认

---

① "Dumb Idea" *Wall Street Journal*, January 21, 2000, p. A18.

② Congressional Budget Office, *The Budget and Economic Outlook FY 2001—2010*, January 2000, pp. 2-3.

③ Robert Reischauer, "The Phantom Surplus," *New York Times*, January 23, 2000, p. A27.

④ Yochi Dreazen, "Surplus Battle Is About More Than Spending," *Wall Street Journal*, February 8, 2000, p. A16.

⑤ "Budget Fluff," *Washington Post National Weekly Edition*, April 3, 2000, p. 25.

为法案包含的支出过少或者是包含了无法接受的附加条款，就会一再使用他的否决权。为了通过预算，选举过后还要经历至少20次连续决议和一次“跛脚鸭会议”(新旧总统间交接的国会会议)。此时，选择性支出比克林顿最初的申请多出了140亿美元，比国会决议多400亿美元，比上限高1 000亿美元！① 分肥项目超过了上一年的历史纪录。公民反政府浪费组织发现，七项拨款法案有超过4 400个分肥项目，用掉了159亿美元。参议员（约翰·麦凯恩，John McCain）也估计，分肥总共花费了240亿美元。②

结果并不能使所有人如愿，但是恢复已经削减的医疗补助和老年保健费用，以及对教育投入的更多申请还是得到了批准。财政保守派人士可能会公开谴责这一系列的福利措施和财政上的不规范，但那又能如何呢？2001年1月，新的共和党总统在经历了与其他候选人的角逐之后，一上任就面临新的国会预算局给出的对盈余的预计。这次估算出的盈余多得让人有些吃惊，它认为接下来十年的盈余将超过56 100亿美元。似乎每个人的愿望都会有足够的钱来满足。

## 10.3 盈余的终结

好消息一个接着一个。2001年1月，国会预算局报告说，“在下一个十年中，联邦预算的前景依旧乐观”③。2001财年的盈余预计将达2 810亿美元，未来十年的累计盈余预计将达56 000亿美元，比半年前计算的结果高出1万亿美元。 213
尽管上年预算的十年支出增加了5 610亿美元，收入减少了370亿美元，但由于预计经济的加速持续增长会使收入上升，因而估计新盈余将使这些开支轻而易举地被抵消。

在持续增长了四年之后，盈余在联邦预算的报告和计算中均被大家接受。但在这个盈余时期，预算政策上却没有一个相应的一致意见。在20世纪90年代的大部分时间，《预算执行法案》的执法机制——选择性支出上限和量入为出（PAYGO）为预算规则提供了某种框架。然而，随着预测出的盈余不断地出现在总统和国会面，这些规则变得越来越没有意义了。国会预算局曾经指出，“很显然，从近年来的拨款中我们可以看到，这些规则已经不能用来正确评判现在的政策，也不能作为预测未来选择性支出的切实可行的依据”④。这样一来，在2000年、2001年和2002年三年当中，随着一般拨款的支出上限被抬高和量入为出的平衡被取消，通过调整其他收支项目来抵消福利支出的上升和减税造成的影响不再被强制且没有必要了。不论是哪种情况，支出上限和量入为出到2002年9月都将被取消。⑤

① Nick Anderson, “The 106th $640 Billion Congress,” *Los Angeles Times*, November 13, 2000, p. A29.

② Richard Simon, “Congress Approves Pork-Laden Budget,” *Los Angeles Times*, December 16, 2000, p. A30.

③ Congressional Budget Office, *The Budget and Economic Outlook 2002—2011*, January 2001, p xiv.

④ Ibid., p. 7.

⑤ 从技术上说，量入为出不会终止，但OMB和CBO不会再要求执行它，所以结果是一样的。

与此同时，两党就保护社保基金盈余达成的共识无形中也发挥了阻碍作用。预计 2002—2011 年预算内盈余将达到 31 000 亿美元，应该说足以满足每个人的需要。但也说不定，经过 2000 年 11 月的大选，随着共和党人乔治·W·布什当选总统，预算政策的命运也将改变，而这对于盈余的多少也至关重要。

在布什政府 2002 财年的第一份预算案中，最重要的一部分就是在十年内减免税收 16 000 亿美元。布什认为，减税之后，预计的 56 000 亿美元盈余仍然足够用来满足其他用途，如稳定社会保障、在医疗补助中增加一项处方药津贴和偿还债务。这份预算案体现了布什优先考虑的问题，那就是增加国防投入，同时在事实上冻结了除教育和生物医学研究之外的大部分国内支出。这份预算案与之前的几份明显不同。尽管前两年选择性支出均增长了约 8%，布什却提出只能增长 4%，而且增加的大部分都用于国防，这还不包括当年后来增加的国防现代化支出。布什总统声称这样一份预算案可以“保护纳税人、孩子和我们的预算盈余。这是一份有侧重的预算，它体现的是具有怜悯心的保守主义”①。

由共和党人占主导的众议院接受了布什的想法，但在参议院（当时两党势力不相上下），这份预算案却遇到了阻力。参议院通过了一项决议，要求减税幅度更小，
214 选择性支出的增幅翻倍，并增加了扩大儿童卫生保健、补助农民、扩大医疗保险的处方药覆盖范围、老年人的家庭卫生保健、更多的退伍军人卫生保健福利、更高水平的国防所需的支出，以及各种分肥项目。在 15 张来自民主党的选票帮助下，参议院通过了这项决议。

过了一个月左右，双方经过妥协终于达成了以下协议：允许来年的选择性支出上升 5%，十年内减税 13 500 亿美元，对处方药给予 3 000 亿美元的补贴，而对于增加多少国防支出则没有具体说明。这项经妥协的决议在众议院党派界限分明的情况下得以通过，在参议院也在 5 位民主党人的支持下得以通过。很多人都怀疑这些数字能否与实际的数额相符，因为这有可能需要大幅削减国内的选择性支出，也有可能违反之前有关不挪用医疗保险和社保账户盈余的协议。

经济形势显然不如以前那么乐观。所估计的来年的预算内盈余大部分都被减免的税收吞噬。到 2001 年 7 月，预算案很明显已无法实现之前过分乐观的盈余估计。共和党人谴责国内支出过度，并以衰退的经济增长为由为减税辩解。而现在控制着参议院的民主党人［因为参议员杰福兹（Jeffords）不再是共和党人，而变成了支持民主党的独立党派人士］则谴责税收减免，但他们也不能过分地保护盈余，因为这么做会危及他们的支出提案。很多原先设想的新方案，包括扩大医疗补助力度和处方药津贴的覆盖面，现在看来均不可能。到 8 月，仅仅过了四个月的时间，对本年预算内盈余的估计就下降了 1 230 亿美元，而来年的预算内盈余预计也只有 10 亿美元。

到了 2001 年 9 月 11 日，纽约的双子塔和五角大楼遭到袭击。长时间的激烈争吵戛然而止。保护预算外盈余现在看起来已经无关紧要。国会迅速通过了一项紧急

① Rob Norton, “The Story Behind Bush's Budget,” *Washington Post National Weekly Edition*, March 18-24, 2002, p. 21.

追加拨款的草案，用 400 亿美元来打击恐怖主义、保护基础设施、为受害者家庭提供救济、寻求外援，以及发动在阿富汗的战争。其他相应的立法也随之而至。

本着两党团结的精神，布什在最初的选择性预算中建议了 6 610 亿美元，实际上每个部门都有所增加。原先对商务部、住房与城市发展部和环境保护署的支出削减均被取消，而且还批准了一些额外支出。国会在总统的基础上对各项支出都有所增加，其中大大增加了对教育、能源项目、国家卫生局、外援项目、反恐和妇女、婴儿及儿童项目（WIC）等的投入（在这里不一一列举）。与此同时，来自个别国会议员的支出提议仍未停止。为了适应增加的支出，国会再次对预算主管当局和支出上限作出调整。据估计，2002 财年选择性支出增加总计达 7 060 亿美元。①

至 2002 年 1 月，预计的十年累计预算盈余已骤减了 4 万亿美元。超过半数的 215
减少额源于减税、增加的选择性支出（包括利息成本），其余部分源于经济前景的变化和技术性修正。尽管预测显示预算将于 2006 年再次出现盈余，但盈余将全部出现在社会保障基金方面；预算内盈余只会在 2010 年减税政策期满后才会再次出现。对本年度而言，3 130 亿美元的盈余将骤降为 210 亿美元的赤字总额，而预算内赤字将达 1 810 亿美元。②

盈余的消失标志着政策和愿景的变化，并且自 1985 年 GRH 法案以来已被接受。2003 财年布什政府的预算标示着这一变化。该预算是对深思熟虑的赤字支出的回归。布什政府甚至都没有试图平衡预算：它假定会有大约 850 亿美元的赤字。其立场是增强国防、保卫国土安全和刺激经济比平衡预算或偿还债务更重要。总统愿意“不惜一切代价保卫美国”③。不出意外，这样做的代价体现在与国防或国土安全无关的其他国内项目上。尽管经得体措辞的修饰，但这些选择总体上仍然是传统的更小政府的保守项目。长期赤字预期也不会有影响——更不用说数万亿美元的盈余已经成为布什政府大规模减税政策的主要理由。现在预测本身已被搁置一旁，管理与预算局局长小米切尔·E·丹尼尔斯（Mitchell E. Daniels Jr）说：“事实是这些数字波动范围广，作用却很小很小。”④

布什曾承诺绝不会将社会保障盈余用于保障婴儿潮一代的退休生活，如今也已经食言了。布什政府不仅没有将社会保障盈余用于偿还债务，反而要求国会再次提高债务限额以避免联邦政府债券发生拖欠。

批评家抱怨财政纪律的缺失，但谁能反对国防支出增加（480 亿美元）或国土安全支出增加（预计 380 亿美元，其标志是贯穿预算文件的小型民兵式洲际弹道导弹）呢？而且正如瑟斯（Seuss）博士所言，这还不是全部。一个月后，总统签署了一项 430 亿美元的经济刺激法案，包括企业减税和失业救济金。⑤ 在选举年寻求

① *Washington Post National Weekly Edition*, February 4–10, 2002, p. 29.

② Congressional Budget Office, *The Economic and Budget Outlook 2003—2012*, January 2002.

③ *Washington Post National Weekly Edition*, March 18–24, 2002, p. 21.

④ *Los Angeles Times*, January 30, 2002, p. A22.

⑤ *Los Angeles Times*, March 14, 2002, p. A13.

两党支持以更新农业授权草案也不成问题，该授权草案的内容包括在未来十年增加
216 70%的农业补助，共计 1 710 亿美元。① 但所有这些政策的代价不仅是赤字支出，还有国内选择性支出的减少（计划中只有 2%的增加额）。

众议院很快通过了一项决议，基本符合总统提到的重点，坚持政党路线。而在参议院，民主党需要多数票支持，不可能在新决议上达成一致意见。各种各样的策略被提出来，比如设立附属于法案的选择性支出上限以（又一次！）增加债务限额。② 但众议院和参议院的意见仍然大相径庭。与此同时，总统和管理与预算局（在有效挥霍了盈余后）深受财政透明之苦，并决定保持支出不变。总统曾提出一项关于 2002 财年的年中补充法案，以继续打击“基地”组织和增强国土安全防卫。尽管两党在此法案上达成一致意见，但总统却威胁要否决这一法案——因为国会已增加了 20 亿美元的支出。

争议象征着国会两院在筹资方式上的矛盾，阻碍了财政拨款的进程。参议院直到 8 月仍未通过预算决议，该决议总额为 7 680 亿美元，仅比众议院的版本多出 90 亿美元。布什威胁要否决任何向未来草案“借款”的支出草案，那是一种在国会决议限额之上争取更多资金的策略。但即使是在众议院，要在该限额内通过预算也被证明是非常困难的。③

到目前为止，国会预算局已报告了预算境况的进一步恶化，例如在证券交易和经济的坏消息中，财政收入惊人地下降。本年度（2002 财年）预计将会有 1 570 亿美元的赤字总额，而预算内的赤字将达到 3 140 亿美元。下一年度的赤字总额预计会少一些，大约为 1 450 亿美元，但 2002—2005 年，预计累计赤字会达到 45 00 亿美元，并且赤字将继续持续，直至减税政策到期。仅仅 4 个月之后，十年累计盈余预计就比 3 月的预计额减少近 1.4 万亿美元。④

两党对于国防和国土安全的支持意味着对它们的拨款没有争议。但由于布什政府在国内支出问题上采取强硬措施，并且未将其列为优先项目，拨款进程在许多问题上纠缠不清。主要问题之一是在劳工/卫生/教育法案上的社会支出：修改了一个旧策略，即为了保证法案能顺利实施，获得额外拨款的同时在其他拨款项目上扩大支出，其原因是众议院共和党的拨款者试图节省一些资金用于劳工/卫生/教育法案。退伍军人事务部/总务管理局/住房与城市发展部/独立机构的拨款争议体现了这一困难。虽然众议院和参议院提出了大致相同的版本，并一致同意比当年少支出 45 亿美元，但在个别项目上仍然存在问题。比如，总务管理局已经为联邦应急管
217 理局的“第一反应者”项目申请了 37 亿美元；参议院提供了 17 亿美元，而众议院在假定商务部、司法部、国务院的拨款会弥补余额的前提下，仅允许提供 8.16 亿美元。参议院为美国企业和其他一些志愿者项目增加了预算，但众议院的法案却完全忽略了这部分拨款：众议院小组委员会主席的策略是将议题留待国会会议商议，

① *Los Angeles Times*, April 27, 2002, p. A16.

② *Los Angeles Times*, June 8, 2002, p. 1515.

③ *CQ Weekly*, August 2, 2002, p. 2106.

④ Congressional Budget Office, *The Budget and Economic Outlook: An Update*, August 2002.

以防止众议院保守派削减，为退伍军人项目增加更多资金的项目。[①]

这样的博弈是由多种因素造成的——参议院中民主党的票决多数、国防和国土安全发展造成的国内支出压力、盈余的消失、政府采用的强硬路线，以及即将进行的选举。虽然大多数的增长领域都与国防和反恐两方面有关，但其他方面也得到了好处。众议院商务和司法小组委员会主席说，"我想确保国家证券交易委员会（Securities and Exchange Commission，SEC）拥有其所需的全部资金"，而且似乎拨款者也愿意帮忙，使 SEC 的资金增加了一倍，达到 7.057 亿美元。[②]

在 2002 年 10 月初新财年伊始，预算仍处于混乱状态。虽然参议院已通过了所有 13 个拨款法案，但它们的总额超过众议院决议限额 90 亿美元。虽然对于一个总额超过 2 万亿美元的预算而言，区区 90 亿美元可能看似微不足道，但众议院共和党领导人和保守派，连同总统都坚决认为这一界限不能突破。同时，也有相当一部分温和派的共和党人持反对意见，导致前者无法赢得大多数，因而形成政治僵局。[③] 凡是法案能获得众议院通过的地方（比如退伍军人事务部—住房和城市发展部拨款），与参议院通过的版本也有显著差异，这意味着将在国会会议上引发冲突。[④] 要将拨款额控制在上限以内变得越来越困难，这尤其因为拨款者试图在早期拨款项目中"节约"资金，以应对在劳工、卫生和教育法案上大额并且在政治上敏感的增长压力。

关于批准使用军事力量对抗伊拉克的国会声明促进了行动。国会转给总统一项 3 550 亿美元的国防拨款法案（配套的国防授权法案仍处于僵局），比上一年多出 370 亿美元。[⑤] 但除了另一项法案（军队建设法案，拨款额少于前一年，但在资金使用前也取决于国防授权）外，显然，在选举前没有其他任何拨款会获得通过，所以，此后还会有一段"跛脚鸭"时期。尽管并非简单明了。

矛盾冲突主要集中于在没有拨款的情况下为政府提供资金所必需的连续决议 218
上。民主党和温和派共和党仍然希望能为大选前的议案提供资金，并试图将支出提案与持续决议挂钩。"跛脚鸭"时期的产生取决于选举结果，他们也希望这一机会能在通过一项更有利的预算方案方面发挥杠杆作用。然而，一旦国防拨款法案得以通过，保守派共和党人、众议院领导人和总统对预算基本上就会失去兴趣，宁愿某个连续决议延续长达五个月，以便将支出锁定在去年水平。但总统还坚持要求一份"干净"的连续决议，没有任何附加支出。而国会的回应是每次用一周时间通过连续决议，同时包括一些额外条款。在选举年，似乎根本没有人想要一份预算。连续决议能够将国内项目有效地锁定在去年水平，因此，共和党人，包括总统都指责民主党未能在为扩大的国土安全提供资金的同时对持续决议表示赞同。民主党人（以

---

① Bill Swindell, "If VA-HUD Bill Passes House Intact, Key Differences with Senate Could Make for Sticky Conference," *CQ Weekly*, October 12, 2002, p. 2668.

② Jennifer Dlouhy, "SEC Budget Skyrockets," *CQ Weekly*, July 20, 2002, p. 1943.

③ *Washington Post National Weekly Edition*, September 23-29, 2002, p. 12.

④ *CQ Weekly*, October 12, 2002, p. 2668.

⑤ Ibid., p. 2680.

及一些共和党人）不愿在预算削减方面让步，因为他们希望在大选过后能做得更好。似乎没有人真正关注赤字。最后，在西部立法者（包括保守派人士）为他们的州争取干旱补助的最后一次徒劳无功的努力之后，一个为了使政府直到大选过后的11 月 22 日均能得到资金的决议获得通过。

这一阶段不仅没有盈余，也没有预算。没有关于预算规模的一致意见，只有矛盾的、关于当前以及未来赤字规模的评估。除了国防，其他数以百计构成拨款法案的项目在提供资金方面均未达成一致意见，复杂的政治动态无法简单概括。面对恐怖主义威胁，不仅没有应对危机的国土安全部门，为国土安全事宜在整个预算中增加的资金也在拨款过程中陷入困境。对于医疗保险领受者而言，也没有长期承诺的处方药方面的好处。债务不仅没有得到偿还，反而在增加。而对于社会保障日后长远发展的内容也没有任何协定。

盈余的影响（不管未来的预测如何）并非毫无意义。在盈余持续的 4 年中，真实美元（经通货膨胀调整）支出增长超过 22%，这是自越南战争和 20 世纪 60 年代向贫困宣战以来涨幅最高的 4 年。① 1995 年激进派共和党人试图缩小政府规模的革命也只是一个回忆。根据 2000 年卡特委员会的研究，曾于 1995 年被众议院共和党的《与美国缔约》预算废除的 65 个最大项目的支出自那时起也增长了超过 17%。②两党无论是在特定项目（达到了前所未有的高度）的“专用”资金方面，还是在诸
219 如健康研究、国防或教育（其预算得到大幅增长）等政治方案中都看到了实现其目标的机会。仅在两年内，选择性支出就从 2000 年的 6 170 亿美元增长到超过 2003 财年预期的 7 600 亿美元。2002 年相对于 2001 年的增长率几乎达到 13%，其中1/4 是与“9·11”有关的紧急拨款。③ 但所有支出在巨额减税面前均相形见绌，而它与恶化的经济衰退一道，要对消耗上万亿预期盈余负主要责任。

赤字和产生赤字的可能性重现，但对它的担忧却并没有随之产生。专门用于对付赤字的预算程序化构架甚至在限额和量入为出正式到期前就已消失。2002 年，国会甚至无法通过一项预算决议，所以，在拨款上没有一致和强制的限制。正是在第 107 届国会的最后阶段，参议院同意了一项决议：重新启用量入为出，但仅仅 6 个月。

## 后　记

我们的故事于 2002 年底结束，共和党在国会两院都占据多数。在已完成的 2003 财年预算中，国会通过了一项近 4 000 亿美元、3 000 页的综合拨款法案，内容包括 11 项有关国内支出的拨款项目。④ 此时，人们的注意力都集中在布什政府的新预

---

① *Washington Post National Weekly Edition*, April 22-28, 2002, p. 12.

② Stephen Moore, “Who's the Party of Big Government Now?” *Washington Post National Weekly Edition*, July 24, 2000, p. 22.

③ Congressional Budget Office, *The Budget and Economic Outlook 2003—2012*, January 2002, p. 70.

④ Richard Simon, “Congress OKs Federal Spending Bill,” *Los Angeles Times*, February 14, 2003, p. A34.

算上，该预算（连同国防与国土安全的增加额，以及改革医疗保险和公共医疗补助的计划）提出一项总额为 7 250 亿美元的附加减税。2003 年 3 月，国会预算局预计即使没有减税或伊拉克战争，当年（2003 财年）的赤字也会达到 2 460 亿美元（比两个月前的估计值高 24%）。如果加上小布什的减税提案，当年赤字将达 2 870 亿美元，并且下一年度（2004 财年）将达 3 380 亿美元。① 赤字总额将很有可能达 1.8 万亿美元，并至少在下一个十年持续。② 2003 年 3 月 19 日，美国在伊拉克展开军事行动，总统要求国会（预算）另外增加 750 亿美元。

## 10.4 预算过程的特点

没有任何简单的词汇或概念能充分描述美国预算制定过程的特点。它既强大又无能。它的制度和实践高度结构化，却通常无法按预定的方式运作。它是复杂的，反映了各种不同的财政收入、支出以及大量互动的参与者。然而，它还有一套潜规 220
则，并据此根据可预测的模式分割决议。其政策是两极分化的，但制度规定的制衡原则制约着激进派，同时又影响着政策向中心靠拢。简言之，预算过程就是矛盾对立的过程。

### 预算过程是强大的，也是无能的

联邦预算每年要对数量惊人的资源进行配置——总额超过 2 万亿美元，是目前世界上规模最大的预算，对经济、区域发展和个体生活都有重大影响。它管理着庞大的项目，涉及社会保障、健康、养老金以及国防等领域，这些项目使上百万人远离贫穷，使他们的生活得以保障。预算过程中的“大”政治决定了大量的支出，并制定决定大量资源究竟是移进还是退出公共领域的财政收入决议。预算过程在完成一些较小的事情上也是强大的。项目的“小”政治活动拥有的美元标签在联邦预算之外的任何地方都会被认为是巨大的。财政预算辩论还会涉及真实的目标和成就。不仅包括当地的项目，还会包括执行和收益都在地方的国家项目。项目政治对于倡导者而言是利益密集型的，它吸引了来自政府外部持续的游说，并不亚于大政治。

然而，联邦预算似乎总是要走自己的路，并且难以捉摸。预算的制定会产生大量的经济后果，但似乎又是经济的俘虏。关键经济指标的改变往往比经过一番激烈争夺后的项目削减产生更为深远的影响。方案都是不确定的——请注意深度赤字的预测转变为有累积财政盈余的局面有多快。财政收入和支出似乎都有自身的命运，而这恰恰是当代预算与动荡的经济之间密切关系的结果。

---

① Jonathan Weisman, “The Elephant in the Room,” *Washington Post National Weekly Edition*, March 17－23, 2003, p. 20.

② Budget Says Washington Could Stay in the Red,” *Los Angeles Times*, March 9, 2003, p. A30.

## 预算过程是结构化的，也是形式化的

为了应对预算挑战，一次又一次的改革累积形成了不同的程序和制度。无怪乎在过去的50年里，旨在进一步控制预算的改革并未受到持续关注。预算在本质上是一个集中化的机制，力求将财政收入与支出在时间和空间上结合起来，并使之服从中央权威。相比之下，国会则关注权力的代表和分散。自1974年起，改革致力于加强集权化，最初是为了加强针对财政赤字的联合行动，随后又是为了使政策获得大多数领导人的赞同。但一个整体化的预算过程对国会而言却是难以接受的，因此，制度不一定按照预期运作。特别是在行政部门和立法部门的一院或两院由不同政党控制的情况下。

因此，有大量的形式主义存在，这是一个描述实质与形式存在分歧的词，或某种镜中世界，事情永远不是它们看上去的那个样子。总统预算本应是一个授权的工
221 作计划，但却仅仅是与其对手国会预算决议竞争的底价。预算决议本应作为总量，但却常常包括细节并且似乎已在它们应当控制的决策上失去了影响力。有时，它们根本没有被通过。协议包括未来的目标，在如何以及是否执行方面仅有最模糊的概念。用于控制的机制通常被规避。时间表发生错乱，当拨款在其适用的年度未完成时，预算周期相互交错。连续决议是家常便饭，而非例外。补充拨款是一种临时被接受的交易和实现各种目标的方式。紧急支出可能意味着任何事，与资金问题关系很小或没有关系的搭便车者被附着在各种预算措施之上。

内容的形式化通常并不逊于过程，其数据往往难以理解。名义数据和实际数据之间常常会混淆。比如，什么叫“固定”？是今年的支出水平与上一年相同，还是“通货膨胀率下的冻结”？抑或是一种被转换为削减的增长？至少在过去，通货膨胀率是已知的，但在计划未来时，削减或增加的基准实际上只是一个虚构的数字，建立在对通货膨胀率、预期劳动力、项目合格性的未来预期的基础之上。预计的基线越高，对未来规划得越远，要“跟上”它所需的资金便越多，同时实现诸如平衡预算这样的目标就需要更大的削减。由于经济预测不稳定，而且预测期越长越不稳定，所以一些小错误会被放大。未来会有大量盈余的预测被当作事实，而盈余一旦消失，长期预测就会引发争议，其在政治上的作用也会减小，以至于管理与预算局局长拒绝对其承担责任。支出限额以及量入为出会引发各种花招，包括补偿、紧急事件、延期和其他伎俩，还有总统预算与拨款在功能分类上的差异、预算内与预算外盈余和赤字上的差异，以及持续混乱时预算授权和支出的差异。预算似乎越来越多地由变动的假设、预期、希望和恐惧组成，而不是坚实的基础。①

---

① 美国审计总署曾提出更有效的预算标准，关注对决策长期影响及各种权衡信息的说明，也包括责任与透明（见 Statement of Susan J. Irving, Associate Director Budget Issues, United States General Accounting Office, “Budget Process: Evolution and Challenges,” before the House of Representatives Budget Committee, July 11, 1996, p. 8 GAO/T-AIMD-96-129）。近期的一份改革提案（H. R. 853）建议，将预算管理办公室和国会预算局的长期预算趋势报告纳入预算中。

## 预算过程是复杂的，也是分割的

预算过程的复杂性不仅源于制定过程和机构的纷繁复杂，还源于影响决议的许多变量以及变量之间的多重相互作用。支出和收益都有许多不同的形式（选择性支出、授权、税收、利息支付、贷款和贷款担保以及税式支出等），每种形式都对同一标准的预算和赤字/盈余有影响。每种形式均由不同的决策过程控制，不论其实 222
际效用如何，均可通过对选择进行分类（因而有争议的预算因素被分隔开，并且不经常碰面）帮助避免冲突。国会参与的性质、组织松散的行政部门以及议题网络的存在都意味着大量的不同组织和个人均有权增加、减少、申请、拒绝、交易、阻碍以及利用其他方式影响结果。换句话说，预算有漏洞，并且对各种利益开放。

然而，预算中不同财政支出和收益因素的表现既不是随机的，也不符合某个单一类型。这些因素受不同规则制约，而这些因素的分类方式（比如拨款之间和拨款以内）有利于确定它们之间竞争的边界。虽然渐进主义一度足以描述预算行为和结果，而预算中的很大一部分似乎仍然符合渐进主义者的理论①，但预算中的不同部分似乎以不同方式运作。

通过对1962—1995年2 266个预算内和预算外支出账户进行的全面分析，莫琳·伯纳得出结论，就长期而言，渐进主义仍然适用于构成预算70%的政府核心项目。这些项目的支出稳定、增长缓慢，并且不为增加而竞争。另一种项目，即由社会服务控制的项目，容易受到政策、改革、预算削减和经济波动的影响。最后，“反复无常”的一组项目包括许多某种程度上不可预测的支出。这些分组跨越了传统意义上授权或选择性支出的界限，对于预算结果提出了一种政策化而非体制化的解释。②

另一种不同的方式是从“间断平衡说”的角度来看待预算的。间断平衡说最初被作为生物科学中进化论的替代理论提出，现用于解释预算增长的方式。③渐进主义认为预算增长通过相对较小的常规增长（也即渐进）实现，而间断平衡说理论家则认为预算行为最好解释为阶段性的稳定“中断”，即为了对某些刺激作出反应而急剧增加。联邦预算的加速增长就是为了对“9·11”事件作出回应，袭击似乎能够支持间断平衡说理论，并且由于反恐战争似乎没有真正的既定终点，所以预算增

① 见Joseph White，“(Almost) Nothing New under the Sun：Why the Work of Budgeting Remains Incremental，” in Naomi Caiden and Joseph White (eds.)，*Budgeting，Policy，Politics：An Appreciation of Aaron Wildavsky* (New Brunswick，N.J.：Transaction，Inc.，1995)，pp. 111-132；Andrew Weiss and Edward Woodhouse，“Reforming Incrementalism：A Constructive Response to Critics，” *Policy Sciences*，Vol. 25 1992，pp. 255-273。

② Maureen Berner，“Incrementalism，Congressional Power Structures and Budget Deals—What Really Matters to Budget Policy? Insights from a Behavioral Analysis of the U.S. Federal Budget from 1962—1995.” Paper prepared for the 1999 Annual Meeting of the Midwest Political Science Association，April 9，1999，p. 36.

③ 见Bryan Jones，Frank Baumgartner and James True，“Policy Macropunctuations：How the US Budget Evolved，” and “Patters and Punctuations in the US Budget，” Papers Presented at the Conference on Budgetary Policy Change：Measures and Models，at Nuffield College，Oxford，March 8-9，2002。

长预计还将持续。

223 这类分析的一个困难在于，尽管在过去的趋势中可能会发现一个良好的回顾性适应，但对于预测我们所知之外会发生什么却没有多大用处。另一个问题是，这些理论并不善于解释为什么预算的不同部分会随着时间的推移得到或失去资金。仅仅是对某些拨款简短的浏览就可以看出政治行为的复杂性，单单一个所谓的宽泛解释很难把握。

## 预算过程是两极分化的，也是折中的

在过去30年左右的时间里，国会观察员普遍认同政治环境已经变得越来越两极分化，两党合作的事件已经成为例外。即使是“9·11”事件后两党达成的协议也未扩展到国内政策。尽管许多利益超越了观念上的界限，政治家承诺的强度也各有不同，但裂痕的界限似乎正影响着几乎每一个议题。两党中更温和的政治核心正在被越来越多的激进派局外人边缘化，因此，党派领导人在每个议题上都必须确保自己能够获得党内的支持。预算辩论在重大的政治（减税、国防、授权）以及较小的意识形态问题（环境以及社会项目）上很流行。

然而，预算领导者被迫在审查和平衡的宪法体系内工作，或者更确切地说，是分权运作。宪法赋予国会权力，使其能进行拨款以及借入或提高税收，但总统可能会对其行为行使否决权。立法和行政自治的组合与分权是对付僵局的一种方法，特别是在有较强的党派偏见，任何一个政党都无法取得压倒性多数或紧密团结的地方。

预算内在的制度化分权也有折中作用。如果想避免政府瘫痪，总统和国会（除非国会的大多数大到足以压倒否决权）就不得不针对它们的分歧进行协商。这一做法的成果在于差异的缩小。意见一致的领域会出现——如平衡预算、减税、权利性项目改革、福利改革、加强国防以及有限政府。划分的界限通常是一个程度问题，如处方药覆盖范围的大小，学校、交通的多少。只要盈余持续，就会出现某种程度的一致。两党都同意分离社会保障盈余，并且有充足的资金满足大量的利益诉求。

自“9·11”事件以来，尽管两党在应对恐怖主义的必要性问题上达成一致，但分歧仍然存在。最显著的发展是支出增长（尤其是国防支出）和大规模减税的并举，导致大量当前的赤字和可能的未来赤字。政府分歧的消失可能会减少冲突，但在预算过程中没有任何东西能确保责任。

针对这一指责，我们可能会回应说预算过程反映了它的时代。时代是一个难以控制的问题，并且具有不确定性：战争和危险、国际化的全球经济、经济波动、两
224 代或几代人之间的冲突、信息革命，还有令人沮丧的健康方面的担忧。没有简单的一致决议将预算设定在某个清晰的轨道上，年复一年通向可靠的目标。

预算过程无法与参与其中的人分开。因为预算掌管着实现人类目标的钥匙，它们不可避免地是不同议程的焦点。将这些不同的议程组合起来的过程反映了政治体系的矛盾、刚性、灵活性以及分裂。预算服务于多种目标，它的过程已经根据这个时代的政治格局做了调整以便适应这些目标。

因此，联邦预算的“对立”在任何时候都不大可能很快得到解决。当某个新政府希望实现一个有争议的议程时，就会遭遇反对。预算需求还将面对稀缺的资源。“9·11”事件已经为应对恐怖主义的越来越多的公共支出设定了前进方向。伊拉克战争可能会消耗大量资源，也可能会在许多年度造成财政赤字。授权支出的预计增长额可能会耗尽剩下的预算额，使冲突加剧。所有这些（甚至更多）问题都将通过某个预算过程得到解答。虽然预算过程可能无法完美运作，但却年复一年向适应和变革开放。

# 术语表[①]



**拨款授权**（appropriated entitlements）

预算当局每年向有资格获得资助的人拨款。拨款授权的例子有公共医疗补助、补充保障收入、抚养未成年子女家庭援助计划以及对退役军人的补贴等。

**拨款**（appropriation）

国会法案允许联邦机构承担义务并为了特定目的在财政部之外支付费用的行为。拨款是预算授权的一种形式。

**拨款法案**（appropriation act）

向联邦项目提供资金的法令。一份拨款法案一般伴随授权立法的颁布而产生，除非授权法案本身提供这种预算授权。

**授权立法**（authorization，authorizing legislation）

由国会颁布或允许一个联邦项目或机构，无限期地或者在一个特定时期内，继续合法运作，或批准一种特殊类型的义务，或者一个项目中的支出的实体法。授权立法通常是后续拨款或包括在拨款法案中的其他形式的预算授权的先决条件。这样的立法可

① 大部分术语都是逐字或摘自《联邦预算过程和相会计术语集》，经济与税收卷，美国会计总署，1981年3月，第三版，PAD—81—27。更多近期的术语定义来源于 Dean Hammer。

以限制随后提供的预算授权的量或者可以保证“必须量”的授权拨款数额。授权立法可以提供预算授权（见“后门授权”），即取消后续拨款或授权拨款以清算合同或减少未偿债务。

**后门授权**（backdoor authority）

在拨款授权之外，由立法提供的预算授权。后门拨款最普遍的形式是借款授权（借债授权）、合同授权和资格授权。在某些情况下（例如，公共债务利息），政府可以在没有国会参与的情况下提供一项永久拨款。

**后门支出**（backdoor spending）

联邦机构通过财政部而不是拨款程序支出的资金。

**借款授权**（borrowing authority）

允许联邦机构利用借款承担义务或为特定目的支出的法律授权（实体法或拨款法）。根据拨款法案1974年《国会预算法案》的401条款，在范围和额度上对借款授权作了新的限定（某些特殊情况除外）。

**预算修正**（budget amendment）

由总统向国会提交的，对其已送达国会但国会还没有完成拨款审批工作的正式预算进行修正的一项正式请求，如修正预算授权数额的请求。

**预算授权**（budget authority）

由法律赋予的即时或未来从联邦政府资金中支出的权力。预算授权不包括为其他个人或政府偿还债务提供担保或保证的权力。预算授权的基本形式有拨款授权、借款授权和合同授权。预算授权可以根据预算有效期（一年、多年、年数不定）、国会行动时间安排（现行的或者永久的）、决定预算数额的方式（定额或不定额）进行分类。

**资本预算**（capital budget）

对资本资产投资的、在计算预算盈亏时被排除的一种分类预算。资本预算将资本融资或投资支出与当前的或经营性支出区分开来。

**共同预算决议**（concurrent resolution on the budget）

根据1974年《国会预算法案》，决议由国会两院通过，但不需要总统签字，需阐述、再次确认或修改国会为美国政府制定的年度预算。每个财政年度开始之前需要做出这样两份决议：5月15日之前做出第一份共同预算决议即制定国会预算；第二份共同预算决议于9月15日之前做出即对国会预算进行再次确认。一个财政年度的其他共同决议可以在第一份必需的共同决议通过之后的任何时间采用。

1985 年《预算平衡法案》修改了这一过程。每年只需一份预算决议，于 4 月 15 日之前由国会两院完成。现在的决议包括今后连续 5 个财政年度的数据。

**连续决议**（continuing resolution）

由国会颁布的为某些在财政年度开始之初未为其制定常规财政年度拨款预算的特定在建项目提供预算授权的立法。连续决议通常根据前一年同一机构的借债利率，总统预算请求由国会两院或其中之一通过的拨款法案来确定政府机构的最高借债利率。

**合同授权**（contract authority）

规定合同或其他义务可以在拨款之前或使用本应转为周转资金的多余拨款实行的一种预算授权。合同授权必须有后续拨款来源或使用集中的周转资金清偿债务。拨款以清偿债务的合同授权不属于预算授权范围，因为拨款不能用于清偿债务。1974 年《国会预算法案》的 401 条款几乎无一例外地将新的合同授权限定在了拨款法案规定的范围和额度之内。

**现行政策预算**（current policy budget）

在政策不变的情况下，对在下一财政年度内保持由当前财政年度拨款和预算授权所维持的用于联邦项目支出的预估预算授权和支出的预测。这一预测根据通货膨胀、受益者数量和类别的变化而进行调整，在某些情况下反映一些项目在完工之前的连续性。

**现行服务估算**（current services estimates）

按既有的服务水平，对下一财政年度预估预算授权和支出的估算，即随着财政年度的推进，在政策不变的情况下，假定所有项目和活动都保持既定水平不变。预算授权和支出的估算，随同估算潜在的经济性和纲领性的假定（如通货膨胀率、实际经济增长率、失业率、现有项目的数量和工资增长情况），由总统在向国会提交预算时一并提交。

**预算授权延期**（deferral of budget authority）

由美国政府官员或雇员临时性地停止、延迟，或有效地免除预算授权的义务或支出的作为或不作为。包括由法律特别授权的、在拨款之前的合同授权义务和根据作为《截留控制法案》补充的《反赤字法案》建立准备金。总统必须将预算授权建议的意图以特别咨文的形式告知国会。预算授权延期的时间一般不会超出总统向国会特别告知的财政年度。预算授权延期建议的否决只能由国会通过法律并由总统在法律上签字才能实现。

**资格授权**（entitlements）

要求从政府支付中受益的任何个人或政府单位都必须符合法定资格要求的立

法。资格授权是联邦政府必须履行的义务，如果这些义务没有得到履行，资格授权的受益者具有法定追索权。

**支出**（expenditures）

见支出（outlays）。

**财政政策**（fiscal policy）

联邦政府关于税收、支出和债务管理的政策。财政政策的目的是促进国家实现宏观经济目标，特别是充分就业、国民生产总值增长、物价稳定和国际收支平衡目标。预算过程是决定和执行联邦财政政策的主要工具。联邦经济政策的另一个重要的组成部分是货币政策。

**财政年度**（fiscal year）

指会计年度，与日历年度无关。联邦政府的财政年度起始于 10 月 1 日，结束于 9 月 30 日。财政年度的结束日以日历年月表示（如 2003 财政年度的结束日为 2003 年 9 月 30 日）。

**截留**（impoundment）

美国政府官员或雇员免除由国会预算授权赋予的义务或支出的任何作为或不作为。解约和延迟执行是截留的两种形式。

**贷款担保**（loan guarantee）

贷款担保是指当第三方即借款者违约不偿还贷款时，政府向资金贷出者或有价证券持有者承诺支付部分或全部本金和利息的一种协议。新贷款担保的补助费现在已列入预算。

**多年预算**（multiyear budgeting）

用以确保长期预算决策结果的一致性，并使其在预算总额中得到反映的预算策划过程。

**责任授权**（obligational authority）

给定财政年度的预算授权总和，以前年度结转的仍可继续使用的余额授权，以及被指定为本财政年度的专用资金或专用账户上的资金，包括资金或账户之间转移支付额的授权。

**预算外支出**（off-budget outlays）

预算外联邦机构的支出。尽管这些支出也是政府总支出的一部分，但根据法律规定，这些单位的交易不包括在预算总额内。

**抵消**（offsets）

当一个拨款小组委员会的支出超过根据 602（b）条款指定的预算决议案为它配置的资金额度时，这一支出的增加必须有其他方面支出的相应减少和（或）有同等数量收入的增加相匹配。抵消也可用于弥补因实行税法而导致收入减少的情况。

**抵消收入**（offsetting receipts）

指所有征集的收入都存入收入账户用于抵消预算授权和支出，而不是用于作为预算收入增加预算总额的收入。现行预算做法是将没有存入收入账户的现金收入（如周转资金和退还资金）用来冲减支出账户，这些交易属于抵消征集行为，但并不划归“抵消收入”。

**支出**（outlays）

签发的支票金额、大部分公共债务产生的利息或其他支出、退款和可收回支出净额。预算总支出包括由统一预算中的拨款和资金所进行的支出总额，减掉抵消收入。根据法律规定，预算外联邦机构的支出不包括在统一预算中，尽管这些支出是政府总支出的一部分。

**现收现付**（PAYGO）

将支出控制在主要预算要素所要求的范围之内的过程。超出预算决议或法律所规定的支出规模的数额由新的收入来源或本类支出中（只能在本类支出内部）的其他方面支出的相应减少来弥补。（同见“抵消”）

**永久性拨款**（permanent appropriations）

由授权立法赋予的、不需要后续每年拨款的开支权力。例如医疗保险支出、社会保障支出和公共债务利息支出。

**策划立项、编制预算系统**（planning program budgeting system，PPBS）

一种预算过程，包括最初制定目标（策划阶段），围绕目标制定和批准项目（立项阶段），为实现目标而对各种投入进行估价和配置（编制预算阶段）。

**总统预算**（president's budget）

由总统根据 1921 年《预算和会计修正案》向国会提交的某一财政年度的预算提案。

**协调过程**（reconciliation process）

国会根据对财政年度的预算共同决议所规定的最高限额，协调由税收、支出和债务立法决定的既定财政年度的预算数额的过程。1974 年《国会预算修正案》的 310 条款明确，规定预算总额上限的预算共同决议可以指导委员会根据法律、议案和决议对预算规模的修改作出决策和建议，但这种修改必须符合对预算授权、收入和公共债务总额的约束要求。这些变化集中起来形成协调决议或协调议案。

**改变方案**（reprogramming）

根据意图而不是根据拨款时议定的目标使用拨款账户上的资金。改变方案一般由联邦机构与国会拨款委员会之间事先进行磋商。它是一种正式通告，但在某些情况下，它有可能被国会委员会否决。

**授权撤销**（rescission）

一项全部或部分取消先前由国会批准的预算授权的议案或共同决议。授权撤销提案必须由总统以特别咨文的形式提交给国会。根据1974年《国会预算和截留控制法案》的1012条款规定，除非国会两院接受撤销提议并连续召开45天会议完成对授权撤销议案的审核批准，否则，对所有责任的预算授权仍然是有效的。

**扣除**（sequestration）

依照1985年《平衡预算法案》规定，根据已建立的公式扣除预算授权以达到弥补赤字目的。

**补充拨款**（supplemental appropriation）

对年度拨款法案增加拨款资金的法案。补充拨款是在原来对项目或活动所需拨款预估数额基础上增加的预算授权（包括在原拨款法案公布之后新批项目的拨款）。

**资金转移支付**（transfer of funds）

指由法律特别授权将一个账户上的预算授权全部或部分转移到另一个账户上。

**信托基金**（trust fund）

由联邦政府根据信托协议或法令征集、使用以完成某些具体目的和项目的资金，如社会保障信托基金。

**统一预算**（unified budget）

联邦政府预算的现行形式（始于1969年预算），即将收入、用联邦资金所作的支出和信托基金合并在一个预算中。当这些资金组被合并以反映预算总额时，资金从一个资金组到另一个资金组的交易过程（例如，内部资金交易）要进行扣除，以免重复计算。预算外联邦机构之间的交易不包括在统一预算中。

**零基预算**（zero-base budgeting）

零基预算用于分析不同努力水平下各种可供选择的运作方法，包括对正在进行的活动不予资助的可能性。

# 缩略词汇表



AFDC　抚养未成年子女家庭援助计划
BEA　1990 年《预算执行法案（十三号文件）》
BOB　预算局
CBO　国会预算办公室
CCC　商品信用公司
CEA　经济顾问委员会
CFO　首席财务官
COLAs　生活费用调整
CR　持续性决议
CRS　国会研究处
DOD　美国国防部
DRB　国防资源委员会
E&E　临时应急的
EOP　总统办事机构
EPA　（美国）环境保护署
FAA　（美国）联邦航空管理局
FFB　（美国）联邦融资银行
GAO　政府会计办公室
GNP　国民生产总值
GPRA　政府业绩与成果法案
GRH　葛兰姆赤字削减法案
GSEs　政府支持的企业

HBC　众议院预算委员会
JCS　参谋长联席会议
JSPD　联合战略规划文件
MDA　最大赤字额
NASA　美国国家航空和太空管理局
NEC　国家经济委员会
NPR　国家绩效评估
OBRA　1990 年统括预算调整法
OECD　经济合作和发展组织
OMB　管理和预算办公室
OSD　国防部长办公室
OSHA　美国职业安全与健康管理局
PDMs　项目决策备忘录
POMs　项目目标备忘录
PPB　策划、立项和编制预算
RFC　复兴银行公司（美国在 20 世纪 30 年代为对付经济危机而设立的金融公司）
RIF　裁员
SBC　参议院预算委员会
WIC　妇女、婴儿和儿童
ZBB　零基预算

# 参考文献



Aaron, Henry. *Social Security and the Budget: Proceedings of the First Conference of the National Academy of Social Insurance*, New York: University Press of America, 1990.

Aaron, Henry, and Barry Bosworth, "Preparing for the Baby Boomers' Retirement." In Robert Reischauer, ed. *Setting National Priorities: Budget Choices for the Next Century*. Washington, D.C.: Brookings Institution, 1997, pp. 263–302.

Aaron, Henry, and Robert Reischauer. *Countdown to Reform: The Great Social Security Debate*. New York: Century Foundation, 1998.

Adams, Gordon. *The Politics of Defense Contracting: The Iron Triangle*. New Brunswick, N.J.: Transaction, Inc. 1982.

———. *The Role of Defense Budgets in Civil Military Relations*. Washington, D.C.: Defense Budget Project, 1992.

Antos, Joseph. "Preparing for the Retirement of the Baby Boomers." In Robert Reischauer, Stuart Butler, and Judith Lave. *Medicare: Preparing for the Challenges of the 21st Century*. Washington, D.C.: National Academy of Social Insurance, 1997, pp. 43–45.

Art, Robert J. "Congress and the Defense Budget: Enhancing Policy Oversight." *Political Science Quarterly*, Vol. 100, No. 2 (Summer 1985), pp. 227–48.

Asbell, Bernard. *The Senate Nobody Knows*. Garden City, N.Y.: Doubleday, 1978.

Aspin, Les. "Congress vs. Department of Defense." In Thomas M. Franck, ed. *The Tethered Presidency*. New York: New York University, 1981.

Axelrod, Donald. *Shadow Government*. New York: Wiley, 1992.

Ball, Robert. "The Original Understanding on Social Security: Implications for Later Developments." In Theodore Marmur and Jerry Mashaw, eds. *Social Security: Beyond the Rhetoric of Crisis*. Princeton, N.J.: Princeton University Press, 1988, pp. 17–39.

Banks, William, and Jeffrey Straussman. "Defense Contingency Budgeting in the Post-Cold-War World." *Public Administration Review*, Vol. 59 (March/April 1999), pp. 135–45.

Barth, Peter. *The Tragedy of Black Lung: Federal Compensation for Occupational Disease*. Kalamazoo, Mich.: W. E. Upjohn, Institute for Employment Research, 1979.

Berman, Larry. *The Office of Management and Budget and the Presidency*. Princeton, N.J.: Princeton University Press, 1979.

Bernardi, Richard. "The Base Closure and Realignment Commission: A Rational or Political Decision Process?" *Public Budgeting and Finance*, Vol. 16 (Spring 1996), pp. 37–48.

Berner, Maureen. "Incrementalism, Congressional Power Structures and Budget Deals—What Really Matters to Budget Policy? Insights from a Behavioral Analysis of the U.S. Federal Budget from 1962–1995." Paper prepared for the 1999 Annual Meeting of the Midwest Political Science Association, 1999.

Betts, Richard. *Military Readiness: Concepts, Choices, Consequences*. Washington, D.C.: Brookings Institution, 1995.

Bickley, James M. "The Federal Financing Bank: Assessments of Its Effectiveness and Budgetary Status." *Public Budgeting and Finance*, Vol. 5, No. 4 (Winter 1985), pp. 51–63.

Birnbaum, Jeffrey H., and Alan S. Murray. *Showdown at Gucci Gulch: Lawmakers, Lobbyists, and the Unlikely Triumph of Tax Reform*. New York: Random House, 1987.

Bolles, Albert S. A *Financial History of the United States, 1774–89.* New York: Appleton, 1879.

———. *The Financial History of the United States from 1861 to 1885.* New York: Appleton, 1886.

Borcherding, Thomas. "A Hundred Years of Public Spending, 1870–1970." In Thomas Borcherding, ed. *Budgets and Bureaucrats: The Sources of Government Growth.* Durham, N.C.: Duke University Press, 1977.

Borg, Sten G., and Francis G. Castles. "The Influence of the Political Right on Public Income Maintenance Expenditure and Equality." *Political Studies,* Vol. 29 (December 1981), pp. 604–21.

Bovbjerg, Randall R., and John Holahan. *Medicaid in the Reagan Era: Federal Policy and State Choices.* Washington, D.C.: Urban Institute, 1982.

Bramlett, Robert W. "The Federal Accounting Standards Advisory Board." *Public Budgeting and Finance,* Vol. 11 (Winter 1991), pp. 11–19.

Bramlett, Robert, and Frank Rexford. "The Federal Accounting Standards Advisory Board: A View of Its Role One Year Later." *Public Budgeting and Finance,* Vol. 12 (Winter 1992), pp. 87–101.

Braybrooke, David, and Charles E. Lindblom. *A Strategy of Decision.* New York: Free Press, 1963.

Brummett, John. *Highwire: The Education of Bill Clinton.* New York: Hyperion, 1994.

Bruner, Jerome S., Jacqueline J. Goodnow, and George A. Austin. *A Study of Thinking.* New York: Wiley, 1956.

Bryner, Gary. *Politics and Public Morality.* New York: Norton, 1998.

Buchanan, James M., and Richard E. Wagner. *Democracy in Deficit: The Political Legacy of Keynes.* New York: Academic Press, 1977.

Buck, A. E. "The Development of the Budget Idea in the United States." *Annals of the American Academy of Political and Social Science,* Vol. 63 (May 1924).

———. *Public Budgeting.* New York: Harper, 1929.

Bullock, Charles. "The Finances of the United States from 1775–1789 with Special Reference to the Budget." In Frederick Turner, ed. *Bulletin of the University of Wisconsin, Vol. 1, 1894–1896.* Madison: University of Wisconsin Press, 1897.

Bunch, Beverly. "Current Practices and Issues in Capital Budgeting and Reporting." *Public Budgeting and Finance,* Vol. 16 (Summer 1996), pp. 7–25.

Burkhead, Jesse. *Government Budgeting.* New York: Wiley, 1956.

Caiden, Naomi. "After the Earthquake: The President's Budget for FY 1996." *Public Budgeting and Finance,* Vol. 15 (Summer 1995), pp. 3–17.

———. "The Myth of the Annual Budget." *Public Administration Review,* Vol. 42 (November/December 1982), pp. 516–23.

———. "The Politics of Subtraction." In Allen Schick, ed. *Making Economic Policy in Congress.* Washington, D.C.: American Enterprise Institute, 1984, pp. 100–130.

———. "The New Rules of the Federal Budget Game." *Public Administration Review,* Vol. 44 (March/April 1984), pp. 109–17.

———. "Paradox, Ambiguity and Enigma: The Strange Case of the Executive Budget and the United States Constitution." *Public Administration Review,* Vol. 47 (January/February 1987), pp. 84–92.

Caiden, Naomi, and Joseph White, eds. *Budgeting, Policy, Politics: An Appreciation of Aaron Wildavsky.* New Brunswick, N.J.: Transaction, Inc., 1995.

Caiden, Naomi, and Aaron Wildavsky. *Planning and Budgeting in Poor Countries.* New York: Wiley, 1974. Paperback edition by Transaction, Inc., New Brunswick, N.J., 1980.

Cavanaugh, Francis X. *The Truth about the National Debt: Five Myths and One Reality.* Cambridge Mass.: Harvard Business School Press, 1999.

Clarke, Gary. "Medicaid Fiscal Stresses and the States: A Medical Director's Perspective." In Diane Rowland, Judith Feder, and Alina Salganicoff, eds. *Medicaid Financing Crisis: Balancing Responsibilities, Priorities and Dollars.* AAAS Press, 1994, pp. 155–78.

Cleveland, Frederick A. "Leadership and Criticism." *Proceedings of the Academy of Political Science*, Vol. 8 (1918–1920).

Cleveland, Frederick A., and Arthur E. Buck. *The Budget and Responsible Government*. New York: Macmillan, 1920.

Cogan, John F. *The Budget Puzzle: Understanding Federal Spending*. Stanford, Calif.: Stanford University Press, 1994.

Conlan, Timothy. *From Federalism to Devolution: Twenty-Five Years of Intergovernmental Reform*. Washington D.C.: Brookings Institution, 1998.

Cuny, Thomas J. "Federal Credit Reform." *Public Budgeting and Finance*, Vol. 11 (Summer 1991), pp. 19–32.

———. "The Pending Revolution in Federal Accounting Standards." *Public Budgeting and Finance*, Vol. 15 (Fall 1995), pp. 22–34.

Curro, Michael J. "Federal Financial Management and Budgeting: NPR Recommendations and GAO Views." *Public Budgeting and Finance*, Vol. 15 (Spring 1995) pp. 19–26.

Cutler, David. "Restructuring Medicare for the Future." In Robert Reischauer, ed. *Setting National Priorities: Budget Choices for the Next Century*. Washington, D.C.: Brookings Institution, 1997, pp. 197–234.

Darman, Richard. *Who's in Control? Polar Politics and the Sensible Center*. New York: Simon and Schuster, 1996.

Davis, Edward. "The Evolution of Federal Spending Controls: A Brief Overview." *Public Budgeting and Finance*, Vol. 17 (Fall 1997), pp. 10–24.

Davis, Otto A., M. A. H. Dempster, and Aaron Wildavsky. "On the Process of Budgeting II: An Empirical Study of Congressional Appropriations." In R. F. Byrne, A. Charnes, W. W. Cooper, A. A. Davis, and Dorthy Gilford, eds. *Studies in Budgeting*. Amsterdam: North Holland, 1971, pp. 292–375.

———. "Toward a Predictive Theory of the Federal Budgetary Process." *The British Journal of Political Science*, Vol. 4, Part 4 (October 1974), pp. 419–52.

Dawes, Charles G. *The First Year of the Budget of the United States*. New York: Harper, 1923.

Dempster, M. A. H., and Aaron Wildavsky. "On Change: Or, There Is No Magic Size for an Increment." *Political Studies*, Vol. 27 (September 1979), pp. 371–89.

Derickson, Alan. "The Origins of the Black Lung Insurgency." *Journal of Public Health Policy*, Vol. 4, No. 1 (March 1983).

Derthick, Martha. *Uncontrollable Spending for Social Services Grants*. Washington, D.C.: Brookings Institution, 1975.

———. *Policymaking for Social Security*. Washington, D.C.: Brookings Institution, 1979.

DiLorenzo, Thomas. *Underground Government: The Offbudget Public Sector*. Washington, D.C.: Cato Institute, 1983.

Doyle, Richard. "Congress, the Deficit and Budget Reconciliation." *Public Budgeting and Finance*, Vol. 16 (Winter 1996), pp. 59–81.

Doyle, Richard, and Jerry L. McCaffery. "The Budget Enforcement Act in 1992: Necessary but Not Sufficient." *Public Budgeting and Finance*, Vol. 13 (Summer 1993), pp. 20–37.

Eisner, Robert. *How Real Is the Federal Deficit?* New York: Free Press, 1986.

———. "A Balanced Budget Crusade." *The Public Interest* (Winter 1996), pp. 85–92.

———. *The Great Deficit Scares: The Federal Budget, Trade, and Social Security*. New York: Century Foundation Press, 1997.

Ellwood, John W., ed. *Reductions in U.S. Domestic Spending: How They Affect State and Local Governments*. New Brunswick, N.J.: Transaction, Inc., 1982.

———. "The Great Exception: The Congressional Budget Process in an Age of Decentralization." In Lawrence Dodd and Bruce Oppenheimer, eds. *Congress Reconsidered*, 3rd ed. Washington, D.C.: CQ Press, 1985.

Ellwood, John W., and James A. Thurber. "The New Congressional Budget Process: The Hows and Whys of House-Senate Differences." In Lawrence Dodd and Bruce Oppenheimer, eds. *Congress Reconsidered.* New York: Praeger, 1977, pp. 163–92.

Enthoven, Alain C., and Wayne K. Smith. *How Much Is Enough?* New York: Harper & Row, 1971.

Evans, C. Lawrence, and Walter Oleszek. *Congress under Fire: Reform Politics and the Republican Majority.* Boston: Houghton Mifflin, 1997.

Evans, Diana. "Policy and Pork: The Use of Pork Barrel Projects To Build Policy Coalitions in the House of Representatives." *American Journal of Political Science,* Vol 38 (1994), pp. 894–917.

Fenno, Richard F., Jr. "The House Appropriations Committee as a Political System: The Problem of Integration." *The American Political Science Review,* Vol. 56 (June 1962), pp. 310–24.

———. *The Power of the Purse: Appropriations Politics in Congress.* Boston: Little, Brown, 1966.

———. *The Emergence of a Senate Leader: Pete Domenici and the Reagan Budget.* Washington, D.C.: CQ Press, 1991.

Ferejohn, John A. "Logrolling in an Institutional Context: A Case Study of Food Stamps Legislation." Working Papers in Political Science, P-5-85. Palo Alto, Calif.: Hoover Institute, 1985.

Fiorina, Morris. *Congress—Keystone of the Washington Establishment.* New Haven, Conn.: Yale University Press, 1977.

Fisher, Louis. *President and Congress.* New York: Free Press, 1972.

———. *Presidential Spending Power.* Princeton: Princeton University Press, 1975.

———. "The Authorization-Appropriation Process in Congress: Formal Rules and Informal Practices." *Catholic University Law Review,* Vol. 29, No. 5 (1979), pp. 52–105.

———. "In Dubious Battle? Congress and the Budget." *The Brookings Bulletin,* Vol. 17 (Spring 1981), pp. 6–10.

———. "The Budget Act of 1974: A Further Loss of Spending Control." In Thomas Wander et al., eds. *Congressional Budgeting.* Baltimore: Johns Hopkins University Press, 1984, pp. 170–89.

———. *Constitutional Conflicts Between Congress and the President.* Princeton: Princeton University Press, 1985.

———. "Line-Item Veto of 1996: Heads-Up from the States." *Public Budgeting and Finance,* Vol. 17 (Summer 1997), pp. 3–17.

———. "Biennial Budgeting in the Federal Government." *Public Budgeting and Finance,* Vol. 17 (Fall 1997), pp. 87–97.

Fisher, Louis, and Neal Devins. "How Successfully Can the States' Item Veto Be Transferred to the President?" *Georgetown Law Journal,* Vol. 75, No. 1 (October 1986), pp. 159–97.

Fisher, Louis, and Philip Joyce. "Introduction: Reflections on Two Decades of Congressional Budgeting." *Public Budgeting and Finance,* Vol. 17 (Fall 1997), pp. 3–9.

Fitzpatrick, Edward Augustus. *Budget Making in a Democracy.* New York: Macmillan, 1918.

Forsythe, Dall W. *Taxation and Political Change in the Young Nation 1781–1833.* New York: Columbia University Press, 1977.

Fox, Ronald J. *Arming America: How the U.S. Buys Weapons.* Cambridge: Harvard University Press, 1974.

Gansler, Jacques S. "How To Improve the Acquisition of Weapons." In Robert J. Art et al., eds. *Reorganizing America's Defense.* Washington, D.C.: Pergamon Brassey, 1985.

Gilmour, Robert. "Central Legislative Clearance: A Revised Perspective." *Public Administration Review,* Vol. 31 (March/April 1971), pp. 150–58.

Gimpel, James. *Fulfilling the Contract: The First Hundred Days.* Boston: Allyn and Bacon, 1996.

Gordon, Cameron. "The Fables and Foibles of Federal Capital Budgeting." *Public Budgeting and Finance,* Vol. 18 (Fall 1998), pp. 54–72.

Gore, Albert. *Reinventing Government: From Red Tape to Results: Creating a Government That Works Better and Costs Less. Report on the National Performance Review.* New York: Times Books, 1993.

Greenfield, Margaret. *Medicare and Medicaid: The 1965 and 1967 Social Security Amendments.* Westport, Conn.: Greenwood, 1968.

Greenstein, Robert, and Paul Leonard. *A New Direction: The Clinton Budget and Economic Spending Plan.* Washington, D.C.: Center on Budget and Policy Priorities, 1993.

Greider, William. "The Education of David Stockman." *The Atlantic Monthly,* (December 1981), pp. 27–54.

Guess, George, and Kenneth Koford. "Inflation, Recession and the Federal Budget Deficit (or, Blaming Economic Problems on a Statistical Mirage)." *Policy Sciences,* Vol. 17 (1984), pp. 385–402.

Hager, George, and Eric Pianin. *Mirage.* New York: Random House, 1997.

Hammond, Thomas H., and Jack H. Knott. *A Zero-Based Look at Zero-Base Budgeting.* New Brunswick, N.J.: Transaction, Inc., 1979.

Harper, Edwin L., Fred A. Kramer, and Andrew M. Rouse. "Implementation and the Use of PPB in Sixteen Federal Agencies." *Public Administration Review,* Vol. 29 (November/December 1969).

Harrington, Michael. "Building Arms Control into the National Security Process." *Arms Control Today,* (February 1975).

Hartman, Robert W. "Multiyear Budget Planning." In Joseph A. Pechman, ed. *Setting National Priorities: The 1979 Budget.* Washington, D.C.: Brookings Institution, 1978.

———. "Congress and Budget-Making," *Political Science Quarterly,* Vol. 97, No. 3 (Fall 1982), pp. 381–402.

———. "Making Budget Decisions." In Joseph A. Pechman, ed. *Setting National Priorities: The 1983 Budget.* Washington, D.C.: Brookings Institution, 1982.

———. "Budget Summit 1990: The Role of Economic and Budget Analysis." Paper prepared for the Association for Public Policy Analysis and Management Conference, October 18–20, 1990.

Heclo, Hugh. "Executive Budget Making." In Gregory B. Mills and John L. Palmer, eds. *Federal Budget Policy in the 1980s.* Washington, D.C.: The Urban Institute, 1984.

Heclo, Hugh, and Aaron Wildavsky. *The Private Government of Public Money: Community and Policy inside British Political Administration,* 2nd ed. London: Macmillan, 1981.

Hitch, Charles. *Decision-Making for Defense.* Berkeley, Calif.: University of California Press, 1970.

Holahan, John, Teresa Coughlin, Leighton Ku, David Heslam, and Collin Winterbottom. "Understanding the Recent Growth in Medicaid Spending." In Diane Rowland, Judith Feder, and Alina Salganicoff, eds. *Medicaid Financing Crisis: Balancing Responsibilities, Priorities and Dollars.* AAAS Press, 1994, pp. 23–41.

Howard, Christopher. *The Hidden Welfare State.* Princeton, N.J.: Princeton University Press, 1999.

Hush, Lawrence W. "The Federal, and the State and Local Roles in Government Expenditures." *Public Budgeting and Finance,* Vol. 13 (Summer 1993), pp. 38–55.

Ippolito, Dennis S. *Hidden Spending: The Politics of Federal Credit Programs.* Chapel Hill, N.C.: University of North Carolina Press, 1984.

———. *Uncertain Legacies: Federal Budget Policy from Roosevelt through Reagan.* Charlottesville, Va.: University Press of Virginia, 1990.

Irwin, Lewis G. "Dancing the Foreign Aid appropriations Dance: Recurring Themes in Modern Congresses." *Public Budgeting and Finance,* Vol. 20 (Summer 2000), pp. 30–49.

Johnson, Bruce. "From Analyst to Negotiator: The OMB's New Role." *Journal of Policy Analysis and Management,* Vol. 3, No. 4 (1984).

———. "OMB and the Budget Examiner: Changes in the Reagan Era." *Public Budgeting and Finance,* Vol. 9 (Winter 1988), pp. 3–21.

———. "The OMB Budget Examiner and the Congressional Budget Process." *Public Budgeting and Finance,* Vol. 9 (Spring 1989), pp. 5–14.

Johnson, Loch, and Kevin Scheid. "Spending for Spies: Intelligence Budgeting in the Aftermath of the Cold War." *Public Budgeting and Finance,* Vol. 17 (Winter 1997), pp. 7–27.

Johnston, Jocelyn. "The Medicaid Mandates of the 1980s: An Intergovernmental Perspective." *Public Budgeting and Finance,* Vol. 17 (Spring 1997), pp. 3–34.

Jones, Bryan, Frank Baumgartner, and James True, "Policy Macropunctuations: How the US Budget Evolved." Discussion Paper for Budgetary Policy Change: Measures and Models, Conference at Nuffield College, Oxford, March 8–9, 2002.

———. "Patterns and Punctuations in the US Budget." Discussion Paper for Budgetary Policy Change: Measures and Models, Conference at Nuffield College, Oxford, March 8–9, 2002.

Jones, L. R. "Policy Development, Planning, and Resource Allocation in the Department of Defense." *Public Budgeting and Finance*, Vol. 11 (Fall 1991), pp. 15–27.

Jones, L. R., and Glen Bixler. *Mission Budgeting To Realign National Defense*. Greenwich, Conn.: JAI Press, 1992.

Jones, L. R., and Jerry L. McCaffery. "Federal Financial Management Reform and the Chief Financial Officers Act." *Public Budgeting and Finance*, Vol. 12 (Winter 1992), pp. 75–86.

———. "Implementation of the Federal Chief Financial Officers Act." *Public Budgeting and Finance*, Vol. 13 (Spring 1993), pp. 68–76.

_____. "Implementing the Chief Financial Officers Act and the Government Performance and Results Act in the Federal Government." *Public Budgeting and Finance* Vol. 17 (Spring 1997), pp. 35–55.

———. "Financial Management Reform in the Federal Government." In Roy Meyers, ed. *Handbook of Government Budgeting*. San Francisco: Jossey Bass, 1999, pp. 53–81.

Joyce, Philip. "Jesse Burkhead and the Multiple Uses of Federal Budgets: A Contemporary Perspective." *Public Budgeting and Finance*, Vol. 16 (Summer 1996), pp. 59–78.

———. "The Federal Line-Item Veto Experiment: After the Supreme Court Ruling, What's Next?" *Public Budgeting and Finance*, Vol. 18 (Winter 1998), pp. 3–21.

Joyce, Philip, and Robert Reischauer. "The Federal Line-Item Veto: What Is It and What Will It Do?" *Public Administration Review*, Vol. 57 (March/April 1997), pp. 95–104.

Kamlet, Mark S., and David C. Mowery. "The Budgetary Base in Federal Resource Allocation." *American Journal of Political Science*, Vol. 24, No. 4 (November 1980), pp. 806–21.

———. "Budgetary Side Payments and Government Growth: 1953–1968." *American Journal of Political Science*, Vol. 27, No. 4 (November 1983), pp. 636–64.

———. "Contradictions of Congressional Budget Reform: Problem of Congressional Emulation of Executive Branch." Typescript, 1984.

———. "The First Decade of the Congressional Budget Act: Legislative Imitation and Adaptation in Budgeting." *Policy Sciences*, Vol. 18, No. 4 (December 1985), pp. 313–34.

———. "Influences on Executive and Congressional Budgetary Priorities, 1953–1981." *The American Political Science Review*, Vol. 81, No. 1 (March 1987), pp. 155–73.

Kamlet, Mark S., David C. Mowery, and Tsai-Tsu Su. "Whom Do You Trust? An Analysis of Executive and Congressional Economic Forecasts." *Journal of Policy Analysis and Management*, Vol. 6, No. 3 (1987), pp. 365–84.

Kanter, Arnold. *Defense Politics*. Chicago: University of Chicago Press, 1975.

Kaufmann, William W. *A Reasonable Defense*. Washington, D.C.: Brookings Institution, 1986.

Keith, Robert, and Edward Davis. "Congress and Continuing Appropriations: New Variations on an Old Theme." *Public Budgeting and Finance*, Vol. 5 (Spring 1985).

Kellman, Steve. "The Grace Commission: How Much Waste in Government?" *The Public Interest*, No. 78 (Winter 1985).

Kettl, Donald. *Deficit Politics: Public Budgeting in Its Institutional Context*. New York: Macmillan, 1992.

Key, V. O., Jr. "The Lack of a Budgetary Theory." *The American Political Science Review*, Vol. 34 (December 1940), pp. 1137–44.

Kim, Sun Kil. "The Politics of a Congressional Budgetary Process Backdoor Spending." *Western Political Quarterly*, Vol. 21 (December 1968), pp. 606–23.

Kimmel, Lewis H. *Federal Budget and Fiscal Policy 1789–1958*. Washington, D.C.: Brookings Institution, 1959.

King, Ronald. "Tax Expenditures and Systematic Public Policy." Paper presented for delivery at the Annual Meeting of the American Political Science Association, Denver, Colo., September 2–5, 1982.

———. *Budgetary Entitlements: The Politics of Food Stamps.* Washington D.C.: Georgetown University Press, 2000.

Kingson, Eric, and Edward D. Berkowitz. *Social Security and Medicare.* Westport, Conn.: Praegar, 1999.

Kingson, Eric, and James Schulz, eds. *Social Security in the Twenty-First Century.* Oxford: Oxford University Press, 1996.

Kliman, Albert J., and Louis Fisher. "Budget Reform Proposals in the NPR Report." *Public Budgeting and Finance,* Vol. 15 (Spring 1995), pp. 27–38.

Kogan, Richard. "The Budget Enforcement Act of 1990: A Technical Explanation." November 1, 1990, unpublished.

Korb, Lawrence. "The Budget Process in the Department of Defense 1947–77: The Strengths and Weaknesses of Three Systems." *Public Administration Review,* Vol. 37 (July/August 1977), pp. 334–36.

———. "The Process and Problems of Linking Policy and Force Structure through the Defense Budget Process." In Robert Harkavy and Edward Kolodziej, eds. *American Security Policy and Policy Making.* Lexington, Mass.: Lexington Books, 1980.

Lawton, Frederick J. "Legislative-Executive Relationships in Budgeting as Viewed by the Executive." *Public Administration Review,* Vol. 13 (Summer 1953), pp. 169–76.

Lekachman, Robert. *The Age of Keynes.* New York: McGraw-Hill, 1966.

LeLoup, Lance. "Discretion in National Budgeting: Controlling the Controllables." *Policy Analysis,* Vol. 4, No. 4 (Fall 1978), 455–75.

LeLoup, Lance, Barbara Luck Graham, and Stacey Barwick. "Deficit Politics and Constitutional Government: The Impact of Gramm–Rudman–Hollings." *Public Budgeting and Finance,* Vol. 7, No. 1 (Spring 1987), pp. 83–104.

LeLoup, Lance, Carolyn Long, and James Giardano. "President Clinton's Fiscal 1998 Budget: Political and Constitutional Paths to Balance." *Public Budgeting and Finance,* Vol. 18 (Spring 1998), pp. 3–32.

LeLoup, Lance, and Patrick Taylor. "The Policy Constraints of Deficit Reduction: President Clinton's 1995 Budget." *Public Budgeting and Finance,* Vol. 14 (Summer 1994), pp. 3–25.

Leonard, Brad, Joe Cook, and Jane McNeil. "The Role of Budget and Financial Reform in Making Government Work Better and Cost Less." *Public Budgeting and Finance,* Vol. 15 (Spring 1995), pp. 4–18.

Leonard, Herman B. *Checks Unbalanced: The Quiet Side of Public Spending.* New York: Basic Books, 1986.

Levine, Charles H., and Irene Rubin, eds. *Fiscal Stress and Public Policy.* Beverly Hills: Sage Publications, 1980.

Levy, Frank. *Dollars and Dreams: The Changing American Income Distribution.* New York: Russell Sage Foundation, 1987.

Lewis, Verne B. "Toward a Theory of Budgeting." *Public Administration Review,* Vol. 12 (Winter 1952), pp. 42–54.

Lindblom, Charles E. "Decision-Making in Taxation and Expenditure." In *Public Finances: Needs, Sources and Utilization,* Princeton: Princeton University Press, 1961, pp. 295–336.

———. "The Science of 'Muddling Through.'" *Public Administration Review,* Vol. 19 (Spring 1959), pp. 79–88.

Lindsay, James M. "Congress and Defense Policy: 1961 to 1986." *Armed Forces & Society,* Vol. 13, No. 3 (Spring 1987).

Long, Stephen. "Causes of Soaring Medicaid Spending 1988–1991." In Diane Rowland, Judith Feder, and Alina Salganicoff, eds. *Medicaid Financing Crisis: Balancing Responsibilities, Priorities, and Dollars.* AAAS Press, 1994, pp. 3–21.

Maas, Arthur. "In Accord with the Program of the President?" In Carl Friedrich and Kenneth Galbraith, eds. *Public Policy,* Vol. 4. Cambridge, Mass.: Graduate School of Public Administration, 1954, pp. 77–93.

MacMahon, Arthur. "Congressional Oversight of Administration." *Political Science Quarterly*, Vol. 53 (June and September 1943), pp. 161–90, 380–414.

———. "Woodrow Wilson: Political Leader and Administrator." In Earl Latham, ed. *The Philosophy and Policies of Woodrow Wilson*. Chicago: University of Chicago Press, 1958, pp. 100–22.

Manley, John F. "The Conservative Coalition in Congress." *American Behavioral Scientist*, Vol. 17, No. 2 (November/December 1973), pp. 223–48.

Mann, Thomas, and Norman Ornstein. *Renewing Congress: A Second Report*. Washington, D.C.: American Enterprise Institute and Brookings Institution, 1993.

Marmor, Theodore. "Coping with a Creeping Crisis: Medicare at Twenty." In Theodore Marmor and Jerry Mashaw, eds. *Social Security: Beyond the Rhetoric of Crisis*. Princeton, N.J.: Princeton University Press, 1998, pp. 177–99.

———. *The Politics of Medicare*. Hawthorne, N.Y.: Aldine de Gruyter, 1999.

Marini, John. *The Politics of Budget Control: Congress, the Presidency, and the Growth of the Administrative State*. Washington, D.C.: Crane Russak, 1992.

Martin, Bernard, Joseph Wholey, and Roy Meyers. "The New Equation at OMB: M + B = RMO." *Public Budgeting and Finance*, Vol. 15 (Winter 1995), pp. 86–96.

Marvick, L. Dwaine. *Congressional Appropriation Politics*. Ph.D. Dissertation, Columbia University, 1952.

Marx, Fritz Morstein. "The Bureau of the Budget: Its Evolution and Present Role." *The American Political Science Review*, Vol. 39, No. 4 (August 1945), pp. 653–84.

———. "The Bureau of the Budget: Its Evolution and Present Role, II." *The American Political Science Review*, Vol. 39 (October 1945), pp. 869–98.

Mayhew, David. *Congress: The Electoral Connection*. New Haven: Yale University Press, 1974.

McCaffery, Jerry, and L. R. Jones, *Budgeting and Financial Management in the Federal Government*. Greenwich, Conn.: Information Age Publishing, 2001.

McMurtry, Virginia. "The Impoundment Control Act of 1974: Restraining or Reviving Presidential Power." *Public Budgeting and Finance*, Vol. 17 (Fall 1997), pp. 39–61.

Meyer, Jack A. "Budget Cuts in the Reagan Administration: A Question of Fairness." In D. Lee Bauden, ed. *The Social Contract Revisited*. Washington, D.C.: The Urban Institute, 1984, pp. 33–64.

Meyers, Roy T. "Federal Budgeting and Finance in 1991: The Future Is Now." *Public Budgeting and Finance*, Vol. 12 (Summer 1992), pp. 3–16.

———. *Strategic Budgeting*. Ann Arbor, Mich.: University of Michigan Press, 1994.

———. "Late Appropriations and Government Shutdowns: Frequency, Causes, Consequences and Remedies." *Public Budgeting and Finance*, Vol. 17 (Fall 1997), pp. 25–38.

———. "Strategies for Spending Advocates." In Roy Meyers, ed. *Handbook of Government Budgeting*. San Francisco: Jossey Bass, 1999, pp. 548–67.

Miles, Jerome A. "The Congressional Budget and Impoundment Control Act: A Departmental Budget Officer's View." *The Bureaucrat*, Vol. 5, No. 4 (January 1977).

Mills, Gregory B., and John L. Palmer. *The Deficit Dilemma*. Washington, D.C.: The Urban Institute, 1983.

———, eds. *Federal Budget Policy in the 1980s*. Washington, D.C.: The Urban Institute, 1984.

Minarik, Joseph J., and Rudolph G. Penner. "Fiscal Choices." In Isabel V. Sawhill, ed. *Challenge to Leadership*. Washington, D.C.: The Urban Institute, 1988.

Moore, Marilyn, and Janemarie Mulveny. *Entitlements and the Elderly: Protecting Promises, Recognizing Realities*. Washington, D.C.: The Urban Institute, 1996.

Mosher, Frederick C. *Program Budgeting: Theory and Practice, with Particular Reference to the U.S. Department of the Army*. Chicago: Public Administration Service, 1954.

———. *The GAO: The Quest for Accountability in American Government*. Boulder, Colo.: Westview Press, 1979.

———. *A Tale of Two Agencies: A Comparative Analysis of the General Accounting Office and the Office of Management and Budget.* Baton Rouge, La.: Louisiana State University Press, 1984.

Mowery, David S., Mark S. Kamlet, and John P. Crecine. "Presidential Management of Budgetary and Fiscal Policymaking." *Political Science Quarterly,* Vol. 95, No. 1 (Fall 1980), pp. 395–425.

Moynihan, Daniel P. *The Politics of a Guaranteed Income.* New York: Random House, 1973.

Myers, Margaret G. *A Financial History of the United States.* New York: Columbia University Press, 1970.

Myers, Robert J. *Medicare.* Bryn Mawr, Pa.: McCahan Foundation, 1970.

Naylor, E. E. *The Federal Budget System in Operation.* Washington, D.C.: Hayworth Printing, 1941.

Neustadt, Richard. "Presidency and Legislation: The Growth of Central Clearance. *The American Political Science Review,* Vol. 48 (September 1954), pp. 641–71.

———. "Presidency and Legislation: Planning the President's Program." *The American Political Science Review,* Vol. 49 (December 1955), pp. 980–1021.

Niskanen, William A. *Bureaucracy and Representative Government.* Chicago: University of Chicago Press, 1971.

———. "Deficits, Government Spending and Inflation: What Is the Evidence?" *Journal of Monetary Economics,* Vol. 4 (August 1978), pp. 591–602.

Nissenson, Allen, and Richard Rettig. "Medicare's End-Stage Renal Disease Program: Current Status and Future Prospects." *Health Affairs,* Vol. 18 (January/February 1999), pp. 167–68.

Oak, Dale P. "An Overview of Adjustments to the Budget Enforcement Act Discretionary Spending Caps." *Public Budgeting and Finance,* Vol. 15 (Fall 1995), pp. 35–55.

O'Lessker, Karl. "The Clinton Budget for FY 1994: Taking Aim at the Deficit." *Public Budgeting and Finance,* Vol. 13 (Summer 1993), pp. 7–37.

Oleszek, Walter. *Congressional Procedures and the Policy Process.* Washington, D.C.: CQ Press, 1996.

Orms, Van Doorn, Ronald Boster, and Robert Fleegler. "The Federal Budget and Economic Management." In Roy Meyers, ed. *Handbook of Government Budgeting.* San Francisco: Jossey Bass, 1999, pp. 197–226.

Ornstein, Norman J., and Shirley Elder. "The B–1 Bomber: Organizing at the Grassroots." In Eston White, ed. *Studies in Defense.* Washington, D.C.: National Defense University Press, 1983.

Palazzolo, Daniel. *The Speaker and the Budget: Leadership in the Post-Reform House of Representatives.* Pittsburgh: University of Pittsburgh Press, 1992.

———. *Done Deal? The Politics of the 1997 Budget Agreement.* New York: Chatham House, 1999.

Pariser, David B. "Implementing Federal Credit Reform: Challenges Facing Public Sector Financial Managers." *Public Budgeting and Finance,* Vol. 12 (Winter 1992), pp. 19–34.

Pascall, Glenn. *The Trillion Dollar Budget.* Seattle: University of Washington Press, 1985.

Patashnik, Eric. "Ideas, Inheritances, and the Dynamics of Budgetary Change." *Governance,* Vol. 12 (April 1999), pp. 147–74.

———. "Budgeting More, Deciding Less." *The Public Interest,* No. 138 (Winter 2000), pp. 65–128.

———. *Putting Trust in the U.S. Budget: Federal Trust Funds and the Politics of Commitment.* Cambridge: Cambridge University Press, 2000.

Penner, Rudolph G. "Forecasting Budget Totals: Why Can't We Get It Right?" In Michael J. Boskin and Aaron Wildavsky, eds. *The Federal Budget: Economics and Politics.* San Francisco: Institute for Contemporary Studies, 1982, pp. 89–110.

———. "Dealing with Uncertain Budget Forecasts," *Public Budgeting and Finance,* Vol. 22 (Spring 2002), pp. 1–18.

Penner, Rudolph, and Alan Abramson. *Broken Purse Strings: Congressional Budgeting 1974–1988.* Washington, D.C.: The Urban Institute, 1988.

Perloff, Harvey Stephen. *Modern Budget Policies: A Study of the Budget Process in Present-Day Society.* Ph.D. Dissertation submitted to the Departments of Government and Economics, Harvard University, December 1, 1939.

Persil, Herbert. "From the Field: Federal Agency Budget Officers: Who Needs Them?" *Public Budgeting and Finance*, Vol. 18 (Winter 1998), pp. 114–21.

Peters, Jean. "Reconciliation 1982: What Happened?" *PS*. Vol. 14, No. 4 (Fall 1981), pp. 732–36.

Peterson, Peter. *Facing Up: How To Rescue the Economy from Crushing Debt and Restore the American Dream*. New York: Simon and Schuster, 1993.

Phaup, Marvin. "Accounting for Federal Credit: A Better Way." *Public Budgeting and Finance*, Vol. 5, No. 3 (Autumn 1985), pp. 29–39.

———. "Credit Reform, Negative Subsidies, and FHA." *Public Budgeting and Finance*, Vol. 16 (Spring 1996), pp. 23–36.

———. "The President's Commission To Study Capital Budgeting: An Interim Review." *Public Budgeting and Finance*, Vol. 18 (Fall 1998), pp. 1–10.

Popick, Bernard. "The Social Security Disability Program. III. The Black Lung Benefits—An Administrative Case Study." *Journal of Occupational Medicine*, Vol. 13, No. 7 (July 1971).

Posner, Paul, Trina Lewis, and Hannah Laufe. "Budgeting for Federal Capital." *Public Budgeting and Finance*, Vol. 18 (Fall 1998), pp. 11–23.

Potter, Jim. *The American Economy between the World Wars*. New York: Wiley, 1974.

Reese, Catherine. "The Line-Item Veto in Practice in Ten Southern States." *Public Administration Review*, Vol. 57 (November/December 1997), pp. 510–16.

Reischauer, Robert. "Mickey Mouse or Superman? The Congressional Budget Process During the Reagan Administration." Paper presented to the Association for Public Policy Management, Philadelphia, October 20–22, 1983.

———. "The Congressional Budget Process." In Gregory Mills and John Palmer, eds. *Federal Budget Policy in the 1980s*. Washington, D.C.: The Urban Institute, 1984, pp. 385–413.

———, ed. *Setting National Priorities: Budget Choices for the Next Century*. Washington, D.C.: Brookings Institution, 1997.

———. "The Unfulfillable Promise: Cutting Nondefense Discretionary Spending." In Robert Reischauer, ed. *Setting National Priorities: Budget Choices for the Next Century*. Washington, D.C.: Brookings Institution, 1997, pp. 123–54.

Reischauer, Robert, Stuart Butler, and Judith Lave, eds. *Medicare: Preparing for the Challenges of the 21st Century*. Washington, D.C.: National Academy of Social Insurance, 1998.

Rettig, R. A. "The Policy Debate on Patient Care for Victims of End-Stage Renal Disease." *Law and Contemporary Problems*, Vol. 40, No. 4 (Autumn 1976).

Rieselbach, Leroy. *Congressional Reform: The Changing Modern Congress*. Washington, D.C.: CQ Press, 1994.

Rivlin, Alice M. "The Political Economy of Budget Choices: A View from Congress." Paper presented at the American Economic Association meeting, December 29, 1981.

———. "Reform of the Budget Process." *The American Economic Review*, Vol. 74, No. 2 (May 1984), pp. 133–37.

Rovner, Mark. *Defense Dollars and Sense*. Washington, D.C.: Common Cause, 1983.

Rowland, Diane, Judith Feder, and Alina Salganicoff, eds. *Medicaid Financing Crisis: Balancing Responsibilities, Priorities, and Dollars*. AAAS Press, 1993.

Rubin, Irene S. "Budgeting for Our Times: Target Base Budgeting." *Public Budgeting and Finance*, Vol. 11 (Fall 1991), pp. 5–14.

———. *Shrinking the Federal Government: The Effect of Cutbacks on Five Federal Agencies*. New York: Longman, 1985.

Saturno, James, and Richard Forgette. "The Balanced Budget Amendment: How Would It Be Enforced?" *Public Budgeting and Finance*, Vol. 18 (Spring 1998), pp. 33–53.

Savage, James. "Deficits and the Economy: The Case of the Clinton Administration and Interest Rates." In Naomi Caiden and Joseph White, eds. *Budgeting, Policy, Politics: An Appreciation of Aaron Wildavsky*. New Brunswick, N.J.: Transaction Inc., 1995, pp. 93–110.

———, ed. "Symposium: President Clinton's Budget and Fiscal Policy: An Evaluation Two Budgets Later." *Public Budgeting and Finance*, Vol. 14 (Fall 1994), pp. 3–40.

Sawicki, Max. *The End of Welfare: Consequences of Federal Devolution for the Nation*. Armonk, N.Y.: M. E. Sharpe, 1999.

Shanks, J. Merrill, and Warren Miller. "Policy Direction and Performance Evaluation: Complementary Explanations of the Reagan Elections." Presented to the Annual Meeting of the American Political Science Association, New Orleans, August 29–September 1, 1985.

Schick, Allen. "The Road to PPB: The Stages of Budget Reform." In *Public Administration Review*, December 1966, pp. 243–58.

———. "The Budget Bureau That Was: Thoughts on the Rise, Decline, and Future of a Presidential Agency." *Law and Contemporary Problems*, Vol. 35 (Summer 1970), pp. 519–39.

———. "Budgetary Adaptations to Resource Scarcity." In Charles H. Levine and Irene Rubin, eds. *Fiscal Stress and Public Policy*. Beverly Hills: Sage Publications, 1980.

———. *Congress and Money*. Washington, D.C.: The Urban Institute, 1980.

———. *Reconciliation and the Congressional Budget Process*. Washington, D.C.: American Enterprise Institute, 1981.

———, ed. *Perspectives on Budgeting*. American Society for Public Administration, 1980.

———. "Controlling the Budget by Statute: An Imperfect but Workable Process." In Alvin Rabushka and William Craig Stubblebine, eds. *Constraining Federal Taxing and Spending*. Stanford, Calif.: Hoover Institution, 1982.

———. *Making Economic Policy in Congress*. Washington, D.C.: American Enterprise Institute, 1983.

———. "Controlling the 'Uncontrollables': Budgeting for Health Care in an Age of Mega-Deficits." Paper prepared for American Enterprise Institute Pew Fellows Conference, November 1985.

———. "The Evolution of Congressional Budgeting." In Allen Schick, ed. *Crisis in the Budget Process*. Washington, D.C.: American Enterprise Institute, 1986.

———. *The Capacity to Budget*. Washington, D.C.: The Urban Institute, 1990.

———. "From the Old Politics of Budgeting to the New." In Naomi Caiden and Joseph White, eds. *Budgeting, Policy, Politics: An Appreciation of Aaron Wildavsky*. New Brunswick, N.J.: Transaction, Inc., 1995, pp. 133–42.

———. *The Federal Budget: Politics, Policy, Process*. Washington, D.C.: Brookings Institution, 2000.

Schier, Steven E. "Thinking about the Macroeconomy: The House and Senate Budget Committees in the 1980s." Paper presented for 1985 Annual Meeting of American Political Science Association, New Orleans, August 29–September 1, 1985.

Shultz, William J., and M. R. Caine. *Financial Development of the United States*. New York: Prentice-Hall, 1937.

Seligman, Edwin R. A. *The Income Tax*. New York: Macmillan, 1921.

Simon, Herbert A. "The Criterion of Efficiency." In *Administrative Behavior*, 2nd ed. New York, Macmillan, 1957, pp. 172–97.

———. *Models of Man*. New York: Wiley, 1957.

Simon, Herbert A., Donald Smithburg, and Victor Thompson. "The Struggle for Existence." In *Public Administration*. New York: Knopf, 1950, pp. 381–422.

Sinclair, Barbara. *Unorthodox Lawmaking*. Washington, D.C.: CQ Press, 1997.

Smith, David. *Paying for Medicare: The Politics of Reform*. Hawthorne, N.Y.: Aldine de Gruyter, 1992.

Smithies, Arthur. *The Budgetary Process in the United States*. New York: McGraw-Hill, 1955.

Stein, Herbert. *The Fiscal Revolution in America*. Chicago: University of Chicago Press, 1969.

Stein, Robert, and Kenneth Bickers. *Perpetuating the Pork Barrel: Policy Subsystems and American Democracy*. New York: Cambridge University Press, 1995.

Stewart, Charles Haines, III. *The Politics of Structural Reform: Reforming Budgetary Structure in the House, 1865–1921*. Dissertation submitted to Stanford University, August 1985.

Stockman, David. "The Social Pork Barrel." *The Public Interest,* No. 39 (Spring 1975), pp. 3–30.

———. *The Triumph of Politics.* New York: Harper & Row, 1986.

Stone, Deborah. *The Disabled State.* Philadelphia: Temple University Press, 1984.

Strahan, Randall. *New Ways and Means: Reform and Change in a Congressional Committee.* Chapel Hill, N.C.: University of North Carolina Press, 1990.

Tarschys, Daniel L. "The Growth of Public Expenditures: Nine Modes of Explanation." *Scandinavian Political Studies.* Vol. 10 (1975), pp. 9–31.

———. "Curbing Public Expenditures: Current Trends." *Journal of Public Policy,* Vol. 5 (1985), pp. 23–67.

Thompson, Fred, and L. R. Jones. *Reinventing the Pentagon: How the New Public Management Can Bring Institutional Renewal.* San Francisco: Jossey Bass, 1994.

Thompson, James D., and Arthur Tuden. "Strategies, Structures, and Processes of Organizational Decision." In J. D. Thompson et al., eds., *Comparative Studies in Administration.* Pittsburgh: University of Pittsburgh Press, 1959.

Thurber, James. "The Impact of Budget Reform on Presidential and Congressional Governance." In James Thurber, ed. *Divided Democracy: Cooperation and Conflict between the President and Congress.* Washington, D.C.: CQ Press, 1991, pp. 145–70.

———. "If the Game Is Too Hard, Change the Rules: Congressional Budget Reform in the 1990s." In James Thurber and Roger Davidson, eds. *Remaking Congress: Change and Stability in the 1990s.* Washington, D.C.: CQ Press, 1995, pp. 130–44.

———. "Congressional Budget Reform: Impact on the Appropriations Committees." *Public Budgeting and Finance,* Vol. 17 (Fall 1997), pp. 62–73.

———. "Centralization, Devolution, and Turf Protection in the Congressional Budget Process." In Lawrence Dodd and Bruce Oppenheimer, eds. *Congress Reconsidered.* Washington, D.C.: CQ Press, 1997, pp. 325–46.

Thurber, James, and Samantha Durst. "Delay, Deadlock and Deficits: Evaluating Congressional Budget Reform." In Thomas Lynch, ed. *Federal Budget and Financial Management Reform.* Westport, Conn.: Greenwood Press, 1991, pp. 78–118.

Thurmaier, Kurt. "Decisive Decision Making in the Executive Budget Process: Analyzing the Political and Economic Propensities of Central Budget Bureau Analysts." *Public Administration Review,* Vol. 55 (September/October 1995), pp. 448–61.

Tobin, James. "The Future of Social Security: One Economist's Assessment." Working Paper #4, Project on the Federal Social Role, National Conference on Social Welfare, Washington, D.C., 1985.

Tomkin, Shelley Lynne. *Inside OMB: Politics and Process in the President's Budget Office.* Armonk, N.Y.: M.E. Sharpe, 1998.

True, James. "Is the National Budget Controllable?" *Public Budgeting and Finance,* Vol. 15 (Summer 1995), pp. 18–32.

———. "Attention, Inertia, and Equity in the Social Security Program." *Journal of Public Administration Research and Theory,* Vol. 9 (September 1999), pp. 571–96.

Tyszkiewicz, Mary, and Stephen Daggett. *A Defense Budget Primer.* Washington, D.C.: Congressional Research Service, 1998.

Verba, Sidney, and Gary R. Orren. *Equality in America: The View from the Top.* Cambridge: Harvard University Press, 1985.

Waldo, Dwight. *The Administrative State.* New York: Ronald Press, 1948.

Walker, Robert. "William A. Jump: The Staff Officer as a Personality." *Public Administration Review,* Vol. 14 (Autumn 1954), pp. 233–46.

Walker, Wallace Earl. *Changing Organizational Culture: Strategy, Structure, and Professionalism in the U.S. General Accounting Office.* Knoxville, University of Tennessee Press, 1986.

Weaver, R. Kent. "Controlling Entitlements." In John E. Chubb and Paul E. Peterson, eds. *The New Direction in American Politics.* Washington, D.C.: Brookings Institution, 1985.

Webber, Carolyn, and Aaron Wildavsky. *A History of Taxation and Expenditure in the Western World.* New York: Simon and Schuster, 1986.

Weicher, John C. *Entitlement Issues in the Domestic Budget.* Washington, D.C.: American Enterprise Institute, 1985.

Weiss, Andrew, and Edward Woodhouse. "Reforming Incrementalism: A Constructive Response to Critics." *Policy Sciences,* Vol. 25, (1992), pp. 255–73.

White, Joseph. "What Budgeting Cannot Do: Lessons of Reagan's and Other Years." In Irene Rubin, ed. *New Directions in Budget Theory.* Albany, N.Y.: SUNY Press, 1988, pp. 165–202.

———. "Better News Than They Think." *San Diego Union,* October 7, 1990.

———. "(Almost) Nothing New Under the Sun: Why the Work of Budgeting Remains Incremental." In Naomi Caiden and Joseph White, eds. *Budgeting, Policy, Politics: An Appreciation of Aaron Wildavsky.* New Brunswick, N.J.: Transaction, Inc., 1995, pp. 111–32.

———. "Budgeting and Health Policymaking." In Thomas Mann and Norman Ornstein, eds. *Intensive Care: How Congress Shapes Health Policy.* Washington, D.C.: American Enterprise Institute and Brookings Institution, 1995.

———. "Entitlement Budgeting vs. Bureau Budgeting." *Public Administration Review,* Vol. 58 (November/December 1998), pp. 510–21.

———. "'Saving' Medicare—From What?" Paper delivered at the Annual Meeting of the American Political Science Association, Boston, September 1998.

———. "Budgeting for Entitlements." In Roy Meyers, ed., *Handbook of Government Budgeting.* San Francisco: Jossey Bass, 1999, pp. 678–98.

———. "Budgeting for Social Security or: When Are Savings Really Savings?" *Public Budgeting and Finance,* Vol. 20 (Fall 2000), pp. 1–23.

White, Joseph, and Aaron Wildavsky. *The Deficit and the Public Interest.* Berkeley: University of California Press, 1990.

———. "How to Fix the Deficit—Really." *The Public Interest,* No. 94 (Winter 1989), pp. 3–24.

White, Leonard D. *The Jeffersonians: A Study in Administrative History, 1801–1829.* New York: Macmillan, 1951.

———. *The Jacksonians: A Study in Administrative History, 1829–1861.* New York: Macmillan, 1954.

———. *The Federalists: A Study in Administrative History.* New York: Macmillan, 1961.

Wildavsky, Aaron. *Dixon–Yates: A Study in Power Politics.* New Haven, Conn.: Yale University Press, 1962.

———. *The Politics of the Budgetary Process.* Boston: Little, Brown, 1964; revised 4th ed., 1984.

———. "The Political Economy of Efficiency: Cost-Benefit Analysis, Systems Analysis, and Program Budgeting." *Public Administration Review,* Vol. 26, No. 4 (December 1966), pp. 292–310.

———. "Rescuing Policy Analysis from PPBS." *Public Administration Review,* Vol. 29, No. 2 (March/April 1969), pp. 189–202.

———. *The Budgeting and Evaluation of Federal Recreation Programs, or Money Doesn't Grow on Trees.* With Jeanne Nienaber. New York: Basic Books, 1973.

———. *Budgeting: A Comparative Theory of Budgetary Processes.* Boston: Little, Brown, 1975; revised 2nd ed., Transaction, Inc., 1986.

———. "Doing Better and Feeling Worse: The Political Pathology of Health Policy." *Daedalus,* (Winter 1976), pp. 105–23.

———. "Ask Not What Budgeting Does to Society but What Society Does to Budgeting." Introduction to the second edition of *National Journal Reprints.* Washington, D.C., 1977.

———. "A Budget for All Seasons? Why the Traditional Budget Lasts." *Public Administration Review,* Vol. 38 (November/December 1978), pp. 501–09. Also in B. Geist, ed. *State Audit: Developments in Public Accountability.* London: Macmillan, 1981, pp. 253–68.

———. *Speaking Truth to Power.* Boston: Little, Brown, 1979.

———. *How To Limit Government Spending.* Los Angeles and Berkeley: University of California Press, 1980.

———. "Budgets as Compromises among Social Orders." In Michael J. Boskin and Aaron Wildavsky, eds. *The Federal Budget: Economics and Politics.* San Francisco, Institute for Contemporary Studies Press, 1982, pp. 21–38.

———. "Modelling the U.S. Federal Spending Process: Overview and Implications." With Michael Dempster. In R. C. O. Matthews and G. B. Stafford, eds. *The Grants Economy and Collective Consumption.* London: Macmillan, 1983, pp. 267–309.

———. "The Transformation of Budgetary Norms." *Australian Journal of Public Administration,* Vol. XLII, No. 4 (December 1983), pp. 421–32.

———. "The Unanticipated Consequences of the 1984 Presidential Election." *Tax Notes,* Vol. 24, No. 2 (July 9, 1984), pp. 193–200.

———. "Budgets as Social Orders." *Research in Urban Policy,* Vol. 1 (1985), pp. 183–97.

———. "A Cultural Theory of Expenditure Growth and (Un)Balanced Budgets." *Journal of Public Economics,* Vol. 28 (1985), pp. 349–57.

———. "Item Veto without a Global Spending Limit: Locking the Treasury after the Dollars Have Fled." *Notre Dame Journal of Law, Ethics and Public Policy,* Vol. 1, No. 2 (1985), pp. 165–76.

———. "The Logic of Public Sector Growth." In Jan-Erik Lane, ed. *State and Market.* London: Sage Publications, Ltd., 1985, pp. 231–70.

———. *Budgeting and Governing.* New Brunswick N.J.: Transaction, 2000.

Willoughby, William Franklin. *The National Budget System with Suggestions for Its Improvement.* Baltimore: Johns Hopkins University Press, 1927.

Wilmerding, Lucius W., Jr. *The Spending Power: A History of the Efforts of Congress To Control Expenditures.* New Haven, Conn.: Yale University Press, 1943.

Wilson, Woodrow. *Congressional Government: A Study in American Politics.* Boston: Houghton Mifflin, 1895.

Witte, John F. "Tax Philosophy and Income Equality." In Robert A. Solo and Charles Anderson, eds. *Value Judgment and Income Distribution.* New York: Praeger, 1981, pp. 340–78.

———. *The Politics and Development of the Federal Income Tax.* Madison, Wis.: University of Wisconsin Press, 1985.

Wolf, John F. "The Item Veto in the American Constitutional System." *Georgetown Law Journal,* Vol. 25 (1936).

Wye, Christopher. "The Office of Management and Budget: A Continuing Search for Useful Information." In Christopher Wye and Richard Sonnichsen, eds., *Evaluation in the Federal Government: Changes, Trends and Opportunities.* San Francisco: Jossey Bass 1992, pp. 65–72.

Young, James Sterling. *The Washington Community, 1802–1828.* New York: Columbia University Press, 1966.

Zigler, Edward, and S. Muenchow. *Head Start: The Inside Story of America's Most Successful Educational Experiment.* New York: Basic Books, 1992.

Zigler, Edward, and Jeanette Valentine, eds., *Project Head Start: A Legacy of the War on Poverty.* New York: Free Press, 1979.

# 索　引

# 人大版公共管理类翻译（影印）图书

## 公共行政与公共管理经典译丛

| 书名 | 著译者 | 定价 |
|---|---|---|
| 公共管理名著精华："公共行政与公共管理经典译丛"导读 | 吴爱明　刘晶　主编 | 49.80 元 |

**经典教材系列**

| 书名 | 著译者 | 定价 |
|---|---|---|
| 公共管理导论（第三版） | ［澳］欧文·E·休斯　著<br>张成福 等　译 | 39.00 元 |
| 政治学（第三版） | ［英］安德鲁·海伍德　著<br>张立鹏　译 | 49.80 元 |
| 公共政策分析导论（第四版） | ［美］威廉·N·邓恩　著<br>谢明 等　译 | 49.00 元 |
| 公共政策制定（第五版） | ［美］詹姆斯·E·安德森　著<br>谢明 等　译 | 46.00 元 |
| 公共行政学：管理、政治和法律的途径（第五版） | ［美］戴维·H·罗森布鲁姆 等　著<br>张成福 等　译校 | 58.00 元 |
| 比较公共行政（第六版） | ［美］费勒尔·海迪　著<br>刘俊生　译校 | 49.80 元 |
| 公共部门人力资源管理：系统与战略（第六版） | ［美］唐纳德·E·克林纳 等　著<br>孙柏瑛 等　译 | 58.00 元 |
| 公共部门人力资源管理（第二版） | ［美］埃文·M·伯曼 等　著<br>萧鸣政 等　译 | 49.00 元 |
| 行政伦理学：实现行政责任的途径（第五版） | ［美］特里·L·库珀　著<br>张秀琴　译　音正权　校 | 35.00 元 |
| 民治政府：美国政府与政治（第 23 版·中国版） | ［美］戴维·B·马格莱比 等　著<br>吴爱明 等　编译 | 58.00 元 |
| 比较政府与政治导论（第五版） | ［英］罗德·黑格　马丁·哈罗普　著<br>张小劲 等　译 | 48.00 元 |
| 公共组织理论（第五版） | ［美］罗伯特·B·登哈特　著<br>扶松茂　丁力　译　竺乾威　校 | 32.00 元 |
| 公共组织行为学 | ［美］罗伯特·B·登哈特 等　著<br>赵丽江　译 | 49.80 元 |
| 组织领导学（第五版） | ［美］加里·尤克尔　著<br>陶文昭　译 | 49.80 元 |
| 公共关系：职业与实践（第四版） | ［美］奥蒂斯·巴斯金 等　著<br>孔祥军 等　译　郭惠民　审校 | 68.00 元 |
| 公用事业管理：面对 21 世纪的挑战 | ［美］戴维·E·麦克纳博　著<br>常健 等　译 | 39.00 元 |
| 公共预算中的政治：收入与支出，借贷与平衡（第四版） | ［美］爱伦·鲁宾　著<br>叶娟丽　马骏 等　译 | 39.00 元 |
| 公共行政学新论：行政过程的政治（第二版） | ［美］詹姆斯·W·费斯勒 等　著<br>陈振明 等　译校 | 58.00 元 |
| 公共和第三部门组织的战略管理：领导手册 | ［美］保罗·C·纳特 等　著<br>陈振明 等　译校 | 43.00 元 |
| 公共行政与公共事务（第十版） | ［美］尼古拉斯·亨利　著<br>孙迎春　译 | 52.00 元 |
| 公共管理案例教学指南 | ［美］小劳伦斯·E·列恩　著<br>郄少健 等　译　张成福 等　校 | 26.00 元 |

| 书名 | 著译者 | 定价 |
| --- | --- | --- |
| 公共管理中的应用统计学（第五版） | ［美］肯尼思·J·迈耶 等 著<br>李静萍 等 译 | 49.00 元 |
| 现代城市规划（第五版） | ［美］约翰·M·利维 著<br>张景秋 等 译 | 39.00 元 |
| 非营利组织管理 | ［美］詹姆斯·P·盖拉特 著<br>邓国胜 等 译 | 38.00 元 |
| 非营利组织战略营销（第五版） | ［美］菲利普·科特勒 等 著<br>孟延春 等 译 | 58.00 元 |
| 公共财政管理：分析与应用（第六版） | ［美］约翰·L·米克塞尔 著<br>白彦锋 马蔡琛 译 高培勇 等 校 | 69.90 元 |
| 企业与社会：公司战略、公共政策与伦理（第十版） | ［美］詹姆斯·E·波斯特 等 著<br>张志强 等 译 | 59.80 元 |
| 公共行政学：概念与案例（第七版） | ［美］理查德·J·斯蒂尔曼二世 编著<br>竺乾威 等 译 | 75.00 元 |
| 公共管理中的量化方法：技术与应用（第三版） | ［美］苏珊·韦尔奇 等 著<br>郝大海 等 译 | 39.00 元 |
| 公共与非营利组织绩效考评：方法与应用 | ［美］西奥多·H·波伊斯特 著<br>肖鸣政 等 译 | 35.00 元 |
| 政治体制中的行政法（第三版） | ［美］肯尼思·F·沃伦 著<br>王丛虎 等 译 | 78.00 元 |
| 政府与非营利组织会计（第 12 版） | ［美］厄尔·R·威尔逊 等 著<br>荆新 等 译校 | 79.00 元 |
| 政治科学的理论与方法（第二版） | ［英］大卫·马什 等 编<br>景跃进 张小劲 欧阳景根 译 | 38.00 元 |
| 公共管理的技巧（第九版） | ［美］乔治·伯克利 等 著<br>丁煌 主译 | 59.00 元 |
| 领导学：理论与实践（第五版） | ［美］彼得·G·诺斯豪斯 著<br>吴爱明 陈爱明 陈晓明 译 | 48.00 元 |
| 领导学（亚洲版） | ［新加坡］林志颂 等 著<br>顾朋兰 等 译 丁进锋 校译 | 59.80 元 |
| 领导学：个人发展与职场成功（第二版） | ［美］克利夫·里科特斯 著<br>戴卫东 等 译 姜雪 校译 | 69.00 元 |
| 二十一世纪的公共行政：挑战与改革 | ［美］菲利普·J·库珀 等 著<br>王巧玲 李文钊 译 毛寿龙 校 | 45.00 元 |
| 行政学（新版） | ［日］西尾胜 著<br>毛桂荣 等 译 | 35.00 元 |
| 官僚政治（第五版） | ［美］B·盖伊·彼得斯 著<br>聂露 等 译 | 39.80 元 |
| 理解公共政策（第十二版） | ［美］托马斯·R·戴伊 著<br>谢明 译 | 45.00 元 |
| 公共政策导论（第三版） | ［美］小约瑟夫·斯图尔特 等 著<br>韩红 译 | 35.00 元 |
| 公共政策分析：理论与实践（第四版） | ［美］戴维·L·韦默 等 著<br>刘伟 译校 | 68.00 元 |
| 应急管理概论 | ［美］米切尔·K·林德尔 等 著<br>王宏伟 译 | 55.00 元 |
| 公共行政导论（第六版） | ［美］杰伊·M·沙夫里茨 等 著<br>刘俊生 等 译 | 65.00 元 |
| 城市管理学：美国视角（第六版） | ［美］戴维·R·摩根 等 著<br>杨宏山 陈建国 译 杨宏山 校 | 49.00 元 |

| 书名 | 著译者 | 定价 |
|---|---|---|
| 公共经济学：政府在国家经济中的作用 | [美] 林德尔·G·霍尔库姆　著<br>顾建光　译 | 69.80元 |
| 公共部门管理（第八版） | [美] 格罗弗·斯塔林　著<br>常健 等　译　常健　校 | 75.00元 |

## 公共管理实务系列

| 书名 | 著译者 | 定价 |
|---|---|---|
| 新有效公共管理者：在变革的政府中追求成功（第二版） | [美] 史蒂文·科恩 等　著<br>王巧玲 等　译　张成福　校 | 28.00元 |
| 驾御变革的浪潮：开发动荡时代的管理潜能 | [加] 加里斯·摩根　著<br>孙晓莉　译　刘霞　校 | 22.00元 |
| 自上而下的政策制定 | [美] 托马斯·R·戴伊　著<br>鞠方安 等　译 | 23.00元 |
| 政府全面质量管理：实践指南 | [美] 史蒂文·科恩 等　著<br>孔宪遂 等　译 | 25.00元 |
| 公共部门标杆管理：突破政府绩效的瓶颈 | [美] 帕特里夏·基利 等　著<br>张定淮　译校 | 28.00元 |
| 创建高绩效政府组织：公共管理实用指南 | [美] 马克·G·波波维奇　主编<br>孔宪遂 等　译　耿洪敏　校 | 23.00元 |
| 职业优势：公共服务中的技能三角 | [美] 詹姆斯·S·鲍曼 等　著<br>张秀琴　译　音正权　校 | 19.00元 |
| 全球筹款手册：NGO及社区组织资源动员指南（第二版） | [美] 米歇尔·诺顿　著<br>张秀琴 等　译　音正权　校 | 39.80元 |

## 政府治理与改革系列

| 书名 | 著译者 | 定价 |
|---|---|---|
| 新公共服务：服务，而不是掌舵 | [美] 珍妮特·V·登哈特<br>罗伯特·B·登哈特　著<br>丁煌　译　丁煌　方兴　校 | 28.00元 |
| 公共决策中的公民参与 | [美] 约翰·克莱顿·托马斯　著<br>孙柏瑛 等　译 | 28.00元 |
| 再造政府 | [美] 戴维·奥斯本 等　著<br>谭功荣 等　译 | 45.00元 |
| 构建虚拟政府：信息技术与制度创新 | [美] 简·E·芳汀　著<br>邵国松　译 | 32.00元 |
| 突破官僚制：政府管理的新愿景 | [美] 麦克尔·巴泽雷　著<br>孔宪遂 等　译 | 25.00元 |
| 政府未来的治理模式（中文修订版） | [美] B·盖伊·彼得斯　著<br>吴爱明 等　译　张成福　校 | 38.00元 |
| 无缝隙政府：公共部门再造指南（中文修订版） | [美] 拉塞尔·M·林登　著<br>汪大海 等　译 | 48.00元 |
| 公民治理：引领21世纪的美国社区（中文修订版） | [美] 理查德·C·博克斯　著<br>孙柏瑛 等　译 | 38.00元 |
| 民营化与公私部门的伙伴关系 | [美] E.S. 萨瓦斯　著<br>周志忍 等　译 | 39.00元 |
| 持续创新：打造自发创新的政府和非营利组织 | [美] 保罗·C·莱特　著<br>张秀琴　译　音正权　校 | 28.00元 |
| 政府改革手册：战略与工具 | [美] 戴维·奥斯本 等　著<br>谭功荣 等　译 | 59.00元 |
| 公共部门的社会问责：理念探讨及模式分析 | 世界银行专家组　著<br>宋涛　译校 | 28.00元 |

| 书名 | 著译者 | 定价 |
|---|---|---|
| 公私合作伙伴关系：基础设施供给和项目融资的全球革命 | ［英］达霖·格里姆赛 等 著<br>济邦咨询公司 译 | 29.80元 |
| 非政府组织问责：政治、原则与创新 | ［美］丽莎·乔丹 等 主编<br>康晓光 等 译 冯利 校 | 32.00元 |
| 市场与国家之间的发展政策：公民社会组织的可能性与界限 | ［德］康保锐 著<br>隋学礼 译校 | 49.80元 |
| 建设更好的政府：建立监控与评估系统 | ［澳］凯思·麦基 著<br>丁煌 译 方兴 校 | 30.00元 |

**学术前沿系列**

| 书名 | 著译者 | 定价 |
|---|---|---|
| 公共行政的精神（中文修订版） | ［美］H·乔治·弗雷德里克森 著<br>张成福 等 译 张成福 校 | 48.00元 |
| 后现代公共行政：话语指向（中文修订版） | ［美］查尔斯·J·福克斯 等 著<br>楚艳红 等 译 吴琼 校 | 38.00元 |
| 公共行政的合法性：一种话语分析（中文修订版） | ［美］O.C. 麦克斯怀特 著<br>吴琼 译 | 待出 |
| 公共行政的语言：官僚制、现代性和后现代性（中文修订版） | ［美］戴维·约翰·法默尔 著<br>吴琼 译 | 待出 |
| 官僚制内幕 | ［美］安东尼·唐斯 著<br>郭小聪 等 译 | 38.00元 |
| 领导学 | ［美］詹姆斯·麦格雷戈·伯恩斯 著<br>常健 孙海云 等 译 常健 校 | 69.00元 |
| 官僚经验：后现代主义的挑战（第五版） | ［美］拉尔夫·P·赫梅尔 著<br>韩红 译 | 39.00元 |
| 制度分析：理论与争议（第二版） | ［韩］河涟燮 著<br>李秀峰 柴宝勇 译 | 待出 |
| 公共服务中的情绪劳动 | ［美］玛丽·E·盖伊 等 著<br>周文霞 等 译 | 38.00元 |
| 预算过程中的新政治（第五版） | ［美］阿伦·威尔达夫斯基 等 著<br>苟燕楠 译 | 58.00元 |

**案例系列**

| 书名 | 著译者 | 定价 |
|---|---|---|
| 公共管理案例（第五版） | ［美］罗伯特·T·戈伦比威斯基 等 主编<br>汪大海 等 译 | 28.00元 |
| 组织发展案例：环境、行为与组织变革 | ［美］罗伯特·T·戈伦比威斯基 等 主编<br>杨爱华 等 译 | 29.00元 |
| 公共部门人力资源管理案例 | ［美］T·赞恩·里夫斯 主编<br>句华 主译 孙柏瑛 统校 | 22.00元 |
| 非营利组织管理案例与应用 | ［美］罗伯特·T·戈伦比威斯基 等 主编<br>邓国胜 等 译 | 23.00元 |
| 公共管理的法律案例分析 | ［美］戴维·H·罗森布鲁姆 等 著<br>王丛虎 主译 | 33.00元 |
| 公共政策分析案例（第二版） | ［美］乔治·M·格斯 等 著<br>王军霞 等 译 | 待出 |

**学术经典系列**

| 书名 | 著译者 | 定价 |
|---|---|---|
| 新公共行政 | ［美］H·乔治·弗雷德里克森 著<br>丁煌 方兴 译 丁煌 校 | 23.00元 |

## 公共政策经典译丛

| 书名 | 著译者 | 定价 |
| --- | --- | --- |
| 公共政策评估 | ［美］弗兰克·费希尔　著<br>吴爱明 等　译 | 38.00 元 |
| 议程、备选方案与公共政策（第二版） | ［美］约翰·W·金登　著<br>丁煌　方兴　译 | 38.00 元 |
| 公共政策工具——对公共管理工具的评价 | ［美］B·盖伊·彼得斯 等　编<br>顾建光　译 | 29.80 元 |
| 第四代评估 | ［美］埃贡·G·古贝 等　著<br>秦霖 等　译　杨爱华　校 | 39.00 元 |
| 政策规划与评估方法 | ［加］梁鹤年　著<br>丁进锋　译 | 39.80 元 |

## 当代西方公共行政学思想经典译丛

| 书名 | 编译者 | 定价 |
| --- | --- | --- |
| 公共行政学中的批判理论 | 戴黍　牛美丽 等　编译 | 29.00 元 |
| 公民参与 | 王巍　牛美丽　编译 | 45.00 元 |
| 公共行政学百年争论 | 颜昌武　马骏　编译 | 49.80 元 |
| 公共行政学中的伦理话语 | 罗蔚　周霞　编译 | 45.00 元 |

## 当代世界学术名著

| 书名 | 著译者 | 定价 |
| --- | --- | --- |
| 政策悖论：政治决策中的艺术（修订版） | ［美］德博拉·斯通　著<br>顾建光　译 | 58.00 元 |
| 公共行政的语言——官僚制、现代性和后现代性 | ［美］戴维·约翰·法默尔　著<br>吴琼　译 | 49.80 元 |
| 公共行政的精神 | ［美］乔治·弗雷德里克森　著<br>张成福 等　译 | 45.00 元 |
| 公共行政的合法性——一种话语分析 | ［美］O. C. 麦克斯怀特　著<br>吴琼　译 | 48.00 元 |

## 卓越领导

| 书名 | 著译者 | 定价 |
| --- | --- | --- |
| 领袖 | ［美］詹姆斯·麦格雷戈·伯恩斯　著<br>常健 等　译 | 49.00 元 |
| 特立独行：从肯尼迪到小布什的总统领导艺术 | ［美］詹姆斯·麦格雷戈·伯恩斯　著<br>吴爱明 等　译 | 39.80 元 |
| 创新型领导艺术：激发团队创造力 | ［英］约翰·阿代尔　著<br>吴爱明 等　译 | 25.00 元 |
| 创造性思维艺术：激发个人创造力 | ［英］约翰·阿代尔　著<br>吴爱明 等　译 | 25.00 元 |

## 公共管理英文版教材系列

| 书名 | 作者 | 定价 |
| --- | --- | --- |
| 公共管理导论（第三版） | ［澳］Owen E. Hughes<br>（欧文·E·休斯）　著 | 28.00 元 |
| 理解公共政策（第十二版） | ［美］Thomas R. Dye<br>（托马斯·R·戴伊）　著 | 34.00 元 |

| 书名 | 作者 | 定价 |
| --- | --- | --- |
| 公共行政学经典（第五版） | ［美］Jay M. Shafritz<br>（杰伊·M·莎夫里茨）等　编 | 59.80元 |
| 组织理论经典（第五版） | ［美］Jay M. Shafritz<br>（杰伊·M·莎夫里茨）等　编 | 46.00元 |
| 公共政策导论（第三版） | ［美］Joseph Stewart，Jr.<br>（小约瑟夫·斯图尔特）等　著 | 35.00元 |
| 公共部门管理（第九版·中国学生版） | ［美］Grover Starling<br>（格罗弗·斯塔林）　著 | 59.80元 |
| 政治学（第三版） | ［英］Andrew Heywood<br>（安德鲁·海伍德）　著 | 35.00元 |
| 公共行政导论（第五版） | ［美］Jay M. Shafritz<br>（杰伊·M·莎夫里茨）等　著 | 58.00元 |
| 公共组织理论（第五版） | ［美］Robert B. Denhardt<br>（罗伯特·B·登哈特）　著 | 32.00元 |
| 公共政策分析导论（第四版） | ［美］William N. Dunn<br>（威廉·N·邓恩）　著 | 45.00元 |
| 公共部门人力资源管理：系统与战略（第六版） | ［美］Donald E. Klingner<br>（唐纳德·E·克林纳）等　著 | 48.00元 |
| 公共行政与公共事务（第十版） | ［美］Nicholas Henry<br>（尼古拉斯·亨利）　著 | 39.00元 |
| 公共行政学：管理、政治和法律的途径（第七版） | ［美］David H. Rosenbloom<br>（戴维·H·罗森布鲁姆）等　著 | 68.00元 |
| 公共经济学：政府在国家经济中的作用 | ［美］Randall G. Holcombe<br>（林德尔·G·霍尔库姆）　著 | 62.00元 |
| 领导学：理论与实践（第六版） | ［美］Peter G. Northouse<br>（彼得·G·诺斯豪斯）　著 | 45.00元 |

Authorized translation from the English language edition, entitled The New Politics of the Budgetary Process, 5e, 9780321159670, by Aaron Wildavsky and Naomi Caiden, published by Pearson Education, Inc, publishing as Longman, Copyright © 2004 by Pearson Education, Inc.



CHINESE SIMPLIFIED language edition published by PEARSON EDUCATION ASIA LTD., and CHINA RENMIN UNIVERSITY PRESS Copyright © 2014.

**图书在版编目（CIP）数据**

预算过程中的新政治：第5版/（美）威尔达夫斯基，（美）凯顿著；苟燕楠译. —北京：中国人民大学出版社，2014.3

（公共行政与公共管理经典译丛·学术前沿系列）

“十二五”国家重点图书出版规划项目

ISBN 978-7-300-18595-8

Ⅰ.①预… Ⅱ.①威…②凯…③苟… Ⅲ.①国家预算—研究 Ⅳ.①F810.3

中国版本图书馆CIP数据核字（2014）第043346号

公共行政与公共管理经典译丛

学术前沿系列

“十二五”国家重点图书出版规划项目

**预算过程中的新政治（第五版）**

［美］阿伦·威尔达夫斯基（Aaron Wildavsky）著

娜奥米·凯顿（Naomi Caiden）

苟燕楠 译

Yusuan Guochengzhong de Xinzhengzhi

---

**出版发行** 中国人民大学出版社

**社　　址** 北京中关村大街31号　　**邮政编码** 100080

**电　　话** 010－62511242（总编室）　　010－62511770（质管部）

010－82501766（邮购部）　　010－62514148（门市部）

010－62515195（发行公司）　　010－62515275（盗版举报）

**网　　址** http://www.crup.com.cn

http://www.ttrnet.com（人大教研网）

**经　　销** 新华书店

**印　　刷** 北京鑫丰华彩印有限公司

**规　　格** 185 mm×260 mm　16开本　　**版　　次** 2014年8月第1版

**印　　张** 16.5 插页2　　**印　　次** 2014年8月第1次印刷

**字　　数** 342 000　　**定　　价** 58.00元

---

PEARSON　　ALWAYS LEARNING

为了确保您及时有效地申请培生整体教学资源，请您务必完整填写如下表格，加盖学院的公章后传真给我们，我们将会在2～3个工作日内为您处理。

需要申请的资源（请在您需要的项目后划“√”）：

□　教师手册、PPT、题库、试卷生成器等常规教辅资源

□　MyLab 学科在线教学作业系统

□　CourseConnect 整体教学方案解决平台

**请填写所需教辅的开课信息：**

| | | | |
|---|---|---|---|
| 采用教材 | | | □中文版　□英文版　□双语版 |
| 作　　者 | | 出版社 | |
| 版　　次 | | ISBN | |
| 课程时间 | 始于　　年　月　日 | 学生人数 | |
| | 止于　　年　月　日 | 学生年级 | □专科　□本科 1/2 年级<br>□研究生　□本科 3/4 年级 |

**请填写您的个人信息：**

| | | | |
|---|---|---|---|
| 学　　校 | | | |
| 院系/专业 | | | |
| 姓　　名 | | 职　　称 | □助教 □讲师 □副教授 □教授 |
| 通信地址/邮编 | | | |
| 手　　机 | | 电　　话 | |
| 传　　真 | | | |
| official email（必填）<br>（eg：xxx@ruc.edu.cn） | | email<br>（eg：xxx@163.com） | |
| 是否愿意接受我们定期的新书讯息通知：　□是　□否 | | | |

系/院主任：__________（签字）

（系/院办公室章）

______年______月______日

100013 北京市东城区北三环东路 36 号环球贸易中心 D 座 1208 室

电话：（8610）57355169

传真：（8610）58257961

Please send this form to：Service.CN@pearson.com

Website：www.pearsonhighered.com/educator